★ 기 초 부 터 실 전 까 지 ★

300

═ 문제로 끝내는 ═

토익

LC

300 문제로 끝내는 토익 LC

지은이 Michael A. Putlack, Stephen Poirier, Tony Covello,
다락원 토익 연구소
펴낸이 정규도
펴낸곳 (주)다락원

초판 1쇄 인쇄 2020년 6월 1일
초판 1쇄 발행 2020년 6월 1일

편집 조상익, 홍인표
디자인 김성희, 하태호, 윤현주

다락원 경기도 파주시 문발로 211
내용 문의 (02)736-2031 내선 550~551
구입 문의 (02)736-2031 내선 250~252
Fax (02)732-2037
출판 등록 1977년 9월 16일 제406-2008-000007호

값 14,800원
(본책 + 해설집 + MP3 바로 듣기 및 다운로드)
ISBN 978-89-277-0979-4 14740
ISBN 978-89-277-0978-7 14740 (set)

http://www.darakwon.co.kr
다락원 홈페이지를 방문하시면 상세한 출판 정보와 함께 MP3 자료 등의
다양한 어학 정보를 얻으실 수 있습니다.

★ 기 초 부 터 실 전 까 지 ★

300

= 문제로 끝내는 =

토익

· MICHAEL A. PUTLACK ·
· STEPHEN POIRIER ·
· TONY COVELLO ·
&
· 다락원 토익 연구소 공저 ·

LC

다락원

머리말

토익은 전 세계적으로 가장 권위 있는 공인 영어 시험 중 하나입니다. 학교나 직장에서 구성원들의 영어 능력을 평가할 때 주로 토익 점수를 기준으로 삼는 것도 바로 이러한 사실 때문입니다. 하지만 요구되는 토익 점수를 받는 일이 그렇게 쉽지만은 않습니다.

토익에서 원하는 점수를 받으려면 먼저 기본적인 영어 실력이 뒷받침되어야 합니다. 하지만 기본 실력이 갖추어져 있다고 하더라도 시험의 특성을 이해하지 못하거나 그에 대한 대비가 충분히 되어 있지 않으면 시험장에서 자신의 실력을 발휘할 수 없을 것입니다.

〈300문제로 끝내는 토익〉 시리즈는 토익의 모든 문제 유형을 체계적으로 분류하고 그에 따른 풀이 전략을 제시함으로써 수험생들이 원하는 토익 점수를 획득하는데 도움을 줄 목적으로 개발되었습니다. 예제, 실전 연습 문제, 그리고 실전 모의고사로 구성된 총 300문제와 추가적인 연습 문제들은 모두 토익의 최신 경향을 반영하고 있으며, 이를 통해 수험생들은 비교적 짧은 기간 내에 토익에 대한 적응력을 기를 수 있을 것입니다.

저희 다락원 토익 연구소는 자부심과 사명감을 가지고 기초부터 실전 단계의 교재를 개발해 왔으며 본 시리즈 역시 그러한 결과물 중 하나입니다. 이 책을 통해 모든 수험생들이 원하는 토익 점수를 받기를 진심으로 바랍니다.

다락원 토익 연구소

목차

PART 3

PART 4

이 책의 구성

풀이 전략

해당 문제 유형에 꼭 맞는 풀이 전략을 제시
함으로써 보다 빠르고 정확하게 정답을 찾는
방법을 익힐 수 있습니다.

예제

각각의 문제 유형을 대표할 수 있는 예제들
을 통해 풀이 전략을 적용시켜 볼 수 있습니
다.

알아 둡시다!

앞에서 미처 다루지 못했거나 참고로 알아
두어야 할 내용들을 쉽고 간결하게 정리해
두었습니다.

연습 문제

학습한 내용을 토대로 다양한 문제를 풀어
봄으로써 문제에 대한 적응력을 높일 수 있
습니다. 딕테이션 연습도 병행할 수 있습니
다.

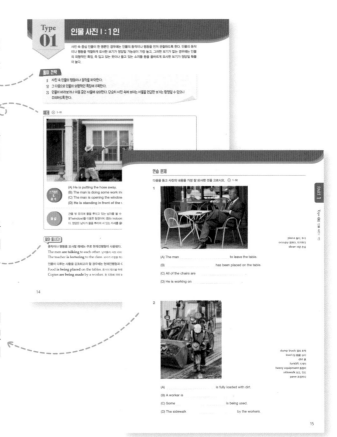

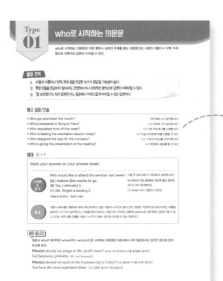

예시 질문

파트2에서는 문제 유형에 따라 출제될 수 있
는 예상 질문이나 진술이, 파트3과 파트4에
서는 문제 유형별 예상 질문들을 살펴볼 수
있습니다.

● 실전 문제 연습

파트가 끝날 때마다 해당 파트의 문제들을 집중적으로 풀어 봄으로써
앞서 배운 내용들을 한 번 더 학습할 수 있습니다.

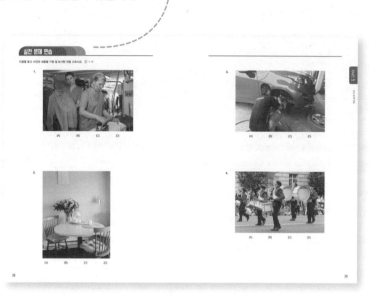

● 실전 모의고사

실제 토익과 난이도가 동일한 1회분의 모의고사를 통해 마지막으로
자신의 실력을 점검할 수 있습니다.

토익이란

토익(TOEIC)은 Test of English for International Communication의 약자로서, 영어를 모국어로 사용하지 않는 사람이 국제 환경에서 생활을 하거나 업무를 수행할 때 필요한 실용 영어 능력을 평가하는 시험입니다. 현재 한국과 일본은 물론 전 세계 약 60개 국가에서 연간 4백만 명 이상의 수험생들이 토익에 응시하고 있으며, 수험 결과는 채용 및 승진, 해외 파견 근무자 선발 등 다양한 분야에서 활용되고 있습니다.

● 시험 구성

구성	PART	내용		문항수	시간	배점
Listening Comprehension	1	사진 묘사		6	45분	495점
	2	질의 응답		25		
	3	짧은 대화		39		
	4	짧은 담화		30		
Reading Comprehension	5	단문 공란 채우기		30	75분	495점
	6	장문 공란 채우기		16		
	7	독해	단수 지문	29		
			복수 지문	25		
TOTAL				200	120분	990점

● 출제 분야

토익의 목적은 일상 생활과 업무 수행에 필요한 영어 능력을 평가하는 것이기 때문에 출제 분야도 이를 벗어나지 않습니다. 비즈니스와 관련된 주제를 다루는 경우라도 전문적인 지식을 요구하지는 않으며, 아울러 특정 국가나 문화에 대한 이해도 요구하지 않습니다. 구체적인 출제 분야는 아래와 같습니다.

일반적인 비즈니스	계약, 협상, 마케팅, 영업, 기획, 콘퍼런스 관련
사무	사내 규정, 일정 관리, 사무 기기 및 사무 가구 관련
인사	구직, 채용, 승진, 퇴직, 급여, 포상 관련
재무	투자, 세금, 회계, 은행 업무 관련
생산	제조, 플랜트 운영, 품질 관리 관련
개발	연구 조사, 실험, 신제품 개발 관련
구매	쇼핑, 주문, 선적, 결제 관련
외식	오찬, 만찬, 회식, 리셉션 관련
건강	병원 예약, 진찰, 의료 보험 업무 관련
여행	교통 수단, 숙박, 항공권 예약 및 취소 관련
엔터테인먼트	영화 및 연극 관람, 공연 관람, 전시회 관람 관련
주택 / 법인 재산	부동산 매매 및 임대, 전기 및 가스 서비스 관련

● 응시 방법

시험 접수는 한국 TOEIC 위원회 웹사이트(www.toeic.co.kr)에서 온라인으로 할 수 있습니다. 접수 및 연간 시험 일정 등의 정보 또한 이곳에서 확인이 가능합니다.

● 시험 당일 일정

수험생들은 신분증과 필기구(연필 및 지우개)를 지참하고 오전 9시 20분까지, 혹은 오후 2시 20분까지 고사장에 입실해야 합니다.

시간	진행
9:30 - 9:45 A.M. / 2:30 - 2:45 P.M.	**입실, 오리엔테이션** 답안지에 이름, 수험 번호 등을 표시하고 직업이나 응시 회수 등을 묻는 설문에 응합니다.
9:45 - 9:50 A.M. / 2:45 - 2:50 P.M.	**휴식** 5분간의 휴식 시간 동안 화장실을 이용할 수 있습니다.
9:50 A.M. / 2:50 P.M.	**입실 마감** 50분부터 출입을 통제하므로 늦어도 45분까지는 고사장에 도착하는 것이 좋습니다.
9:50 - 10:05 A.M. / 2:50 - 3:05 P.M.	**신분증 검사** LC 시험 시작 전에 감독관이 신분증을 검사하고 답안지에 확인 서명을 합니다. RC 시험 시간에는 감독관이 돌아다니면서 다시 한 번 신분증을 검사하고 확인 서명을 합니다.
10:05 - 10:10 A.M. / 3:05 - 3:10 P.M.	**파본 검사** 받은 문제지가 파본이 아닌지 확인한 후 문제지에 수험 번호를 적고 답안지에 문제지 번호를 적습니다. 파본이 확인되더라도 시험이 시작되면 문제지를 교체해 주지 않으므로 이때 문제지를 빨리, 제대로 확인하는 것이 중요합니다.
10:10 - 10:55 A.M. / 3:10 - 3:55 P.M.	**LC 문제 풀이** 45분 동안 LC 문제를 풉니다.
10:55 - 12:10 A.M. / 3:55 - 5:10 P.M.	**RC 문제 풀이** 75분 동안 LC 문제를 풉니다.

● 성적 확인

시험일로부터 약 10일 후에 오후 3시부터 인터넷과 ARS(060-800-0515)로 성적을 확인할 수 있습니다. 성적표 발급은 시험 접수 시에 선택한 방법으로, 즉 우편이나 온라인으로 이루어집니다.

모의고사 점수 계산법

토익 점수는 5점 단위로 채점되며 영역당 만점은 495점입니다. 그리고 총점수(Total Score)는 10점에서 990점 사이로, 두 영역에서 모두 만점을 받는 경우 990점을 받게 됩니다. 하지만 실제 성적은 토익 고유의 통계 처리 방식에 따라 산출되기 때문에 단순히 정답 개수 혹은 오답 개수만으로 토익 성적을 산출할 수는 없습니다. 그러나 모의고사의 경우 통상적으로 아래의 두 가지 방법에 의해 본인의 점수를 가늠해 볼 수 있습니다.

■ 단순 환산법을 이용하는 경우: 문항당 5점씩 계산

예 LC에서 72개, RC에서 69개를 맞은 경우 → (72×2)+(69×5) = 720점

■ 점수 환산표를 이용하는 경우

Listening Comprehension		Reading Comprehension	
정답수	환산 점수대	정답수	환산 점수대
96-100	475-495	96-100	460-495
91-95	435-495	91-95	425-490
86-90	405-475	86-90	395-465
81-85	370-450	81-85	370-440
76-80	345-420	76-80	335-415
71-75	320-390	71-75	310-390
66-70	290-360	66-70	280-365
61-65	265-335	61-65	250-335
56-60	235-310	56-60	220-305
51-55	210-280	51-55	195-270
46-50	180-255	46-50	165-240
41-45	155-230	41-45	140-215
36-40	125-205	36-40	115-180
31-35	105-175	31-35	95-145
26-30	85-145	26-30	75-120
21-25	60-115	21-25	60-95
16-20	30-90	16-20	45-75
11-15	5-70	11-15	30-55
6-10	5-60	6-10	10-40
1-5	5-50	1-5	5-30
0	5-35	0	5-15

예 LC에서 90개, RC에서 76개를 맞은 경우 → (405~475)+(335~415) = 740~890점

PART 1

파트1에서는 주어진 사진을 보고 사진을 가장 적절하게 묘사 또는 설명한 보기를 선택해야 한다.

사진 문제는 크게 인물 사진과 사물 사진으로 나눌 수 있는데, 인물 사진이 등장하는 경우에는 인물의 동작이나 외모를 집중해서 보고 사물 사진이 등장하는 경우에는 사물의 특성이나 주위 환경을 유심히 관찰한 후 정답을 고르도록 한다.

하지만 최근에는 인물 사진 문제의 정답이 주변 사물을 묘사한 보기인 경우도 있고, 반대로 사물 위주의 사진 문제의 정답이 사진 속 특정 인물의 행동이나 모습을 묘사한 보기인 경우도 있다.

따라서 인물과 사물이 복합적으로 등장하는 사진이 등장하면 모든 보기를 집중해서 끝까지 들어야 한다.

인물 사진 I : 1인

사진 속 중심 인물이 한 명뿐인 경우에는 인물의 동작이나 행동을 먼저 관찰하도록 한다. 인물의 동작이나 행동을 적절하게 묘사한 보기가 정답일 가능성이 가장 높고, 그러한 보기가 없는 경우에는 인물의 외형적인 특징, 즉 입고 있는 옷이나 들고 있는 소지품 등을 올바르게 묘사한 보기가 정답일 확률이 높다.

풀이 전략

1 사진 속 인물의 행동이나 동작을 파악한다.
2 그 다음으로 인물의 외형적인 특징에 주목한다.
3 인물이 바라보거나 이용 중인 사물에 유의한다. 단순히 사진 속에 보이는 사물을 언급한 보기는 함정일 수 있으니 주의하도록 한다.

예제   ▶ 1-01

hose 호스
indoors 실내에
in front of ~의 앞에

스크립트 & 해 석
(A) He is putting the hose away.
(B) The man is doing some work indoors.
(C) The man is opening the window.
(D) He is standing in front of the window.

(A) 그는 호스를 치우고 있다.
(B) 남자는 실내에서 일을 하고 있다.
(C) 남자가 창문을 열고 있다.
(D) 그는 창문 앞에 서 있다.

해 설
건물 밖 유리에 물을 뿌리고 있는 남자를 볼 수 있다. (A)와 (C)는 사진 속에서 볼 수 있는 '호스'(hose)와 '창문'(window)를 이용한 함정이며, (B)는 indoors(실내에서)를 outdoors(야외에서)로 바꾸어야 정답이 될 수 있다. 정답은 남자가 물을 뿌리며 서 있는 자세를 올바르게 묘사한 (D)이다.

말아 둡시다!

동작이나 행동을 묘사할 때에는 주로 현재진행형이 사용된다. (be + -ing)
The men **are talking** to each other. 남자들이 서로 이야기를 하고 있다.
The teacher **is lecturing** to the class. 교사가 수업을 하고 있다.

인물이 다루는 사물을 강조하고자 할 경우에는 현재진행형과 수동태가 혼합되어 사용될 수 있다. (be + being + 과거분사)
Food **is being placed** on the tables. 음식이 테이블 위에 놓이고 있다.
Copies **are being made** by a worker. 한 직원에 의해 복사가 되고 있다.

연습 문제

다음을 듣고 사진의 내용을 가장 잘 묘사한 것을 고르시오. ▶ 1- 02

1

place 놓다, 두다
occupy 점하다, 차지하다
diner 식당 손님

(A) The man _____ to leave the table.

(B) _____ has been placed on the table.

(C) All of the chairs are _____ .

(D) He is working on _____ .

2

dump truck 덤프 트럭
load (짐 등을) 싣다
dirt 흙
forklift 지게차
heavy equipment 중장비
sidewalk 보도, 인도
pave 포장하다

(A) _____ is fully loaded with dirt.

(B) A worker is _____ .

(C) Some _____ is being used.

(D) The sidewalk _____ by the workers.

15

3

shelf 선반
grocery 식료품
be full of ~으로 가득하다
produce 농산품
on sale 세일 중인
checkout counter 계산대

(A) Products _____ on the shelves.

(B) The grocery cart is _____ .

(C) She is looking for _____ .

(D) She is taking her items to _____ .

4

slice 얇게 자르다
cutting board 도마
oven 오븐
applying for ~을 신청하다; ~에 지원하다

(A) He is _____ on a cutting board.

(B) The food is _____ the oven.

(C) The chef is cooking dinner _____ .

(D) He is _____ at a restaurant.

정답 및 해설 p.2

📋 빈출 표현 정리

파트1 보기의 문장 구조는 단순한 편이다. 따라서 인물의 행동이나 동작과 관련된 표현을 얼마나 많이 알고 있느냐가 파트1
에서의 성패를 좌우한다. 아래에 정리된 빈출 표현들은 반드시 익혀 두도록 하자.

인물의 자세와 관련된 표현

The woman is standing behind the counter.	여자가 카운터 뒤에 서 있다.
One person is standing by the window.	한 사람이 창문가에 서 있다.
He is sitting in an armchair.	그는 팔걸이 의자에 앉아 있다.
The woman has gotten up from the chair.	여자가 의자에서 일어나 있다.
She is reaching down into her bag.	그녀는 몸을 아래로 뻗어 가방을 집고 있다.

인물의 작업과 관련된 표현

The man is working on a traffic light.	남자는 신호등 작업을 하고 있다.
The mechanic is fixing the vehicle.	수리 기사가 차량을 수리하고 있디.
The worker is putting up a telephone pole.	인부가 전신주를 세우고 있다.
He is adjusting the lens of the telescope.	그는 현미경 렌즈를 조정하고 있다.
She is looking at the monitor.	그녀는 모니터를 바라보고 있다.
The woman is typing on her phone.	여자는 전화기로 타이핑을 하고 있다.
The carpenter is nailing some wood.	목수가 나무에 못을 박고 있다.

구매와 관련된 표현

The man is shopping for groceries.	남자가 식료품을 사고 있다.
She is buying some tickets at the station.	그녀는 역에서 표를 사고 있다.
The customer is putting items in the grocery cart.	고객이 식료품점 카트에 물건을 담고 있다.
She is selecting some desserts from the store window.	그녀는 매장 진열대에 있는 디저트를 고르고 있다.
The shopper is paying with a credit card.	쇼핑객이 신용 카드로 계산을 하고 있다.

가사 및 요리와 관련된 표현

The woman is cutting something with scissors.	여자는 가위로 무언가를 자르고 있다.
She is using her sewing machine.	그녀는 재봉틀을 사용하고 있다.
The man is cooking some food.	남자는 음식을 요리하고 있다.
He is putting on some kitchen mitts.	그는 주방용 장갑을 착용하고 있다.
He is taking the bread out of the toaster.	그는 토스터에서 빵을 꺼내고 있다.
The chef is preparing meals for the customers.	주방장이 고객들을 위해 음식을 준비하고 있다.

armchair 팔걸이 의자	**nail** 못을 박다	**scissors** 가위	**mitts** 장갑
reach 닿다; 뻗다	**grocery** 식료품	**sewing machine**	**take A out of B**
adjust 조절하다	**select** 선정하다, 선택하다	재봉틀	A를 B에서 꺼내다

인물 사진 II: 2-3인

사진에 소수의 인물이 등장하는 경우, 인물들이 공통된 행동을 보일 수도 있고 서로 반대되는 행동을 보일 수도 있다. 따라서 행동들이 공통적인지 혹은 이질적인지를 먼저 관찰한 후, 이러한 행동을 올바르게 묘사한 보기를 찾도록 하자. 아울러 최근에는 인물들의 행동을 묘사한 보기가 함정으로 제시되고 사진 속 사물이나 주위 환경을 묘사한 보기가 정답인 경우도 있기 때문에, 먼저 인물들의 행동을 살핀 다음 주변 환경까지 면밀히 관찰하는 습관을 들이도록 하자.

풀이 전략

1. 사진 속 인물들이 공통된 행동을 보이는지, 이질적인 행동을 보이는지 확인한다.
2. 인물들의 동작이나 행동을 확대 해석하지 않도록 한다. 추론을 요구하는 보기는 정답이 아닐 가능성이 높다.
3. 인물이 등장하는 문제에서도 사진 속 사물이나 풍경을 묘사하는 보기가 정답일 수 있다.

예제 ▶ 1- 03

sweep (빗자루로) 쓸다, 청소하다
garbage bag 쓰레기 봉투
track 길, 트랙

스크립트
&
해석

(A) The leaves on the trees have all fallen off.
(B) The workers are sweeping the sidewalk.
(C) Leaves are being placed into garbage bags.
(D) They are walking together on a track.

(A) 나무의 잎들이 모두 땅에 떨어져 있다.
(B) 인부들이 인도를 쓸고 있다.
(C) 잎들이 쓰레기 봉투에 담겨지고 있다.
(D) 그들은 함께 길을 걷고 있다.

해설

두 사람 모두 빗자루로 거리를 청소하는 공통적인 행동을 보이고 있다. 따라서 (B)가 정답이다. 나뭇잎이 모두 떨어진 것은 아니기 때문에 (A)는 정답이 될 수 없고, '쓰레기 봉투'(garbage bags) 역시 찾아 볼 수 없으므로 (C)도 정답이 아니다. 청소 중인 인부들의 모습을 단순히 '길 위를 걷고 있는'(walking together on a track) 모습으로 설명한 (D)도 오답이다.

알아 둡시다!

작업과 관련된 행동이나 동작을 묘사하는 표현에 대해 알아보자.

놓다, 두다: put down, place, lay	쌓다: stack, pile up
잡다, 집다, 들어 올리다: hold, pick up, lift, elevate	만들다, 설치하다: make, build, set up
옮기다, 운반하다: carry, move	검사하다, 조사하다: check, examine, inspect
포장하다: wrap, pack	자르다, (잔디를) 깎다: cut, mow
몸을 굽히다, 몸을 기대다: bend over, lean	

연습 문제

다음을 듣고 사진의 내용을 가장 잘 묘사한 것을 고르시오. ▶ 1-04

1

clerk 직원
stack 쌓다
parcel 소포
post office 우체국

(A) Store clerks are stacking packages _____ .

(B) Parcels are being delivered _____ .

(C) Boxes _____ by some workers.

(D) Packages _____ by some employees.

2

next to ~의 옆에
each other 서로

(A) _____ are looking in the same direction.

(B) One woman _____ on her laptop.

(C) _____ are next to each other.

(D) The man is _____ in his hand.

3

pour 붓다, 따르다
dish 접시
clear off ~을 치우다

(A) The waiter .... a bottle of wine.

(B) The diners .... at their table.

(C) The waiter is taking ....

(D) Dishes are .... the table.

4

snowplow 제설차, 제설 장비
vehicle 차량
intersection 교차로
line up 줄을 서 있다
one another 서로

(A) A snowplow .... off the road.

(B) Vehicles are moving ....

(C) A person .... to get on a bicycle.

(D) Several cars .... behind one another.

정답 및 해설 p.3

📋 빈출 표현 정리

앞서 언급한 것처럼 2인 이상의 인물이 등장하는 사진이 제시되면 사진 속 인물들이 서로 같은 행동을 하고 있는지 아니면 서로 다른 행동을 하고 있는지 파악해야 한다. 여기에서는 인물들이 동일한 행동을 보일 때와 상이한 행동을 보일 때에 자주 사용되는 표현에 대해 알아보도록 하자. 참고로 서로 다른 행동을 하고 있는 경우에는 두 사람의 역할이나 관계를 파악하는 것이 정답을 찾는데 도움이 될 수 있다.

인물들이 동일한 행동을 하는 경우

They are looking at the same thing.	그들은 같은 것을 바라보고 있다.
The diners are eating some food on the table.	손님들이 테이블에 있는 음식을 먹고 있다.
Workers are moving the crates from place to place.	인부들이 상자를 이곳저곳으로 옮기고 있다.
Firemen are spraying the fire with water from the hose.	소방관들이 호스로 불이 난 곳에 물을 뿌리고 있다.
The workmen are walking in the same direction.	인부들이 같은 방향으로 걷고 있다.
They are baking a cake together in the kitchen.	그들은 주방에서 케이크를 굽고 있다.

인물들이 상이한 행동을 하는 경우

The woman is giving the man his hotel key.	여자가 남자에게 호텔 키를 주고 있다.
Customers are being seated by the server.	고객들이 직원의 안내에 따라 자리에 앉고 있다.
A waiter is taking an order from one of the customers.	종업원이 손님 중 한 명으로부터 주문을 받고 있다.
The customer is receiving change from the employee.	손님이 직원으로부터 거스름돈을 받고 있다.
One person is speaking with the shopkeeper.	한 사람이 매장 주인과 이야기하고 있다.
She is showing her library card.	그녀는 자신의 도서관 카드를 보여 주고 있다.
The cashier is handing a bag to the customer.	계산원이 고객에게 봉투를 건네 주고 있다.
Customers are trying on new coats in the store.	고객들이 매장에서 새 코트를 입어보고 있다.
One of the men is going into the bakery.	남자들 중 한 명이 빵집으로 들어가고 있다.

cf. 사물 주어로 시작하지만 인물 사진 문제에서도 정답이 될 수 있는 문장들이 있다.

Electric wires are being repaired. 전선이 수리되고 있다.

Fresh produce is being placed in the refrigerators. 신선한 농산품들이 냉장고에 진열되고 있다.

---

same 같은, 동일한	**spray** 분사하다	**take an order** 주문을 받다	**try on** ~을 입어보다
diner 식당 손님	**direction** 방향; 지시		**bakery** 빵집, 베이커리
crate 상자	**bake** 굽다	**change** 거스름돈, 잔돈	**electric wire** 전선
from place to place 이곳저곳으로	**server** 종업원	**shopkeeper** 상점 주인	**refrigerator** 냉장고
		hand 손; 건네다	

인물 사진 III: 3인 이상

사진에 세 명 이상의 인물이 등장하는 문제는 난이도가 높은 문제 유형에 속한다. 사진의 전반적인 상황을 묘사하는 보기가 정답인 경우에는 비교적 정답을 찾기가 쉽지만, 그렇지 않은 경우에는 사진 속 모든 인물들의 동작이나 모습을 하나하나 살핀 후 정답을 찾아야 한다. 여러 인물의 특징들을 빠른 시간 안에 파악하는 능력이 필요하다.

풀이 전략

1 전체적인 상황을 먼저 파악한다. 인물들이 속해 있는 장소나 인물들의 행동을 파악하는 것이 사진 속 상황을 이해하는데 직접적인 도움이 될 수 있다.

2 모든 인물들의 행동이나 동작을 살핀다. 특히 특이한 행동을 하고 있는 인물을 유심히 살펴볼 필요가 있다.

3 인물이 등장하는 사진이라도 사진 속 사물을 묘사하는 보기가 정답일 수 있다.

예제 ▶ 1-05

take a seat 앉다
take a drink 마시다
eyeglasses 안경

스크립트 & 해석

(A) Everyone has taken a seat at the table.
(B) A man is looking at the computer monitor.
(C) The women are taking drinks from their coffee cups.
(D) One of the people is wearing eyeglasses.

(A) 모든 사람들이 테이블에 앉아 있다.
(B) 한 남자가 컴퓨터 모니터를 바라보고 있다.
(C) 여자들은 커피잔으로 커피를 마시고 있다.
(D) 사람들 중 한 명은 안경을 착용하고 있다.

해설

여러 명이 테이블에서 회의를 하고 있는 모습을 볼 수 있다. 일어나 있는 사람도 있으므로 '모든 사람'(everyone)이 앉아 있다고 진술한 (A)는 정답이 될 수 없고, '컴퓨터 모니터'(computer monitor)를 보고 있는 사람도 없기 때문에 (B)도 정답이 아니다. 커피 컵이 보이기는 하나 음료를 마시고 있는 사람은 없으므로 (C) 또한 오답이다. 정답은 서 있는 사람이 쓰고 있는 '안경'(eyeglasses)을 언급한 (D)이다.

알아 둡시다!

사진에 다수의 인물이 등장하는 경우, all과 every로 인물들의 동작이나 모습을 나타내는 보기는 오답일 확률이 크다. 반면 some이나 several, a few와 같은 표현으로 시작되는 보기는 상대적으로 정답일 가능성이 높다.

All the musicians are playing their instruments. 모든 연주가들이 악기를 연주하고 있다.
Every customer at the store is pushing a shopping cart. 매장의 모든 고객들이 쇼핑 카트를 밀고 있다.

Several people are waiting to cross the street. 몇몇 사람들이 길을 건너기 위해 기다리고 있다.
A few people in the audience are raising their hands. 소수의 관객들이 손을 들고 있다.

연습 문제

다음을 듣고 사진의 내용을 가장 잘 묘사한 것을 고르시오. ▶ 1-06

1

cabin crew member 항공기 승무원
prepare for ~을 준비하다
take off 이륙
luggage 수화물, 짐
baggage claim (공항에서) 수화물을 찾는 곳
suitcase 여행용 가방, 슈트케이스
carry-on bag 기내 휴대용 가방

(A) The cabin crew members are ⋯⋯⋯⋯⋯⋯⋯⋯⋯⋯⋯⋯⋯⋯⋯⋯ .

(B) They are waiting ⋯⋯⋯⋯⋯⋯⋯⋯⋯⋯⋯⋯⋯ at baggage claim.

(C) Some people are ⋯⋯⋯⋯⋯⋯⋯⋯⋯⋯⋯⋯⋯ behind them.

(D) ⋯⋯⋯⋯⋯⋯⋯⋯⋯⋯⋯⋯⋯⋯ are holding their carry-on bags.

2

currently 현재
occupy 점유하다
wheelchair 휠체어
one another 서로

(A) ⋯⋯⋯⋯⋯⋯⋯⋯⋯⋯⋯⋯⋯⋯⋯⋯ is currently occupied.

(B) The woman is sitting ⋯⋯⋯⋯⋯⋯⋯⋯⋯⋯⋯⋯⋯ .

(C) One of the men has ⋯⋯⋯⋯⋯⋯⋯⋯⋯⋯⋯⋯⋯ .

(D) Some of the people are ⋯⋯⋯⋯⋯⋯⋯⋯⋯⋯⋯⋯⋯ .

3

give a presentation 발표하다
audience 관객
projector 프로젝터
dress up (옷을) 차려 입다
occasion 경우

(A) They are giving a presentation _____.

(B) A picture is being shown _____.

(C) _____ have been placed on the table.

(D) They are _____ for a special occasion.

4

applaud 박수를 치다
orchestra 관현악단, 오케스트라
perform 공연하다
instrument 도구, 악기

(A) Fans _____ for the performers.

(B) _____ is being played by the band members.

(C) _____ is performing inside the theater.

(D) All three musicians are _____.

정답 및 해설 p.4

📋 빈출 표현 정리

인물들이 있는 장소에 따라 전형적으로 등장하는 표현들이 있다. 이러한 표현들에 대해 알아보자.

거리, 광장

They are heading in the same direction.	그들은 같은 방향을 향하고 있다.
Pedestrians are walking alongside the sidewalk.	보행자들이 인도를 따라 걷고 있다.
The cyclists are riding in a line on the street.	자전거를 탄 사람들이 일렬로 거리를 지나가고 있다.
People are crossing the street at the crosswalk.	사람들이 횡단보도를 건너고 있다.
They are holding umbrellas to keep from getting wet.	그들은 비를 맞지 않기 위해 우산을 쓰고 있다.

버스 정류장, 기차역, 공항, 항구

Several passengers are getting off the train.	몇몇 승객들이 기차에서 내리고 있다.
People are getting on the bus.	사람들이 버스에 타고 있다.
The passengers have boarded the subway.	승객들이 지하철에 탔다.
They are getting on board the ship.	그들은 배에 올라타고 있다.
Some people are waiting in line.	몇몇 사람들이 줄을 서서 기다리고 있다.
Tickets are being sold to passengers.	승객들에게 표가 판매되고 있다.

극장, 영화관, 공연장

They are watching a movie.	그들은 영화를 보고 있다.
Everyone has taken a seat.	모든 사람들이 자리에 앉아 있다.
The band is playing in a concert hall.	밴드가 공연장에서 공연을 하고 있다.
An orchestra is performing for an audience.	오케스트라가 관객을 위해 연주를 하고 있다.

상점

They are making some purchases.	그들은 구입을 하고 있다.
Customers are entering the store.	고객들이 매장에 들어오고 있다.
Some shoppers are browsing through the items in the store.	쇼핑객들이 매장 내 제품들을 살펴 보고 있다.
The customers are purchasing cakes at the bakery.	고객들이 빵집에서 케이크를 구입하고 있다.

기타 장소

The speaker is pointing at the screen.	연사가 스크린을 가리키고 있다. (강당)
They are lifting weights in the gym.	그들은 체육관에서 웨이트 운동을 하고 있다. (체육관)

pedestrian 보행자	**get wet** 젖다	**get on board a ship** 배에 타다, 승선하다	**browse** 둘러보다
alongside ~을 따라서	**get off** ~에서 내리다, 하차하다	**take a seat** 자리에 앉다	**point at** ~을 가리키다
in a line 일렬로	**get on** ~에 타다, 승차하다	**enter** 들어가다	**lift weights** 역기 등을 들다, 웨이트 운동을 하다
keep from ~하지 않다			

Type 04

사물 사진

사물 사진 문제에서는 주로 사물이 진열된 모습이나 사물이 배치된 방식들을 올바르게 설명한 보기가 정답이다. 따라서 위치를 나타내는 전치사들의 정확한 의미를 알고 있어야 하며 사물의 배치 방식을 나타내는 빈출 표현들을 숙지하고 있어야 한다. 실전에서는 전치사 및 전치사구를 놓치지 않고 듣는 것이 무엇보다 중요하다. 참고로 사물 사진 문제의 경우, 각 보기들은 수동태 형식으로 표현되는 경우가 많다.

풀이 전략

1 사진 속에서 파악할 수 있는 주요 사물들의 위치나 배열 방식 등을 주의 깊게 살핀다.
2 눈에 잘 띄는 사물을 묘사한 보기가 함정으로 제시되는 경우도 있으므로 주변 사물의 특징들도 파악해야 한다.
3 사물만 등장하는 사진 문제에서 사람이 주어인 보기는 오답이다.

예제 ▶ 1-07

type 타이핑하다
cabinet 캐비닛
equipment 장비, 기기

스크립트 & 해석

(A) Someone is typing on the keyboard.
(B) All of the cabinet doors are closed.
(C) Some equipment is sitting on the desks.
(D) A person is seated in the office chair.

(A) 누군가 키보드로 타이핑을 하고 있다.
(B) 모든 캐비닛 문이 닫혀 있다.
(C) 책상 위에 기기들이 놓여 있다.
(D) 사무실 의자에 한 사람이 앉아 있다.

해설

인물이 등장하지 않는 사무실 내부 사진이다. 사물만 등장하는 사진 문제에서 각각 사람을 나타내는 someone과 a person을 주어로 쓴 (A)와 (D)는 정답이 될 수 없다. 사진 하단의 캐비닛 문은 열려 있으므로 '모든 캐비닛 문'(all of the cabinet doors)이 닫혀 있다고 한 (B) 또한 오답이다. 정답은 책 상위의 모니터 및 키보드 등을 some equipment(장비, 기기)로 바꾸어 쓴 (C)이다.

알아 둡시다!

앞서 설명한 것처럼 사물 사진 문제의 경우 수동태 형식이 보기들이 주로 제시되지만, 능동태 형식의 보기들도 정답이 될 수 있다.

A painting **is hanging** on the wall. 벽에 그림이 걸려 있다.
Several books **are lying** on the floor. 몇 권의 책이 바닥에 놓여 있다.
The bicycle **is leaning** against the doorway. 자전거가 문에 기대어 있다.
A yacht **is floating** on the water. 요트가 물 위에 떠 있다.

연습 문제

다음을 듣고 사진의 내용을 가장 잘 묘사한 것을 고르시오. ⊙ 1-08

1

PART 1
Type 04 사물 사진

plate 접시
bowl 사발, 그릇
be full of ～으로 가득하다
silverware 은식기류
shelf 선반

(A) Plates and bowls are being set ....

(B) Several dishes .... food.

(C) Silverware is being placed ....

(D) .... are sitting on the top shelf.

2

on display 진열 중인
hang 매달리다
rack 받침대, 선반
article 글, 기사; 물품
price tag 가격표

(A) .... at the clothing on display.

(B) .... are hanging on the racks.

(C) Articles of clothing .... on shelves.

(D) Price tags are being put on ....

3

ride (탈 것을) 타다
lamppost 가로등
turn on ~을 켜다

(A) _____ down the busy street.

(B) Some bikes have been parked _____.

(C) _____ have been turned on.

(D) _____ are waiting to cross the street.

4

guest 손님, 게스트
draw curtains shut 커튼을 치다
in the middle of ~의 가운데에

(A) _____ on the sofas.

(B) The curtains _____ over the window.

(C) Paintings are hanging on _____.

(D) A coffee table is _____ the room.

정답 및 해설 p.5

📝 빈출 표현 정리

장소에 따라 그곳에 어울리는 사물들이 있다. 이러한 사물의 명칭이나 그와 관련된 표현들을 알고 있으면 보다 빠르게 정답을 찾을 수 있다.

주거 공간에서 흔히 볼 수 있는 사물들

A table is in between the couch and the television.	소파와 텔레비전 사이에 테이블이 있다.
All the doors in the room have been opened.	모든 문이 열려 있다.
A painting has been placed on the wall.	벽에 그림이 걸려 있다.
The chair has a cushion on it.	의자에 쿠션이 놓여 있다.

사무실에서 흔히 볼 수 있는 사물들

The laptop computer has been turned on.	노트북 컴퓨터가 켜져 있다.
A monitor has been placed behind a keyboard.	키보드 뒤에 모니터가 놓여 있다.
The printer is right beside the desktop computer.	데스크톱 컴퓨터 바로 뒤에 프린터가 있다.
Some documents have been placed on the table.	테이블에 서류들이 놓여 있다.
There is a copier next to the fax machine.	팩스 기기 옆에 복사기가 있다.

상점에서 흔히 볼 수 있는 사물들

There are clothes hanging on a rack.	옷걸이에 옷이 걸려 있다.
Some shirts are displayed on hangers.	셔츠들이 옷걸이에 진열되어 있다.
Merchandise has been stocked on several shelves.	상품들이 선반에 쌓여 있다.
Packages have been stacked on top of one another.	상자들이 차곡차곡 쌓여 있다.

식당 및 주방에서 흔히 볼 수 있는 사물들

Tables have been set with silverware.	테이블에 식기류가 놓여 있다.
The chairs are arranged in rows.	의자들이 일렬로 배치되어 있다.
All of the chairs have been pushed under the table.	모든 의자들이 테이블 밑으로 들어가 있다.
Chairs have been placed around the tables.	테이블 주변에 의자가 놓여 있다.
Several containers are on the shelves.	선반 위에 용기들이 있다.
Food is being cooked on the stove.	가스레인지에서 음식이 요리되고 있다.
Bread has been baked in an oven.	오븐에서 빵이 구워졌다.

---

between A and B A와 B 사이에	**copier** 복사기	**stack** 쌓다	배치하다; 준비하다
cushion 쿠션	**fax machine** 팩스 기기	**on top of one another** 차곡차곡	**in a row** 일렬로
turn on ~을 켜다	**rack** 받침대, 선반	**silverware** (은색) 식기류	**container** 용기, 그릇
document 서류, 문서	**hanger** 옷걸이, 행거	**arrange** 배열하다,	**stove** 난로, 가스레인지
	merchandise 상품		**bake** 굽다

Type 05 풍경 사진

풍경 사진은 주로 거리, 도로, 공원 및 야외 무대 등 실외의 풍경을 보여 주는데, 이러한 풍경 사진이 인물 및 사물 사진과 다른 점은 보다 원거리에서 대상들을 보여 준다는 점이다. 따라서 풍경 사진이 등장하는 경우, 기본적으로 인물 및 사물 사진 문제의 풀이 방식을 적용할 수 있으며, 정답을 맞출 가능성을 높이기 위해서는 사진에서 언급될 만한 인물이나 사물을 먼저 찾아야 한다. 하지만 너무 작아서 잘 보이지 않거나 비중이 작은 대상들은 크게 신경을 쓰지 않아도 된다.

풀이 전략

1. 전체적인 구도에서 언급될 만한 인물이나 사물을 찾도록 한다. 각 보기의 주어들은 이들과 관련되어 있을 가능성이 높다.
2. 등장 인물이나 사물의 공통된 특징을 찾도록 한다. 혹은 상반된 행동이나 모습을 보이고 있는 인물 및 사물에 주목해야 하는 경우도 있다.
3. 너무 세부적인 인물이나 사물을 파악하느라 시간을 낭비할 필요는 없다.

예제 ▶ 1-09

peer into the distance 먼 곳을 바라보다
fish 낚시를 하다
crew member 선원, 승무원
sail 항해하다
tie up 묶다
pier 부두

스크립트 & 해석

(A) They are peering into the distance.
(B) People are fishing in the lake from the boats.
(C) A crew member is sailing a boat out to sea.
(D) Several boats are tied up at the pier.

(A) 그들은 먼 곳을 바라보고 있다.
(B) 사람들이 호수에서 배를 타고 낚시를 하고 있다.
(C) 한 선원이 보트를 타고 바다로 나가고 있다.
(D) 몇 대의 배가 부두에 묶여 있다.

해설

여러 대의 보트가 부두에 정박해 있고 사진 뒤쪽에는 건물들이 서 있다. 따라서 부두에 보트들이 묶여 있다고 진술한 (D)가 적절한 설명이다. (A)는 pier(부두)와 발음이 같은 peer(응시하다; 나타나다)를 이용해 오답을 유도하는 함정이다. 인물이 등장하지 않는 사진에서 주어가 a crew member(선원)와 people인 (B)와 (C)는 정답이 될 수 없다.

알아 둡시다!

사물 주어로 시작하지만 사물 및 풍경 사진에 정답이 될 수 없는 보기들이 있다. 아래와 같이 「be + being + 과거분사」 형식의 문장은 실질적으로 사람의 동작을 묘사한다.

Cushions **are being placed** on the sofa. 소파에 쿠션이 놓이고 있다. (누군가가 쿠션을 놓고 있다.)
The umbrella above the table is **being put up**. 테이블 위에 파라솔이 설치되고 있다. (누군가가 파라솔을 설치하고 있다.)

연습 문제

다음을 듣고 사진의 내용을 가장 잘 묘사한 것을 고르시오. ▶ 1- 10

1

sidewalk 인도, 보도
scooter 스쿠터

(A) Cars have been parked on ....

(B) .... down the sidewalk.

(C) .... are parked near one another.

(D) .... in the buildings are open.

2

umbrella 우산, 파라솔
pull out 빼내다

(A) .... to be seated at their tables.

(B) .... umbrellas to keep dry in the rain.

(C) Chairs have been .... the tables.

(D) Umbrellas .... above the tables.

3

get off ~에서 내리다
crosswalk 횡단보도

(A) Passengers are getting ....

(B) .... down both sides of the street.

(C) Some people .... by the crosswalk.

(D) The women .... across the street.

4

fountain 분수
shoot 쏘다
sunny 맑은, 화창한
statue 조각

(A) A fountain .... into the air.

(B) People .... from their chairs.

(C) Everyone is .... at the lake.

(D) Statues are being displayed ....

정답 및 해설 p.6

📋 빈출 표현 정리

장소에 따라 전형적으로 등장하는 장면들이 있다. 한 예로 거리가 배경인 사진에서는 보행자들의 모습이, 도로가 배경인 사진에서는 차량들이 이동하는 모습이나 주차 상태가 주로 묘사된다. 아래의 문장들을 통해 이러한 표현들을 보다 구체적으로 살펴보도록 하자.

거리, 역 및 공원

People are crossing the street.	사람들이 거리를 건너고 있다.
A woman is asking for directions.	한 여자가 길을 묻고 있다.
The subway has arrived at the station.	지하철이 역에 도착했다.
They are preparing to get on board.	그들은 탑승을 하기 위해 준비하고 있다.
Passengers are getting off the bus.	승객들이 버스에서 내리고 있다.
Bicycles are being ridden in the park.	공원에서 자전거를 타고 있다.
The doors to the establishment are closed.	시설의 문이 닫혀 있다.
The trail goes through the park.	길이 공원을 가로지르고 있다.
The trees have lost all their leaves.	나무들의 잎이 모두 떨어졌다.

도로 및 주차장

The cars are moving in a single direction.	차들이 한 방향으로 이동하고 있다.
Traffic is heavy going both ways.	양쪽 도로에 차가 많이 다니고 있다.
Traffic is being directed by the police.	차량들이 경찰의 지시를 받고 있다.
A helmet is being worn by the rider.	오토바이를 탄 사람은 헬멧을 쓰고 있다.
Some cars have been parked on the ground.	몇 대의 차들이 주차되어 있다.
Vehicles are parked by the road.	차들이 길가에 주차되어 있다.
There is a bicycle rack next to the building.	건물 옆에 자전거 주차장이 있다.

무대

The audience is watching a play.	관객들이 공연을 보고 있다.
Actors are rehearsing for a show.	배우들이 공연을 위해 리허설을 하고 있다.
Musicians are performing on stage.	연주자들이 무대에서 공연을 하고 있다.
The band is setting up their equipment.	밴드가 장비를 설치하고 있다.

---

get on board 탑승하다
establishment 사업체, 시설

trail 길
go through ~을 통과하다
direct 지시하다

bicycle rack 자전거 주차장
actor (남자) 배우

rehearse 예행 연습을 하다, 리허설을 하다
set up 설치하다

군중 사진

군중 사진은 한두 무리의 사람들을 집중적으로 보여 주는 사진으로, 사진 속 사람들은 공통된 행동이나 동작을 하고 있을 수도 있고 서로 다른 모습을 보이고 있을 수도 있다. 이러한 문제 역시 기본적으로 2인 이상의 인물 사진 문제를 풀 때와 동일한 전략으로 정답을 찾으면 되는데, 다수의 인물들이 등장하기 때문에 시선이 분산될 수 있어서 상대적으로 난이도가 높게 느껴질 수 있다. 하지만 풍경 사진의 경우와 마찬가지로 너무 작아서 잘 보이지 않거나 비중이 작은 인물 및 사물에 대해서는 크게 신경 쓸 필요가 없다.

풀이 전략

1 군중들의 특징이나 군중들이 있는 장소 등을 통해 전반적인 상황을 파악한다. participants(참가자), audience(청중, 관객), passengers(탑승객), pedestrians(보행자) 등과 같은 단어로 군중들을 설명하는 경우가 많다.

2 특이한 행동을 하고 있는 인물은 정답 뿐만 아니라 오답에서도 언급되는 경우가 많다. 따라서 해당 인물이 정확히 어떤 행동이나 동작을 하고 있는지 파악한다.

3 중요도가 극히 낮은 인물이나 사물을 파악하느라 시간을 낭비할 필요는 없다.

예제 ▶ 1-11

work out 운동하다
gymnasium 체육관
towel 수건, 타월
participant 참가자
warm up 몸을 풀다, 워밍업을 하다

스크립트 & 해석

(A) They are working out inside a gymnasium.
(B) Some people are seated on their towels.
(C) All of the participants are raising their arms.
(D) The team is warming up before the game.

(A) 그들은 체육관 안에서 운동을 하고 있다.
(B) 몇몇 사람들은 타월을 깔고 앉아 있다.
(C) 모든 참가자들이 팔을 들어 올리고 있다.
(D) 팀이 경기 전에 몸을 풀고 있다.

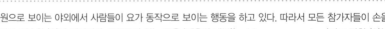

해설

공원으로 보이는 야외에서 사람들이 요가 동작으로 보이는 행동을 하고 있다. 따라서 모든 참가자들이 손을 들고 있다고 진술한 (C)가 정답이다. 군중들이 있는 곳을 '체육관 내부'(inside a gymnasium)라고 말한 (A)는 사실과 다르며, 타월이 보이기는 하나 사람들이 '타월에 앉아 있는'(are seated on their towels) 것은 아니므로 (B)도 오답이다. 확인이 불가능한 team(팀)과 game(경기)이라는 단어로 사진을 설명한 (D)는 주어진 사진과 무관한 진술이다.

알아 둡시다!

주관적인 의견이 들어간 보기는 정답이 되기 힘들다. 'The people are enjoying a sunny day.'(사람들이 화창한 날을 즐기고 있다.)라던가 'They are not interested in the show.'(그들은 공연에 흥미를 느끼지 않는다.)라는 식의 보기들은 사진만으로는 확인이 불가능한 사실을 언급하고 있기 때문에 정답이 될 수 없다.

연습 문제

다음을 듣고 사진의 내용을 가장 잘 묘사한 것을 고르시오. ▶ 1-12

1

bus stop 버스 정류장
be about to 막 ~하려고 하다
pull up 멈추다
cross 교차하다

(A) Everyone waiting at the bus stop ....

(B) A bus is .... to the side of the road.

(C) A passenger is trying to ....

(D) .... has his arms crossed.

2

airport departure lounge
공항의 출발 라운지
couch 카우치, 긴 소파
server 종업원
provide A with B A에게 B를 제공하다
refreshment 다과, 음식물
handout 유인물

(A) They are waiting in ....

(B) Some people are seated ....

(C) A server is providing ....

(D) One man is .... to a woman.

3

(A) A graphic is being shown ....

(B) An audience member .... a question.

(C) Most of the people seated are ....

(D) The members of the audience are ....

4

(A) .... is looking upward.

(B) One man is .... above them.

(C) The members of the group ....

(D) One woman is having ....

정답 및 해설 p.7

📋 빈출 표현 정리

군중 사진 문제에서 정답의 주어는 여러 명의 사람들일 수도 있고, 특정한 사람이나 사물인 경우도 있을 수 있다. 사진에서 어떤 인물이 두드러진 모습을 보이는 경우에는 이 사람의 행동이나 외모를 묘사한 보기가 정답일 가능성이 높으며, 예외적으로 사진 속 장면을 전반적으로 묘사한 보기가 정답일 수도 있다.

여러 사람의 행동을 묘사한 경우

People are holding brochures in their hands.	사람들이 손에 브로셔를 들고 있다.
The people are standing face to face.	사람들이 얼굴을 맞대고 서 있다.
Everyone is moving in the same direction.	모든 사람들이 같은 방향으로 이동하고 있다.
People have gathered together in groups.	사람들이 무리를 지어 있다.
They are enjoying playing in the water.	그들은 물놀이를 즐기고 있다.
Shoppers are heading up the escalator.	쇼핑객들이 에스컬레이터를 타고 올라가고 있다.
Some people are waiting to get on the elevator.	몇몇 사람들이 엘리베이터를 타려고 기다리고 있다.
People are lying on the beach and sunbathing.	사람들이 해변가에 누워 일광욕을 하고 있다.

두드러지는 인물의 행동을 묘사한 경우

A tourist is taking some photographs.	한 관광객이 사진을 찍고 있다.
One audience member's hand is raised.	관객 중 한 명이 손을 들고 있다.
A woman has gotten up from a chair.	한 여자가 의자에서 일어나 있다.
A diagram is being drawn on the board by the man.	남자에 의해 칠판에 도표가 그려지고 있다.
They are focusing on the man standing up.	그들은 서 있는 남자에 집중하고 있다.

전반적인 상황을 묘사한 경우

A movie is being screened.	영화가 상영되고 있다.
A lecture is being given in a boardroom.	회의실에서 강의가 이루어지고 있다.
The street is crowded with people.	거리는 사람들로 붐빈다.
All of the seats in the restaurant are currently occupied.	현재 식당의 모든 자리가 차 있다.

---

brochure 소책자, 브로셔	**gather** 모이다	**diagram** 도표	**screen** 화면; 상영하다
face to face 얼굴을 맞대고	**sunbathe** 일광욕을 하다	**board** 판, 보드	**boardroom** 회의실
	tourist 관광객	**focus on** ~에 집중하다	

다음을 듣고 사진의 내용을 가장 잘 묘사한 것을 고르시오. ▶ 1- 13

1.

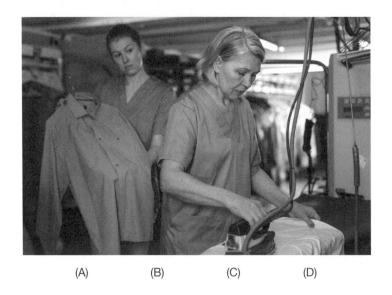

(A) (B) (C) (D)

2.

(A) (B) (C) (D)

3.

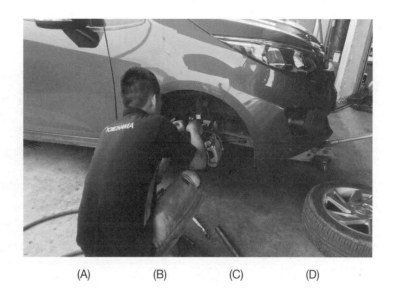

(A)   (B)   (C)   (D)

4.

(A)   (B)   (C)   (D)

5.

(A)   (B)   (C)   (D)

6.

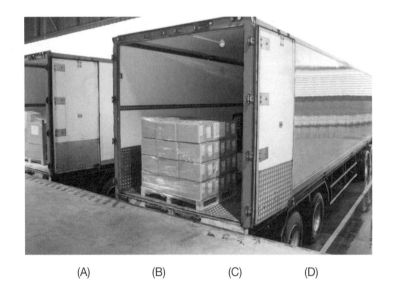

(A)   (B)   (C)   (D)

정답 및 해설 p.8

PART 2

파트2에서는 짧은 질문이나 진술을 듣고 세 개의 보기 중에서 그에 어울리는 답변을 골라야 한다.

질문이나 진술의 길이가 짧은데다가 시험지에 아무것도 적혀 있지 않기 때문에 자칫하면 문제 및 보기를 제대로 듣지 못한 채 다음 문제로 넘어가버리는 경우가 많다.

문제 풀이 시간도 짧아서 정답을 오래 고민하는 경우 다음 문제까지도 놓치는 실수를 범할 수 있다.

하지만 질문이나 진술의 요지는 보통 문장의 시작 부분에서 드러나는 경우가 많기 때문에 첫 부분을 놓치지 않고 들으면 정답을 맞출 확률을 높일 수 있다.

아울러 평소에 문제 풀이 시간에 유의하면서 질문이나 진술의 핵심이 되는 부분을 놓치지 않고 듣는 연습을 하면 파트2에서 높은 점수를 받을 수 있다

Type 01

who로 시작하는 의문문

who로 시작하는 의문문은 어떤 행위나 상태의 주체를 묻는 의문문으로, 사람의 이름이나 직책, 직위 등으로 이루어진 답변이 이어질 수 있다.

풀이 전략

1. 사람의 이름이나 직책, 직위 등을 언급한 보기가 정답일 가능성이 높다.
2. 특정 인물을 언급하지 않더라도 간접적이거나 우회적인 방식으로 답변이 이루어질 수 있다.
3. '잘 모르겠다'는 식의 답변은 어느 질문에나 자연스럽게 이어질 수 있는 답변이다.

예시 질문/진술

• Who got promoted this month?	이번 달에 누가 승진했나요?
• Who's interested in flying to Paris?	누가 파리에 가고 싶어하나요?
• Who requested time off this week?	누가 이번 주에 휴가를 신청했나요?
• Who is leading the orientation session today?	누가 오늘 오리엔테이션을 진행할 건가요?
• Who designed the logo for the company?	누가 그 회사의 로고를 디자인했나요?
• Who's giving the presentation at the meeting?	누가 회의에서 발표를 할 건가요?

예제 ▶ 2-01

Mark your answer on your answer sheet.

스크립트 & 해석

Who would like to attend the seminar next week?
(A) I believe Eric wants to go.
(B) Yes, I attended it.
(C) Ms. Wright is leading it.

attend 참석하다 **lead** 이끌다

다음 주 세미나에 누가 참석하고 싶어하나요?
(A) Eric이 가고 싶어하는 것으로 알고 있어요.
(B) 네, 제가 참석했어요.
(C) Wright 씨가 진행하고 있어요.

해설

의문사 who를 이용하여 세미나에 참석하고 싶은 사람이 누구인지 묻고 있다. 정답은 직접적으로 Eric이라는 이름을 밝히며 그가 가고 싶어한다는 사실을 밝힌 (A)이다. 의문사로 시작하는 질문에 yes/no로 답한 (B)는 정답이 될 수 없고, (C)는 세미나를 진행할 사람이 누구인지 묻는 경우에 이어질 수 있는 답변이다.

알아 둡시다!

의문사 who의 목적격은 whom이다. who(m)으로 시작하는 의문문은 파트2에서 자주 등장하지는 않지만 참고로 알아 두도록 하자.

Who(m) should we assign to Ms. Jacob's team? Jacob 씨의 팀으로 누구를 배정해야 할까요?
Ted Simmons, probably. 아마 Ted Simmons요.

Who(m) should we send on the business trip to Tokyo? 도쿄 출장에 누구를 보내야 할까요?
You have the most experience there. 그곳 경험은 당신이 가장 많잖아요.

42

연습 문제

다음을 듣고 질문이나 진술에 가장 알맞은 응답을 고르시오. ▶ 2- 02

1

Who _____ with on the phone?

(A) _____ is 236-9043.

(B) For about _____ .

(C) My boss _____ .

boss 상사, 우두머리, 사장

2

_____ in taking that class on marketing?

(A) Ms. Lincoln is _____ .

(B) _____ , but I'm too busy.

(C) Yes, we're going _____ .

marketing 마케팅
instructor 강사
market 시장

3

To whom _____ this invoice?

(A) _____ over there.

(B) You're right. She has _____ .

(C) No, you didn't _____ .

invoice 송장
office manager 사무장
voice 목소리

4

_____ to log off the computers last night?

(A) _____ at 9:00 every day.

(B) I wasn't _____ all day.

(C) _____ our computers.

remember to
~할 것을 기억하다
log off 로그오프하다
all day 하루 종일
upgrade 업그레이드하다

5

_____ for a transfer to the Boston office?

(A) On a _____ .

(B) Stephen _____ Boston.

(C) _____ Janet's interested.

apply for ~을 신청하다
transfer 이동, 이전
transatlantic
대서양 횡단의
grow up 자라다, 성장하다

정답 및 해설 p.10

43

what으로 시작하는 의문문

what으로 시작하는 의문문은 what 다음에 be동사가 오는지 혹은 일반 동사가 오는지를 먼저 살펴야 한다. be동사가 오는 경우에는 be동사 이후의 명사가 정답의 단서가 되며, 일반 동사가 오는 경우에는 일반 동사의 목적이나 대상이 될 수 있는 답변이 정답이다. 또한 what으로 시작하지만 거의 하나의 어구처럼 사용되는 표현들, 즉 what time, what kind of와 같은 표현들의 쓰임에 대해서도 알고 있어야 한다.

풀이 전략

1 what 다음에 be동사가 오는지, 일반 동사가 오는지 살핀다.

2 be동사가 오는 경우에는 be동사 이후의 명사가, 일반 동사가 오는 경우에는 일반 동사가 정답의 단서이다.

3 what time으로 시작되는 질문에는 구체적인 시각을 나타내는 답변이, what kind of로 시작되는 질문에는 뒤따르는 명사와 관련된 답변이 정답일 가능성이 높다.

예시 질문/진술

• What was your impression of the new employee?	신입 사원에 대한 인상은 어땠나요?
• What do I need to do to open a new bank account?	은행 계좌를 새로 개설하려면 어떻게 해야 하나요?
• What caused the machine to break down?	무엇 때문에 기기가 고장이 났나요?
• What is your opinion of the report?	보고서에 관한 당신의 의견은 무엇인가요?
• What time is the concert set to begin?	공연은 몇 시에 시작될 예정인가요?
• What time should we expect Ms. Wang to arrive?	Wang 씨는 몇 시에 도착할 것으로 예상되나요?
• What kind of event are you holding?	어떤 행사를 할 것인가요?

예제 ⏵ 2-03

> Mark your answer on your answer sheet.
>
>
>
> What happened during the staff meeting this morning?
> (A) Our supervisor plus several senior staffers.
> (B) For two hours starting at nine thirty.
> **(C) Nothing much. Just the usual things.**
>
> **supervisor** 감독관, 관리자 **senior** 고위의, 상급의 **staffer** 직원
> **usual** 보통의, 통상적인
>
> 오늘 오전 직원 회의에서 어떤 일이 있었나요?
> (A) 관리자와 몇몇 직급이 높은 직원들이요.
> (B) 9시 30분에 시작해서 2시간 동안이요.
> (C) 별일 없었어요. 통상적인 일들이었죠.
>
> **해설** 의문사 what을 이용하여 회의 시간에 있었던 일을 묻고 있다. what 다음에 happened(발생하다, 일어나다)라는 동사가 있으므로 구체적으로 어떤 일이 있었는지를 답한 보기가 정답일 가능성이 높다. (A)는 참석 인원이 누구인지를 묻는 질문에 어울릴 법한 답변이고, (B)는 회의가 얼마나 진행되었는지 묻는 질문에 이어질 수 있는 대답이다. 정답은 특별한 일이 없었다는 점을 밝힌 (C)이다.

말아 둡시다!

what about은 상대방의 의견을 묻거나 제안을 할 때 주로 사용되는 표현이다.

What about purchasing a laptop instead of a desktop? 데스크톱 대신 노트북을 사는 것이 어떨까요?
I'd rather not do that. 그렇게 하지 않았으면 해요.

연습 문제

다음을 듣고 질문이나 진술에 가장 알맞은 응답을 고르시오. ▶ 2-04

1

.... is Anderson Consulting hosting?

(A) At the Bradenton Convention Center.

(B) .... on international marketing.

(C) .... starting this Friday.

host 주최하다, 개최하다
international 국제적인

2

.... to increase sales of sneakers?

(A) .... a size ten and a half.

(B) .... online.

(C) .... 10,000 pairs so far.

sneakers 운동화
advertise 광고하다
so far 지금까지

3

.... schedule the awards ceremony to begin?

(A) .... in thirty minutes.

(B) Six thirty ....

(C) She's the ....

awards ceremony
시상식
ideal 이상적인
employee of the year
올해의 직원

4

.... do you usually wear?

(A) I'm .... these days.

(B) It's a blue ....

(C) I'd rather .... now

these days 요즘
button-down shirt
버튼 다운 셔츠
would rather
차라리 ~하고 싶다

5

.... did you sign up for?

(A) Yes, I did ....

(B) For about ....

(C) ....

sign up for ~에 등록하다

정답 및 해설 p.11

when으로 시작하는 의문문

when으로 시작하는 의문문은 시간을 묻는 질문이므로 시간을 언급한 보기가 일차적으로 정답일 가능성이 높다. 하지만 난이도가 높은 문제의 경우 시제 또한 잘 살펴야 하는데, 가령 'When did the sample arrive?'와 같이 과거의 시간을 물은 질문에 'It will be delivered tomorrow.'처럼 미래 시제로 답한 보기는 정답이 될 수 없다. 반면에 'When will the sample arrive?'와 같은 질문에는 'It was already delivered yesterday.'와 같이 대답할 수 있다.

풀이 전략

1 시간을 언급하고 있는 보기가 정답일 가능성이 높다. when을 자칫 where로 잘못 듣는 경우를 노려 장소로 답변한 오답들은 반드시 거르도록 한다.

2 when 이후의 시제에 유의하여 오답을 소거하도록 한다.

3 '이미 ~했다' 혹은 '(앞으로) ~할 것이다'와 같은 의미를 지닌 답변들도 정답일 가능성이 높다.

예시 질문/진술

• When did Mr. Kim's plane take off?	Kim 씨의 비행기는 언제 이륙했나요?
• When should we stop to get gas?	언제 주유를 해야 하나요?
• When was the fax sent by the Turner Group?	Turner Group의 팩스는 언제 보내졌나요?
• When did Ms. Simon send the contract to be signed?	Simon 씨가 서명받아야 할 계약서를 언제 보냈나요?
• When can you send someone to look at the air conditioner?	에어컨을 살펴볼 사람은 언제 보내 주실 건가요?

예제 ⏵ 2-05

Mark your answer on your answer sheet.

When is the delivery supposed to be made?
(A) Sometime tomorrow morning.
(B) The supplies we ordered last week.
(C) Five or six boxes, I think.

delivery 배달, 배송 be supposed to ~할 예정이다
supply 공급(품)

배송이 언제 이루어질 예정인가요?
(A) 내일 오전 중으로요.
(B) 저희가 지난 주에 주문한 물품들이요.
(C) 제 생각으로는 다섯 박스 아니면 여섯 박스예요.

의문사 when을 이용하여 예상 배송 시간을 묻고 있다. 따라서 '내일 오전'이라는 시간으로 대답한 (A)가 가장 적절한 답변이다. (B)는 supposed(가정하다, 예상하다)와 발음이 유사한 supplies(공급품)로 오답을 유도하고 있는 함정이며, (C)는 주문 수량 등을 물었을 때에 이어질 수 있는 대답이다.

알아 둡시다!

this morning, yesterday, at 7:00 P.M.과 같이 시간을 나타내는 부사구는 알아듣기 쉬운 반면, before/after, as soon as, not ~ until과 같은 표현들로 이루어진 보기는 자칫하면 놓치기 쉬운 표현들이다. 따라서 시간을 나타내는 다양한 표현들에 익숙해지도록 하자.

Please arrive at the office **before** nine. 9시 전에 사무실로 와 주세요.

The meeting will start right **after** lunch. 그 회의는 점심 시간 직후에 시작될 것입니다.

Let's talk **as soon as** the speech ends. 강연이 끝나는 대로 이야기하죠.

I will **not** move **until** I get a new job. 저는 새로운 일을 구할 때까지 이사하지 않을 거예요.

연습 문제

다음을 듣고 질문이나 진술에 가장 알맞은 응답을 고르시오. ▶ 2-06

1

.... Ms. Cunningham work at Edison Technology?

(A) As ....

(B) Around ....

(C) Yes, she ....

general manager
부장, 실장; 총지배인

2

When shall we make .... ?

(A) Let's do that ....

(B) To Zurich and then Athens.

(C) I .... in my office.

arrangement 준비; 배열
arrange 준비하다, 마련하다

3

When does Mr. Lawrence .... ?

(A) On Flight TR584.

(B) I'll ....

(C) .... terminal 3.

itinerary 일정표
terminal 터미널

4

When will Mr. Samuelson speak .... ?

(A) No, ... Mr. Samuelson.

(B) .... on employee benefits.

(C) .... Dr. Davis.

employee benefit
직원 복지

5

When is the contract .... by the lawyers?

(A) .... are lawyers.

(B) They're ....

(C) Maybe ....

contract 계약, 계약서
review 검토하다
lawyer 변호사, 법률가
under review 검토 중인,
조사를 받고 있는

정답 및 해설 p.10

where로 시작하는 의문문

when으로 시작하는 의문문이 시간을 묻는 질문이라면 where로 시작하는 의문문은 장소를 묻는 질문이다. 따라서 장소를 나타내는 전치사인 in, at, on, next to, in front of 등의 표현이 포함된 보기가 정답일 확률이 높다.

풀이 전략

1. 구체적인 장소를 언급한 보기가 정답일 가능성이 높다. where를 when으로 잘못 듣는 경우 오답을 유도하기 위해 시간을 언급한 보기들은 반드시 거르도록 한다.

2. 장소를 나타내는 전치사나 기타 위치 표현이 들어 있는 보기를 찾도록 한다.

3. 직접적으로 장소를 언급하지 않더라도 우회적인 답변이나 '잘 모르겠다'는 식의 답변은 정답일 가능성이 높다.

예시 질문/진술

- Where should we set up Ms. Chang's desk?
- Where should we meet before the workshop?
- Where does Mr. Baker keep the files on sales?
- Where is the nearest post office in this neighborhood?
- Where should we put all of these empty boxes?

Chang 씨의 책상은 어디에 놓아야 하나요?
워크숍에 가기 전에 어디에서 만날까요?
Baker 씨는 판매량에 관한 파일을 어디에 보관하나요?
이 지역에서 가장 가까운 우체국은 어디인가요?
이 빈 박스들은 모두 어디에 두어야 하나요?

예제 ▷ 2-07

Mark your answer on your answer sheet.

스크립트 & 해석

Where would you like me to put today's mail?
(A) A letter from Desmond Insurance.
(B) Just hand it to me, please.
(C) Okay, I'll go to the post office.

오늘 온 우편물은 어디에 놓을까요?
(A) Desmond 보험에서 온 편지예요.
(B) 그냥 저한테 주세요.
(C) 좋아요, 제가 우체국으로 갈게요.

mail 우편, 우편물 **hand** 건네다, 주다 **post office** 우체국

해설

의문사 where를 통해 우편물을 놓을 장소를 묻고 있다. (A)는 질문의 mail(우편물)로부터 연상할 수 있는 letter(편지)로, (C)는 post office(우체국)로 각각 오답을 유도하고 있는 함정이다. 따라서 별도의 장소를 지칭하지 않고 자신에게 건네 달라는 뜻을 내비친 (B)가 가장 자연스러운 답변이다.

말아 둡시다!

파트2에서는 질문이나 진술의 단어를 이용해 만든 함정들이 다수 등장한다. 따라서 문제에서 이미 들었던 단어가 그대로 언급되고 있는 보기나 이러한 단어로부터 연상할 수 있는 표현을 이용한 보기들은 정답이 아닐 가능성이 매우 높다.

다음을 듣고 질문이나 진술에 가장 알맞은 응답을 고르시오. ▶ 2-08

1

Where .... to purchase office equipment?

(A) It's .... this weekend.

(B) .... McGregor's.

(C) .... and a laptop.

office equipment
사무용 기기
have a sale 세일을 하다
check out 확인하다;
알아보다
copier 복사기

2

.... the apartment manager's office?

(A) It's .... on the right.

(B) .... Mr. Jefferson.

(C) Yes, we have ....

apartment manager's
office 아파트의 관리 사무소
rent 임대하다

3

.... send my application for employment?

(A) It's a ....

(B) .... is this Friday.

(C) Let me get you ....

application for
employment 입사 지원서
full-time position 정규직
deadline 기한, 마감일

4

Where did you learn .... a forklift?

(A) I haven't had ....

(B) .... goes beside the plate.

(C) I took a ....

operate 작동하다,
가동하다; 수술하다
forklift 지게차
operation 작동, 가동; 수술

5

.... on the company retreat next month?

(A) That hasn't ....

(B) No, we ....

(C) Actually, I think ....

company retreat
회사 단합 대회, 회사 야유회
retreat 물러나다,
퇴각하다; 피정, 칩거

Type 05

why로 시작하는 의문문

why로 시작하는 의문문은 이유를 묻는 질문으로, 그에 대한 답변은 매우 다양한 형태로 제시될 수 있다. 따라서 무엇보다 묻는 바를 정확히 파악하는 것이 중요하며 so, because 등과 같이 이유를 나타내는 표현들이 정답의 단서가 될 수 있다. 반면에 「Why don't you [we] ~?」 형식의 의문문은 이유를 묻는 질문이 아니라 제안 혹은 권유의 의미를 나타내는 표현이므로 이러한 의문문이 등장하면 수락이나 거절의 의미를 나타내는 보기가 정답이 된다.

풀이 전략

1 질문의 요점을 파악한 후 그에 대한 이유가 될 수 있는 답변을 찾도록 한다. to부정사를 이용한 답변이나 so, because로 시작되는 보기는 정답일 가능성이 높다.

2 이유는 간접적인 방식으로도 드러날 수 있으며, 대답을 회피하는 보기 역시 정답일 가능성이 높다.

3 why don't you [we]로 시작되는 질문은 제안이나 권유의 의미를 나타낸다.

예시 질문/진술

• Why did Ms. Chen call off the meeting?	Chen 씨가 왜 회의를 취소시켰나요?
• Why is the air conditioner making that weird noise?	에어컨에서 왜 그처럼 이상한 소리가 날까요?
• Why did Stephen already leave for the day?	Stephen이 왜 벌써 퇴근을 했죠?
• Why can't I log on to the intranet right now?	왜 지금 인트라넷 접속이 안 되나요?
• Why did Mr. Harrison request my work file?	Harrison 씨가 왜 제 업무 파일을 요청했나요?
• Why haven't the survey results been published?	조사 결과가 왜 발표되지 않았나요?
• Why don't we have dinner together?	함께 저녁을 먹는 것이 어떨까요?

예제 ▶ 2-09

Mark your answer on your answer sheet.

스크립트 & 해석

Why isn't anyone assisting that customer over there?
(A) She said she's just browsing.
(B) Yes, that customer bought something.
(C) I don't need any assistance.

assist 돕다 **browse** 둘러보다 **assistance** 도움, 원조

왜 아무도 저쪽에 있는 손님을 도와 드리지 않나요?
(A) 그냥 구경하는 중이라고 말씀하시더군요.
(B) 네, 저 손님은 무언가를 구입했어요.
(C) 저에게는 아무런 도움도 필요 없어요.

해설

의문사 why를 이용해 왜 아무도 손님을 돕지 않는지 묻고 있다. 따라서 '(그 손님이) 구경하는 중이라고 말해서'라고 말함으로써 돕지 않은 합당한 이유를 제시한 (A)가 가장 자연스러운 답변이다. 의문사로 시작하는 질문에 yes/no로 답변한 (B)는 오답이며, (C)는 질문에서 사용된 assist(돕다)의 명사형인 assistance(도움, 원조)를 이용한 함정이다.

알아 둡시다!

why didn't you나 why weren't you와 같은 표현은 제안이나 권유의 의미를 나타내는 것이 아니라 이유를 묻는 표현이다. 다음 의문문들과 그 답변을 서로 비교해 보자.

Why don't you call Mr. Tanaka? Tanaka 씨에게 전화해 보는 것이 어떨까요?
Sure. I will do that right now. 그럴게요. 지금 바로 해 볼게요.

Why didn't you call Mr. Tanaka? 왜 Tanaka 씨에게 전화하지 않았나요?
I was busy writing a report. 보고서를 쓰느라 바빴어요.

다음을 듣고 질문이나 진술에 가장 알맞은 응답을 고르시오. ▶ 2-10

1

Why haven't .... been delivered?

(A) On the next ship that ....

(B) Nancy can ....

(C) David delivered ....

ship 배, 선박
port 항구

2

Why does Mr. Roper refuse to .... ?

(A) He thinks his solution ....

(B) No, that's ....

(C) .... Mr. Roper this afternoon.

refuse 거절하다, 거부하다
option 선택, 옵션
solution 해결, 해결 방안
opinion 의견

3

Why .... the IT Department at once?

(A) No, I don't .... there.

(B) I was sure I could .... myself.

(C) .... is extension 756.

contact 연락하다,
접촉하다; 연줄이 닿는 사람

4

Why did Mr. Crampton .... with Ms. Murphy?

(A) They are meeting .... from now.

(B) Yes, ... that he made.

(C) He .... some staffing issues.

request 요청하다, 요구하다
staff 직원; 직원을 제공하다

5

Why was our team .... to El Paso?

(A) .... with Acorn Tech.

(B) .... next week.

(C) I already ....

assign 배정하다
complete 마치다, 완료하다
assignment 과제, 업무

정답 및 해설 p.13

PART 2

Type 05 why로 시작하는 의문문

Type 06

how로 시작하는 의문문 I: how, how do you like [feel], how about

how는 '어떻게'라는 의미를 나타내는 의문사이다. 따라서 how로 시작하는 의문문이 제시되면 방법 또는 수단을 언급한 보기나 상태를 언급한 보기가 정답일 확률이 크다. 하지만 '(~에 대해) 어떻게 생각하는가'라는 의미인 「How do you like ~?」나 「How do you feel ~?」과 같이 상대방의 의견이나 기호를 물을 때 사용되는 표현이 등장하면 자신의 생각을 밝힌 답변이 정답이다. 그리고 how about 으로 시작하는 의문문은 일종의 제안을 나타내는 표현이기 때문에 수락이나 거절의 의미를 지닌 답변이 이어져야 한다.

풀이 전략

1 간접적인 방식으로 방법이나 수단을 밝힌 보기가 정답인 경우가 많다. 가령 '~을 통해 알게 되었다' 또는 '~에게 들었다'라는 답변이 종종 정답으로 등장한다.

2 how do you like 혹은 how do you feel로 시작하는 질문이 제시되면 개인의 의견이나 입장을 밝힌 보기가 정답이다.

3 how about으로 시작하는 질문에는 수락이나 거절의 의미를 담고 있는 답변이 이어져야 한다.

예시 질문/진술

- How are nonmembers supposed to reserve seats? / 비회원들은 어떻게 자리를 예약하게 되나요?
- How is the real estate market in Atlanta? / 애틀랜타의 부동산 시장은 어떤가요?
- How would you like me to prepare your coffee? / 커피를 어떻게 준비해 드릴까요?
- How do you feel about eating out for lunch? / 밖에서 점심을 먹는 것은 어떤가요?
- How did you enjoy your meal at the new restaurant? / 새로 생긴 식당에서의 식사는 어땠나요?
- How about attending the workshop with us? / 우리와 함께 워크숍에 참석하는 것이 어떨까요?

예제 ▶ 2-11

Mark your answer on your answer sheet.

 스크립트 & 해석

How can I file a complaint with the manager?
(A) You have to do that online.
(B) What would you like to buy?
(C) Mr. Watkins is the office manager.

file a complaint 불만을 제기하다   **office manager** 사무실 관리자, 사무장

매니저에 관한 불만은 어떻게 제기할 수 있나요?
(A) 온라인으로 하셔야 해요.
(B) 무엇을 구입하고 싶으신가요?
(C) Watkins 씨가 사무장이세요.

 해설

의문사 who를 이용해 불만을 제기할 수 있는 방법을 묻고 있다. 따라서 '온라인으로 해야 한다'며 그 방법을 알려 준 (A)가 가장 적절한 답변이다. (B)는 물건을 구입할 수 있는 방법을 묻는 질문에 어울릴 만한 답변이고, (C)는 질문의 manager(관리자, 매니저)를 중복 사용하여 오답을 유도하고 있는 함정이다.

알아 둡시다!

how much는 가격이나 금액을 물어볼 때에도 사용된다.

How much does it cost to purchase print paper? 복사 용지 구입 비용은 어떻게 되나요?
38 dollars per box. 박스 하나에 38달러예요.

How much did we spend on the business trip? 출장에서 우리가 얼마를 사용했나요?
I haven't added up all the receipts. 아직 모든 영수증 금액을 합산하지 못했어요.

52

다음을 듣고 질문이나 진술에 가장 알맞은 응답을 고르시오. ▶ 2-12

1

.... taking a couple of days off next week?

(A) My friend is coming ....

(B) A trip .... or the mountains.

(C) I've got a .... next Friday.

take a day off
하루 휴가를 내다
deadline 마감 시간, 기한
meet 만나다; 충족시키다

2

How does .... sound?

(A) .... twice.

(B) .... on the time.

(C) With Ms. Jones.

conference call
전화 회의
depend on
~에 의지하다; ~에 좌우되다

3

How did you manage to .... ?

(A) .... in the front row.

(B) My uncle works ....

(C) .... about $30.

reserve 예약하다, 예매하다
row 줄, 열

4

.... get from here to the highway?

(A) Take the next left and ....

(B) Traffic on the highway ....

(C) It's a ....

from A to B A에서 B까지
highway 고속도로

5

How are you planning to .... with the vendor?

(A) Do you .... ?

(B) It's a ....

(C) It .... yet.

solve 해결하다
vendor 행상인; 판매 회사

정답 및 해설 p.14

53

Type 07

how로 시작하는 의문문 II: how + 형용사, how + 부사

의문문에서 how가 형용사나 부사와 결합하여 사용될 때에는 '얼마나'라는 의미를 나타내며 주로 수량, 빈도, 기간, 거리 등을 묻는 경우에 사용된다. 따라서 이러한 질문이 제시되면 구체적인 단위로 답변한 보기를 먼저 찾도록 한다.

풀이 전략

1. how 다음에 형용사가 오는 경우, 어떤 형용사가 사용되었는지 파악해야 한다. how many [much]는 수량을, how long을 길이나 기간을, how often은 빈도를, how soon은 시기를, how far는 거리를 묻는 표현이다.
2. 구체적인 단위를 언급한 보기가 정답일 가능성이 높다. 질문과 상관없는 엉뚱한 단위를 언급한 보기는 함정이다.
3. '잘 모르겠다', '확인해 보겠다', '다른 사람에게 물어 보아라'고 말하며 즉답을 피하는 보기 역시 정답일 가능성이 높다.

예시 질문/진술

• How long will the construction take?	공사 기간은 얼마나 걸릴까요?
• How many days do you plan to stay here?	이곳에서 며칠 동안 머물 계획인가요?
• How many applications have we received?	입사 지원자가 몇 명이었나요?
• How much longer do you need on this project?	이번 프로젝트에서 시간이 얼마나 더 필요한가요?
• How often does the bus come to this stop?	이 정류소에는 버스가 얼마나 자주 오나요?
• How quickly can we get the copier repaired?	복사기를 얼마나 빨리 수리할 수 있을까요?
• How much money do I owe you?	제가 당신에게 얼마를 빚지고 있나요?

예제 ▶ 2-13

Mark your answer on your answer sheet.

스크립트 & 해석

How long is the staff meeting expected to last?
(A) Not more than two hours.
(B) It starts at ten thirty.
(C) All staffers must be there.

직원 회의가 얼마 동안 진행될 것으로 예상되나요?
(A) 2시간 이상은 안 걸릴 거예요.
(B) 10시 30분에 시작해요.
(C) 모든 직원들이 그곳에 참석할 거예요.

해설

how long으로 시작하는 의문문으로 예상되는 회의 시간을 묻고 있다. 따라서 hour라는 단위를 이용해 '2시간 이상은 걸리지 않을 것이다'고 답한 (A)가 가장 자연스러운 답변이다. (B)는 회의의 시작 시간을 묻는 질문에 어울릴 법한 답변이고, (C)는 staff(직원)와 발음 및 형태가 비슷한 staffers(직원)를 이용해 만든 함정이다.

말아 둡시다!

how many times로 시작하는 의문문은 빈도나 회수를 묻는 질문이다.

How many times has the machine broken down this week? 그 기기는 이번 주에 몇 차례 고장이 났나요?
Either five or six. 다섯 번 아니면 여섯 번이요.

다음을 듣고 질문이나 진술에 가장 알맞은 응답을 고르시오. ▶ 2-14

1

.... can you make it to the bank?

(A) It's closed for ....

(B) I'd like to open ....

(C) .... if it's important.

make it 가다
national holiday 국경일
savings account
예금 계좌

2

.... does Mr. Butters inspect the facility?

(A) .... in Topeka.

(B) On the last day ....

(C) He's .... today.

inspect 조사하다, 점검하다
facility 시설
conduct 실시하다,
실행하다
inspection 조사

3

.... have registered for the seminar?

(A) It will last ....

(B) .... one hundred dollars to attend.

(C) More than fifty ....

register 등록하다
last 계속하다, 지속되다
attend 참석하다
count 계산, 셈

4

How much .... to have the office painted?

(A) We haven't .... yet.

(B) The walls should ....

(C) .... Anderson Interior.

estimate 견적(서)
crew 승무원, 직원

5

.... is the airport from the city center?

(A) On a ....

(B) An ....

(C) .... by subway.

정답 및 해설 p.15

Type 08 which로 시작하는 의문문

which는 what과 그 의미나 쓰임이 비슷하지만, what과 달리 which는 선택할 수 있는 대상이 정해져 있는 경우에 주로 사용된다. 그러나 정답을 찾는 과정은 두 경우 모두 동일하다고 할 수 있다. 다만 파트2에서 which는 의문대명사로 사용되기 보다 의문형용사로 사용되는 경우가 더 많으므로, which 바로 다음에 오는 명사를 놓치지 않고 들어야 한다.

풀이 전략

1. which 다음에 be동사가 오는 경우에는 be동사 이후에 뒤따라오는 명사가 정답의 단서가 되며, which 다음에 일반 동사가 오는 경우에는 일반 동사가 정답의 단서가 된다.

2. which가 의문형용사로 쓰인 경우, which 다음에 뒤따르는 명사를 근거로 정답을 찾을 수 있다.

3. 부정대명사 one과 같은 단어를 사용하여 특정한 대상을 가리키는 보기는 정답일 가능성이 높다. 특정 대상을 가리키지 않고 '모두 그렇다', 혹은 '모두 그렇지 않다'는 의미를 나타내는 보기도 정답일 가능성이 높다.

예시 질문/진술

• Which area are we opening the new store in?	어떤 지역에 신규 매장을 오픈할 건가요?
• Which exit should we take?	어떤 출구로 나가야 하나요?
• Which of these proposals are we thinking of accepting?	이 제안들 중에서 어떤 것을 수락할 생각인가요?
• Which type of wallpaper would look best in this office?	어떤 종류의 벽지가 이 사무실에 가장 잘 어울릴까요?
• Which project should we assign to Mike's team?	Mike의 팀에 어떤 프로젝트를 맡겨야 할까요?

예제 ⊙ 2-15

Mark your answer on your answer sheet.

Which applicant impressed you the most?
(A) None of them, to be honest.
(B) Yes, he made quite an impression.
(C) Ten people applied for the job.

applicant 지원자 **impress** 새기다; 인상을 남기다 **to be honest** 솔직히 말하면

어떤 지원자가 가장 깊은 인상을 남겼나요?
(A) 솔직히 말하면 아무도 인상적이지 않았어요.
(B) 네, 그가 깊은 인상을 남겼어요.
(C) 10명의 사람들이 그 자리에 지원했어요.

which 이후의 명사 applicant(지원자)에 주의하여 정답을 찾도록 한다. 어떤 지원자가 가장 큰 인상을 남겼는지 묻고 있으므로 특정 지원자를 거론한 답변이나, 전체 지원자에 대한 긍정적 혹은 부정적인 평가를 내린 답변이 정답이다. 의문사로 시작한 질문에 yes/no로 답할 수는 없으므로 (B)는 오답이며, (C)는 applicant(지원자)의 동사형인 applied(지원하다)를 이용한 함정이다. 따라서 정답은 '인상이 깊었던 지원자는 없었다'며 전체 지원자에 대해 부정적인 의견을 나타낸 (A)이다.

말아 둡시다!

which와 what의 차이를 예문을 통해 살펴보도록 하자. 일반적인 경우 상대방에게 좋아하는 영화가 무엇인지 묻는다면 'What (kind of) movie do you like?'라고 말할 수 있다. 하지만 친구와 함께 영화관에서 같이 볼 영화를 고르고 있는 상황이라면 상대방에게 'Which movie do you like?'라고 말할 수 있을 것이다.

연습 문제

다음을 듣고 질문이나 진술에 가장 알맞은 응답을 고르시오. ▶ 2-16

1

Which store should we .... at?

(A) I've got ....

(B) Mostly ....

(C) It .... to me.

make a purchase
구매하다
coupon 쿠폰

2

Which of .... do you prefer?

(A) Yes, I like ....

(B) The one in ....

(C) Go ahead and ....

prefer 선호하다
try on ~을 입어보다

3

Which road can get me .... faster?

(A) Actually, I'm not ....

(B) .... me half an hour.

(C) .... my destination.

destination 목적지
not from around here
이곳 사람이 아닌

4

Which airline did you .... on?

(A) A .... to Beijing.

(B) .... at three o'clock.

(C) The one .... earlier.

airline 항공사
nonstop flight 직항편

5

Which job did Ms. Desmond .... ?

(A) She'll be getting ....

(B) .... an interior decorator.

(C) She still hasn't ....

pay raise 급여 인상
interior decorator
실내 장식가, 인테리어 디자이너
make up one's mind
결정하다, 결심하다

정답 및 해설 p.16

PART 2

Type **08** which로 시작하는 의문문

Type 09

whose로 시작하는 의문문

whose는 who의 소유격으로 사용되거나 소유대명사로 사용된다. 따라서 whose로 시작하는 질문에 대한 답변에는 소유격 혹은 소유대명사를 이용한 표현들이 종종 등장한다.

풀이 전략

1. whose를 놓치지 않고 듣는다. 발음이 같은 who's와 혼동하지 않도록 한다.
2. 소유격이나 소유대명사가 등장하는 보기가 정답일 확률이 높다.
3. 사람이 아니더라도 업체명이나 부서명 등을 이용해 소유 관계를 나타내는 보기 또한 정답일 가능성이 높다.

예시 질문/진술

- Whose letter did Mr. Thomson receive?
- Whose laptop is Sara using now?
- Whose car is that in the employee parking lot?
- Whose computer did he repair yesterday?

Thomson 씨는 누구의 편지를 받았나요?
Sara는 지금 누구의 노트북 컴퓨터를 사용하고 있나요?
직원 전용 주차장에 있는 차는 누구의 차인가요?
그가 어제 누구의 컴퓨터를 수리했나요?

예제 ⏵ 2-17

Mark your answer on your answer sheet.

Whose camera is sitting here on the table?
(A) Carmen's, I think.
(B) No, that's not my camera.
(C) Photography is a good hobby.

photography 사진술, 사진 촬영 **hobby** 취미

여기 테이블에 놓여 있는 카메라는 누구의 것인가요?
(A) Carmen의 것 같아요.
(B) 아니요, 그것은 제 카메라가 아니에요.
(C) 사진 촬영은 좋은 취미에요.

whose camera로 시작하는 의문문이므로 Carmen's라는 소유격을 이용해 카메라의 소유자의 이름을 직접적으로 밝힌 (A)가 정답이다. 의문사로 시작하는 질문에 yes/no로 답한 (B)는 정답이 될 수 없으며, camera(카메라)로부터 연상할 수 있는 단어인 photography(사진)를 이용해 오답을 유도하고 있는 (C) 또한 적절한 답변이 아니다.

말아 둡시다!

who와 belong to(~에 속하다)를 이용하여 사실상 whose와 같은 의미를 나타내는 질문도 등장할 수 있다.
Who does the red car in the parking lot **belong to**? 주차장에 있는 빨간색 차는 누구의 것인가요?
I saw Eric driving it this morning. 오늘 아침에 Eric이 모는 것을 보았어요.

연습 문제

다음을 듣고 질문이나 진술에 가장 알맞은 응답을 고르시오. ▶ 2-18

1

Whose job is it .... when we run out?

(A) Laura .... that.

(B) Let me help you ....

(C) .... in the storage room.

run out 다 쓰다, 소진하다
handle 다루다, 처리하다
ad 광고
storage room 창고

2

Whose design .... become the new company logo?

(A) .... at the press conference.

(B) A triangle .... in it.

(C) She's .... right now.

select 고르다, 선정하다
logo 로고
announce
발표하다; 안내하다
press conference
기자 회견

3

Whose company .... on the renovation project?

(A) We decided not ....

(B) .... with Walker, Inc.

(C) JTR made a ....

make a bid 입찰하다
renovation 수선; 혁신

4

Whose entry .... in the architecture contest?

(A) .... Las Vegas.

(B) .... on the beach.

(C) Jodie .... last year.

entry 입장; 참가(자)
come in first 1등을 하다
architecture contest
건축 공모전
tower 탑, 타워
enter a contest
대회에 참가하다

5

Whose vehicle are we .... to Atlanta?

(A) The interstate can ....

(B) It should only ....

(C) Carol .... us.

vehicle 차량
interstate 주간 고속도로
volunteer 자원하다

정답 및 해설 p.17

Type 10 — do로 시작하는 의문문

의문사가 없는 일반의문문은 조동사 do/does 혹은 did로 시작하는 의문문으로, 이 경우 yes/no로 답하는 것이 원칙이다. 의문문 내에 존재하는 주어와 동사를 놓치지 않고 듣는다면 어렵지 않게 정답을 찾을 수 있다.

풀이 전략

1. do/does 혹은 did의 사용 여부에 따라 의문문의 시제를 파악하고 의문문의 주어를 놓치지 않고 듣는다. 시제를 잘못 사용한 보기나 엉뚱한 주어로 답하고 있는 보기는 오답이다.

2. yes/no로 답하는 것이 원칙이다. 간접적인 방식으로 yes/no의 의미를 전달하고 있는 보기도 정답일 확률이 높다.

3. 즉답을 피하는 보기, 즉 '잘 모르겠다' 혹은 '아직 정해진 것이 없다'는 식의 답변은 항상 정답이 될 가능성이 높다.

예시 질문/진술

- Did you remember to send the invoice?　　송장을 보내야 한다는 점을 기억하고 있었나요?
- Do you mind taking a look at this form?　　이 양식을 봐 주실 수 있나요?
- Did you answer all of the questions on the questionnaire?　　설문지에 있는 모든 질문에 답을 하셨나요?
- Do you want me to see if the item is still in stock?　　그 제품의 재고가 아직 있는지 확인해 드릴까요?

예제　⏵ 2-19

Mark your answer on your answer sheet.

Does Mr. Robinson intend to make a decision soon?
(A) I don't intend to help.
(B) He makes all the big decisions.
(C) That's what he told me.

intend to ~할 의도이다　make a decision 결정하다

Robinson 씨께서 곧 결정을 내리려고 하시나요?
(A) 저는 도울 의향이 없어요.
(B) 모든 중요한 결정은 그가 내려요.
(C) 제게 그렇게 말씀하셨어요.

does로 시작하는 의문문으로, Robinson 씨라는 사람이 결정을 곧 내릴 것인지 묻고 있다. (A)와 (B)는 각각 질문에서 사용된 intend(의도하다)와 decision(결정)으로 오답을 유도하고 있는 함정이다. 정답은 '그가 내게 그렇게 말했다'는 뜻을 전함으로서 간접적으로 yes의 의미를 드러낸 (C)이다.

말아 둡시다!

일반의문문은 yes/no와 같은 식의 답변을 요구하는 의문문이다. 하지만 최근에는 yes/no가 생략되어 있는 보기가 정답인 경우가 많고 yes/no를 이용해 오답을 유도하는 함정들이 증가하는 추세이기 때문에, 단순히 yes/no의 유무에 따라 정답을 선택하는 실수를 범하지 말아야 한다.

다음을 듣고 질문이나 진술에 가장 알맞은 응답을 고르시오. ▶ 2-20

1

.... want to take the rest of the day off?

(A) .... in the afternoon now.

(B) .... some rest for a bit.

(C) That's all ....

take the rest of the day off 일찍 퇴근하다, 조퇴하다
for a bit 잠시

2

Did you ever .... anyone at Anderson Steel?

(A) .... , but nobody answered.

(B) One of our most ....

(C) No, ... anything at all.

get in contact with ~와 접촉하다, ~에게 연락을 취하다
steal 훔치다

3

.... to meet back here at 3:00?

(A) No, that's not ....

(B) 3:30 .... for me.

(C) .... back yet.

4

Do you .... your insurance coverage?

(A) .... what I have.

(B) Yes, I'm ....

(C) Sorry, but .... for it.

insurance coverage 보험의 보장 범위
be eligible for ~에 대한 자격이 있다

5

Did the loan application .... ?

(A) Yes, ... is mine.

(B) .... to Mr. Jacobs now.

(C) You forgot to ....

loan 대부, 대출
submit 제출하다
properly 제대로, 적절히
property 재산, 소유물; 부동산
document 서류

정답 및 해설 p.18

PART 2

Type **10** do로 시작하는 의문문

be동사로 시작하는 의문문 I: 일반적인 경우

be로 시작하는 의문문 역시 be동사 자체 보다는 be동사 이후에 등장하는 명사나 형용사가 정답의 단서가 된다. 또한 기본적으로 yes/no의 의미를 지닌 답변을 필요로 한다는 점에서 do로 시작하는 의문문 문제의 풀이 방법과 동일한 전략을 사용할 수 있다. 단, be 다음에 there가 등장하는 경우, 일반적으로 존재의 유무를 밝히는 답변이 정답일 가능성이 높다.

풀이 전략

1 be동사의 형태로 시제를 확인하고 의문문의 주어나 보어가 무엇인지 파악한다.

2 동사의 시제를 변형한 보기나 엉뚱한 주어로 시작하는 보기는 오답이다.

3 yes/no의 의미가 들어 있는 보기에 주의한다. 직접적으로 yes/no를 밝히고 있지는 않지만 간접적인 방식으로 yes/no의 의미를 전달하고 있는 보기는 정답일 확률이 높다.

예시 질문/진술

• Is this the user's manual for the scanner?   이것이 스캐너의 사용자 매뉴얼인가요?

• Is that the fastest you can be here?   그것이 여기로 가장 빨리 올 수 있는 방법인가요?

• Is this the most cost-efficient method?   이것이 비용 대비 가장 효과적인 방법인가요?

• Is it possible to have cable TV installed at my home?   저희 집에 케이블 TV를 설치하는 것이 가능한가요?

• Was there an invoice in the package you just opened?   당신이 방금 개봉한 소포에 송장이 있던가요?

예제 ⊙ 2-21

Mark your answer on your answer sheet.

Is your employer's address written on your business card?
(A) You can see it right at the top.
(B) Let me write my number for you.
(C) Business is going well these days.

employer's address 회사 주소 **business card** 명함
at the top 맨 위에

명함에 회사 주소가 적혀 있나요?
(A) 맨 위쪽에서 찾으실 수 있어요.
(B) 제가 제 전화 번호를 적어 드릴게요.
(C) 요즘은 사업이 잘 되고 있어요.

해설 be동사인 is로 시작하는 의문문으로, 명함에 회사 주소가 적혀 있는지 묻고 있다. 따라서 명함 위쪽에 적혀 있다며 yes의 의미를 전한 (A)가 가장 적절한 답변이다. (B)는 address(주소)를 듣고 연상할 수 있는 단어인 number(전화 번호)로 오답을 유도하고 있으며, (C)는 질문의 business(사업, 비즈니스)를 중복 사용한 함정이다.

알아 둡시다!

be able to와 같이 be동사를 포함하고 있는 관용어구들이 다수 존재한다. 이는 be동사로 시작하는 의문문으로 보지 말고 별도의 의문문이라고 생각해야 한다. 즉 be able to는 can으로, be supposed to나 be going to는 will로 시작하는 의문문으로 간주해야 한다.

Are you **able to** complete my request on time? 제 요구 사항을 제때에 들어 주실 수 있나요?
I **can** handle it. 그럴 수 있어요.

Is Ms. Kim **going to** volunteer at the park this weekend? Kim 씨가 이번 주말에 공원에서 자원 봉사를 할 건가요?
Kathie **will** do it, not Ms. Kim. Kim 씨가 아니라 Kathie가 할 거예요.

연습 문제

다음을 듣고 질문이나 진술에 가장 알맞은 응답을 고르시오. ▶ 2-22

1

Am I .... who is staying here late?

(A) .... It's not late yet.

(B) You .... for a while.

(C) Leslie is planning ....

2

Is Ms. Hampton's order .... ?

(A) It'll be hard, but we ....

(B) Why did .... to do that?

(C) I'm sure that ....

3

Are the nails we purchased .... ?

(A) I wear ....

(B) I'd better .... right now.

(C) I forgot to ....

4

Is Dr. Waters able to .... tomorrow?

(A) .... is for one this afternoon.

(B) You need to ....

(C) He's .... all week long.

5

Was Mr. Roosevelt .... at the conference?

(A) He gave a talk ....

(B) You can ask Sara ....

(C) Yes, you have ....

정답 및 해설 p.19

Type 12

be동사로 시작하는 의문문 II: 진행형 및 수동태

진행형과 수동태는 be동사를 필요로 하기 때문에 진행형이나 수동태 형식의 의문문 역시 be동사로 시작한다. 이러한 be동사로 시작하는 의문문이 등장하면 be동사 이후에 등장하는 현재분사 및 과거분사의 의미에 초점을 맞춰서 정답을 찾아야 한다.

풀이 전략

1. be동사 이후에 현재분사가 뒤따르는지, 과거분사가 뒤따르는지 확인한다. 참고로 주어가 사람일 경우에는 주로 현재분사가, 사물일 경우에는 과거분사가 뒤따른다.

2. 현재진행형으로 물은 질문에는 현재진행형으로, 수동태로 물은 질문은 수동태로 답하는 것이 자연스럽다. 단, 엉뚱한 주어로 답하는 보기는 오답이다.

3. yes/no의 의미가 들어 있는 보기에 주의한다. 간접적인 방식으로 yes/no의 의미를 전달하고 있는 보기 또한 정답인 경우가 많다.

예시 질문/진술

- Are you planning to go out for lunch?   밖에서 점심을 먹을 생각인가요?
- Is Ms. Wang going to host the ceremony next month?   Wang 씨가 다음 달 행사를 진행할 예정인가요?
- Were they surprised by the board's decision?   그들이 이사회의 결정에 놀라던가요?
- Were the clients impressed with the tour of the facility?   고객들이 시설 견학으로 깊은 인상을 받았나요?

예제   ⏵ 2-23

> Mark your answer on your answer sheet.

Is the mayor running for reelection this year?
(A) She decided she'd rather retire.
(B) I don't have time to run with you.
(C) Election Day is fast approaching.

시장이 올해 재선에 출마하나요?
(A) 은퇴하겠다고 결정했어요.
(B) 당신과 함께 달리기를 할 시간은 없어요.
(C) 대선이 다가 오고 있어요.

mayor 시장 **run for** ~에 입후보하다 **reelection** 재선거
would rather 차라리 ~하겠다 **Election Day** (미국의) 대통령 선거
approach 접근하다, 다가오다

현재진행형을 이용하여 현 시장이 재선에 출마할 것인지를 묻고 있다. 따라서 '(출마하지 않고) 은퇴할 예정이다'라고 답함으로써 no의 의미를 전달하고 있는 (A)가 가장 적절한 답변이다. 질문의 run for는 '~에 입후보하다'라는 뜻으로, (B)의 run(달리다)과는 다른 의미를 나타내며, (C)는 질문의 reelection(재선)과 발음이 비슷한 election(선거)으로 오답을 유도하고 있는 함정이다.

알아 둡시다!

「It is that [who] ~.」 강조구문이 의문문에서 사용될 수도 있다.

Was it Mr. Murphy's boss **who** just called him on the phone?
방금 Murphy 씨에게 전화를 건 사람이 그의 상사였나요?
You'll have to ask him about that. 그 점에 대해서는 그에게 물어보세요.

연습 문제

다음을 듣고 질문이나 진술에 가장 알맞은 응답을 고르시오. ▶ 2-24

1

.... by the results of the survey?

(A) They .... the day after tomorrow.

(B) I found ....

(C) They haven't .... yet.

2

Are we bidding on the contract to .... at city hall?

(A) Ms. Marshall is .... now.

(B) Yes, the food there ....

(C) I believe the food at city hall ....

3

Is Mr. Thompson practicing .... later today?

(A) .... that the belief is false.

(B) I think it's .... at four.

(C) His schedule .... all day.

4

.... handed out at the conference?

(A) I didn't .... to you.

(B) Yes. Would you like .... ?

(C) It's a conference ....

5

Was your supervisor leading this morning's .... ?

(A) Actually, ... Ms. Kennedy anymore.

(B) I think that .... the new project.

(C) It .... for everyone to get oriented.

survey 설문 조사
come out 나오다, 드러나다
the day after tomorrow 모레
shocking 놀라운

bid 입찰하다
catering service 케이터링 서비스
city hall 시청
put a bid together 입찰에 참여하다, 응찰하다
cater (행사 등에) 음식을 제공하다

practice 연습하다
demonstration 시위; (제품 등의) 시연
demonstrate 시위하다; 입증하다
all day 하루 종일

brochure 소책자, 브로셔
hand out 나누어 주다, 배포하다
construction method 시공법

supervisor 감독관; 관리자
not ~ anymore 더 이상 ~하지 않다
supervise 감독하다, 감시하다
take a while 어느 정도 시간이 걸리다
get oriented 적응하다

PART 2

Type 12 be동사로 시작하는 의문문 II: 진행형 및 수동태

정답 및 해설 p.20

65

have로 시작하는 의문문

현재완료를 이용하여 질문을 하는 경우에는 질문이 약간 길어질 수 있다는 점에서 문제가 까다롭게 느껴질 수 있지만, have로 시작하는 의문문 역시 결국 be동사나 일반 동사로 시작하는 의문문의 변형일 뿐이므로 have 이후의 주어와 동사가 무엇인지 파악하면 풀이 전략은 크게 다를 것이 없다.

풀이 전략

1 have/has 이후에 등장하는 주어 및 보어를 놓치지 않고 듣는다.

2 현재완료 시제를 이용하여 답한 보기가 정답일 확률이 높고, 엉뚱한 주어를 언급하고 있는 보기는 오답이다.

3 yes/no의 의미가 들어 있는 보기에 주의한다. 간접적인 방식으로 yes/no의 의미를 전달하고 있는 보기 또한 정답인 경우가 많다.

예시 질문/진술

• Have you made any plans for this weekend?　　　　　　　　　　　이번 주말을 위한 계획을 세웠나요?

• Has anyone called JH Tech's office yet?　　　　　　　　JH Tech의 사무실로 전화한 사람이 있었나요?

• Have you received the test results yet?　　　　　　　　　　　　　　테스트 결과를 받았나요?

• Has the shipment from Morgan Office Supplies arrived?　　　　Morgan 사무용품점의 물건들이 도착했나요?

예제　⏵ 2-25

Mark your answer on your answer sheet.

Have you taken this medical survey yet?

(A) I've been too busy all week long.

(B) He doesn't have any medical issues.

(C) Here is the survey form.

medical 의료의, 의학적인　**all week long** 일주일 내내

이번 건강 조사를 받았나요?

(A) 일주일 내내 너무 바빴어요.

(B) 그는 건강상의 문제를 겪고 있지 않아요.

(C) 여기에 설문 조사 양식이 있어요.

현재완료 시제로 상대방에게 설문 조사를 받았는지 묻고 있다. 따라서 너무 바빠서 받지 못했다는 의미를 내비친 (A)가 가장 적절한 답변이다. 엉뚱한 주어로 답한 (B)는 정답이 될 수 없고, (C)는 survey(조사, 설문 조사)를 반복 사용하여 오답을 유도하고 있는 함정이다.

알아 둡시다!

yet, already 등의 부사는 완료시제와 잘 어울려 사용된다.

Mr. Johnson has not **yet** finished writing his speech. Johnson 씨는 아직 연설문을 작성하지 못했어요.

The box of office supplies has **already** arrived. 사무용품 상자가 이미 도착했어요.

다음을 듣고 질문이나 진술에 가장 알맞은 응답을 고르시오. ▶ 2-26

1

Have the employee performance reviews ....?

(A) The performance is supposed ....

(B) .... the material.

(C) .... the last one this morning.

employee
performance review
인사고과, 직원 평가
material 재료; 자료

2

.... Mr. Roper in the office this morning?

(A) .... right down the hall.

(B) I've been .... all day.

(C) He's in Los Angeles ....

on business 업무상

3

Have you considered .... to Sydney?

(A) .... next to the ocean.

(B) Personally, ... in Hong Kong.

(C) .... two months ago.

consider 고려하다
ask for ~을 요청하다,
신청하다
transfer 이동; 이동하다
personally 개인적으로
would rather
오히려 ~하고 싶다

4

Has the budget for next year ....?

(A) The CEO .... his final approval.

(B) .... more than one million dollars.

(C) .... those suggestions.

budget 예산
approve of ~을 찬성하다,
승인하다

5

Has someone from Jersey Express ....?

(A) He said .... in ten minutes.

(B) No, I .... anything.

(C) Yes, Jersey Express ....

정답 및 해설 p.21

PART 2

Type **13** have로 시작하는 의문문

will/would로 시작하는 의문문

조동사로 시작하는 의문문은 조동사 자체의 의미를 부각시킬 수도 있고, 제안이나 요청 혹은 권고 등의 의미를 나타낼 수도 있다. will/would로 시작하는 의문문 역시 기본적으로는 '~할 것인가'라는 미래의 의미를 나타내며, 이에 대한 대답은 yes/no 식으로 할 수 있다. 한편 will/would를 이용하여 상대방의 의향을 묻는 경우에는 수락이나 거절의 의미를 담고 있는 답변이 이어져야 한다.

풀이 전략

1. will/would의 의미를 파악한다. 조동사 자체의 의미가 중시되는지, 아니면 제안, 요청, 권고 등과 같은 의미가 부각되는지 살핀다.

2. will/would가 미래의 의미를 나타내는 경우, yes/no 식의 답변이 이어지는 것이 원칙이다. 이때에는 조동사 이후에 등장하는 본동사의 의미를 파악하여 질문의 요지를 알아내야 한다.

3. 의문문에 제안, 요청, 권고 등의 의미가 포함되어 있으면 답변에는 직·간접적으로 수락이나 거절의 의미가 드러나 있어야 한다.

예시 질문/진술

• Will the sofa be delivered by the end of the day?	소파가 오늘 중으로 배송될까요?
• Will they agree to the suggested changes?	그들이 변경 사항 제안에 동의할까요?
• Will you please speak with Mr. Lee?	Lee 씨와 이야기해 보시겠어요?
• Will you trade shifts with me on Monday?	월요일 근무를 저와 변경하실래요?
• Would you mind picking up a package for me?	제게 소포를 가져다 주시겠어요?
• Would you like to apply for a membership card?	회원 카드를 신청하시겠어요?

예제 ⊙ 2-27

Mark your answer on your answer sheet.

Will you apply for a membership at the museum?
(A) I don't have enough money now.
(B) There's a museum in the downtown area.
(C) Yes, I believe she's a new member.

apply for ~을 신청하다 **membership** 회원 자격

박물관 회원으로 등록하시겠어요?
(A) 지금은 충분한 돈이 없어요.
(B) 시내 중심가에 박물관이 하나 있어요.
(C) 네, 저는 그녀가 신입 회원이라고 알고 있어요.

조동사 will을 이용하여 상대방에게 회원 등록을 할 것인지 묻고 있다. 따라서 지금은 (등록에 필요한) 돈이 없다고 말함으로써 간접적으로 no의 의미를 전달한 (A)가 가장 자연스러운 답변이다. (B)는 박물관의 유무를 묻는 질문 등에 적합한 대답이며, (C)는 membership(회원 자격)과 발음이 비슷한 member(회원)를 이용한 함정이다.

말아 둡시다!

「Would you like to ~?」 형식의 질문은 '~하고 싶은가' 혹은 '~하겠느냐'는 뜻으로, 상대방의 선호를 묻거나 상대방에게 제안을 할 때 사용되는 표현이다.

Would you like to take the train to Richmond? 리치몬드까지 기차를 타고 가시겠어요?
Driving would be more comfortable. 차를 가져 가는 것이 더 편할 것 같아요.

다음을 듣고 질문이나 진술에 가장 알맞은 응답을 고르시오. ▶ 2-28

1

.... me when Ms. Hamilton arrives?

(A) No, ... here yet.

(B) Approximately thirty minutes ....

(C) I'll .... when I see her.

inform 알리다
approximately 대략

2

Would anyone .... from the café across the street?

(A) .... a few days ago.

(B) Wait a bit, and I'll ....

(C) .... lemon iced tea now.

3

Will the flight be delayed due to .... ?

(A) You're .... to be flying now.

(B) It's snowing with ....

(C) The gate agent said we're ....

due to ~ 때문에
in no condition to
~할 상태가 아닌
on time 정시에

4

Would you prefer to .... ?

(A) I drive an SUV ....

(B) I would rather take ....

(C) .... is fine with me.

would rather
차라리 ~하겠다
public transportation
대중 교통

5

Will they take the .... in the morning?

(A) .... for the afternoon.

(B) Actually, ... about computers.

(C) They're taking two courses ....

reschedule
일정을 조정하다
semester 학기

정답 및 해설 p.22

can/could으로 시작하는 의문문

can/could는 일차적으로 '~할 수 있다'는 능력의 의미를 나타내지만, 보통 의문문에서 허락을 구하거나 부탁의 의미를 전할 때에도 자주 사용되는 표현이다. 「Can [could] I ~?」는 주로 허락을 구하는 경우에, 「Can [could] you ~?」는 부탁을 할 때 사용된다. can/could가 이와 같은 의미를 나타내는 경우, 그에 대한 답변은 수락이나 거절의 의미를 담고 있어야 한다.

풀이 전략

1. can/could가 어떤 의미로 사용되는지 파악한다. can/could 다음의 주어가 제3자인 경우 주로 능력이나 가능성의 의미가 드러나며, 주어가 I일 때에는 허락의 의미가 드러난다. 주어가 you일 때에는 주로 상대방에게 부탁을 하는 경우이다.

2. 조동사 이후에 등장하는 본동사의 의미에 주의하여 오답을 거르도록 한다.

3. 의문문에 제안, 요청, 권고 등의 의미가 포함되어 있다면 답변에는 직·간접적으로 수락이나 거절의 의미가 포함되어 있어야 한다.

예시 질문/진술

• Can Harry explain the process to the client?	Harry가 그 과정을 고객에게 설명해 줄 수 있나요?
• Can I file these documents for you?	이 서류들을 철해 드릴까요?
• Could you mail this letter?	이 편지를 부쳐 주실 수 있나요?
• Can you contact Ms. White this afternoon?	오늘 오후에 White 씨에게 연락해 줄 수 있나요?
• Could you direct me to the Sales Department?	저를 영업부로 안내해 주실 수 있으신가요?
• Can you give me directions to the library?	도서관에 가는 길을 알려 주실 수 있으신가요?

예제 2-29

Mark your answer on your answer sheet.

스크립트 & 해석

Can you describe exactly what happened at the demonstration?
(A) I didn't have a good view.
(B) They were demonstrating all day.
(C) It happened at city hall.

제품 시연회에서 정확히 어떤 일이 있었는지 설명해 줄 수 있나요?
(A) 저는 제대로 보지를 못했어요.
(B) 그들은 하루 종일 시연회를 하고 있었어요.
(C) 시청에서 이루어졌어요.

describe 묘사하다, 설명하다 **demonstration** 시연; 시위
have a good view 전망이 좋다; 잘 보다

해설

조동사 can을 이용하여 시연회에 대한 관람평을 요청하고 있다. 따라서 '잘 보지 못했다'며 즉답을 피한 (A)가 가장 자연스러운 답변이다. (B)는 가리키는 대상이 불분명한 주어 they로 시작하는 엉뚱한 답변이며, (C)는 시연회가 이루어진 장소 등을 물었을 때 이어질 수 있는 답변이다.

알아 둡시다!

조동사로 시작하는 의문문 문제의 경우, 역으로 되묻는 보기가 정답인 경우가 많다. 상대방의 말을 재차 확인하려는 질문이나 보다 상세한 내용을 되묻는 질문은 정답일 가능성이 높다.

다음을 듣고 질문이나 진술에 가장 알맞은 응답을 고르시오. ▶ 2-30

1

Could somebody please _____?

(A) Two windows _____.

(B) We _____ this evening.

(C) I'd prefer to _____.

2

Can you _____ so that I can buy lunch?

(A) How much _____?

(B) Let's get _____.

(C) No, thanks. I _____.

so that ~ can
~하기 위하여

3

Can _____ to the printing store?

(A) It's _____ away from here.

(B) Mr. Winters _____ in his office.

(C) No, _____ isn't working now.

accompany 동반하다

4

Could you _____ sometime tomorrow?

(A) The _____ are really nice.

(B) _____ 43 Rosemont Street.

(C) _____ anytime in the morning.

owner 소유주, 주인

5

Can Mr. Simmons meet with Ms. Ray to _____?

(A) I'll _____ between them.

(B) The merger _____ smoothly.

(C) _____ discuss the merger.

merger 합병
smoothly
부드럽게, 순조롭게

정답 및 해설 p.23

shall/should로 시작하는 의문문

shall/should 다음에 주어 I가 뒤따르는 경우에는 의무의 의미나 정중한 부탁의 의미가, 주어 we가 뒤따르는 경우에는 '~할까요'라는 제안의 의미가 드러난다. 그렇기 때문에 '그래야 한다' 혹은 '그럴 필요가 없다'는 의미를 나타내는 보기나 수락 및 거절의 의사를 나타내는 보기가 정답일 가능성이 높다.

풀이 전략

1 shall/should가 의무의 의미를 나타내는지, 제안의 의미를 나타내는지 확인한다. 제안의 의미를 나타내는 경우, 수락이나 거절의 의사를 내비친 보기가 정답이다.

2 shall/should가 의무의 의미를 나타내는 경우에는 '~해야 한다'는 의미를 나타내는 표현, 즉 have to, need to와 같은 표현이 들어 있는 보기들이 정답일 가능성이 높다.

3 엉뚱한 주어, 즉 it/he/she 또는 they로 시작하는 답변은 오답일 확률이 높다.

예시 질문/진술

- Shall I invite you to the party?   당신을 파티에 초대해도 될까요?
- Shall I save a seat for you in the cafeteria?   제가 구내 식당에서 당신 자리를 맡아 놓을까요?
- Shall we book the tickets for the show now?   지금 공연 티켓을 예매할까요?
- Shall we review the material in detail?   자료를 상세히 검토해 볼까요?

예제 ▶ 2-31

Mark your answer on your answer sheet.

Shall we go over some of the complaints shoppers have made?
(A) I didn't complain about that.
(B) Not enough cashiers working.
(C) We don't have time for that.

go over ~을 검토하다 complaint 불만, 불평 complain 불평하다, 불만을 제기하다 cashier 계산원

쇼핑객들이 제기한 불만들을 검토해 볼까요?
(A) 저는 그에 대해 불평하지 않았어요.
(B) 일하고 있는 계산원들이 부족해요.
(C) 그럴 시간이 없어요.

해설 조동사 shall를 이용하여 불만을 검토해 보자는 제안을 하고 있다. (A)는 complaints(불만, 불평)의 동사형인 complain(불평하다)을 이용한 함정이며, (B) 역시 shoppers로부터 연상할 수 있는 cashiers(계산원)를 이용해 만든 오답이다. 정답은 그럴 시간이 없다고 말함으로써 사실상 상대방의 제안을 거절한 (C)이다.

말아 둡시다!

may/might는 평서문에 쓰일 경우 허가, 가능 등의 의미를 나타내지만, 파트2의 질문에서는 거의 항상 「May I ~?」 형태로만 등장하며 허락이나 허가를 구하는 경우에 사용된다. 따라서 may/might로 시작하는 의문문이 제시되면 직·간접적으로 수락이나 거절의 의미를 나타내는 답변이 이어져야 한다.

May I borrow your stapler for a few minutes? 잠시 스테이플러를 빌려도 될까요?
Please be sure to give it back. 잊지 말고 돌려 주세요.

다음을 듣고 질문이나 진술에 가장 알맞은 응답을 고르시오. ▶ 2- 32

1

Should we _____ of the machinery?

(A) _____ lately.

(B) _____ to do that.

(C) Mr. Thompson is _____ .

inspection 조사, 점검
machinery 기계류, 기기
breakdown 고장
lately 최근에
inspector 조사관, 감독관

2

Shall I _____ on my way back to the office?

(A) _____ a turkey with cheese.

(B) I haven't _____ yet.

(C) He's at _____ now.

on one's way 도중에
turkey 칠면조

3

Should I _____ before submitting it?

(A) No, it wasn't _____ .

(B) Yes, you _____ that.

(C) All cases _____ .

document 문서,
서류; 기록하다, 문서화하다
submit 제출하다
turn in ~을 제출하다

4

Should we _____ one last time?

(A) Megan _____ for me.

(B) Okay. _____ a check.

(C) No, sales _____ .

double-check 재확인하다
one last time 마지막으로
check 확인하다; 수표
double 두 개의,
두 배의; 두 배가 되다

5

_____ Ms. Bonnet to the get-together?

(A) _____ down the street.

(B) This Friday right _____ .

(C) That would _____ to do.

get-together 모임
polite 공손한, 예의가 바른

정답 및 해설 p.24

PART 2

Type 16 shall/should로 시작하는 의문문

Type 17

부정의문문

부정의문문은 be동사나 조동사로 시작하는 의문문 중에서 not이 포함되어 있는 의문문을 말한다. 풀이 방식은 일반의문문의 경우와 동일한데, 답변 내용이 긍정적인 의미를 담고 있으면 yes로, 부정적인 의미를 담고 있으면 no로 대답하면 된다. 하지만 최근에는 yes/no의 의미가 생략된 답변들이 정답인 경우가 많기 때문에, 기계적인 공식을 적용하기 보다는 답변 내용 자체를 잘 이해해야 정답을 찾을 수 있다.

풀이 전략

1. 부정의문문 문제의 경우, yes/no 방식으로 답변하는 보기가 정답이다.
2. 사실 관계를 확인하기 위해 부정의문문으로 묻는 경우, '아직 알려진 바가 없다' 혹은 '결정이 내려지지 않았다'는 식의 답변이 정답으로 제시되는 경우가 많다.
3. 조건부로 대답하는 답변 역시 정답일 가능성이 높다.

예시 질문/진술

• Didn't you remember to register for the seminar?	세미나에 등록을 해야 한다는 점을 잊었나요?
• Shouldn't we reschedule the day's events?	우리가 그날 행사 스케줄을 조정해야 하지 않을까요?
• Aren't the interns going through orientation today?	인턴 사원들이 오늘 오리엔테이션을 받지 않나요?
• Didn't you spend any time sightseeing?	시간을 내서 관광을 하지는 않았나요?
• Won't there be a problem with your client?	당신 고객에게 문제가 생기지는 않을까요?
• Couldn't we drive instead of taking the subway?	지하철을 타는 대신에 차를 가져가면 안 될까요?
• Didn't Stevenson's close down last weekend?	Stevenson's는 지난 주말에 문을 닫지 않았나요?
• Shouldn't we reserve a car for our trip?	출장을 위해 차를 예약해야 하지 않을까요?
• Doesn't this contract require three people's signatures?	이 계약서에는 세 사람의 서명이 필요하지 않나요?

예제 ▶ 2-33

Mark your answer on your answer sheet.

Didn't you sign for the package when it was delivered?
(A) I put the boxes that came on your desk.
(B) **The deliveryman said it wasn't necessary.**
(C) No, this package hasn't been delivered.

deliveryman 배달원, 택배 기사 **necessary** 필요한

소포가 도착했을 때 수취인 서명을 하지 않았나요?
(A) 저는 여기에 온 상자들을 당신 책상에 두었어요.
(B) 택배 기사가 필요 없다고 말했어요.
(C) 아니요, 이 소포는 배송되지 않았어요.

부정의문문을 이용해 소포에 서명을 했는지 묻고 있다. (A)는 소포의 행방을 묻는 질문 등에 이어질 수 있는 답변이고, 수취인 서명 여부를 묻는 질문에 '소포가 아직 배송되지 않았다'고 답한 (C)는 질문과 관련이 없는 엉뚱한 대답이다. 정답은 택배 기사의 말을 빌려 그럴 필요가 없었다고 답한 (B)이다.

연습 문제

다음을 듣고 질문이나 진술에 가장 알맞은 응답을 고르시오. ▶ 2-34

1

.... the interviews for the unfilled positions until next week?

(A) Sure, you can go ahead and ....

(B) .... do them more quickly.

(C) Yes, these positions ....

PART 2 · Type 17 부정의문문

postpone
미루다, 연기하다
unfilled 비어 있는, 공석의
fill up ~을 가득 채우다
had better
~하는 편이 낫다

2

.... Mr. Butler about the modifications?

(A) I .... Mr. Butler before.

(B) He .... anymore.

(C) That's ....

modification 수정, 변경
not ~ anymore
더 이상 ~ 않다
modify 수정하다

3

Isn't the landscaper .... by now?

(A) He's running ....

(B) .... and a few shrubs.

(C) Yes, ... finished.

landscaper
조경사, 정원사
run behind schedule
예정보다 늦다
shrub 관목

4

Haven't the blueprints .... ?

(A) .... fairly soon.

(B) We finally decided to ....

(C) I .... to redo the first floor.

blueprint 청사진, 도면
finalize 완결하다,
마무리하다
fairly 꽤, 상당히
architect 건축가
redo 다시 하다

5

Won't you reconsider .... ?

(A) I'm sorry, but ....

(B) The budget projections ....

(C) I received .... last year.

reconsider 재고하다
budget 예산
budget projection
예산 계획
due 예정된;
제출되어야 하는
pay raise 급여 인상

정답 및 해설 p.25

75

부가의문문은 주로 사실 관계를 파악하고자 할 때 사용되는 의문문으로 문장 끝에 be동사/do/have/조동사 및 문장의 주어를 포함시켜 만들 수 있다. 따라서 부가의문문 문제는 be동사로 시작하는 의문문과 do, have, 혹은 조동사로 시작하는 의문문 문제의 풀이 전략을 그대로 적용하여 정답을 찾을 수 있다.

풀이 전략

1 기본적으로 yes/no의 의미를 담고 있는 답변이 정답이다. yes/no가 직접적으로 드러나 있지 않더라고 그러한 의미를 내포하고 있는 답변은 정답일 가능성이 높다.

2 부가의문문이 조동사로 이루어져 있는 경우, 조동사의 의미를 잘 살펴서 정답을 찾도록 한다.

3 상대방이 가지고 있는 정보가 완전히 잘못된 경우에는 잘못된 정보를 정정해 주는 보기가 정답일 수 있다.

예시 질문/진술

• Steven didn't make any mistakes, did he? — Steven은 실수를 하지 않았죠, 그런가요?
• You're picking up Ms. Simpson at the airport, aren't you? — 당신이 공항에서 Simpson 씨를 데리고 올 거죠, 그렇지 않나요?
• The awards ceremony was postponed, wasn't it? — 시상식이 연기되었죠, 그렇지 않나요?
• HK Tech didn't turn down our offer, did it? — HK Tech가 우리의 제안을 거절하지 않았죠, 그런가요?
• The picnic has been postponed until next week, hasn't it? — 야유회가 다음 주로 연기되었죠, 그렇지 않나요?
• Tom can operate a forklift, can't he? — Tom이 지게차를 운전할 줄 알죠, 그렇지 않나요?
• We should arrive half an hour early, shouldn't we? — 우리는 30분 일찍 도착해야 하죠, 그렇지 않나요?

예제 ▷ 2-35

Mark your answer on your answer sheet.

Angela can speak some Italian, can't she?
(A) I'm visiting Rome next January.
(B) Yes, I can speak three foreign languages.
(C) That's what she majored in.

major in ~을 전공하다

Angela가 이탈리아어를 할 줄 알죠, 그렇지 않나요?
(A) 저는 내년 1월에 로마를 방문할 거예요.
(B) 네, 저는 세 개의 외국어를 할 수 있어요.
(C) 그녀의 전공이었죠.

부가의문문을 이용해 Angela라는 사람이 이탈리아어를 할 수 있는지 묻고 있다. (A)는 Italian(이탈리아어)과 관련이 있는 Rome이라는 도시명을 이용한 함정이고, Angela라는 사람의 이탈리아어 실력을 묻는 질문에 주어가 I인 문장으로 답한 (B) 역시 오답이다. 정답은 '이탈리아어가 그녀의 전공이었다'고 말하면서 yes의 의미를 내비친 (C)이다. 참고로 이 질문은 결국 'Can't Angela speak some Italian?'이라는 문장과 동일한 의미를 나타낸다.

말아 둡시다!

부가의문문을 만드는 방식에 대해 알아보자. 긍정문의 경우 부가의문문에는 not이 들어가고 부정문의 경우에는 not이 들어가지 않는다. 부가의문문의 주어는 인칭대명사만 올 수 있으며 let's로 시작하는 간접명령문은 shall we를 이용하여 부가의문문을 만들 수 있다.

The duty-free shop sells chocolates, **doesn't it**? 면세점에서 초콜릿을 판매하죠, 그렇지 않나요?
Mr. Jackson hasn't accepted the offer, **has he**? Jackson 씨가 제안을 받아들이지 않았죠, 그렇죠?
Let's start right now, **shall we**? 지금 바로 시작하죠, 그럴까요?

연습 문제

다음을 듣고 질문이나 진술에 가장 알맞은 응답을 고르시오. ▶ 2-36

1

I .... the office tonight, shouldn't I?

(A) I don't remember ....

(B) If you're .... to leave.

(C) No, the office door ....

lock up 문을 잠그다,
문단속을 하다

2

Mr. Gordon .... Canada tomorrow, is he?

(A) .... I can do about that.

(B) He .... his plans suddenly.

(C) Yes, ... Canada for vacation.

3

We didn't .... with RPT, did we?

(A) You'll .... someone in Sales.

(B) I .... to get a higher salary.

(C) The contract still needs ....

renegotiate 재협상하다
salary 급여, 월급

4

The pet shop on Third Avenue .... , has it?

(A) Dogs and cats ....

(B) Not to the best ....

(C) Yes, ... to my place.

close down
폐장하다, 폐업하다
for the most part
주로, 대부분
to the best of my
knowledge 내가 아는 한

5

.... our presentation one more time, shall we?

(A) .... always starts at six.

(B) I haven't bought ....

(C) .... that after lunch?

정답 및 해설 p.26

Type 19 선택의문문

선택의문문이란 말 그대로 두 개 이상의 옵션을 제시하고 그중 하나를 선택하라고 요구하는 의문문이다. 선택 사항은 보통 or로 연결되는데, 연결되는 대상은 명사나 동사일 수도 있고, 구나 절이 될 수도 있다. 선택의문문이 등장하는 경우에는 yes/no식의 답변은 정답이 될 수 없으며, 제시한 선택 사항 중에서 하나를 선택한 보기가 정답일 가능성이 높다. 또한 모든 옵션을 선택하거나 모든 옵션을 거절하는 식의 답변도 정답이 될 수 있다.

풀이 전략

1 동사 prefer나 부사 rather와 같은 단어들이 제시되면 일단 질문이 선택의문문이라고 가정한 후 선택 사항이 무엇인지 파악하도록 한다. or 전후로 등장하는 단어나 구 혹은 절을 통해 선택 사항을 확인할 수 있다.

2 직·간접적으로 두 가지 선택 사항 중 어느 하나를 지목하고 있는 답변이 정답이다.

3 '둘 다 좋다', 혹은 '둘 다 싫다'라는 의미의 답변도 정답이 될 수 있다. 우회적으로 제3의 선택 사항을 언급한 답변 역시 정답일 가능성이 높다.

예시 질문/진술

- Do you like the white shirt or the blue one?   하얀색 셔츠가 마음에 드시나요, 아니면 파란색 셔츠가 마음에 드시나요?
- Should I call Ms. Davidson today or wait until tomorrow?   Davidson 씨에게 오늘 전화해야 하나요, 아니면 내일까지 기다릴까요?
- Would you like to take the stairs or the elevator?   계단을 이용하시겠어요, 아니면 엘리베이터를 이용하시겠어요?
- Does your car run well, or is it still experiencing problems?   당신 차가 잘 작동하나요, 아니면 여전히 문제를 겪고 있나요?

예제 ⏵ 2- 37

Mark your answer on your answer sheet.

스크립트 & 해석

Did we decide to hire Mr. Simmons or somebody else?
(A) I've got an interview for a job tomorrow.
(B) Mr. Simmons's first day is next Monday.
(C) We've got to make it higher.

Simmons 씨를 채용하기로 결정했나요, 아니면 다른 사람을 채용하기로 결정했나요?
(A) 내일 채용 면접이 있어요.
(B) Simmons 씨의 첫 번째 근무일이 다음 주 월요일이에요.
(C) 더 높여야 해요.

해설

선택의문을 통해 Simmons 씨와 그 밖의 다른 사람 중에서 누구를 채용하기로 결정했는지 묻고 있다. (A)는 hire라는 단어에서 연상할 수 있는 an interview for a job이라는 표현으로 혼동을 유발하고 있는 함정이고, (C)는 hire(고용하다)와 발음이 유사한 higher(더 높은)를 이용한 오답이다. 정답은 Simmons 씨가 다음 주 월요일부터 일하게 되었다고 말함으로써 우회적으로 그녀가 채용되었음을 알린 (B)이다.

알아 둡시다!

선택의문문에 대한 대답으로 both, either와 neither가 쓰이는 경우가 많다.
Both sound good. 둘 다 좋아 보여요. / **Either** is fine with me. 저는 어느 것이든 괜찮아요.
/ **Neither** of them has a car. 두 사람 중 누구도 차를 가지고 있지 않아요.

한편 '상관없다'는 의미도 대답도 등장할 수 있다.
It doesn't matter. 상관 없어요. / Whatever you want. 당신이 원하는 것으로요. / I don't care. 신경 쓰지 않아요.
/ It makes no difference. 차이가 없어요.

다음을 듣고 질문이나 진술에 가장 알맞은 응답을 고르시오. ▶ 2-38

1

Did you pay for express shipping .... ?

(A) A pretty ....

(B) At .... down the street.

(C) As a member, I get ....

2

Do you want to take a break now, or should .... until we're done?

(A) That's right. We're ....

(B) I .... for a while.

(C) Yes, that's what ....

take a break 휴식을 취하다
for a while 한동안, 잠시

3

Can you drive Natalie to the airport, or .... that I do it?

(A) .... in the evening.

(B) Why doesn't she .... ?

(C) The airport is on .... town.

depart 떠나다, 출발하다

4

Did Mr. Brennan .... , or was that someone else?

(A) My client from Berlin ....

(B) Mr. Brennan should be ....

(C) .... anyone all day.

on the line 통화 중인

5

Would the round table or the rectangular one .... in the office?

(A) Maybe. I ....

(B) .... , I'd say.

(C) Yes, it's ....

rectangular 사각형의
former 전자
rectangle 사각형

정답 및 해설 p.27

PART 2

Type 19 선택의문문

간접의문문

간접의문문이란 의문문 내에 또 다른 의문문이 포함되어 있는 의문문으로, 보통 「Do you know ~?」 또는 「Can you tell me ~?」 형태 등으로 제시된다. 원칙적으로 do나 조동사로 시작하기 때문에 yes/no식의 답변도 가능하지만, 실제 질문 내용은 문장 중·후반부에서 드러나므로 중·후반부의 질문 내용에 따라 정답을 찾아야 하는 경우가 많다. 참고로 간접의문문에는 의문사로 시작되는 절이나 if/whether로 시작되는 절이 포함될 수도 있고 「의문사 + to부정사」 형태의 구가 포함될 수 있다.

풀이 전략

1. 간접의문문은 문장 길이가 길기 때문에 상대적으로 어렵게 느껴질 수 있다. 하지만 문장의 중·후반부에 실제 질문 내용이 집중되어 있으므로 중·후반부의 내용을 잘 들으면 의외로 쉽게 정답을 찾을 수 있다.

2. 의문문 내에 if/whether로 시작하는 절이 있는 경우에는 yes/no 방식의 답변이 정답일 가능성이 높다.

3. 의문문 내에 의문사가 있는 경우에는 의문사에 어울리는 답변을 찾도록 한다. yes/no 방식의 답변은 정답일 가능성이 낮다.

예시 질문/진술

- Do you know if there is a parking lot nearby?   근처에 주차장이 있는지 알고 있나요?
- Did you determine how to solve the problem?   문제를 어떻게 해결해야 할지 알아 냈나요?
- Do you know where the nearest subway station is?   가장 가까운 지하철역이 어디에 있는지 아시나요?
- Do you happen to know who the personnel manager is?   인사부장이 누구인지 아나요?
- Have you heard who's getting promoted this month?   이번 달에 승진하는 사람이 누구인지 들었나요?
- Do you know where the office supplies are?   사무용품이 어디에 있는지 아시나요?

예제 ⏵ 2-39

Mark your answer on your answer sheet.

스크립트 & 해석

Do you know if the new product will be a success?
(A) No, it hasn't been released.
(B) We've already gotten lots of preorders.
(C) There are several new items for sale.

release 놓아 주다, 풀어 주다; 출시하다   **preorder** 선주문   **for sale** 판매 중인

신제품이 성공할 것으로 생각하나요?
(A) 아니요, 그것은 출시되지 않았어요.
(B) 많은 양의 선주문이 들어왔어요.
(C) 몇 가지 신제품이 판매되고 있어요.

해설

간접의문문 형태를 이용해 신제품이 성공적일지 묻고 있다. (A)는 new product(신제품)라는 용어에서 연상할 수 있는 단어인 released(출시하다)를 이용한 오답이며, (C)는 new product와 의미가 같은 new items이라는 표현으로 혼동을 유발하고 있는 함정이다. 따라서 '이미 선주문이 많이 들어왔다'고 말함으로써 신제품이 성공적이라는 점을 암시한 (B)가 가장 적절한 답변이다.

연습 문제

다음을 듣고 질문이나 진술에 가장 알맞은 응답을 고르시오. ▶ 2-40

1

Can you tell me .... the forklift?

(A) No, I didn't ....

(B) .... in the road up ahead.

(C) You'd better take ....

forklift 지게차
fork 포크; 갈퀴, 쇠스랑
driving class 운전 교습

2

.... who the new vice president will be?

(A) .... that it's Ms. Cartwright.

(B) We've .... you need here.

(C) .... is ready to see you now.

inform 알리다
rumor 소문, 루머
be ready to ~할 준비가
되다

3

Can you .... the electricity bill was last month?

(A) I always try to ....

(B) .... two hundred dollars.

(C) We .... the bill by May 31.

electricity bill 전기 요금
save 구하다; 절약하다,
저축하다

4

Do you happen to know .... is scheduled for after lunch?

(A) I believe it's a ....

(B) We're all going out ....

(C) Yes, that's ....

5

Do you know .... a bid for the renovation project?

(A) We are. After all, we ....

(B) Right. The project ....

(C) Nobody has .... to us.

bid 입찰
after all 어쨌거나, 결국
revise 수정하다, 개정하다
make a submission
제안하다

정답 및 해설 p.28

평서문 I: 정보 전달

평서문 문제의 경우 사실상 정해진 답변 형식이 존재한다고 보기 힘들다. 따라서 편의상 평서문을 그 목적에 따라 새로운 정보를 전달하기 위한 평서문과 상대방의 동의를 구하기 위한 평서문, 그리고 제 안이나 요청을 하기 위한 평서문 등으로 나눈 후 각각에 대한 풀이 전략을 세우도록 하자. 여기에서는 새로운 사실을 알리거나 정보를 전달하기 위한 평서문이 제시되는 경우의 풀이 전략에 대해 알아보도록 한다.

풀이 전략

1. 새로운 사실이나 정보를 전달하기 위한 평서문이 등장하면 그러한 사실을 알고 있었는지, 모르고 있었는지를 밝히는 답변이 이어져야 한다. 이미 알고 있던 상황이라면 추가적인 정보를 알려 주는 답변도 정답이 될 수 있다.

2. 겉보기에 단순한 사실을 전달하는 문장처럼 보여도 실제로는 특정한 행동이나 결단을 유도하기 위한 평서문이 제시될 수 있다. 이러한 경우에는 자신의 계획이나 결심 등을 밝히는 답변이 정답일 가능성이 높다.

3. 전달하는 내용이 긍정적인 경우에는 동의나 동감을 표시하는 답변이, 부정적인 경우에는 우려나 동정을 나타내는 답변이 정답인 경우가 많다.

예시 질문/진술

• The package will be delivered by tomorrow.	소포가 내일 배송될 예정이에요.
• That product is currently out of stock.	그 제품은 현재 재고가 없어요.
• The concert is taking place next Thursday.	콘서트는 다음 주 목요일에 열릴 거예요.
• Mr. Jefferson is transferring to another department.	Jefferson 씨는 다른 부서로 이동할 거예요.
• A few documents have yet to be signed.	몇몇 서류들에 서명이 이루어져야 해요.
• Friday's weather is going to be pleasant.	금요일 날씨는 화창할 거예요.
• There are no parking spaces available for this building.	이 건물에는 주차할 공간이 없어요.
• This report has a few mistakes in it.	이 보고서에는 몇 개의 오타가 있어요.

예제 ⏵ 2-41

Mark your answer on your answer sheet.

I don't think we're going to depart on time.
(A) Let me talk with the gate agent.
(B) I'd like two tickets for the next train.
(C) We're sitting in business class.

on time 정시에, 제때에   **business class** 비즈니스 클래스

우리가 제 시간에 출발하지 못할 것 같아요.
(A) 게이트 담당 직원에게 말을 해 볼게요.
(B) 다음 기차의 티켓을 두 장 사고 싶어요.
(C) 우리는 비즈니스 클래스에 앉게 될 거예요.

평서문을 이용하여 제 시간에 출발하지 못할 것 같다는 우려를 표명하고 있다. 따라서 게이트 직원에게 상황을 설명해 보겠다며 대응책을 제시한 (A)가 가장 자연스러운 반응이다. (B)와 (C)는 각각 depart(출발하다)로부터 연상할 수 있는 교통 수단인 기차 및 비행기와 관련된 표현을 이용한 함정이다.

알아 둡시다!

상대방의 정보가 틀렸음을 지적할 때 사용될 수 있는 표현에 대해 알아보자.

I am afraid that is not true. 안타깝지만 그것은 사실이 아니에요.
There's no truth to the rumor. 그 소문은 사실이 아니에요.
That's not what I have heard. 그것은 제가 들은 것과 다르군요.

다음을 듣고 질문이나 진술에 가장 알맞은 응답을 고르시오. ▶ 2-42

1

I heard the company _____ soon.

(A) Yes, we're _____.

(B) She hasn't seen _____.

(C) _____ to that rumor.

downsize 인원을 감축하다
plan 계획; 도면
rumor 소문, 루머

2

Ms. Robinson _____ all of her calls.

(A) Great. _____ with her now?

(B) When will she _____?

(C) I'm glad she has _____.

hold a call
전화를 대신 받다,
전화를 대기시키다

3

The roads _____ due to the ice.

(A) Because the weather _____.

(B) I _____ in the office.

(C) I need to _____.

slippery 미끄러운
due to ~ 때문에
slip 미끄러지다

4

I just _____ for six at Cristiano's for seven o'clock.

(A) It was such _____.

(B) Actually, there will be _____.

(C) Please follow me _____.

book 예약하다
delicious 맛있는
follow 따르다, 따라가다

5

Profits for the third quarter _____ by twenty percent.

(A) _____ to hear that.

(B) But _____ did they make?

(C) That's _____ I've heard all day.

평서문 II: 제안

여기에서는 평서문의 형식을 갖추고 있으나 실제로는 제안의 의미를 담고 있는 문장에 대해 알아보도록 하자. 이러한 평서문에 제시되면 원칙적으로 수락이나 거절의 의미를 나타내는 답변이 정답이다.

풀이 전략

1 평서문이라도 should, have to, had better 등과 같이 '~해야 한다'는 의미를 드러내고 있으면 그 문장은 일종의 제안을 하기 위한 문장으로 볼 수 있다. 이러한 경우, 제안에 대한 수락이나 거절의 의미를 담고 있는 보기가 정답일 가능성이 높다.

2 제안의 의미를 담고 있는 평서문이 제시되면 구체적인 방법이나 방안을 되묻는 답변이 정답인 경우가 많다. 또한 '왜 그렇게 생각하느냐'와 같이 제안의 이유를 되묻는 답변도 정답일 확률이 높다.

3 we need to, we had better와 같이 주어가 we로 시작하는 평서문이 등장하면 동감을 나타내거나 맞장구치는 답변이 정답일 수 있다.

예시 질문/진술

- It would be better to follow Mr. Smith's advice. — Smith 씨의 제안을 따르는 것이 더 좋을 것 같아요.
- We had better take the nonstop flight there. — 직항 비행기편을 이용해 그곳으로 가는 것이 좋겠어요.
- We need to get in touch with the caterer regarding the party. — 파티와 관련해서 음식 제공업체에게 연락해 보아야 해요.
- We ought to attend the conference in New York next month. — 우리는 다음 달 뉴욕에서 열리는 컨퍼런스에 참석해야 해요.
- I suggest calling the customer service hotline. — 고객 서비스 센터 전화 번호로 전화해 볼 것을 추천해요.
- I recommend applying for a job at the NCC Corporation. — NCC 사에 입사 지원을 하는 것을 추천해요.

예제 ▶ 2-43

Mark your answer on your answer sheet.

I suggest appointing Mr. Whittaker to lead the project.
(A) The projector is working properly.
(B) He already turned down my offer.
(C) He did the best that he could.

appoint 지명하다, 지목하다 properly 적절히, 제대로
turn down ~을 거절하다

프로젝트를 이끌 사람으로 Whittaker 씨를 지명할 것을 제안합니다.
(A) 그 프로젝터는 제대로 작동하고 있어요.
(B) 그는 이미 제안을 거절했어요.
(C) 그는 최대한 노력했어요.

동사 suggest를 이용해 프로젝트 담당자로 Whittaker 씨를 임명할 것을 제안하고 있다. (A)는 project(프로젝트)와 발음이 비슷한 projector(프로젝터)를 이용한 함정이며, (C)는 질문과 어울리지 않는 시제를 사용한 오답이다. 정답은 '그가 이미 제안을 거절했다'고 말함으로써 상대방의 제안을 받아드릴 수 없음을 밝힌 (B)이다.

말아 둡시다!

제안의 의미를 담고 있는 평서문에서는 have to, should, must, had better, ought to, need to와 같은 '~해야 한다'는 표현을 자주 볼 수 있다.

You **have to** work this weekend. 당신은 이번 주말에 일을 해야 해요.
You **should** see a doctor about the pain in your knee. 무릎 통증과 관련해서 당신은 진료를 받아야 해요.
We **had better** finish the report before lunchtime. 점심 시간 전에 보고서 작성을 끝내는 것이 좋겠어요.

다음을 듣고 질문이나 진술에 가장 알맞은 응답을 고르시오. ⊙ 2- 44

1

You ought to _____ since they're on sale.

(A) _____ to her this morning.

(B) I _____ my credit card.

(C) He's pushing _____.

2

We need to consider _____ to several employees.

(A) There's _____ in the budget.

(B) Okay, _____ some more workers.

(C) Right. Salaries _____ these days.

3

You should have a talk with Alice _____.

(A) _____ is set to begin on time.

(B) We're all _____.

(C) It has been _____, hasn't it?

concerning ~에 관한
play 연극
be concerned about
~에 대해 걱정하다
lately 최근에

4

We had better _____ by this Friday.

(A) There's _____.

(B) It's a _____.

(C) There's _____.

demand 요구하다; 요구
demanding
부담이 큰, 힘든

5

I suggest _____ to the top floor.

(A) _____ more.

(B) On the tenth floor.

(C) Yes, _____.

정답 및 해설 p.30

명령문

명령문은 평서문의 한 종류로, 직접명령문과 간접명령문으로 구분할 수 있다. 직접명령문은 동사 원형으로 시작하며 '~하라'라는 의미를 나타내는 반면, 간접명령문은 let's로 시작하며 '~하자'라는 의미를 나타낸다. 명령문에 대한 답변은 일차적으로 수락이나 거절의 의미를 담고 있어야 하며 조건부 수락이나 거절의 의미를 나타내는 답변도 정답이 될 수 있다.

풀이 전략

1 동사 원형으로 시작되거나 let's로 시작하는 명령문은 수락이나 거절의 의미를 담고 있는 답변을 필요로 한다. 조건부 수락이나 조건부 거절의 의미를 담고 있는 답변도 정답이 될 수 있다.

2 거절의 의미를 나타내는 답변의 경우, I'm sorry와 같이 유감을 나타내는 표현이 문두에 등장할 수 있다.

3 제3의 대안을 제시함으로써 우회적인 방식으로 거절의 의미를 나타내는 보기도 정답일 가능성이 높다.

예시 질문/진술

- Expect a ten-minute delay due to the weather.
- Don't forget to submit your nominations for the employee of the year.
- Let's buy our tickets before we have some snacks.
- Let's double-check the figures on the sales report.

날씨 때문에 10분 정도 지연될 것으로 예상하세요.
잊지 마시고 올해의 직원상 후보 명단을 제출해 주세요.

무언가 먹기 전에 티켓을 사도록 하죠.
판매 보고서의 숫자들을 재차 확인해 보죠.

예제 ▶ 2-45

Mark your answer on your answer sheet.

Wait here for me until I come back with the file.
(A) I'll put it in the file cabinet.
(B) How long until you return?
(C) On your desk with some other papers.

제가 파일을 가지고 돌아올 때까지 여기서 기다려 주세요.
(A) 제가 파일 캐비닛에 둘게요.
(B) 돌아오기까지 얼마나 걸리나요?
(C) 당신 책상 위에 다른 종이들과 함께 있어요.

동사 원형으로 시작하는 직접명령문을 통해 기다리라는 지시를 내리고 있다. 따라서 언제까지 기다리면 되는지를 되물은 (B)가 가장 적절한 답변이다. (A)는 진술에서 사용된 file(파일)을 중복 사용한 오답이고, (C)는 파일이 어디에 있는지 물었을 때 뒤따를 수 있는 대답이다.

알아 둡시다!

let's와 달리 let us 혹은 let me는 상대방의 허락을 구하거나 호의를 제공하고자 할 때 사용되는 표현이다.

Let me give you a hand with all of those folders. 저 폴더들과 관련해서 제가 도움을 드릴게요.
I appreciate the assistance. 도와 준다니 고맙군요.

연습 문제

다음을 듣고 질문이나 진술에 가장 알맞은 응답을 고르시오. ▶ 2-46

1

Let's consider ⎽⎽⎽⎽⎽⎽⎽⎽⎽⎽⎽⎽⎽⎽⎽⎽⎽ before deciding.

(A) Okay. ⎽⎽⎽⎽⎽⎽⎽⎽⎽⎽⎽⎽⎽⎽⎽ for this afternoon.

(B) Yes, those are ⎽⎽⎽⎽⎽⎽⎽⎽⎽⎽⎽⎽ we have.

(C) ⎽⎽⎽⎽⎽⎽⎽⎽⎽⎽⎽⎽⎽⎽⎽ is under consideration.

> **option** 선택 사항, 옵션
> **set up a meeting**
> 회의를 소집하다
> **under consideration**
> 고려 중인

2

⎽⎽⎽⎽⎽⎽⎽⎽⎽⎽⎽⎽⎽⎽⎽⎽ to the staff about the new policy.

(A) He ⎽⎽⎽⎽⎽⎽⎽⎽⎽⎽⎽⎽⎽⎽ he needed to.

(B) About ⎽⎽⎽⎽⎽⎽⎽⎽⎽⎽⎽⎽ reimbursed for expenses.

(C) I'll ⎽⎽⎽⎽⎽⎽⎽⎽⎽⎽⎽⎽⎽⎽⎽ in ten minutes.

> **memo** 회람
> **staff** 직원
> **policy** 정책, 방침
> **memorize** 암기하다
> **reimburse**
> 변제하다, 상환하다
> **expense** 경비, 비용

3

Don't ⎽⎽⎽⎽⎽⎽⎽⎽⎽⎽⎽⎽⎽⎽⎽ me the data from the survey.

(A) ⎽⎽⎽⎽⎽⎽⎽⎽⎽⎽⎽⎽⎽⎽ the post office soon.

(B) Check ⎽⎽⎽⎽⎽⎽⎽⎽⎽⎽⎽⎽⎽⎽⎽.

(C) Yes, this is ⎽⎽⎽⎽⎽⎽⎽⎽⎽⎽⎽⎽⎽.

> **head to** ~으로 향하다
> **inbox** (이메일의)
> 받은 편지함

4

Let's give Mr. Peters a ⎽⎽⎽⎽⎽⎽⎽⎽⎽⎽⎽⎽⎽⎽ himself.

(A) Your explanation is ⎽⎽⎽⎽⎽⎽⎽⎽⎽⎽⎽⎽⎽.

(B) Mr. Peters ⎽⎽⎽⎽⎽⎽⎽⎽⎽⎽⎽ his cubicle.

(C) ⎽⎽⎽⎽⎽⎽⎽⎽⎽⎽⎽⎽ in what he has to say.

> **explain oneself**
> 자기 입장을 밝히다, 해명하다
> **confusing** 혼란스러운
> **cubicle** 작은 방
> **be interested in**
> ~에 관심이 있다

5

Don't try to ⎽⎽⎽⎽⎽⎽⎽⎽⎽⎽⎽⎽⎽⎽ if it breaks down.

(A) I don't think ⎽⎽⎽⎽⎽⎽⎽⎽⎽⎽⎽⎽⎽.

(B) Ten ⎽⎽⎽⎽⎽⎽⎽⎽⎽⎽⎽⎽⎽⎽, please.

(C) Should I ⎽⎽⎽⎽⎽⎽⎽⎽⎽⎽⎽⎽ then?

> **break down** 고장이 나다

> 정답 및 해설 p.31

Type 24 기타 I: 의견을 묻는 의문문

상대방의 의견이나 예상을 묻는 표현으로 「의문사 + do you think [expect, suppose] ~?」 형식의 문장이 사용될 수 있다. 이러한 유형의 문제가 출제되면 자신이 생각한 바를 나타내는 보기가 정답인데, 주로 긍정적인 의견과 부정적인 의견을 나타내는 보기가 정답일 가능성이 높다. 하지만 '잘 모르겠다'는 식의 답변이나 특정한 조건을 전제로 의견을 제시하는 답변이 이어질 수도 있다.

풀이 전략

1. 상대방의 의견이나 예상을 요구하는 의문문이 등장하면 긍정적인 반응이나 부정적인 반응을 나타내는 답변이 정답일 확률이 높다.
2. 특정 인물이나 사안에 대한 평가를 요구하는 경우에는 우회적으로 비판적인 의견을 제시하는 답변이 정답인 경우가 많다.
3. '잘 모르겠다'는 식의 답변이나 일정한 조건을 전제로 자신의 의견을 나타내는 보기 역시 정답일 가능성이 높다.

예시 질문/진술

- Which detour do you think we should take?
  우리가 어떤 우회 도로를 이용해야 한다고 생각하나요?
- What do you expect their reaction to be?
  그들의 반응이 어떨 것 같나요?
- What did you think of the offer they made?
  그들의 한 제안에 대해 어떻게 생각하나요?
- What do you think about purchasing tickets for the concert?
  그 공연의 티켓을 구입하는 것에 대해 어떻게 생각하나요?

예제 ▶ 2-47

Mark your answer on your answer sheet.

스크립트 & 해석

What do you think about flying to Zurich on business?
(A) It's a major city in Switzerland.
(B) I'd prefer you ask Chloe to go.
(C) A four-day-long trip.

비행기편으로 취리히 출장을 가는 것에 대해 어떻게 생각하나요?
(A) 스위스의 주요 도시예요.
(B) Chloe에게 가라고 요청하시는 것이 나을 것 같아요.
(C) 4일간의 출장이요.

해설

상대방에게 취리히 출장에 대해 어떻게 생각하는지 의견을 묻고 있다. 따라서 '(자신 대신) Chloe라는 사람에게 출장을 요청하는 것이 좋겠다'며 본인의 입장을 밝힌 (B)가 가장 자연스러운 답변이다. (A)는 취리히라는 곳이 어떤 곳인지 물었을 때 이어질 법한 답변이며, (C)는 출장 기간 등을 물었을 때 뒤따를 수 있는 대답이다.

연습 문제

다음을 듣고 질문이나 진술에 가장 알맞은 응답을 고르시오. ▶ 2-48

1

_____ do you think we should accept?

(A) Nobody _____ anything.

(B) I _____ Mr. Washington made.

(C) _____ the one I prefer.

proposal 제안
precisely 정확하게

2

What do you expect Data Soft _____ us?

(A) A two-year contract at _____ .

(B) _____ is located in Richmond.

(C) Those are the _____ we received.

reasonable
합리적인, 합당한
headquarters
본사, 본부
term 기간; 조건

3

What do you suppose the _____ is?

(A) Yes, this is a _____ .

(B) You _____ quickly.

(C) _____ my ability to solve.

solution 해결, 해결 방안
figure out 알아내다,
해결하다
ability 능력

4

Which way do you think we _____ the fastest?

(A) I recommend _____ .

(B) It's at least _____ from here.

(C) We always _____ to Houston.

recommend 추천하다
expressway 고속도로

5

What do you think of the _____ ?

(A) It's _____ the old one.

(B) Three _____ .

(C) Ms. Chen studied _____ in college.

정답 및 해설 p.32

기타 II: 복문으로 이루어진 의문문

복문 형태의 의문문은 상대적으로 길이가 길뿐 아니라 자칫하면 후반부 내용을 놓치기 쉽기 때문에 파트2에서 가장 어려운 문제 유형 중 하나라고 할 수 있다. 특히 문장의 후반부가 빨리 지나간다고 느껴지기 쉬우므로 끝까지 집중력을 유지하지 못하면 정답을 놓치기 쉽다. 하지만 복문은 의문문이나 평서문 앞에 주의를 환기시키는 표현만 있을 뿐, 결과적으로 앞서 배운 의문문이나 평서문 문제에 적용되는 풀이 전략을 그대로 적용시킬 수 있기 때문에 문장 길이에 익숙해지기만 하면 그다지 어렵지 않게 정답을 찾을 수 있다.

풀이 전략

1 복문으로 구성된 의문문은 후반부에 질문하고자 하는 내용이 들어 있다. 따라서 후반부를 놓치지 않고 듣도록 한다.

2 끊어 읽는 부분을 잘 듣도록 한다. 특히 but과 같은 접속사 다음에 나오는 의문사, 조동사, be동사 및 주어를 확인하도록 한다.

3 if 등으로 시작하는 조건절은 문장 앞뒤로 등장할 수 있다. 조건절보다 주절의 내용이 무엇인지 파악해야 한다.

예시 질문/진술

- I may be mistaken, but I believe the seminar will start at three.
  제가 잘못 알고 있을 수도 있지만, 세미나는 3시에 시작하는 것으로 알고 있어요.

- Excuse me, but do you know Mr. Hamilton's number?
  죄송하지만 Hamilton 씨의 전화 번호를 알고 계신가요?

- If you have any further questions, please call our office.
  더 궁금하신 점이 있으면 제 사무실로 전화를 주세요.

예제 ⊙ 2-49

Mark your answer on your answer sheet.

Excuse me, but I wonder if you have any more tickets available.
(A) We just sold the last one.
(B) Yes, she bought some tickets.
(C) The movie starts at ten.

실례지만 구입할 수 있는 티켓이 남아 있는지 궁금하군요.
(A) 방금 전에 마지막 티켓이 팔렸어요.
(B) 네, 그녀가 몇 장의 티켓을 샀어요.
(C) 영화는 10시에 시작해요.

전형적인 복문 문장이다. 따라서 but 이후의 부분, 즉 '구입할 수 있는 표가 있는지'가 진술의 요점이다. (B)는 가리키는 대상이 불분명한 she를 주어로 삼고 있는 오답이고, (C)는 진술에서 사용된 tickets로부터 연상 가능한 movie를 이용한 함정이다. 따라서 '방금 마지막 표가 팔렸다'고 말함으로써 구할 수 있는 표가 더 이상 없다는 점을 암시한 (A)가 가장 적절한 답변이다.

다음을 듣고 질문이나 진술에 가장 알맞은 응답을 고르시오. ▶ 2-50

1

Excuse me, but would you .... where Liberty
Park is?

(A) She has .... before.

(B) You'd better .... there.

(C) It's the city's ....

2

I'm sorry, but there .... left on this bus.

(A) Let me know when ....

(B) I'll take .... then.

(C) Thanks. I'll ....

3

If you need any help, please .... Rufus Morgan.

(A) .... me before.

(B) Thanks so much ....

(C) I'm afraid .... his number.

colleague 동료

4

Pardon me, but can you show me where .... is?

(A) .... in aisles 8 and 9.

(B) Yes, ...

(C) No, ..., not fresh.

fresh produce 신선 식품
aisle 복도, 통로
frozen 얼어붙은, 냉동의

5

I hate to bother you, but could you show me ....
this machine?

(A) There are instructions ....

(B) We .... online.

(C) .... Janet what to do.

bother 괴롭히다
instruction
설명, 지시 사항
equipment 장비, 설비

정답 및 해설 p.33

다음을 듣고 질문이나 진술에 가장 알맞은 응답을 고르시오. ⏵ 2-51

1.　(A)　　　　(B)　　　　(C)

2.　(A)　　　　(B)　　　　(C)

3.　(A)　　　　(B)　　　　(C)

4.　(A)　　　　(B)　　　　(C)

5.　(A)　　　　(B)　　　　(C)

6.　(A)　　　　(B)　　　　(C)

7.　(A)　　　　(B)　　　　(C)

8.　(A)　　　　(B)　　　　(C)

9.　(A)　　　　(B)　　　　(C)

10.　(A)　　　　(B)　　　　(C)

11.　(A)　　　　(B)　　　　(C)

12.　(A)　　　　(B)　　　　(C)

13.　(A)　　　　(B)　　　　(C)

14.　(A)　　　　(B)　　　　(C)

15.　(A)　　　　(B)　　　　(C)

16.　(A)　　　　(B)　　　　(C)

17.　(A)　　　　(B)　　　　(C)

18.　(A)　　　　(B)　　　　(C)

19.　(A)　　　　(B)　　　　(C)

20.　(A)　　　　(B)　　　　(C)

21.　(A)　　　　(B)　　　　(C)

22.　(A)　　　　(B)　　　　(C)

23.　(A)　　　　(B)　　　　(C)

24.　(A)　　　　(B)　　　　(C)

25.　(A)　　　　(B)　　　　(C)

정답 및 해설 p.34

PART

3

파트3에서는 비즈니스 및 일상 생활과 관련된 짧은 대화를 듣고 이와 관련된 세 개의 문제를 풀어야 한다.

주로 대화의 주제 및 목적, 화자의 신원, 대화에서 언급된 내용, 화자의 의도 등을 묻는 문제가 제시되며 그래프 등 시각 자료를 이용해서 정답을 찾아야 하는 문제도 출제된다.

정답의 단서들은 주로 대화의 초반부와 후반부에 집중되어 있는 경우가 많기 때문에 이러한 부분을 특히 집중해서 들어야 한다.

대화를 듣기 전에 문제에서 언급되는 핵심어구가 무엇인지 미리 파악해 두면 문제 푸는 시간을 절약할 수 있다.

주제 및 목적

대화의 주제나 목적은 대화의 전반적인 내용을 통해 파악할 수도 있으나, 보통의 경우에는 대화의 초반부에 주제 및 목적을 짐작할 수 있는 단서가 드러나는 경우가 많다. 따라서 대화 초반부의 내용, 특히 어느 한쪽이 대화를 시작하려는 이유나 논의하고자 하는 문제를 거론하는 부분, 그리고 새로운 소식이나 정보를 언급하는 부분을 집중해서 듣고 문제를 풀도록 한다.

풀이 전략

1 대화의 앞부분에서 대화의 주제나 목적이 드러나는 부분을 찾는다.
2 대화의 주제나 목적을 유추할 수 있는 표현, 즉 I'd like to , I need to와 같은 표현이 등장하는 부분을 유의해서 듣는다.

예시 질문

• What are the speakers mainly discussing?	화자들은 주로 무엇을 논의하는가?
• What is the conversation mostly about?	대화는 주로 무엇에 관한 것인가?
• What is the purpose of the man's visit?	남자가 방문한 목적은 무엇인가?
• Why did the woman call the man?	여자는 왜 남자에게 전화했는가?
• Why did the man visit the store?	남자는 왜 매장을 방문했는가?
• Why is the man calling?	남자는 왜 전화를 하는가?

예제 ⏵ 3-01

1. What are the speakers mainly discussing?

(A) Increasing the company's budget
(B) Attending a professional event
(C) Recruiting new employees
(D) Improving their job skills

2. What does the man imply when he says, "I'll be attending a training course in May"?

(A) He has trained a lot lately.
(B) He will leave the country in May.
(C) He cannot go with the woman.
(D) He needs a new certification.

3. What is suggested about Mr. Powell?

(A) He is the man's supervisor.
(B) He is leading a training course.
(C) He belongs to the International Society of Electrical Engineers.
(D) He has not reported to work yet.

W: Chris, are you aware that the International Society of Electrical Engineers is holding its conference in our city this year? We really ought to attend it.

M: Yeah, I heard about that, but it looks like ²·I'll be attending a training course in May.

W: That's a real shame. I think that several of us in the office could benefit by attending it, so do you think we can convince the company to pay the registration fee for each of us?

M: That shouldn't be a problem. Let me ask Mr. Powell for permission. I'll let you know what he says later.

training course 훈련, 교육　**shame** 부끄러움; 아쉬운 일
benefit 이득을 보다, 혜택을 보다　**convince** 확신시키다, 설득하다
registration fee 등록비, 참가비　**permission** 허락, 허가

W: Chris, 국제 전기 엔지니어 협회가 올해 우리 도시에서 컨퍼런스를 개최한다는 점을 알고 있었나요? 반드시 참석해야만 해요.

M: 네, 그에 대해 듣기는 했지만, 저는 5월에 있을 교육에 참석을 하게 될 것 같군요.

W: 정말로 안타깝네요. 이곳 사무실 사람들 중 몇 명은 그곳에 참석하면 도움을 받을 수 있을 것으로 생각되기 때문에, 회사를 설득해서 각자의 등록비를 지불해 달라고 할 수 있을까요?

M: 문제가 되지는 않을 것 같아요. 제가 Powell 씨에게 허락을 구해볼게요. 그분께서 어떻게 말씀하시는지 나중에 알려 드리죠.

---

1. 화자들은 주로 무엇을 논의하는가?

(A) 회사의 예산 증가
(B) 직무와 관련된 행사 참석
(C) 신입 직원 채용
(D) 업무 능력 향상

2. 남자가 "I'll be attending a training course in May"라고 말할 때 그는 무엇을 암시하는가?

(A) 그는 최근에 많은 교육을 받았다.
(B) 그는 5월에 해외로 갈 것이다.
(C) 그는 여자와 함께 갈 수 없다.
(D) 그는 새로운 자격증을 필요로 한다.

3. Powell 씨에 대해 암시되어 있는 것은 무엇인가?

(A) 그는 남자의 관리자이다.
(B) 그가 교육을 진행할 것이다.
(C) 그는 국제 전기 엔지니어 협회에 소속되어 있다.
(D) 그는 아직 출근을 하지 않았다.

대화의 주제를 묻고 있다. 대화 초반에 여자는 '국제 전기 엔지니어 협회'(International Society of Electrical Engineers)라는 단체에서 주관하는 컨퍼런스가 열릴 것이라는 소식을 전한 후, 여기에 참석해야 할 필요성 및 비용 문제에 대해 이야기한다. 따라서 대화의 주제는 (B)이다.

주어진 문장은 여자의 말 'We really ought to attend it.'에 대한 반응으로 볼 수 있다. 즉 컨퍼런스에 참가해야 한다는 여자의 말에 남자는 '교육에 참석하게 될 것'이라고 답하고 있으므로 결국 남자가 의도한 바는 함께 컨퍼런스에 가지 못한다는 점이다. 따라서 (C)가 정답이다.

certification 증명서, 자격증

Mr. Powell이라는 이름은 대화의 마지막 부분 중 'Let me ask Mr. Powell for permission.'이라는 문장에서 들을 수 있다. 여기에서 permission(허락, 허가)은 컨퍼런스 비용을 회사에서 지원해 달라는 요청에 대한 허락을 의미하므로 Powell 씨는 그러한 권한을 가진 직위에 있다고 생각할 수 있다. 따라서 Powell 씨에 대해 짐작할 수 있는 사항은 (A)이다.

report to work 출근하다

말아 둡시다!

I'd like to, I'm going to, I'm calling about, I'm here to, I heard that과 같은 표현이 들어 있는 문장은 대화의 주제나 목적을 암시하고 있을 가능성이 높다.

I'm calling about the items you ordered on our Web site. 웹사이트에서 주문하신 제품 때문에 전화를 드리고 있습니다.

I heard that you are still looking for a new receptionist. 새로운 접수 담당자를 찾고 계신다고 들었어요.

대화를 듣고 주어진 질문에 가장 알맞은 답을 고르시오. ⏵ 3-02

[1-3]

M: Good afternoon. I wonder if you can _____ out of this pair of pants. I've _____ them to a wedding I'm attending.

W: Hmm . . . It looks like _____, so we should be able _____. At worst, it will be _____. You can _____ two days from now.

M: Actually, the wedding _____ at one. Can you clean it faster?

W: We're closed tomorrow, but if _____ express service, we can _____ for you three hours from now.

M: I don't care _____. _____ here around five thirty.

stain 얼룩
have got to
~해야 한다
wedding 결혼(식)
remove 제거하다
at worst 최악의 경우에,
아무리 나빠도

1 What is the purpose of the man's visit?

(A) To pick up a pair of pants
(B) To ask about a price
(C) To receive some advice
(D) To get something cleaned

2 What is the man doing tomorrow?

(A) Attending a wedding
(B) Having an interview
(C) Going on a business trip
(D) Speaking at a professional event

3 What does the man request that the woman do?

(A) Provide express service for him
(B) Call him when his item is ready
(C) Give him a small discount
(D) Return his items tomorrow

W: Hello. This is Laura Engels. May .... with Luke Jackson?

M: Hello, Ms. Engels. This is Luke Jackson. Are you calling .... you booked online yesterday?

W: No, I don't need to .... to that. However, I was just informed that I .... to Buenos Aires tonight, so I ....

M: There's .... with an evening flight there, so let me check if there are .... Do you have .... ?

W: I'd like .... in business class.

M: Okay. Just so you know, the flight departs at 7:45 P.M., so you don't .... to get to the airport.

---

inform 알리다
assistance 도움, 원조
airline 항공사
get to ~에 도달하다, 도착하다

4 Why is the woman calling?

(A) To change her reservation
(B) To make a new booking
(C) To ask about a price
(D) To get a new seat assignment

5 Who most likely is the man?

(A) An airline employee
(B) A tour guide
(C) A hotel clerk
(D) A travel agent

6 What does the man suggest to the woman?

(A) She needs to hurry to catch her flight.
(B) She must pay more than she normally does.
(C) He cannot accommodate her request.
(D) He will call her back in a few minutes.

accommodate
수용하다

정답 및 해설 p.39

화자의 신원

화자의 신원을 묻는 문제는 보통 화자의 직업이나 화자가 소속된 부서, 혹은 화자들 사이의 관계를 묻는다. 일반적인 경우 화자의 신원을 묻는 문제는 대화의 소재나 대화가 이루어지는 장소를 파악함으로써 정답의 단서를 찾을 수 있다. 이러한 단서는 대화 초반에 주로 드러나지만, 예외적으로 대화의 중·후반에서 나타나는 경우도 있다.

풀이 전략

1 대화의 소재나 대화가 이루어지고 있는 장소를 파악하는 것이 정답을 찾는데 도움이 된다. 화자들의 직위나 일하는 부서 등이 언급되어 있는 부분을 특히 주의해서 듣도록 한다.

2 화자들의 관계를 파악할 수 있는 대목에 주목하도록 한다. 손님/고객, 상사/부하 직원 등 화자들의 관계를 파악하면 화자의 직업을 쉽게 유추할 수 있다.

예시 질문

• Who most likely is the woman?	여자는 누구인 것 같은가?
• Who is the man talking to?	남자는 누구에게 말하고 있는가?
• What is the woman's job?	여자의 직업은 무엇인가?
• Where does the woman work?	여자는 어디에서 일하는가?
• What department does the man work in?	남자는 어떤 부서에서 일하는가?
• Where does the conversation most likely take place?	대화가 어디에서 이루어지는 것 같은가?

예제 ⊙ 3-03

1. What is the man's job?

   (A) Deliveryman
   (B) Repairman
   (C) Painter
   (D) Security guard

2. What does the woman complain about?

   (A) The lack of a telephone response
   (B) The inability to replace the lights quickly
   (C) The slowness of the man's arrival
   (D) The faulty wiring in the office

3. What is the situation in the man's department?

   (A) None of his colleagues is working today.
   (B) Everyone is busy due to numerous requests.
   (C) Budget cuts have resulted in a few layoffs.
   (D) His coworkers are all attending a conference.

스크립트 & 해석

M: Good morning. I was advised that you have a leaky pipe in one of the bathrooms. Is that correct?

W: I'm so glad that you're finally here. So much water is coming out that the carpet in the office is getting soaked.

M: Well, just show me where to go, and I'll take care of it as fast as I can.

W: Please follow me. By the way, I called you three hours ago. What took you so long?

M: I was upstairs trying to fix some electric wiring. All my coworkers are off today, so I'm the only one in the office.

advise 충고하다; 알리다 leaky (물 등이) 새는, 누수의 soak 흠뻑 젖다 electric wiring 전기 배선

M: 안녕하세요. 화장실 중 한 곳에서 파이프가 샌 다고 들었어요. 맞나요?

W: 드디어 와 주시다니 정말로 기쁘군요. 너무나 많은 물이 흘러나와서 사무실 카펫이 흠뻑 젖었어 요.

M: 음, 어디로 가면 되는지 알려 주시면 제가 가능 한 빨리 처리해 드릴게요.

W: 저를 따라 오세요. 그건 그렇고 제가 세 시간 전에 전화를 드렸잖아요. 왜 이렇게 오래 걸리셨나 요?

M: 저는 위층에서 전기 배선을 수리하고 있었어 요. 동료 직원들이 모두 오늘 휴가여서 사무실에 저만 있거든요.

해설

1. 남자의 직업은 무엇인가?
  (A) 택배 기사
  (B) 수리공
  (C) 도장공
  (D) 경비원

2. 여자는 무엇에 대해 불만을 표시하는가?
  (A) 전화를 받지 않음
  (B) 조명을 빨리 교체해 주지 않음
  (C) 남자의 도착이 늦어짐
  (D) 사무실의 배선 결함

3. 남자의 부서는 어떠한 상황인가?
  (A) 그의 동료들 중 아무도 오늘 일하지 않는다.
  (B) 요청하는 곳이 많아서 모든 사람이 바쁘다.
  (C) 예산 삭감의 결과로 몇몇 사람이 해고되었다.
  (D) 그의 직장 동료들은 모두 컨퍼런스에 참석 중이다.

대화 초반에 남자는 '화장실 파이프에서 물이 샌 다'(you have a leaky pipe in one of the bathrooms)는 말을 듣고 왔다고 말한다. 따라서 남자는 누수 현상을 고치러 온 (B)의 '수리공'일 것 이다.

대화 후반부에서 여자는 남자에게 자신이 세 시 간 전에 전화했었다는 점을 알린 후 'What took you so long?'이라고 질문한다. 이를 통해 여자 는 남자가 늦게 온 점에 대해 불만을 표시하고 있다 는 점을 알 수 있으므로 (C)가 정답이다.

남자의 마지막 말 'All my coworkers are off today, so I'm the only one in the office.' 에서 정답의 단서를 찾을 수 있다. 부서의 다른 직원 들이 모두 휴가 중이라고 했으므로 (A)가 정답이다.

numerous 많은 **budget cut** 예산 삭감
result in 결과로서 ~이 되다 **layoff** 해고

말아 둡시다!

회사 내 다양한 부서의 명칭에 대해 알아보자.

Sales Department 영업부	Marketing Department 마케팅부
Human Resources Department 인사부	Accounting Department 회계부
R&D Department 연구개발부	Public Relations Department 홍보부
Purchasing Department 구매부	Shipping Department 발송부

PART 3

Type 02 화자의 신원

99

연습 문제

대화를 듣고 주어진 질문에 가장 알맞은 답을 고르시오. ▶ 3-04

[1-3]

M: Susanna, ... for tomorrow's orientation session? You're going to be .... about the benefits they qualify for, right?

W: That's correct, Jack. I've already ...., but I need some more .... the employees have to fill out.

M: Don't you ....? I thought I .... last week.

W: I .... there would be twenty attendees, but now .... there will be more than fifty.

M: That's a .... Talk to Randy, and he can set you up with .... you need.

benefit 혜택; 수당
qualify for
~을 받을 자격이 있다
fill out ~을 작성하다
initially 처음에, 초기에
difference 차이
set ~ up with
~에게 ~을 제공하다

1   What department does the woman probably work in?

(A) Accounting
(B) Sales
(C) Human Resources
(D) Research and Development

2   What does the woman need more of?

(A) Forms
(B) Booklets
(C) Posters
(D) User's manuals

3   What does the man imply when he says, "That's a big difference"?

(A) He is surprised by the large number of attendees.
(B) Several people must have canceled their registration.
(C) The woman needs to practice speaking to many people.
(D) They should hold the event in a larger room.

W: It looks like your crew did _____ today. Can you tell me _____ to do?

M: We started painting upstairs, but _____. When we return tomorrow, we'll complete the _____ upstairs and then _____, too. We'll also _____ in the bedrooms.

W: When do you think _____ with everything? _____ back into our home as soon as possible.

M: The majority of the work will be done _____, but then we'll need _____ to do a few minor projects and _____ the entire place.

---

plenty of 많은
install 설치하다
as soon as possible
가능한 빨리

4   Where does the man most likely work?

(A) At a construction firm
(B) At an interior decorator
(C) At an architectural firm
(D) At a hardware store

architectural 건축의
hardware store 철물점

5   What is suggested about the woman?

(A) She is having work done on her house.
(B) She has worked with the man in the past.
(C) She has a limited amount of funds to spend.
(D) She is pleased with the man's performance.

in the past 과거에
limited 제한된, 한정된

6   According to the man, when will he be completely finished?

(A) Today
(B) Tomorrow morning
(C) Tomorrow afternoon
(D) The day after tomorrow

정답 및 해설 p.40

문제점 및 걱정거리

심각한 문제가 발생했다던가 곤란한 상황이 벌어졌다는 식의 문장으로 대화가 시작되는 경우, 십중
팔구 문제점이나 걱정거리를 묻는 질문이 등장한다. 이러한 문제는 대화 초반에서 정답의 단서가 드
러나는 경우가 많기 때문에 대화의 시작 부분을 놓치지 않고 들어야 정답을 찾을 수 있다. 문제점이나
걱정거리의 핵심을 빗겨 나가는 보기는 정답이 될 수 없다.

풀이 전략

1 처음 대화를 시작하는 사람의 말을 잘 듣도록 한다. 상대방에게 좋지 않은 소식을 전하는 부분에서 정답의
   단서가 드러나는 경우가 많다.

2 사실을 왜곡하거나 비약한 보기는 정답이 될 수 없다.

예시 질문

• What is the problem?   무엇이 문제인가?
• Why is the woman concerned?   여자는 왜 걱정하는가?
• What is the man's problem?   남자의 문제는 무엇인가?
• Why is there a problem?   왜 문제가 생겼는가?

예제 ▶ 3- 05

1. What is the man's problem?

(A) A client canceled a scheduled
    meeting.
(B) He has not received a delivery yet.
(C) He cannot find a copy of his notes.
(D) There are no envelopes in the office.

2. What does the woman offer to do?

(A) Attend a demonstration
(B) Call a company
(C) Bring an item to the man
(D) Sign for a package

3. What can be inferred about the woman?

(A) She helped the man prepare for his
    demonstration.
(B) She plans to stay at her desk all day
    long.
(C) She has assisted the man in the past.
(D) She is trying to recruit some new
    clients.

스크립트
&
해석

M: I've got to leave for a product demonstration soon, but the courier hasn't arrived yet.

W: What are you supposed to receive?

M: A contract from our new client downtown.

W: If it's not related to your demonstration, why don't you just leave now? I can sign for the envelope when the courier arrives.

M: You don't mind doing that? I really appreciate the offer. I would hate to be late since this has the potential to be a big client.

W: It's not a problem at all. I'm going to be here in the office until it's time to go home.

have got to ~해야 한다 **demonstration** 시위; 시연
courier 배달원, 택배 기사 **be related to** ~와 관련이 있다
sign for ~을 받았다는 서명을 하다 **potential** 잠재력

M: 제품 시연회 때문에 곧 떠나야 하는데 택배 기사가 도착을 하지 않는군요.

W: 무엇을 받기로 되어 있나요?

M: 시내 중심가에서 새로운 고객이 보낸 계약서요.

W: 시연회와 관련된 것이 아니라면 지금 떠나는 것이 어때요? 택배 기사가 도착하면 제가 봉투를 받았다고 사인하면 되니까요.

M: 그렇게 해 주시겠어요? 제안해 주셔서 정말로 고마워요. 이번 일로 중요한 고객을 유치할 가능성이 높기 때문에 늦고 싶지는 않거든요.

W: 전혀 문제될 것 없어요. 퇴근 시간 전까지는 제가 이곳 사무실에 있을 거예요.

해설

1. 남자의 문제는 무엇인가?
   (A) 한 고객이 예정된 회의를 취소했다.
   (B) 아직 택배를 받지 못했다.
   (C) 메모의 복사본을 찾을 수 없다.
   (D) 사무실에 봉투가 없다.

2. 여자는 무엇을 하겠다고 제안하는가?
   (A) 제품 시연회에 참석한다
   (B) 회사에 전화를 한다
   (C) 물건을 남자에게 가져다 준다
   (D) 택배를 받았다는 서명을 한다

3. 여자에 대해 추론할 수 있는 것은 무엇인가?
   (A) 그녀는 남자의 시연회 준비를 도왔다.
   (B) 그녀는 하루 종일 자리를 지키고 있을 것이다.
   (C) 그녀는 과거에 남자를 도와준 적이 있다.
   (D) 그녀는 새로운 고객들을 유치하려고 한다.

대화의 시작 부분에서 남자는 곧 제품 시연회 때문에 사무실을 나서야 하는데 '아직 택배 기사가 오지 않았다'(the courier hasn't arrived yet)고 말하면서 우려를 표시하고 있다. 즉 남자는 택배로 받아야 할 계약서가 도착하지 않아 걱정하고 있는 것이므로 정답은 (B)이다.

여자는 남자에게 당장 시연회에 가라고 한 후 'I can sign for the envelope when the courier arrives.'라고 언급한다. 즉 여자가 제안한 것은 남자 대신 수취인 서명을 하겠다는 것이므로 (D)가 정답이다.

여자의 마지막 말 'I'm going to be here in the office until it's time to go home.'에서 여자는 하루 종일 사무실에 있을 것임을 알 수 있다. 따라서 보기 중 추론할 수 있는 사항은 (B)이다.

recruit 모집하다

연습 문제

대화를 듣고 주어진 질문에 가장 알맞은 답을 고르시오. ▶ 3-06

[1-3]

M: Gloria, are you still working .... for the
upcoming festival? You know, if we don't .... to
the printer by tomorrow, we won't .... to post
around the city.

W: I'm ...., but everyone in the office
.... work to do. I simply haven't had
.... complete the project.

M: If anyone else asks you to do something, ...
to me. You need to make sure that the poster is done by
....

W: Yes, sir. I'll .... work on it.

upcoming
다가 오는, 곧 있을
post 게시하다
make sure 확실히 하다
get to work
일하러 가다, 착수하다

1   Why is the man concerned?

(A) A project has not been completed yet.
(B) Bad weather may postpone a festival.
(C) Some posters are not back from the printer.
(D) Few people are aware of a special event.

2   What does the woman say about her coworkers?

(A) They have refused to assist her.
(B) They complimented her work on the poster.
(C) They left her all alone in the office.
(D) They are assigning her work to do.

compliment 칭찬하다
assign 할당하다, 배정하다

3   What does the man instruct the woman to do?

(A) Visit the printer at once
(B) Work only on her project
(C) Arrange an office meeting
(D) Review a report he wrote

W: We've been .... from customers than usual
all morning long. They're complaining that ....
any online orders.

M: The IT Department installed .... last night,
but I think somebody .... in the process.

W: What should we tell people .... ?

M: Let them know that .... the problem and
that we're doing our best ....

W: Okay. I'll instruct all .... to do the same
thing. Please .... on the situation.

M: As soon as the Web site is .... , I'll tell you.

install 설치하다
make a mistake
실수하다
be aware of ~을 알다
instruct 지시하다
operator 전화 교환원
keep ~ updated
~에게 최신 소식을
알려 주다
function 기능; 기능하다
smoothly 원활하게

4 Why is there a problem?

(A) An electrician accidentally cut some wires.
(B) Some software was not installed properly.
(C) Customers cannot see which items are on sale.
(D) Order amounts are being calculated incorrectly.

electrician
전기 기사, 전기 기술자
wire 선, 전선
calculate 계산하다
incorrectly 부정확하게

5 What does the man suggest about the problem?

(A) People are currently working to fix it.
(B) It will be solved within a few minutes.
(C) An outside contractor is needed to repair the damage.
(D) Something similar happened in the past.

contractor
계약자, 도급업체

6 What will the woman probably do next?

(A) Post an update on a Web site
(B) Call one of her customers
(C) Speak with her coworkers
(D) Make an online order

정답 및 해설 p.41

Type 04 이유 및 방법

이유 및 방법을 묻는 문제는 세부 사항을 묻는 문제 중 하나로, 대화의 특정 부분의 내용을 통해 정답의 단서를 찾아야 한다. 해당 부분을 제대로 듣지 못하면 정답을 찾기가 힘들기 때문에 비교적 난이도가 높은 문제라 할 수 있다. 대화를 듣기에 앞서 먼저 문제와 보기를 대략적으로 살펴보면 정답을 찾는데 도움이 된다.

풀이 전략

1. 대화를 듣기 전에 문제에서 언급하고 있는 내용을 먼저 살펴본 후, 관련된 내용이 들리면 정답을 찾도록 한다.
2. 이유를 묻는 질문이 제시되면 인과 관계로 엮일 수 있는 내용을 잘 듣고 기억해야 한다. 방법을 묻는 질문이 등장하는 경우에는 목적 달성을 위한 구체적인 방안이나 방법이 제시되는 대목에 주의를 기울여야 한다.

이유를 묻는 질문

• Why is the man in a hurry?	남자는 왜 서두르는가?
• Why does the woman have to leave soon?	여자는 왜 빨리 출발해야 하는가?
• Why does the man need a necktie?	남자는 왜 넥타이를 필요로 하는가?
• Why does the man mention his boss?	남자는 왜 자신의 상사를 언급하는가?
• Why does Rachel want to change shifts?	Rachel은 왜 근무 시간을 바꾸고 싶어하는가?

방법을 묻는 질문

• How will the man go to the Jefferson Consulting?	남자는 어떻게 Jefferson 컨설팅에 갈 것인가?
• How does the woman suggest raising funds?	여자는 어떻게 자금을 모으자고 제안하는가?
• How does the woman propose hiring employees?	여자는 어떻게 직원들을 고용하자고 제안하는가?
• How will the woman discuss the matter with the man?	여자는 어떻게 남자와 문제를 논의할 것인가?

예제 ⊙ 3-07

1. How did Stacy Peterson contact the Maintenance Department?

(A) By phone
(B) In person
(C) By submitting a form
(D) By e-mail

2. According to the woman, when will Stacy Peterson return to the office?

(A) In five minutes
(B) In fifteen minutes
(C) In thirty minutes
(D) In sixty minutes

3. Why is the man unable to look at the computer?

(A) He forgot to bring some tools.
(B) He needs to help a different person.
(C) He cannot access the Internet.
(D) He does not know the password.

스크립트 & 해석

M: Hello. I'm Chet from the Maintenance Department. I received an e-mail from Stacy Peterson that her computer is working improperly. Where can I find her?

W: I'm really sorry, but Ms. Peterson stepped out of the office for a few minutes. She should be back in a quarter of an hour.

M: All right. I'll return here in about thirty minutes then.

W: Her desk is right over there. You can check out her computer now if you want.

M: Unfortunately, I need her to log on with her password, so she has to be present while I repair the machine.

improperly 부적절하게　**step out of** ~에서 나오다
present 참석한, 출석한

M: 안녕하세요. 저는 관리부의 Chet이에요. Stacy Peterson으로부터 컴퓨터가 제대로 작동하지 않는다는 이메일을 받았어요. 그분은 어디에 계신가요?

W: 정말로 죄송하지만 Peterson 씨는 잠시 사무실을 비우셨어요. 15분 후에 돌아 오실 거예요.

M: 그렇군요. 그러면 제가 약 30분 후에 다시 오도록 할게요.

W: 그분의 책상은 저쪽에 있어요. 원하시면 지금 컴퓨터를 확인해 보셔도 좋아요.

M: 안타깝지만 그분이 패스워드로 로그온을 하셔야 하기 때문에 기기를 수리하는 동안에는 그분이 자리에 계셔야 해요.

해설

1. Stacy Peterson은 어떻게 관리부에 연락했는가?
　(A) 전화로
　(B) 직접 찾아가서
　(C) 양식을 제출함으로써
　(D) 이메일로

2. 여자에 의하면 Stacy Peterson은 언제 사무실로 돌아올 것인가?
　(A) 5분 후에
　(B) 15분 후에
　(C) 30분 후에
　(D) 60분 후에

3. 남자는 왜 컴퓨터를 살펴볼 수 없는가?
　(A) 몇몇 도구를 가져와야 한다는 점을 잊었다
　(B) 다른 사람의 도움이 필요하다.
　(C) 인터넷에 접속할 수가 없다.
　(D) 패스워드를 모른다.

대화의 시작 부분에서 남자는 자신의 방문 이유를 'I received an e-mail from Stacy Peterson that her computer is working improperly.'로 밝히고 있다. 여기에서 Stacy Peterson이라는 사람은 이메일로 컴퓨터 수리를 의뢰했다는 점을 알 수 있으므로 (D)가 정답이다.

Stacy Peterson이 있는 장소를 묻는 남자의 질문에 여자는 그녀가 지금 자리에 없다고 전한 후 'She should be back in a quarter of an hour.'라고 말한다. 이 부분에서 a quarter of an hour를 놓치지 않고 들었다면 그녀가 돌아올 시간은 (B)의 '15분 후'라는 점을 쉽게 알 수 있다.

남자의 마지막 말에서 정답을 찾을 수 있다. 남자는 수리를 하려면 '패스워드로 로그온을 해야 하기 때문에'(I need her to log on with her password) 당사자가 없으면 수리가 불가능하다는 점을 밝히고 있다. 따라서 (D)가 정답이다.

연습 문제

대화를 듣고 주어진 질문에 가장 알맞은 답을 고르시오. ⏵ 3-08

[1-3]

W: Excuse me, but is the position _____ on the
front _____ still open? I could use a full-time job.

M: Yes, we're _____. Would you happen
to _____ as a cashier? We don't have time
_____ because we're pretty busy these days.

W: I've worked similar jobs in the past, so _____
how to use cash registers and how to _____.

M: Why don't we _____ so that I
_____ a few questions? If I'm satisfied and the
hours you can work match, _____.

advertise 광고하다
full-time job
상근직, 정규직
cashier 계산원
similar 비슷한
be familiar with
~에 익숙하다
cash register
금전 등록기
deal with ~을 다루다,
~을 상대하다
so that ~ can
~하기 위하여
match 어울리다

1   How did the woman find out about the position?

(A) She heard about it from a friend.
(B) She saw an advertisement for it.
(C) She learned about it on the Internet.
(D) She was told about it by the man.

2   What does the man ask the woman about?

(A) Her salary expectations
(B) Her work experience
(C) Her desired hours
(D) Her past employers

expectation 예상, 기대

3   What will the man probably do next?

(A) Explain the woman's duties
(B) Give a tour of the store
(C) Write up a contract
(D) Conduct a brief interview

give a tour of
~을 견학시키다
contract 계약(서)
conduct
실행하다, 실시하다
brief 짧은, 간단한

> **M:** Everyone has been working overtime ....
> these days. The employees are ....
>
> **W:** Do you think we should hire ....? Profits are
> up, so there .... in the budget.
>
> **M:** That .... Why don't I put an ad in a couple
> of .... for some positions?
>
> **W:** I think it would .... if you simply advertised
> on our company's Web page. If we don't .... ,
> then we can consider ....
>
> **M:** All right. I'll come up with .... and
> .... to you before I post them.

PART 3

Type 04 이유 및 방법

exhausted
기운이 빠진; 고갈된
ideal 이상적인
put an ad 광고를 내다
effective 효과적인
come up with
(아이디어 등을) 떠올리다
job description
직무 기술서

4 What problem does the man mention?

(A) Production is down at several facilities.
(B) There is not enough money left in the budget.
(C) Employees are tired from working long hours.
(D) Several workers have resigned recently.

be tired from
~으로 지치다
resign 사임하다, 퇴사하다

5 How does the woman suggest advertising for new employees?

(A) By posting ads in newspapers
(B) By advertising on the Internet
(C) By making a radio advertisement
(D) By advertising in trade publications

6 What does the man say that he will e-mail the woman?

(A) A list of positions to be filled
(B) An application form
(C) Applicants' résumés
(D) Descriptions of jobs

정답 및 해설 p.42

Type 05 언급된 사항

언급된 사항을 묻는 문제는 대화 내용에 따른 사실 여부를 묻는 문제이다. 대화 내용에 따라 무엇이 사실인지 물을 수도 있고, 무엇이 사실이 아닌지를 물을 수도 있다. 언급된 사항을 묻는 문제의 경우, 거의 기계적으로 들리는 내용에 따라 정답을 찾아야 하며, 질문의 핵심어구를 얼마나 빨리 파악하는지가 문제 해결의 관건이라 할 수 있다.

풀이 전략

1 대화를 듣기 전에 문제에서 언급하고 있는 내용을 먼저 살펴본 후, 해당 부분이 들리면 들은 내용에 근거하여 정답을 찾도록 한다. 특히 '바꾸어 쓴'(paraphrasing) 표현이 들어 있는 보기가 정답일 확률이 높다.

2 직접적으로 언급한 내용을 묻는 것이기 때문에 추측을 통해 정답을 찾아서는 안 된다. 겉으로 보기에는 그럴듯해도 본문에서 언급된 사항이 아닌 보기는 오답으로 간주해야 한다.

예시 질문

- What did the woman do yesterday? / 여자는 어제 무엇을 했는가?
- What does the woman say about Tom? / 여자는 Tom에 대해 무엇을 말하는가?
- What does the man ask about? / 남자는 무엇에 대해 묻는가?
- What will the clients do on Wednesday night? / 고객들은 수요일 밤에 무엇을 할 것인가?
- What does the woman say about the new restaurants? / 여자는 새로 생긴 식당에 대해 무엇을 말하는가?
- Where will the man post an announcement? / 남자는 어디에 안내문을 게시할 것인가?
- By when should the man compete the assignment? / 남자는 업무를 언제까지 마쳐야 하는가?
- According to the woman, what happened yesterday? / 여자에 의하면 어제 어떤 일이 있었는가?
- According to the man, what will happen on Thursday? / 남자에 의하면 목요일에 어떤 일이 일어날 것인가?

예제 ▶ 3-09

1. Who is Peter Mayfield?

(A) A job applicant
(B) A customer
(C) An engineer
(D) A political candidate

2. What does the woman say about Virginia West?

(A) She lives in a nearby city.
(B) She has been doing good work.
(C) She is currently employed.
(D) She has good qualifications.

3. What will the man probably do next?

(A) Sign a contract
(B) Speak with Peter Mayfield
(C) Ask the woman some questions
(D) Make a telephone call

110

W: So which of the two final candidates were you impressed with the most?

M: I thought that Peter Mayfield spoke very well, and he's definitely qualified for the position.

W: I agree with you about that, but Virginia West is also highly qualified. She has a bit more experience than Peter, too.

M: Yeah, you've got a point. Well, the person we hire will be directly working for you, so who do you prefer?

W: Let's give Virginia a chance.

M: Okay. I'll call her up and make a formal offer. I'll let you know what she says after I speak with her.

candidate 후보 **definitely** 분명, 확실히 **qualified for** ~의 자격이 있는 **directly** 직접, 바로 **call up** ~에게 전화하다

W: 두 명의 최종 후보 중에서 어떤 후보가 가장 인상적이던가요?

M: Peter Mayfield가 말을 정말 잘 했다고 생각했고, 확실히 그가 그 직위에 적합한 것 같아요.

W: 그 점에 대해서는 저도 동의하지만, Virginia West 역시 자격 조건이 상당히 좋아요. 또한 Peter 보다 경력도 약간 더 많고요.

M: 그래요, 일리가 있군요. 음, 우리가 고용하는 사람은 직접적으로 당신을 위해 일하게 될 테니, 당신은 누가 더 좋은가요?

W: Virginia에게 기회를 주죠.

M: 좋아요. 제가 그녀에게 전화를 해서 정식으로 입사를 제안할게요. 그녀와 이야기한 후에 그녀가 어떻게 말했는지 알려 드릴게요.

---

1. Peter Mayfield는 누구인가?

(A) 입사 지원자
(B) 고객
(C) 엔지니어
(D) 선거 후보

질문의 핵심어구인 Peter Mayfield가 들어 있는 문장을 잘 들어야 한다. 어떤 입사 지원자가 마음에 드는지 묻는 여자의 질문에 남자는 'I thought that Peter Mayfield spoke very well, and he's definitely qualified for the position.'이라고 답한다. 따라서 Peter Mayfield라는 인물은 최종 후보 2인 중 한 명일 것으로 생각되므로 (A)가 정답이다.

2. 여자가 Virginia West에 대해 말한 것은 무엇인가?

(A) 그녀는 인근 도시에서 살고 있다.
(B) 그녀는 일을 잘하고 있다.
(C) 그녀는 현재 고용되어 있다.
(D) 그녀는 좋은 자격 조건을 갖추고 있다.

남자가 Peter Mayfield라는 후보를 높이 평가하자 여자는 Virginia West라는 후보가 '자격 조건도 좋고'(is also highly qualified) '경력도 더 많다'(has a bit more experience)는 점을 지적한다. 따라서 보기 중 여자가 언급한 것은 위의 두 가지 사항 중 첫 번째 사항을 가리키는 (D)이다.

3. 남자는 이다음에 무엇을 할 것 같은가?

(A) 계약서에 서명한다
(B) Peter Mayfield와 이야기한다
(C) 여자에게 몇 가지 질문을 한다
(D) 전화를 건다

남자의 마지막 말 중 'I'll call her up and make a formal offer.'라는 문장에서 남자는 대화 직후 Virginia West에게 전화를 걸어 입사 제의를 할 것임을 알 수 있다. 따라서 남자가 할 일은 (D)이다.

연습 문제

대화를 듣고 주어진 질문에 가장 알맞은 답을 고르시오. ▶ 3-10

[1-3]

M1: Carol, have you _____ your analysis of _____ from last month?

W: I'm _____ it, Mr. Gibbs. Do you need it today?

M1: It's always great to receive reports early, but _____ Wednesday at 3:00.

M2: Carol, you've _____ before, have you? If you need any help, _____ talk to Leslie? It was _____ in the past.

W: I wasn't aware of that, Chris. But I think she _____ today, so I'll just do it alone.

M2: _____ at extension 22 if you need help. I _____ .

1 By when does Mr. Gibbs need to receive the report?

(A) Today
(B) Tomorrow
(C) Wednesday
(D) Thursday

2 What is mentioned about the woman?

(A) She has worked with Leslie before.
(B) She works as a financial analyst.
(C) She is doing an assignment for the first time.
(D) She is scheduled to go on a business trip soon.

3 What does the woman say about Leslie?

(A) She can be reached at extension 22.
(B) She will write next month's report.
(C) She works in Mr. Gibbs's office.
(D) She is not in the office today.

W: The city is encouraging everyone to think _____ ,
so some of us are considering _____ .

M: That's a great idea. How are you _____ people
about it?

W: I posted a note _____ on the bulletin board by
the front door. Seven people have _____ .

M: I'll _____ down as well. I would love not to
have to _____ every morning.

W: _____ . I come here from downtown, and
_____ can be pretty stressful. If I could ride with
_____ , it would make the ride more tolerable.

encourage
격려하다, 장려하다
environment 환경
carpool 카풀을 하다
signup sheet
(서명을 적는) 참가 신청서
bulletin board 게시판
put down ~을 적다
get stuck in traffic
차가 막히다
tolerable
참을 수 있는, 견딜만한

4 What are the speakers mainly discussing?

(A) A new program at work
(B) The company's bulletin board
(C) Their trip to work this morning
(D) A club that they belong to

5 What did the woman put on the bulletin board?

(A) A job advertisement
(B) A signup sheet
(C) An ad for a gym
(D) A poster

6 What does the woman probably mean when she says, "Tell me about it"?

(A) She thinks carpooling to work is a great idea.
(B) She believes a new position at work looks interesting.
(C) She does not enjoy driving to work sometimes.
(D) She would love to start work later in the day.

정답 및 해설 p.43

추론 문제는 대화에서 들은 내용을 바탕으로 논리적 사고를 통해 도출해 낼 수 있는 사실이 무엇인지 묻는 문제이다. 따라서 직접적으로 언급되지는 않았지만 대화 내용을 통해 충분히 수긍할 수 있는 보기를 정답으로 골라야 한다. 하지만 높은 수준의 추론 능력을 요구하는 것은 아니기 때문에 추론 문제의 난이도가 높다고 보기는 어렵다. 다만 보기의 내용들이 전반적인 대화 내용을 파악해야 이해할 수 있는 경우에는 상대적으로 정답을 찾기가 힘들 수도 있다.

풀이 전략

1 대화에서 들은 내용을 바탕으로 보기 중에서 논리적으로 추론 가능한 내용들을 확인한다. 전반적인 대화 내용을 듣고 확인해야 하는 경우에는 지나친 확대 해석으로 정답을 선택해서는 안 되며, 객관적으로 수긍 가능한 내용이 들어 있는 보기를 정답으로 골라야 한다.

2 지나친 비약이 들어 있거나 근거가 빈약한 보기는 정답이 될 수 없다.

예시 질문

• What is suggested about the man?	남자에 대해 암시되어 잇는 것은 무엇인가?
• What is indicated about the speakers?	화자들에 대해 암시되어 있는 것은 무엇인가?
• What is indicated about the store?	매장에 대해 암시되어 있는 것은 무엇인가?
• What is suggested about the Sales Department?	영업부에 대해 암시되어 있는 것은 무엇인가?
• What does Mr. Robinson indicate about Ms. Lee?	Robinson 씨가 Lee 씨에 대해 암시하고 있는 것은 무엇인가?
• What does the woman indicate about the new employees?	여자가 신입 사원들에 대해 암시하고 있는 것은 무엇인가?
• What does the man suggest about the previous year's seminar?	남자가 작년 세미나에 대해 암시하고 있는 것은 무엇인가?

예제 ▷ 3-11

1. Who most likely is the man?

(A) A pharmacist
(B) A doctor
(C) A patient
(D) An X-ray technician

2. What does the man suggest about the woman?

(A) She should not drive a car.
(B) She needs to come back tomorrow.
(C) She can return to her job now.
(D) She needs to have an operation.

3. When was the last time the woman felt okay?

(A) Yesterday
(B) One week ago
(C) Two weeks ago
(D) One month ago

스크립트 & 해 석

M: Good morning, Ms. Weber. Are you feeling any better since the last time I saw you?

W: I no longer have a sore throat or a fever. However, I'm still coughing a lot, and I don't seem to have much energy these days.

M: It looks like you still aren't completely better. I'm going to prescribe some new medicine for you. It's going to make you sleepy, so you'd better not go to work for a couple of days or drive any machines.

W: All right. I hope I can finally get better. It's been two weeks since I've felt normal.

no longer 더 이상 ~하지 않다 **sore** 아픈 **throat** 목구멍 **fever** 열, 열병 **prescribe** 처방하다 **sleepy** 졸린 **normal** 정상의, 정상적인

M: 좋은 아침이에요, Weber 씨. 지난 번에 뵌 후로 몸 상태가 좀 나아지셨나요?

W: 더 이상 목이 아프거나 열이 나지는 않아요. 하지만 기침은 여전히 심하고, 요즘에는 기운이 별로 없는 것 같아요.

M: 완전히 회복되지는 않으신 것 같군요. 새로운 약을 처방해 드릴게요. 약간 졸리실 테니 이틀 정도는 출근을 하거나 운전을 하시지 않는 편이 좋겠어요.

W: 그래요. 어서 나았으면 좋겠어요. 정상이라고 느낀 적이 2주 전이었으니까요.

해 설

1. 남자는 누구인 것 같은가?
   (A) 약사
   (B) 의사
   (C) 환자
   (D) 엑스레이 기사

남자의 신원을 묻고 있다. 보기 중에서 상대방의 몸 상태를 확인하고 약을 처방할 수 있는 직업은 (B)의 '의사'뿐이다.

2. 남자가 여자에 대해 암시하고 있는 것은 무엇인가?
   (A) 그녀는 운전을 하면 안 된다.
   (B) 그녀는 내일 다시 와야 한다.
   (C) 그녀는 이제 직장으로 돌아갈 수 있다
   (D) 그녀는 수술을 받아야 한다.

대화 후반부에 남자는 처방할 약 때문에 졸음이 올 수 있다고 경고한 후, '이틀 동안 출근을 하지 말 것과 운전을 하지 말 것'(you'd better not go to work for a couple of days or drive any machines)을 당부하고 있다. 따라서 (A)가 정답이다.

operation 가동, 작동; 수술

3. 여자는 언제 마지막으로 몸 상태가 괜찮다고 느꼈는가?
   (A) 어제
   (B) 1주일 전
   (C) 2주일 전
   (D) 한달 전

여자의 마지막 말 'It's been two weeks since I've felt normal.'에 정답의 단서가 있다. 질문의 felt okay는 위 문장의 felt normal을 바꾸어 쓴 것이라는 점을 이해하면 여자의 몸이 정상이었던 때는 (C)의 '2주 전'이었을 것이라는 점을 쉽게 알 수 있다.

연습 문제

대화를 듣고 주어진 질문에 가장 알맞은 답을 고르시오. ▶ 3- 12

[1-3]

W: Hello, Chris. Have you already reached .... ?

M: .... about twenty minutes ago, Stephanie. When .... get here? Our train .... leave in ten minutes.

W: I'm in a taxi, and we're .... We .... the Causeway Bridge yet.

M: There's .... that departs for Denver in an hour. Would you like for me to .... for that one?

W: That would .... Sorry about this. I had .... to discuss with Mr. Crampton, so my meeting with him .... I had expected.

reach 닿다, 도달하다
be stuck in traffic 차가 막히다, 교통 체증에 걸리다
exchange 바꾸다, 교환하다
expect 예상하다, 기대하다

1   Where is the woman?

(A) At a train station

(B) On a bus

(C) In a taxi

(D) In her car

2   What is suggested about the woman?

(A) She will not arrive on time.

(B) She has never taken the train before.

(C) She needs to buy a ticket.

(D) She forgot to bring something.

3   What does the man offer to do?

(A) Arrange a meeting with Mr. Crampton

(B) Pick up the woman at her office

(C) Book two rooms at a hotel in Denver

(D) Get tickets for a different train

M: Jane, do you know _____ at the factory in
Moline? _____ more than fifty percent this week.

W1: George Wilson sent me an e-mail _____.
Apparently, a lot of the equipment at the factory has been

_____.

W2: _____ be happening. That factory only
opened _____, and it has state-of-the-art facilities.

M: Jane, you _____ there immediately. I want you
to _____ and give me a report.

W1: If _____, I can be there in two hours.
_____ when I arrive.

production 생산
apparently 보아 하니,
듣자 하니; 명백히
break down
고장이 나다
state-of-the-art
첨단의, 최신의
inspect 점검하다,
조사하다

4 What are the speakers mainly talking about?

(A) Worker productivity
(B) A recent equipment purchase
(C) Problems at a facility
(D) A new advertising campaign

productivity 생산성
advertising campaign
광고

5 Who most likely is George Wilson?

(A) A factory worker
(B) A client
(C) The speakers' boss
(D) An inspector

6 What is indicated about Jane?

(A) She just received a promotion.
(B) She purchased faulty equipment.
(C) She needs to take a plane.
(D) She has to visit Moline.

promotion 승진, 진급;
홍보, 프로모션
faulty 잘못된, 흠이 있는

정답 및 해설 p.45

요청 및 제안

대화 중 상대방에게 요청이나 제안, 혹은 부탁을 하는 경우, 그 구체적인 내용을 묻는 문제가 출제될 수 있다. 이러한 내용은 보통 대화의 중·후반부에서 발견할 수 있으며, 요청 및 제안과 관련된 표현이 들어 있는 문장에서 정답의 단서가 드러나는 경우가 많다.

풀이 전략

1. 요청 사항이나 제안한 내용은 보통 대화의 중반부 이후에서 찾을 수 있다.
2. 요청 사항을 묻는 문제가 제시되면 can/could 등으로 시작하는 의문문이나 please가 들어가 있는 명령문을 주의해서 듣도록 하고, 제안 사항을 묻는 문제가 제시되면 should 혹은 had better가 들어 있는 문장이나 how about 등으로 시작하는 문장을 주의해서 듣도록 한다.

예시 질문

• What does the man tell the woman to do?	남자는 여자에게 무엇을 하라고 말하는가?
• What does the woman offer to do?	여자는 무엇을 하자고 제안하는가?
• What does the man suggest the woman do?	남자는 여자에게 무엇을 하라고 제안하는가?
• What does Clark tell the man to do?	Clark은 남자에게 무엇을 하라고 말하는가?
• What does the man recommend the woman do?	남자는 여자에게 무엇을 할 것을 추천하는가?
• What does the woman suggest doing?	여자는 무엇을 할 것을 제안하는가?
• What does the man want the woman to do?	남자는 여자가 무엇을 하기를 바라는가?
• What does Kelly propose doing?	Kelly는 무엇을 하자고 제안하는가?
• What does the woman ask the man to do?	여자는 남자에게 무엇을 하라고 요청하는가?

예제 ▶ 3-13

1. Where do the speakers most likely work?
   (A) At a supermarket
   (B) At a museum
   (C) At a restaurant
   (D) At an amusement park

2. What does the woman propose doing?
   (A) Hiring more employees
   (B) Spending more money on ads
   (C) Expanding the size of the establishment
   (D) Purchasing new furniture

3. What does the man say about some employees?
   (A) They have been asking for promotions.
   (B) They are not working as hard as usual.
   (C) They have been transferred to other branches.
   (D) They are interested in working more.

M: In the past three weeks, we've had to turn away a lot of people. We simply don't have enough seats. I believe we need to expand a bit.

W: Well, we could put a few tables outside since the weather is turning nice. But the kitchen staff is already overworked. If we increase the number of diners here, we'll definitely have to hire two or three more people.

M: Before we do that, let's find out if some of our employees want to work overtime. Several have asked me for more shifts, so we may not need to increase the size of our workforce.

turn away ~을 돌려보내다 **overwork** 혹사시키다
definitely 분명 **work overtime** 초과 근무를 하다, 야근하다
shift 근무 시간 **workforce** 노동력, 노동자

M: 지난 3주 동안 우리는 많은 사람들을 돌려보내야만 했어요. 좌석이 충분하지가 않아요. 저는 우리가 확장을 해야 한다고 생각해요.

W: 음, 날씨가 좋아지고 있기 때문에 야외에 테이블을 몇 개 놓을 수 있을 거예요. 하지만 주방 직원들은 이미 과로를 하고 있어요. 이곳 식당 손님들의 수를 늘리려면 분명 두 명이나 세 명을 더 고용해야 할 거예요.

M: 그렇게 하기에 앞서 우리 직원들 중에서 초과 근무를 원하는 사람이 있는지 알아보도록 하죠. 몇몇 직원들이 제게 근무 시간을 연장해 달라고 요청했기 때문에, 인력을 증가시킬 필요가 없을 수도 있어요.

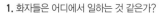

1. 화자들은 어디에서 일하는 것 같은가?
   (A) 슈퍼마켓
   (B) 박물관
   (C) 식당
   (D) 놀이공원

kitchen staff(주방 직원), diners(식당 손님) 등과 같은 표현들을 통해 화자들이 일하는 곳은 (C)의 '식당'일 것으로 짐작할 수 있다.

2. 여자는 무엇을 하자고 제안하는가?
   (A) 직원을 더 고용한다
   (B) 광고에 더 많은 돈을 지출한다
   (C) 업체의 규모를 확장시킨다
   (D) 새 가구를 구입한다

여자가 제안한 바를 묻는 문제이다. 여자는 식당 손님들을 더 많이 받기 위해서는 '2-3명의 직원을 더 고용해야 한다'(we'll definitely have to hire two or three more people)고 주장한다. 따라서 여자가 제안한 사항은 (A)로 볼 수 있다. (C)는 여자가 아니라 남자가 주장한 사항이다.

spend 쓰다, 소비하다

3. 남자가 일부 직원들에 대해 말한 것은 무엇인가?
   (A) 그들은 승진을 요구하고 있다.
   (B) 그들은 평소보다 일을 열심히 하지 않는다.
   (C) 그들은 다른 지점으로 이동을 했다.
   (D) 그들은 더 오래 일하는 것에 관심이 있다.

직원을 더 고용하자는 여자의 제안에 남자는 직원들 중 초과 근무를 할 사람이 있는지 먼저 알아보자고 답한 후, 그 근거로 '몇몇 직원들이 근무 시간 연장을 요청하고 있다'(several have asked me for more shifts)는 점을 들고 있다. 따라서 보기 중 남자가 직원에 대해 언급한 사항은 (D)이다.

연습 문제

대화를 듣고 주어진 질문에 가장 알맞은 답을 고르시오. ▶ 3-14

[1-3]

> W: Excuse me. _____ in Garden City
> before, so could you tell me where the Flowers Art Gallery
> _____?
>
> M: I'm really sorry, but I've _____ before, and
> _____ for more than ten years.
>
> W: I see. Well, I guess I should just _____ then.
>
> M: You know, there's a _____ two blocks away
> from here. Just _____ this street to get there.
> You should go there to _____ and other useful
> information.
>
> W: Thanks so much _____. Have a nice day.

hear of ~에 대해 듣다
tourist information center 관광 안내소
useful 유용한, 쓸모 있는

1   Who most likely is the woman?

   (A) A shopper
   (B) A tourist
   (C) A guide
   (D) An artist

2   What is suggested about the man?

   (A) He works at an art gallery.
   (B) He gives tours in his free time.
   (C) He is a resident of Garden City.
   (D) He recently moved to a new home.

3   What does the man tell the woman to do?

   (A) Call the tourist information center
   (B) Take a taxi to her destination
   (C) Sign up for a tour
   (D) Pick up some maps

destination 목적지

M: The numbers _____ the Sales Department, and it looks like we've _____ on our hands.

W: Seriously? How well is _____ doing?

M: It sold 250,000 copies during the first week, and it's _____. We might record _____ within the next month.

W: That's wonderful news. We had better _____ on a sequel to that game so that we don't lose momentum.

M: Good thinking, Janet. I'll talk to _____ and see if he's got any ideas.

W: _____ Mark yesterday, and he told me that he's been _____ a lot. I'm sure you'll have a _____.

popularity 인기
record 기록하다
get to work 착수하다
sequel 속편, 후속작
momentum
탄성, 가속도

PART 3

Type 07 요청 및 제안

4 What is the conversation mainly about?

(A) A special event
(B) A video game
(C) A marketing campaign
(D) A company's profits

5 What does the woman recommend doing?

(A) Spending more on ads
(B) Selling an item abroad
(C) Working on a sequel
(D) Using a focus group

focus group
포커스 그룹(시장 조사 등을
위해 각 계층을 대표하는
사람들로 이루어진 그룹)

6 Who most likely is Mark?

(A) A game designer
(B) A salesman
(C) A shopper
(D) A supervisor

이후에 할 일

이후에 할 일을 묻는 문제는 화자들이 대화 직후에 하게 될 일과 미래의 특정 시점에 하게 될 일을 묻는 문제로 구분할 수 있다. 대화 직후에 하게 될 일을 묻는 문제는 문제에 next가 포함되어 있는 문제로, 보통 대화의 후반부에 정답의 단서가 등장하며, 특정 시점에 하게 될 일을 묻는 문제의 경우에는 질문의 핵심어구가 포함되어 있는 부분에서 정답의 단서를 찾을 수 있다.

풀이 전략

1 특정 시점에 화자들이 하게 될 행동을 묻는 문제의 경우에는 무엇보다 질문의 핵심어구가 들어있는 부분을 잘 들어야 한다. 핵심어구가 포함되어 있는 문장 전후로 정답의 단서가 제시되는 경우가 많다.

2 대화 직후에 화자들이 하게 될 행동을 묻는 경우, 보통은 대화의 후반부 내용을 통해 앞으로 벌어질 일을 짐작할 수 있다. 이때 대화 직후에 일어날 일을 정답으로 선택해야 하며 상대적으로 더 나중에 이루어질 일은 보통 함정으로 제시된다.

대화 직후에 하게 될 일을 묻는 질문

• What will the woman probably do next?	여자는 이다음에 무엇을 할 것 같은가?
• What will the man most likely do next?	남자는 이다음에 무엇을 할 것 같은가?

특정 시점에 하게 될 일을 묻는 질문

• What will the woman do after lunch?	여자는 점심 시간 이후에 무엇을 할 것인가?
• What will the man do on Wednesday night?	남자는 수요일 밤에 무엇을 할 것인가?
• What will the speakers do tomorrow?	화자들은 내일 무엇을 할 것인가?
• What are the speakers doing this afternoon?	화자들은 오늘 오후에 무엇을 할 것인가?

예제 ⊙ 3-15

1. What are the speakers mainly discussing?

(A) What their employees are working on
(B) How employees feel about their jobs
(C) Where they plan to travel to soon
(D) When they will have a special event

2. Who is Jean Gardener?

(A) An inspector
(B) The speakers' colleague
(C) A new worker
(D) A consultant

3. What will the man probably do next?

(A) Post an advertisement for a new position
(B) Organize a public meeting for employees
(C) Conduct an interview with a job applicant
(D) Provide a way for workers to make suggestions

스크립트 & 해 석

M: Have you spoken with Jean Gardener lately? She seems not to be enjoying working here anymore.

W: I've noticed that about her. It also appears that a few other employees feel the same way.

M: We need to do something to boost morale for everybody.

W: Why don't we have a meeting and ask everyone how they're feeling? That would give them the chance to suggest how to improve the working conditions.

M: Some people might be hesitant to speak out in public. I believe we should set up a suggestion box so that people can make anonymous recommendations.

W: That sounds good to me.

M: 최근에 Jean Gardener와 이야기를 해 본 적이 있나요? 이곳에서 일하는 것이 더 이상 즐겁지 않은 것처럼 보이더군요.

W: 저도 그녀에게서 그런 점이 보였어요. 다른 몇몇 직원들도 같은 생각을 하고 있는 것 같아 보였고요.

M: 모두의 사기를 높이기 위해 무언가를 해야 할 것 같군요.

W: 회의를 열어서 모두가 어떤 생각을 하고 있는지 물어보는 것은 어떨까요? 그러면 근무 환경을 개선시킬 수 있는 방법을 제안할 기회가 주어질 거예요.

M: 몇몇 사람들은 공개적으로 말하는 것을 주저할 수도 있어요. 저는 사람들이 익명으로 제안을 할 수 있도록 건의함을 설치하는 것이 좋을 것 같아요.

W: 좋은 생각인 것 같군요.

notice 주목하다, 알아차리다 **boost** 늘리다, 증가하다 **morale** 사기 **be hesitant to** ~하는 것을 주저하다 **in public** 공개적으로 **suggestion box** 건의함, 제안함 **anonymous** 익명의

---

1. 화자들은 주로 무엇을 논의하는가?
   (A) 직원들이 어떤 작업을 하고 있는지
   (B) 직원들이 자신의 일에 대해 어떻게 생각하는지
   (C) 조만간 어디로 출장을 갈 것인지
   (D) 언제 특별 행사를 할 것인지

일에 흥미를 잃고 있는 직원들의 이야기로 시작해서 직원들의 사기를 높이기 위한 방법 등이 논의되고 있다. 따라서 대화의 주제는 (B)이다.

해 설

2. Jean Gardener는 누구인가?
   (A) 조사관
   (B) 화자들의 동료
   (C) 신입 직원
   (D) 컨설턴트

대화의 초반부에서 남자가 Jean Gardener라는 사람을 언급한 후 그녀가 이곳 일에 흥미를 느끼지 않는 것 같다고 말하자 여자는 '다른 직원들도 똑같이 생각하고 있다'(a few other employees feel the same way)고 답한다. 이를 통해 Jean Gardener라는 인물 역시 회사의 직원일 것으로 생각할 수 있으므로 (B)가 정답이다.

3. 남자는 이다음에 무엇을 할 것인가?
   (A) 새 일자리에 대한 광고를 낸다
   (B) 직원들을 위한 공개 회의를 소집한다
   (C) 입사 지원자들의 면접을 진행한다
   (D) 직원들이 제안을 할 수 있는 방법을 마련한다

대화 직후에 일어날 일을 묻는 문제이다. 대화 후반부에서 여자가 직원들의 의견을 듣기 위해 회의를 열자고 제안하자 남자는 오히려 '건의함을 설치하는 것'(we should set up a suggestion box)이 좋겠다고 답한다. 여자도 이에 동의하고 있으므로 대화 이후에 남자가 하게 될 일은 (D)이다.

post 게시하다 **organize** 조직하다 **public meeting** 공개 회의, 공청

알아 둡시다!

대화 직후에 이루어질 일을 묻는 문제는 비교적 난이도가 낮은 문제라 생각할 수 있지만, '이후'라는 개념을 너무 넓게 잡으면 오답을 택하는 실수를 범할 수 있다. 즉 대화 직후에 A라는 일이 벌어지고 그 후에 B라는 일이 순차적으로 벌어질 예정인 경우, 통상 A를 가리키는 보기가 정답이고 B를 가리키는 보기는 함정이다.

연습 문제

대화를 듣고 주어진 질문에 가장 알맞은 답을 고르시오. ▶ 3-16

[1-3]

> **W:** The signs promoting our _____ just arrived from the printer. Would you mind helping me _____ around the store and _____?
>
> **M:** I wish I could help you now, but Mr. Richards _____ all of the windows in the front. _____ waiting for a while?
>
> **W:** Not at all. I suppose it will take you a couple of hours _____. I can _____ we received this morning.
>
> **M:** Sounds good. I'll let you know when _____ get to work.

sign 간판, 표지판
upcoming 다가오는, 곧 있을
wash 닦다
for a while 잠시
unbox 상자를 열다, 상자에서 꺼내다

1   What did the woman just receive?

(A) A book
(B) Some clothes
(C) Some signs
(D) A package

2   What did Mr. Richards tell the man to do?

(A) Unbox some deliveries
(B) Take a short break
(C) Assist some customers
(D) Wash some windows

3   What will the speakers do together later?

(A) Put some ads up
(B) Attach price tags
(C) Have lunch
(D) Get some training

attach 붙이다, 부착하다

124

M: Excuse me. _____ are still on sale, aren't they? If I _____, will I get twenty-five percent off the regular price?

W: _____. Do you _____ in our VIP shoppers' club?

M: No, I don't. In fact, I'm only here because of an ad I read _____. This is actually _____ to shop here.

W: Well, to qualify for _____, you have to fill out a form _____. Otherwise, _____ ten percent off the regular price.

M: In that case, would you show me what I need to do to get _____, please?

---

regular price 정가
membership 회원 자격
qualify for
~을 받을 자격이 있다

4 Where does the conversation most likely take place?

(A) At a restaurant
(B) At a clothing store
(C) At a supermarket
(D) At a health club

5 How did the man learn about the special event?

(A) By reading the newspaper
(B) By watching television
(C) By listening to the radio
(D) By talking to a friend

6 What will the man do next?

(A) Pay with his credit card
(B) Look at a menu
(C) Fill out a form
(D) Try on some items

정답 및 해설 p.47

화자의 의도

화자의 의도를 묻는 문제는 형식적으로 인용문을 포함하고 있다. 즉 따옴표를 이용하여 대화에서 사용된 문장 일부를 그대로 가져온 후, 화자가 그렇게 말한 의도를 묻는 것이다. 화자의 의도를 묻는 문제는 주어진 문장의 숨은 의미를 묻는 문제라 할 수 있기 때문에, 주어진 문장의 피상적인 의미보다 전후 맥락을 통해 화자가 전하려는 진정한 메시지를 찾아야 한다.

풀이 전략

1 주어진 문장을 표면적으로 해석한 보기는 정답이 되기 힘들다. 전후 맥락을 통해 숨겨져 있는 화자의 의도를 파악해야 한다. 특히 주어진 문장 안에 대명사가 있으면 대명사가 가리키는 것을 정확히 알아내야 한다.

2 주어진 문장에 간혹 구어체에서 사용되는 낯선 표현들이 등장할 수 있다. 이러한 표현이 등장하더라도 당황하지 말자. 대화의 흐름을 파악하면 주어진 문장의 속뜻을 쉽게 짐작할 수 있다.

예시 질문

- What does the woman imply when she says, "You don't want to do that"?

여자가 "You don't want to do that"이라고 말할 때 그녀는 무엇을 암시하는가?

- What does the man mean when he says, "Definitely"?

남자가 "Definitely"라고 말할 때 그는 무엇을 의미하는가?

- Why does the woman say, "I don't believe so"?

여자는 왜 "I don't believe so"라고 말하는가?

예제 ▶ 3-17

1. Where does the conversation probably take place?

   (A) At a library
   (B) At a university
   (C) At a bookstore
   (D) At a community center

2. What does the man say he did last week?

   (A) Visited an establishment
   (B) Purchased some items
   (C) Returned a couple of items
   (D) Made a telephone call

3. What does the woman imply when she says, "We had some problems with the computer system then"?

   (A) The computer system is still not working.
   (B) She believes the man is telling the truth.
   (C) She seldom logs on to her computer.
   (D) She thinks the computer system should be replaced.

M: Hello. I'm here to return these three books, and I'd also like to renew this book here for an extra week.

W: All right, let me scan them onto the computer . . . Hmm . . . It appears as though two of these books are overdue.

M: Is that so? I called last week and renewed them over the phone. I believe I talked with someone named Elizabeth when I did that.

W: 3.We had some problems with the computer system then. So I'm going to waive the fines that you would normally have to pay.

M: Thanks so much. I really appreciate it.

renew 갱신하다 **extra** 추가의 **as though** 마치 ~처럼 **overdue** 기한이 지난 **over the phone** 전화로 **waive** 면제하다 **fine** 벌금

M: 안녕하세요. 이 세 권의 책을 반납하러 왔는데, 여기 이 책은 일주일 더 대출 연장을 하고 싶어요.

W: 그래요, 제가 컴퓨터로 스캔을 해 볼게요... 흠... 이 중 두 권은 반납일이 지난 것 같군요.

M: 그런가요? 제가 지난 주에 전화를 해서 대출 기간을 연장시켰는데요. 그때 Elizabeth라는 분과 통화를 한 것으로 알고 있어요.

W: 그 당시에는 컴퓨터 시스템에 문제가 있었어요. 그러니 평상시였으면 내셨어야 할 연체료를 제가 면제해 드릴게요.

M: 정말 고마워요. 감사해요.

---

1. 대화가 어디에서 이루어지고 있는 것 같은가?
   (A) 도서관
   (B) 대학
   (C) 서점
   (D) 주민 센터

보기 중 return these book(책을 반납하다), renew this book(대출 기간을 연장하다), overdue(기한을 넘긴), fines(벌금, 연체료)와 같은 표현들이 사용될 수 있는 장소는 (A)의 '도서관'뿐이다.

2. 남자는 지난 주에 자신이 무엇을 했다고 말하는가?
   (A) 기관을 방문했다
   (B) 제품을 구입했다
   (C) 두어 권의 도서를 반납했다
   (D) 전화를 했다

질문의 핵심어구인 last week는 남자의 말 'I called last week and renewed them over the phone.'에서 들을 수 있다. 반납 기간이 지났다는 여자의 말을 듣고 남자는 자신이 지난 주에 전화를 걸어 대출 연장을 신청했다고 주장하고 있으므로 남자가 지난 주에 한 일은 (D)일 것이다.

3. 여자가 "We had some problems with the computer system then"이라고 말할 때 그녀는 무엇을 암시하는가?
   (A) 컴퓨터 시스템이 여전히 작동하지 않고 있다.
   (B) 그녀는 남자가 사실을 말하고 있다고 생각한다.
   (C) 그녀는 좀처럼 컴퓨터에 로그온을 하지 않는다.
   (D) 그녀는 컴퓨터 시스템이 교체되어야 한다고 생각한다.

화자의 의도를 묻는 문제이다. 주어진 문장은 '그 당시에 컴퓨터 시스템에 문제가 있었다'는 뜻으로, 대출 연장 신청을 했다는 남자의 주장에 대한 여자의 반응이다. 여자는 이어서 남자의 '연체료를 면제해 주겠다'(I'm going to waive the fines)고 했으므로 결국 주어진 문장은 남자의 주장을 인정한다는 의미를 담고 있다. 따라서 여자는 남자의 말을 사실로 믿고 있을 것이라고 설명한 (B)가 정답이다.

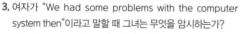

연습 문제

대화를 듣고 주어진 질문에 가장 알맞은 답을 고르시오. ▶ 3-18

[1-3]

M1: Hello. My name is Dean Winthrop, and I'd like to _____ now. I _____.

W: Good morning, Mr. Winthrop, and welcome to the Jefferson Hotel. Unfortunately, _____ guests to check in until one in the afternoon.

M1: Are you sure about that? The last time I stayed here, _____ go to my room before then.

M2: Hello, Mr. Winthrop. Ms. Price is a new employee here. Here's _____. It's _____ you had three weeks ago.

M1: Thanks so much, Mr. Doolittle. Would you have someone _____ up to my room for me?

M2: Of course.

policy 정책, 방침
permit 허락하다, 허가하다

---

1 Why does the woman tell Mr. Winthrop he cannot check in?

    (A) He did not make a reservation.

    (B) He has arrived too early.

    (C) He failed to pay for his room.

    (D) His room is being cleaned.

2 Why does Mr. Doolittle say, "Ms. Price is a new employee here"?

    (A) To explain an employee's actions

    (B) To congratulate an employee

    (C) To encourage Mr. Winthrop to speak to someone else

    (D) To ask Mr. Winthrop to apologize

congratulate 축하하다
encourage 고무시키다, 장려[격려]하다
apologize 사과하다

3 What is suggested about Mr. Winthrop?

    (A) He is arriving from another country.

    (B) He will be at the hotel for one week.

    (C) He has stayed at the hotel before.

    (D) He rarely makes reservations in advance.

rarely 좀처럼 ~ 않다
in advance 미리, 앞서

> **W:** I've got _____, Ken. The manager at the Dayton Convention Center called and said that there _____, so we can _____ there for our company banquet.
>
> **M:** That won't be necessary. Sandra made a reservation _____ this morning.
>
> **W:** Oh, I see. Where are we going to be _____?
>
> **M:** At Beverly's. It's _____, but the location is perfect, and it comes _____.
>
> **W:** That sounds great. I guess that I _____ Mr. Brentwood to let him know that we _____ his services.

cancelation 취소
banquet 연회, 만찬
necessary 필요한
establishment
설립; 업체
pricy 비싼
highly 매우
recommend 추천하다

4   What does the man mean when he says, "That won't be necessary"?

(A) The woman should cancel the booking she made.
(B) His company will not use the Dayton Convention Center.
(C) He is not interested in visiting an establishment.
(D) A company outing is not going to be held.

outing 야유회

5   What does the man say about Beverly's?

(A) It is located on the far side of town.
(B) It does not cost too much.
(C) There are currently no rooms available there.
(D) People make positive comments about it.

positive 긍정적인
comment 논평, 주석

6   What does the woman say she needs to do?

(A) Make a telephone call
(B) Confirm a reservation
(C) Visit a place in person
(D) Talk to Sandra

정답 및 해설 p.48

시간 및 장소

앞에서 배운 문제 유형 이외에도 다양한 유형의 문제들이 출제될 수 있는데, 그 중 하나가 시간이나 장소를 묻는 문제이다. 시간을 묻는 문제의 경우, 여러 가지 시간 표현에 대해 미리 알고 있어야 하며 대화에서 특정 시각이 언급되는 부분을 특히 집중해서 들어야 한다. 장소를 묻는 문제가 등장하면, 출발지, 목적지, 경유지 등, 언급되는 장소의 성격을 파악하는 것이 정답을 찾는데 도움이 될 수 있다.

풀이 전략

1. 시간을 묻는 질문이 등장하면 시각, 요일, 날짜 등이 언급되는 부분에 특히 귀를 기울이도록 한다. 평소에 숫자와 관련된 듣기 연습을 하지 않으면 시각이나 날짜가 언급되는 경우 당황할 수 있으니 유의하도록 한다.

2. 장소를 묻는 질문이 등장하면 질문의 핵심어구가 등장하는 부분을 집중해서 듣도록 한다. 언급되는 장소가 출발지인지 목적지인지, 혹은 행사를 개최할 곳인지 아니면 특정 인물을 만날 곳인지 등을 파악하면 정답을 찾는데 도움이 될 수 있다.

시간을 묻는 질문

- By when should the man complete the assignment?   남자는 언제까지 업무를 마쳐야 하는가?
- When did the woman make the order?   여자는 언제 주문을 했는가?

장소를 묻는 질문

- Where does the man tell the woman to go?   남자는 여자에게 어디로 가라고 이야기하는가?
- Where are the speakers meeting their clients?   화자들은 어디에서 고객을 만날 것인가?

예제 ▶ 3-19

1. Where does the woman most likely work?

(A) At an electronics store
(B) At a supermarket
(C) At a health food store
(D) At a clothing store

2. What does the man want to do?

(A) Have an item fixed
(B) Get a refund on an item
(C) Exchange an item
(D) Upgrade an item

3. Where does the woman tell the man to go?

(A) To the repair center
(B) To the back end of the store
(C) To the information center
(D) To the cash register

스크립트
&
해석

M: Hello. I called earlier today and spoke with someone here about my laptop. I bought it on Saturday, but it suddenly stopped working last night.

W: That's not good. Would you like to return it for a full refund?

M: Actually, I'd prefer to exchange it for the same model. Are you able to do that here? Or should I speak with someone at the information center?

W: Sorry, but I only handle refunds. To make an exchange, you need to go to the back of the store and ask for Anna Todd. She can help you out.

M: All right. Thanks for your assistance.

full refund 전액 환불 **exchange** 교환하다 **handle** 다루다, 처리하다

M: 안녕하세요. 오늘 일찍 전화를 드려서 제 노트북 컴퓨터에 관해 여기 계신 분과 이야기를 나눴어요. 토요일에 구입을 했는데 어젯밤에 갑자기 작동을 하지 않더군요.

W: 그러셨군요. 전액 환불을 받고자 하시나요?

M: 실은 같은 모델로 교환을 해 주셨으면 좋겠어요. 여기에서 그렇게 해 주실 수 있나요? 아니면 제가 안내 센터의 직원에게 이야기를 해야 하나요?

W: 죄송하지만 저는 환불만 해 드릴 수 있어요. 교환을 하시려면 매장의 뒤쪽으로 가셔서 Anna Todd를 찾으세요. 그녀가 도움을 드릴 수 있을 거예요.

M: 그렇군요. 도와 주셔서 고마워요.

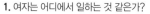

해설

1. 여자는 어디에서 일하는 것 같은가?
   (A) 전자 제품 매장
   (B) 슈퍼마켓
   (C) 건강 식품 매장
   (D) 의류 매장

2. 남자는 무엇을 하고 싶어하는가?
   (A) 제품을 수리한다
   (B) 환불을 받는다
   (C) 제품을 교환한다
   (D) 제품을 업그레이드한다

3. 여자는 남자에게 어디로 가라고 말하는가?
   (A) 수리 센터
   (B) 매장의 뒤쪽
   (C) 안내 센터
   (D) 계산대

여자는 고장이 난 laptop(노트북 컴퓨터)을 교환하려는 남자와 이야기를 나누고 있다. 따라서 여자가 일하는 곳은 (A)의 '전자 제품 매장'일 것이다.

고장이 난 노트북 컴퓨터에 대해 여자가 환불을 원하는지 묻자 남자는 '동일한 모델로 교환을 받고 싶다'(I'd prefer to exchange it for the same model)고 답한다. 따라서 보기 중 남자가 원하는 바는 (C)이다.

제품 교환이 가능한지 묻는 남자의 질문에 여자는 자신이 교환해 줄 수는 없고 대신 '매장 뒤편으로 가서'(you need to go to the back of the store) Anna Todd라는 직원을 찾으라고 알려준다. 따라서 여자가 가라고 한 곳은 (B)이다.

cash register 금전 등록기

연습 문제

대화를 듣고 주어진 질문에 가장 알맞은 답을 고르시오. ▶ 3-20

[1-3]

> **W:** Wilma Thompson from MTP Manufacturing _____ asking when the supplies she ordered _____. Do you know _____?
>
> **M:** She _____ yet? The last order she made was _____. She must _____.
>
> **W:** Yeah, her tone _____. I'd say somebody either didn't _____ or it got mailed but _____. I'll call Kevin Cross in Shipping and tell him to _____.
>
> **M:** Instruct him to _____ he's doing to get that information. Then, have him call me so that I can get Ms. Thompson on the phone _____.

upset 기분이 상한
somewhat 다소
abrupt 돌연한;
통명스러운
either A or B
A와 B 중 하나
investigate 조사하다
instruct 지시하다
drop 떨어뜨리다;
간단한 글을 쓰다
so that ~ can
~할 수 있도록

1 When did Ms. Thompson make an order?

(A) One month ago
(B) Two weeks ago
(C) Two days ago
(D) Yesterday

2 According to the speakers, how does Ms. Thompson feel?

(A) She is worried.
(B) She is unhappy.
(C) She is excited.
(D) She is pleased.

3 What is suggested about Ms. Thompson?

(A) She owns MTP Manufacturing.
(B) She knows Kevin Cross personally.
(C) She is an important client.
(D) She is expecting a personal visit.

132

[4-6]

> **M:** Erica, I'm _____ Ms. Hooper's plane to arrive, but I just got a bad bit of news. It looks like _____ on her end, so she _____ here for another hour.
>
> **W:** I'm really sorry _____. _____ and pick her up when she arrives.
>
> **M:** _____ the dinner event that she's supposed to be attending this evening?
>
> **W:** I'll tell everyone that it's going to _____. But please _____ the restaurant once you collect her bags.
>
> **M:** Okay. After dropping her off there, I'll _____ to the hotel she's planning to stay at.

on one's end
~가 있는 곳에서
land 착륙하다
slightly 약간
drop off ~을 내려 주다
take A to B
A를 B로 데리고 가다

4 Where is the man calling from?

(A) A subway station
(B) A bus terminal
(C) A train station
(D) An airport

5 What does the woman tell the man to do?

(A) Remain where he is
(B) Contact some attendees
(C) Make a hotel reservation
(D) Return to the office

6 What does the man indicate that he will do?

(A) Have dinner with a client
(B) Pay a parking fee
(C) Take some bags to a hotel
(D) Drive Ms. Hooper to her home

parking fee 주차 요금

PART 3

Type 10 시간 및 장소

정답 및 해설 p.50

133

시각 자료 활용 I: 일정, 가격표, 메뉴판, 할인 쿠폰 등

시각 자료 문제가 제시되면 대화에서 들은 내용과 주어진 시각 자료의 내용을 종합해서 질문에 대한 답을 찾아야 한다. 복잡한 수식이나 계산은 필요하지 않기 때문에 그다지 어렵게 생각할 필요는 없지만, 짧은 시간 안에 시각 자료의 내용을 파악해야 한다는 점에서 다소 시간이 촉박하다고 느낄 수는 있다. 시각 자료로서 다양한 형태의 도표들이 제시될 수 있는데, 여기에서는 일정, 가격표, 메뉴판, 할인 쿠폰 등과 관련된 문제에 대해 살펴보도록 한다.

풀이 전략

1 시각 자료가 등장하면 시각 자료의 제목을 먼저 읽어서 시각 자료의 목적이 무엇인지 파악하도록 한다. 제목이 없는 경우에는 표의 항목 등을 통해 시각 자료의 성격을 파악하도록 한다.

2 시각 자료에 적혀 있는 다양한 항목들이 대화의 어느 부분에서 언급되는지 잘 듣도록 한다. 대화에서 언급되지 않는 항목을 설명한 보기는 정답이 아닐 가능성이 높다.

예시 질문

- Look at the graphic. Which date is a replacement speaker needed on? — 도표를 보아라. 대체 연사는 어떤 날짜에 필요한가?

- Look at the graphic. Who is the man? — 도표를 보아라. 남자는 누구인가?

- Look at the graphic. When is the man making his purchase? — 도표를 보아라. 남자는 언제 구매를 할 것인가?

- Look at the graphic. How much will the woman pay for each ticket? — 도표를 보아라. 여자는 티켓 한 장을 얼마에 구입할 것인가?

- Look at the graphic. What is the basic rate the man will pay? — 도표를 보아라. 남자가 지불해야 할 기본 요금은 얼마인가?

예제 ▶ 3-21

Brand	Price per Liter
Bowman	$3.45
Carrier	$2.75
Winslow	$3.20
Rondel	$2.50

1. Where does the conversation most likely take place?

(A) At a pharmacy
(B) At a café
(C) At a hardware store
(D) At a supermarket

2. Look at the graphic. How much will the man pay per liter?

(A) $3.45
(B) $2.75
(C) $3.20
(D) $2.50

3. What will the woman probably do next?

(A) Introduce the man to her supervisor
(B) Give the man a brochure
(C) Ask a sales clerk for assistance
(D) Show the man a product

브랜드	리터당 가격
Bowman	$3.45
Carrier	$2.75
Winslow	$3.20
Rondel	$2.50

M: Hello. I'm planning to paint a few rooms in my home, but I'm not sure which brand of paint I should use.

W: Well, if you want some high-quality paint that's guaranteed to last for years, you should buy something from Bowman. A little less pricey would be paint from Winslow.

M: How is the quality of Winslow? I know about Bowman and don't believe I can afford it.

W: It's nearly as good as Bowman. Plus, there are a wide variety of colors that you can choose from.

M: Okay. Let's go with that brand then. Can you get me enough of the color ivory to paint four rooms?

high-quality 품질이 우수한   **guarantee** 보장하다, 보증하다   **pricey** 비싼   **afford** 여력이 있다, 여유가 있다   **nearly** 거의   **as ~ as** ~만큼 ~한   **a variety of** 다양한

M: 안녕하세요. 저희 집의 몇몇 방에 페인트칠을 하려고 하는데요, 어떤 브랜드의 페인트를 써야 할지 잘 모르겠어요.

W: 음, 몇 해 동안 지속되는 것을 보증해 주는 고품질의 페인트를 원하시면 Bowman 제품을 사셔야 해요. 가격이 약간 더 저렴한 것은 Winslow에서 나온 것이고요.

M: Winslow의 품질은 어떤가요? Bowman에 대해서는 알고 있지만 가격을 감당할 수 없을 것 같아서요.

W: Bowman과 거의 같아요. 게다가 선택하실 수 있는 색상이 매우 다양하죠.

M: 좋아요. 그러면 그 브랜드로 해야겠네요. 네 개의 방을 색칠할 아이보리 색상의 페인트를 가져다 주시겠어요?

---

1. 대화는 어디에서 이루어지는 것 같은가?
  (A) 약국
  (B) 카페
  (C) 철물점
  (D) 슈퍼마켓

방에 칠할 페인트를 구하려는 손님과 매장 점원 사이에 이루어지고 있는 대화이다. 보기 중 페인트를 취급하는 곳은 (C)의 '철물점'뿐이다.

pharmacy 약국   **hardware store** 철물점

2. 도표를 보아라. 남자는 리터당 얼마를 지불할 것인가?
  (A) 3.45달러
  (B) 1.75달러
  (C) 3.20달러
  (D) 2.50달러

남자는 품질이 좋고 비싼 Bowman 제품 대신 값이 더 싸고 다양한 색상으로 존재하는 Winslow 제품을 사겠다고 결심한다. 따라서 도표에서 Winslow 제품의 단위 가격을 찾으면 정답은 (C)임을 쉽게 알 수 있다.

3. 여자는 이다음에 무엇을 할 것 같은가?
  (A) 남자에게 자신의 상사를 소개시켜 준다
  (B) 남자에게 브로셔를 준다
  (C) 판매 직원에게 도움을 요청한다
  (D) 남자에게 제품을 보여 준다

대화의 마지막 부분에서 남자는 'Can you get me enough of the color ivory to paint four rooms?'라고 말하면서 여자에게 아이보리 색상의 페인트를 가져다 달라고 요청하고 있다. 따라서 여자는 남자의 요청에 따라 해당 상품을 가지고 올 것으로 예상되므로 (D)가 정답이다.

대화를 듣고 주어진 질문에 가장 알맞은 답을 고르시오. ▶ 3-22

[1-3]

Time	Speech Title	Speaker
11:00 A.M. –12:00 P.M.	New Trends in Biotechnology	Steve West
1:00 P.M. – 2:00 P.M.	The Future of Quantum Computing	Gregor McMurtry
2:00 P.M. – 3:00 P.M.	Using AI for Medical Purposes	Stephanie Harden
3:00 P.M. – 4:00 P.M.	Robots and Industry	Jasmine Hunter

W: Stan, Dr. West contacted us a few minutes ago and said that

his train .... He won't arrive here

....

M: He's scheduled .... We'd better ask one of

the other speakers to .... him.

W: I already spoke with Stephanie Harden, and she

.... In fact, she was happy to do so because

that will give her .... to keep her from having to

....

M: Great. Thanks for ....

W: I'll print .... to give to the attendees to

prevent them ....

M: Good thinking.

change places
with ~와 자리를 바꾸다
keep A from B
A가 B하는 것을 막다
rush 서둘러 가다
take the initiative
선수를 치다; 솔선수범하다
prevent A from B
A가 B하는 것을 예방하다
confused 혼란스러운

1 What is the problem?

(A) A train has been canceled.

(B) Some conference attendees canceled.

(C) A speaker will arrive late.

(D) A room needs to be changed.

2 Look at the graphic. What is the title of the speech that will start at 11:00 A.M.?

(A) New Trends in Biotechnology

(B) The Future of Quantum Computing

(C) Using AI for Medical Purposes

(D) Robots and Industry

3 What does the woman say she will do?

(A) Speak with the attendees

(B) Call a speaker back

(C) Collect tickets

(D) Print some papers

Simba Stationery
Special Shopping Coupon

Save **35%** on **Tuesday**
Save **30%** on **Wednesday**
Save **25%** on **Thursday**
Save **20%** on **Friday**

M: Jeanie, we need to get .... supplies for the office. We're .... on paper, pens, and folders, among other items.

W: Let's go to Simba Stationery. I've got a coupon that will give us ....

M: Hmm . . . If .... , we'll receive .... as soon as lunch ends.

W: I'd .... , but I'm supposed to pick Mr. Lender up .... at 1:30. Why don't you ask Carmen .... ?

M: She's in China .... the entire week. I think I'll get Bruce to go with me.

---

4 Look at the graphic. On which day does the conversation take place?

(A) Tuesday
(B) Wednesday
(C) Thursday
(D) Friday

5 What does the woman have to do in the afternoon?

(A) Go to the bus station
(B) Make some copies
(C) Assist the man
(D) Apply for a reimbursement

6 What does the man say about Carmen?

(A) She is on vacation.
(B) She will go to a store with him.
(C) She is not in the country.
(D) She works in his department.

a large amount of
다량의
run low on
~이 부족하다
as soon as ~하자마자
bus station
버스 터미널
on business 업무상

reimbursement
변제, 상환

시각 자료 활용 II: 지도, 평면도, 전화번호부 등

시각 자료로서 평면도가 제시되는 경우, 화자들이 있는 장소나 화자들이 만나게 될 장소를 묻는 문제가 등장할 수도 있고 제3자가 위치한 곳을 묻는 문제가 등장할 수도 있다. 이러한 경우 대화 중 장소에 관한 언급이 나오는 부분을 특히 집중해서 들어야 한다. 층별 안내판이나 전화번호부가 제시되는 경우에는 보통 특정 부서나 특정 인물의 연락처를 물어보는 문제가 출제되기 때문에, 대화를 듣기 전에 시각 자료 상의 부서나 사람의 이름을 빨리 훑어 보는 것이 정답을 찾는데 도움이 될 수 있다.

풀이 전략

1 평면도가 시각 자료로 제시되는 경우, 화자들이 있는 장소나 화자들이 만나게 될 장소, 혹은 제3자가 있는 장소를 묻는 문제가 주로 출제된다. 따라서 다양한 방향 안내 표현과 함께 위치와 관련된 전치사의 쓰임에 대해 정확히 알고 있어야 정답을 찾을 수 있다.

2 층별 안내도 및 전화번호부가 제시되는 경우에는 특정 부서나 인물의 정보를 묻는 문제가 주로 출제된다. 그러므로 대화를 듣기 전에 제시된 시각 자료에서 부서명이나 성명 등을 빨리 파악하여 관련 정보가 들리는 부분에서 정답의 단서를 찾도록 한다.

예시 질문

- Look at the graphic. Which floor will the speakers go to?   도표를 보아라. 화자들은 어느 층으로 갈 것인가?
- Look at the graphic. Where is the conference room?   도표를 보아라. 대회의실은 어디에 있는가?
- Look at the graphic. Where is Osaka Tower?   도표를 보아라. Osaka 타워는 어디에 있는가?
- Look at the graphic. On which floor is an exhibit closing soon?   도표를 보아라. 어느 층의 전시회가 곧 문을 닫을 것인가?
- Look at the graphic. Where will the man most likely go next?   도표를 보아라. 남자는 이다음에 어디로 갈 것 같은가?
- Look at the graphic. Which number will the woman call?   도표를 보아라. 여자는 어떤 번호로 전화할 것인가?

예제 ▶ 3-23

403	402	Employee Lounge	401	
				elevator
404	Storage Room	405	406	

1. What does the man tell the woman to do?

    (A) Park her vehicle in a pay lot
    (B) Wait for him to meet her outside
    (C) Talk to a security guard
    (D) Pay for a parking pass

2. Why did the man get a new office?

    (A) His office was renovated.
    (B) He received a promotion.
    (C) He transferred to a new location.
    (D) He traded offices with a colleague.

3. Look at the graphic. Where is the man's office?

    (A) Room 401
    (B) Room 402
    (C) Room 403
    (D) Room 404

W: Hello, Martin. I'm approximately five minutes away from your office. Where should I park my car?

M: There's a parking lot behind the building. Simply give the security guard there your name and tell him you're visiting me, and then he'll give you a parking pass.

W: Thanks. I'll see you up on the third floor in a few minutes.

M: Oh, I changed offices when I got promoted last week. Go to the fourth floor. Get off the elevator and go straight. My office is the first one on the right once you pass the employee lounge.

W: Great. Thanks for letting me know.

approximately 대략 **security guard** 경비원 **parking pass** 주차권 **get off** ~에서 내리다 **employee lounge** 직원 휴게실

403	402	직원 휴게실	401	
				엘리베이터
404	창고	405	406	

W: 안녕하세요, Martin. 저는 당신 사무실로부터 5분 정도 떨어진 곳에 있어요. 어디에 주차를 하면 되나요?

M: 건물 뒤쪽에 주차장이 있어요. 그곳 경비원에게 이름을 알려 주고 저를 찾아왔다고 말하면 그가 주차권을 줄 거예요.

W: 고마워요. 잠시 후에 3층에서 만나요.

M: 오, 제가 지난 주에 승진을 해서 사무실이 바뀌었어요. 4층으로 오세요. 엘리베이터에서 내린 후 직진하세요. 제 사무실은 직원 휴게실을 지난 다음 오른쪽 첫 번째 사무실이에요.

W: 좋아요. 알려 줘서 고마워요.

---

1. 남자는 여자에게 무엇을 하라고 말하는가?

(A) 유료 주차장에 주차를 한다

(B) 밖에서 그를 기다린다

(C) 경비원에게 이야기한다

(D) 주차권을 구입한다

주차할 곳을 묻는 여자의 질문에 남자는 건물 뒤편에 주차장이 있다고 답한 후, '그곳 경비원에게 이름을 알려 주고 자신을 만나러 왔다고 말하면'(give the security guard there your name and tell him you're visiting me) 경비원이 주차권을 줄 것이라고 안내한다. 따라서 (C)가 정답이다.

pay lot 유료 주차장

2. 남자는 왜 새로운 사무실을 얻었는가?

(A) 그의 사무실이 리모델링되었다.

(B) 승진을 했다.

(C) 새로운 곳으로 전근을 했다.

(D) 동료와 사무실을 바꾸었다.

대화 후반부의 남자의 말 'Oh, I changed offices when I got promoted last week.'를 놓치지 않고 들었다면 남자가 4층으로 사무실을 옮긴 이유는 승진 때문인 것이라는 점을 쉽게 알 수 있다. 따라서 (B)가 정답이다.

3. 도표를 보아라. 남자의 사무실은 어디에 있는가?

(A) 401호

(B) 402호

(C) 403호

(D) 404호

대화 후반부에서 남자가 자신의 사무실 위치를 설명하는 부분을 집중해서 들어야 한다. 남자는 엘리베이터에서 내려서 직진한 후 직원 휴게소를 지나면 오른쪽 첫 번째 장소에 자신의 사무실이 있다고 설명한다. 이를 평면도에 그대로 적용해 보면 남자의 사무실은 (B)의 '402호'임을 알 수 있다.

대화를 듣고 주어진 질문에 가장 알맞은 답을 고르시오. ▶ 3-24

[1-3]

Henderson's Department Store

Floor	Department
First	**Menswear and Womenswear**
Second	**Children's Wear & Toys**
Third	**Furniture**
Fourth	**Office Supplies**

W: Hi, Greg. I didn't know that .... at this store.

M: I don't normally do that, but my wife wants me to acquire some .... Since the store is ...., she sent me here.

W: I'm here to get .... I always .... when there's a special deal because the prices ....

M: Okay. Anyway, I've got to get going because I need to .... before my lunch break ends. I'll ....

W: Talk to you later.

normally 보통
acquire 얻다, 획득하다
in bulk 대량으로
beat 이기다; 더 낫다

1 What does the woman suggest about the man?

(A) He recently got married.
(B) He works at the same company as her.
(C) He has known her for many years.
(D) He rarely visits the department store.

2 Look at the graphic. Where most likely will the man go next?

(A) The first floor
(B) The second floor
(C) The third floor
(D) The fourth floor

3 Why is the man in a hurry?

(A) He has a meeting to attend.
(B) He needs to catch a plane.
(C) He has to go back to his office.
(D) He is supposed to go home.

[4-6]

M: Celia, _____ our downtown branch before, haven't you? I'm _____ to pick up some documents but don't know where it is.

W: Are you planning to drive or _____?

M: Actually, I was told that _____ is the fastest way there.

W: Yeah, that's _____. Okay, you have to take the number 311 bus. _____ at the corner of Kirkwood Street and Dime Avenue. Then, walk down Dime Avenue until _____ Johnson Street.

M: Do I need to _____ then?

W: Yes, _____ across the street. The office is _____ in the Dogwood Building.

document 문서
get to ~에 도달하다
cross 건너다

4   When is the man going to the branch office?

(A) Now
(B) This afternoon
(C) Tomorrow
(D) In two days

5   What do the speakers say about the bus?

(A) It is the quickest way to the man's destination.
(B) It no longer goes to the Dogwood Building.
(C) It goes downtown every thirty minutes.
(D) It charges passengers more for tickets now.

6   Look at the graphic. Where does the man need to get off the bus?

(A) Number 1
(B) Number 2
(C) Number 3
(D) Number 4

정답 및 해설 p.52

시각 자료 활용 III: 그래프, 표지판, 달력 등

그래프는 막대그래프, 원형그래프 등 다양한 형태로 제시될 수 있다. 하지만 어떤 그래프가 등장하더라도 결국 문제에서 묻는 것은 그래프에서 가장 높거나 낮은 수치를 보이는 항목과 관련이 있다. 따라서 대화를 듣기 전에 먼저 그래프에서 가장 두드러지는 항목을 먼저 살펴보도록 하자. 표지판이 시각 자료로 등장하는 경우에는 목적지나 목적지까지의 거리, 혹은 목적지까지 가는데 걸리는 시간 등을 묻는 경우가 많으므로, 대화에서 이와 관련된 내용이 언급되는 부분에 특히 귀를 기울이도록 한다. 달력이 등장하는 경우에는 날짜 및 요일 등이 등장하는 부분에서 정답의 단서를 찾을 수 있다.

풀이 전략

1. 그래프가 제시되면 그래프에서 가장 수치나 비중이 높거나 낮은 항목을 유심히 살펴보도록 하자. 이들과 관련된 질문이 출제될 가능성이 높다.

2. 표지판이 등장하는 경우에는 목적지, 목적지까지의 거리, 목적지에 도착하는데 걸리는 시간 등을 물어볼 확률이 높으므로 거리 및 시간과 관련된 표현들이 등장하는 부분을 놓치지 않고 듣도록 한다. 달력이 등장하는 경우에는 날짜 및 요일이 언급되는 부분에 집중하도록 하자.

예시 질문

- Look at the graphic. What will the man discuss next?

  도표를 보아라. 남자는 이다음에 무엇을 논의할 것인가?

- Look at the graphic. How far do the speakers have to drive before they stop at a gas station?

  도표를 보아라. 화자들은 주유소에 정차하기 전까지 얼마나 가야 하는가?

- Look at the graphic. What was the value of the women's clothes sold last month?

  도표를 보아라. 지난 달에 판매된 여성 의류의 판매액은 얼마인가?

예제 ▶ 3-25

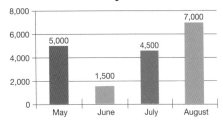

Monthly Sales

1. Where most likely do the speakers work?

   (A) At a shoe manufacturer
   (B) At a steelmaker
   (C) At an electronics maker
   (D) At a textile firm

2. Look at the graphic. Which month does the man ask the woman about?

   (A) May
   (B) June
   (C) July
   (D) August

3. What does the woman indicate about the company's customers?

   (A) They complained about a price increase.
   (B) They praised the company for its products.
   (C) They were not unhappy for a long time.
   (D) They stopped buying the company's items.

W: Before I cover the next topic, do you have any questions?

M: Yes, I have one. I'm quite alarmed about the big dip in sales for one of our sneakers that took place this year. Can you tell me what happened?

W: Basically, one of our factories had to be shut down for a couple of weeks, so production stalled. As you'll notice, sales rose considerably the following month.

M: So it had nothing to do with customer dissatisfaction with our products?

W: Well, we had a lot of upset customers who wanted to buy those sneakers but couldn't, but I don't think we'll see any long-term problems.

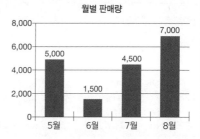

월별 판매량

W: 다음 주제를 다루기 전에, 질문이 있으신가요?

M: 네, 있어요. 올해 운동화 중 하나의 판매량이 크게 하락했던 점이 상당히 우려스러워요. 어떤 일이 있었는지 말씀해 주실 수 있나요?

W: 무엇보다도 우리 공장 중 한 곳이 2주 동안 문을 닫아야만 했기 때문에 생산이 중단되었어요. 보시다시피, 다음 달 판매량은 상당히 증가했고요.

M: 그렇다면 제품에 대한 고객들의 불만과는 관련이 없는 일이었군요?

W: 음, 그 운동화를 사고 싶어했던 고객들의 불만이 많기는 했지만, 장기적인 문제는 아니라고 생각해요.

alarmed 불안해 하는 dip 하락하다; 하락 sneakers 운동화
shut down 문을 닫다, 폐쇄하다 stall 꼼짝 못하게 하다
considerably 상당히 have nothing to do with
~와 관계가 없다 dissatisfaction 불만족 long-term 장기의, 장기적인

---

1. 화자들은 어디에서 일하는 것 같은가?

   (A) 신발 제조업체
   (B) 철강업체
   (C) 전자 제품 생산업체
   (D) 섬유업체

sneakers(운동화)라는 단어를 놓치지 않고 들었다면 화자들은 (A)의 '신발 제조업체'의 직원들일 것이라는 점을 쉽게 알 수 있다.

steelmaker 철강업체, 제강업자 textile 직물의

2. 도표를 보아라. 남자는 어떤 달에 대해 여자에게 질문하는가?

   (A) 5월
   (B) 6월
   (C) 7월
   (D) 8월

대화 초반에 남자는 '올해 운동화의 판매량이 크게 하락한 일'(the big dip in sales for one of our sneakers that took place this year)에 대해 질문하고 있다. 따라서 도표상 판매량이 가장 낮은 시점을 찾으면 결국 남자가 물어본 시기는 (B)의 '6월'임을 알 수 있다.

3. 여자가 회사의 고객들에 대해 암시하고 있는 것은 무엇인가?

   (A) 가격 인상에 대해 불만을 표시했다.
   (B) 회사의 제품을 칭찬했다.
   (C) 오랫동안 불만을 갖지는 않았다.
   (D) 그 회사의 제품 구매를 중단했다.

대화의 후반부에서 남자가 판매량 하락이 고객 불만족과 관련이 없는 사항인지 묻자 여자는 제품을 구입하지 못한 소비자들의 불만은 많았지만 '장기적인 문제로는 보이지 않는다'(I don't think we'll see any long-term problems)는 자신의 의견을 밝히고 있다. 이를 통해 소비자들의 불만은 일시적인 현상이었을 것으로 추측할 수 있으므로 (C)가 올바른 내용이다.

연습 문제

대화를 듣고 주어진 질문에 가장 알맞은 답을 고르시오. ▶ 3-26

[1-3]

Appointment

Mon	Tues	Wed	Thurs	Fri
Allen Robards	Edward Jenkins	Mark Sanders	Alexander Cleveland	Matthew Chiu

M: Ms. Watkins, Mr. Jenkins just called and said that he can't .... tomorrow because he's going to .... He .... for another day this week.

W: Do I have .... remaining this week? I think I'm ....

M: You're right. But we could probably convince Mr. Cleveland to move his appointment ....

W: That's a good idea. Go ahead and do that, please. Just .... and apologize on my behalf.

M: Okay. I'll update .... as soon as everything is confirmed.

slot 구멍, 자리; 시간
booked solid
예약이 꽉 찬
convince
설득하다, 납득시키다
on one's behalf
~을 대신하여
confirm 확인하다,
확정하다

1 According to the man, why does Mr. Jenkins want to reschedule his meeting?

(A) He has a professional event to attend.
(B) He has to travel to another city.
(C) He has not returned from vacation yet.
(D) He is not prepared for the meeting.

2 Look at the graphic. When will the woman meet with Mr. Jenkins?

(A) On Monday
(B) On Wednesday
(C) On Thursday
(D) On Friday

3 What does the man say that he will do?

(A) Copy some papers for a meeting
(B) Make a change to a document
(C) Apologize to someone in person
(D) Review a product demonstration

[4-6]

W: Excuse me, but I seem to .... somehow. Could you tell me .... to McGregor's Café, please?

M: Sure. It's really easy. .... down this street for two blocks. Then, you're going to come to a street on your left that .... traffic. It's clearly marked, so ....

W: That's the street which I want ...., right?

M: Correct. .... for one block, and you'll see .... on the left. You can .... right in front of it.

two-way traffic
양방향 통행

4   What are the speakers mainly discussing?

(A) Where to make a right turn
(B) When to get off the highway
(C) How to reach a destination
(D) Why to avoid a certain road

5   Look at the graphic. Which sign does the man tell the woman to look for?

(A) Sign 1
(B) Sign 2
(C) Sign 3
(D) Sign 4

6   Where does the man tell the woman to park?

(A) In an underground parking lot
(B) In a company's private lot
(C) In a parking garage
(D) On a street

정답 및 해설 p.54

대화를 듣고 주어진 질문에 가장 알맞은 답을 고르시오. ▶ 3-27

1. When does the man need to apply for the job?

   (A) By the end of the day
   (B) By this week
   (C) By next week
   (D) By the end of the month

2. What does the woman offer to do?

   (A) Connect the man with her supervisor
   (B) Confirm that the man's application is complete
   (C) Provide a job description for the man
   (D) E-mail the man an application

3. What does the man indicate about the advertisement?

   (A) It appeared on a couple of Web sites.
   (B) It contained enough information for him.
   (C) It did not mention how much the job pays.
   (D) It failed to include all of the requirements.

4. What will the woman do on Thursday?

   (A) Pick up Harold Cunningham at the airport
   (B) Work on a construction project
   (C) Have a meeting at a company
   (D) Interview a couple of job applicants

5. What does the man suggest about Daedalus Manufacturing?

   (A) He has never been there in person.
   (B) It is located in East Hampton.
   (C) The company has offices overseas.
   (D) He has paid for its services before.

6. Which method of transportation does the man prefer?

   (A) Taxi
   (B) Personal vehicle
   (C) Subway
   (D) Bus

7. Where most likely does the conversation take place?

   (A) At a real estate agency
   (B) At a catering service
   (C) At a home improvement store
   (D) At a furniture shop

8. What does the woman imply when she says, "Cost isn't really a concern for me"?

   (A) She can purchase the item the man showed her.
   (B) Her boss gave her a very high budget.
   (C) It is okay for her to pay extra for shipping.
   (D) She is willing to purchase a Mayfield product.

9. What does the man tell the woman to do?

   (A) Try to find the items she needs online
   (B) Go with him to look at some samples
   (C) Show him some pictures of what she wants
   (D) Speak with one of his coworkers

10. What does the man ask the woman to do?

    (A) Assign him to work in the evening
    (B) Switch working hours with him
    (C) Evaluate his job performance
    (D) Teach him to use some machinery

11. What does the man have to do on Thursday?

    (A) See the dentist
    (B) Go to the airport
    (C) Run some errands
    (D) Attend a meeting

12. What will the speakers probably do next?

    (A) Take a short break from work
    (B) Check the bulletin board
    (C) Get permission from a supervisor
    (D) Send an e-mail to Mr. Simon

13. Where are the speakers?

(A) At a gas station
(B) At a coffee shop
(C) At a rest area
(D) At a fast-food restaurant

14. How will the woman probably pay the man?

(A) With a check
(B) In cash
(C) By bank transfer
(D) With a credit card

15. What does the man recommend that the woman do?

(A) Pay before she receives any service
(B) Use the facilities at another place
(C) Check her location on a map
(D) Have someone check out her vehicle

16. What business are the speakers in?

(A) Manufacturing
(B) Delivery
(C) Food preparation
(D) Consulting

17. What does the woman imply about the establishment?

(A) It opened three days ago.
(B) It is located downtown.
(C) It is in a two-story building.
(D) It accepts reservations.

18. What does the man tell the woman to do?

(A) Arrange some training
(B) Order some supplies
(C) Inspect some equipment
(D) Hire some new workers

19. What are the speakers mainly discussing?

(A) Their weekly schedules
(B) Some ways to conserve electricity
(C) A recycling project
(D) A new company policy

20. What is implied about Bradford Street?

(A) The company's office is there.
(B) It is found in Cloudy View.
(C) It is ten minutes away from the office.
(D) There is construction going on there.

21. What will the speakers probably do next?

(A) Exchange telephone numbers
(B) Create a carpooling schedule
(C) Organize a housewarming party
(D) Collaborate on a work project

22. Where do the speakers most likely work?

(A) At a deli
(B) At a butcher shop
(C) At a bakery
(D) At a convenience store

23. What does the man indicate about Angela Brooks?

(A) She can help his business acquire what they need.
(B) She runs her own supply shop.
(C) She is one of his coworkers at the store.
(D) She works closely with Stan Humphries.

24. Why does the woman say, "Check your e-mail in thirty minutes"?

(A) To state that a computer problem will be solved soon
(B) To tell the man when he can order some items
(C) To emphasize that the timing is very important
(D) To point out that she is busy at the moment

25. Why did the woman visit the bank?

(A) To pay some bills
(B) To deposit some money
(C) To apply for a loan
(D) To open a savings account

26. What is suggested about Wilma Powell?

(A) She is a new employee.
(B) She transferred from another branch.
(C) She works as a supervisor.
(D) She is Samantha Rogers's supervisor.

27. What will the woman probably do next?

(A) Receive a new bankcard
(B) Wait for a few minutes
(C) Leave the bank
(D) Fill out some paperwork

28. What are the speakers mainly discussing?

(A) A sporting event that will be held soon
(B) An upcoming orientation session
(C) An application the woman submitted
(D) A poster the woman designed

29. How do the men feel about the woman's performance?

(A) She did good work for her first attempt.
(B) It took her too long to complete the work.
(C) The work she did was below average.
(D) She should have asked for assistance.

30. What is Leon expected to do for the woman?

(A) Give her the equipment that she needs
(B) Lead her next training session
(C) Provide some assistance on a project
(D) Take her on a tour of the facility

Mon.	Tues.	Wed.	Thurs.	Fri.
☁	☀	⛅	🌧	⛈

31. Why was the man out of the office last week?

(A) He was sick all week long.
(B) He was attending a professional event.
(C) He was out of the country.
(D) He took some time off.

32. Look at the graphic. When did the woman's client arrive?

(A) Monday
(B) Tuesday
(C) Wednesday
(D) Thursday

33. What does the woman suggest about the client?

(A) He is returning next week.
(B) He owns his own factory.
(C) He works in Jakarta.
(D) He wants to buy her company.

Dynamo Tech Interview Schedule

Day	Time	Interviewer
Monday	9:00 A.M. – 12:00 P.M.	Kevin Standish
Monday	1:00 P.M. – 6:00 P.M.	Jules Wingo
Tuesday	9:00 A.M. – 12:00 P.M.	Ryan Patterson
Tuesday	1:00 P.M. – 6:00 P.M.	Claire Domingo

34. Who most likely is the man?

(A) An engineer
(B) A photographer
(C) A chef
(D) A journalist

35. Look at the graphic. Who will interview the man?

(A) Kevin Standish
(B) Jules Wingo
(C) Ryan Patterson
(D) Claire Domingo

36. What does the woman tell the man to bring?

(A) A portfolio of his work
(B) Some letters of recommendation
(C) Any articles he has published
(D) His university transcripts

Wilson Garden Supplies

Tree	Price
Peach	$25
Cherry	$30
Apple	$32
Apricot	$28

37. How did the man learn about the sale?

(A) By watching television
(B) By reading a newspaper
(C) By checking a Web site
(D) By speaking with a friend

38. Look at the graphic. Which price is incorrect?

(A) $25
(B) $28
(C) $30
(D) $32

39. What does the man say that he wants to purchase?

(A) Some fertilizer
(B) A shovel
(C) A flowerpot
(D) A rake

PART
4

파트4에서는 비즈니스 및 일상 생활과 관련된 짧은 담화를 듣고 이와 관련된 세 개의 문제를 풀어야 한다.

담화는 전화 메시지, 안내 방송, 회의 등에서의 모두 발언, 교통 및 날씨 뉴스, 광고 등 다양한 유형으로 제시될 수 있다.

파트3에서와 마찬가지로 담화의 주제, 화자 혹은 청자의 신원, 담화에서 언급된 내용, 화자의 의도 등을 묻는 문제가 출제되며, 후반부에는 그래프 등 시각 자료를 이용해 정답을 찾아야 하는 문제가 등장한다.

정답의 단서들은 주로 담화의 초반부와 후반부에 집중되어 나타나는 경우가 많으므로 이러한 부분을 특히 집중해서 들어야 한다.

담화를 듣기 전에 문제에서 언급되는 핵심어구가 무엇인지 미리 파악해 두면 문제를 푸는 시간을 줄일 수 있다.

주제 및 목적

담화의 주제나 목적은 담화의 전반적인 내용을 통해 파악할 수도 있으나 보통 담화의 초반부 내용을 통해 확인이 가능하다. 따라서 담화 초반부의 내용, 특히 새로운 소식이나 정보를 언급하는 부분이나 새로운 인물 등을 소개하는 부분, 또는 화자가 청자들에게 지시 및 당부하는 내용이 언급되는 부분을 주의 깊게 듣고 문제를 풀도록 한다.

풀이 전략

1 담화의 앞부분에서 담화의 주제나 목적이 드러나는 부분을 찾도록 한다.

2 담화의 주제나 목적을 말할 때 자주 사용되는 표현들, 예컨대 I'd like to, I need to로 시작하는 부분을 유의해서 듣도록 한다.

예시 질문

• What is the speaker mainly discussing?	화자는 주로 무엇을 논의하는가?
• What is the woman calling about?	여자는 무엇에 대해 전화를 하고 있는가?
• What is the purpose of the meeting?	회의의 목적은 무엇인가?
• What is the announcement mainly about?	안내 방송은 주로 무엇에 관한 것인가?
• What is being advertised?	무엇이 광고되고 있는가?
• What is the news report mainly about?	뉴스 보도는 주로 무엇에 관한 것인가?
• What is the purpose of the message?	메시지의 목적은 무엇인가?
• Why did the speaker make the phone call?	화자는 왜 전화를 했는가?

예제 ▶ 4-01

1. What is the speaker mainly discussing?

    (A) A future training session

    (B) A staff meeting

    (C) Some personnel changes

    (D) Revenue and profit reports

2. What is suggested about Theresa Kelly?

    (A) She will lead a training session next week.

    (B) She will no longer work in the office soon.

    (C) She is going on a business trip out of state.

    (D) She arranged to hire a new staffer.

3. What will the listeners do next Monday?

    (A) Take a tour of the firm's factory

    (B) Go on a business trip

    (C) Work on a group project

    (D) Have a meal together

M: I'd like everyone here to be aware that next Monday, we'll have a new staff member. His name is Rudolph Peters, and he's replacing Theresa Kelly, who is transferring to the Vancouver office. Mr. Peters has been involved in the industry for more than a decade, so he's quite familiar with our company. I want all of you to make him feel welcome here. Everyone on the team is going to have lunch with him on Monday. We'll be eating at Angelo's from noon to two, so please make sure that you don't have anything else scheduled during that time.

M: 다음 주 월요일에 새로운 직원을 맞이할 것이라는 점을 여기 계신 모든 분들께 알려 드리고자 합니다. 그의 이름은 Rudolph Peters로, 그는 밴쿠버 지사로 전근 예정인 Theresa Kelly를 대신하게 될 것입니다. Peters 씨는 10년 이상 해당 업계에서 종사해 왔기 때문에 우리 회사를 매우 잘 알고 있습니다. 저는 여러분 모두가 그를 환영해 주었으면 좋겠습니다. 월요일에 모든 팀원들은 그와 함께 점심 식사를 하게 될 것입니다. 12시부터 2시까지 Angelo's에서 식사를 할 예정이므로 이 시간에는 다른 일정을 잡지 마시길 바랍니다.

replace 대신하다, 대체하다 **involve** 관련시키다 **decade** 10년 **be familiar with** ~에 익숙하다

---

1. 화자는 주로 무엇을 논의하는가?
(A) 이후의 교육
(B) 직원 회의
(C) 직원 교체
(D) 수입 및 수익 보고

담화의 주제를 묻고 있다. I'd like로 시작하는 담화의 첫 문장에서 화자는 '다음 주 월요일에 새로운 직원이 올 것(next Monday, we'll have a new staff member)'이라는 소식을 전한 후, 그가 Theresa Kelly라는 인물을 대신할 것이라는 점을 알리고 있다. 이어서 새로운 직원의 이름과 그의 업무, 그리고 환영 행사 등에 대해 이야기하고 있으므로 대화의 주제는 (C)이다.

personnel 인원 **revenue** 수입 **profit** 수익, 이윤

2. Theresa Kelly에 대해 암시되어 있는 것은 무엇인가?
(A) 다음 주 교육을 진행할 것이다.
(B) 곧 사무실에서 일하지 않게 될 것이다.
(C) 다른 주로 출장을 갈 것이다.
(D) 새로운 직원을 고용했다.

Theresa Kelly라는 이름은 he's replacing Theresa Kelly, who is transferring to the Vancouver office라는 언급에서 들을 수 있는데, 여기에서 Theresa Kelly는 곧 밴쿠버 지사로 전근을 갈 사람으로서 Rudolph Peters에 의해 대체될 직원으로 묘사되고 있다. 따라서 그녀에 관해 암시되어 있는 사항은 (B)이다. 그녀가 후임인 Rudolph Peters를 직접 채용했다는 내용은 찾아볼 수 없으므로 (D)는 정답이 될 수 없다.

out of state 주 밖으로 **arrange** 주선하다, 마련하다

3. 청자들은 다음 주 월요일에 무엇을 하게 될 것인가?
(A) 회사의 공장을 견학한다
(B) 출장을 간다
(C) 그룹 프로젝트를 수행한다
(D) 함께 식사를 한다

담화 후반부의 'Everyone on the team is going to have lunch with him on Monday.'라는 문장에서 화자들은 신입 직원인 Rudolph Peters와 함께 점심 식사를 할 예정임을 알 수 있다. 따라서 (D)가 정답이다.

take a tour of ~을 견학하다 **meal** 식사

담화를 듣고 주어진 질문에 가장 알맞은 답을 고르시오. ▶ 4-02

[1-3]

M: Hello, Mr. Reynolds. This is Tom Sparta calling _____.
I'd like to inform you that my mechanics _____ on
your car, so you can feel free to come here to _____.
They found the problem with _____ and repaired
it. They didn't find any other problems. Your vehicle is running
_____ new now. Please be advised that we're
closing two hours from now, and tomorrow is _____,
so we won't be open then. However, if you think you'll
_____ after six, _____,
and I can arrange _____ a bit late.

mechanic 정비사
garage 차고; 정비소
feel free to 자유롭게
~하다, 마음껏 ~하다
repair 수리하다
advise 충고하다
national holiday
국경일

1   Why did the speaker make the telephone call?

(A) To note the difficulty of doing some work
(B) To say that a work project is done
(C) To ask for permission to do repairs
(D) To state the cost of some work

note 주목하다; 언급하다
permission 허락, 허가
state 진술하다, 주장하다

2   What did the speaker's employees repair?

(A) An engine
(B) A heater
(C) An air conditioner
(D) A bumper

3   Why would the listener call the speaker back?

(A) To request a late pickup
(B) To pay a bill
(C) To give permission to do some work
(D) To get directions

pay a bill 청구서를
지불하다, 요금을 납부하다

W: In local news, the CEO of Hubert Construction announced that he anticipated the company's latest project, _____ over the Snake River, will be completed _____. Because of the _____, work on the bridge _____ for two months. However, crews have been working _____ since March, and the bridge is _____. CEO Daniels stated that the foreman leading the project has set June 12 as _____. Local residents _____ that the bridge would soon be open to traffic. Once vehicles can cross it, _____ should become less congested.

anticipate 예상하다
bridge 다리, 교각
on schedule 예정대로
severe 심한
suspend 보류하다, 중지하다
work around the clock 쉬지 않고 일하다
foreman 십장
completion date 완공일
congested 혼잡한, 붐비는

4   What is the news report mainly about?

(A) The design of a new bridge
(B) Repairs being made to a building
(C) Traffic conditions in a city
(D) Progress on a construction project

5   What most likely will happen in June?

(A) A building will be renovated.
(B) A road will be repaired.
(C) A bridge will open.
(D) Traffic will become worse.

6   How do local residents feel?

(A) Disappointed
(B) Pleased
(C) Concerned
(D) Uncaring

uncaring
신경을 쓰지 않는

정답 및 해설 p.64

화자의 신원을 묻는 경우, 담화의 주제를 파악하여 정답을 유추할 수도 있고 화자가 사용하는 용어나 표현 등에서 정답의 단서를 찾을 수도 있다. 파트3에서와 달리 파트4에서는 청자들의 신원을 묻는 경우가 있는데, 이러한 경우 화자가 청자들을 어떻게 지칭하는지 혹은 청자들이 소속된 단체나 조직을 어떻게 부르는지 등을 통해 정답을 찾도록 한다.

풀이 전략

1 대화의 주제나 목적을 파악함으로써 화자나 청자의 신원을 유추할 수 있다. 부수적으로 화자가 사용하는 용어나 말투 등을 통해 화자의 신원을 짐작할 수도 있고, 화자가 청자들을 지칭하는 표현이나 호칭을 통해 청자의 신원을 가늠해 볼 수도 있다.

2 부서 혹은 조직이나 단체명이 언급되고 있는 부분을 주의해서 듣도록 한다.

화자의 신원을 묻는 질문

- Who is the speaker?   화자는 누구인가?
- Who most likely is the speaker?   화자는 누구인 것 같은가?
- What industry does the speaker work in?   화자는 어떤 업계에서 일하는가?

청자의 신원을 묻는 질문

- Who are the listeners?   청자들은 누구인가?
- Who most likely are the listeners?   청자들은 누구인 것 같은가?
- What type of store do the listeners work at?   청자들은 어떤 매장에서 일하는가?

예제 ⊙ 4-03

1. What type of business does the speaker most likely work at?

    (A) A delivery firm
    (B) A home repair company
    (C) A pizza restaurant
    (D) A hardware store

2. According to the speaker, what does the listener need to do?

    (A) Pay a fee
    (B) Show a receipt
    (C) Provide a signature
    (D) Confirm an address

3. What does the speaker suggest the listener do?

    (A) Pay with cash or a credit card
    (B) Visit an establishment in person
    (C) Sign up for an online membership
    (D) Respond by e-mail

M: Hello, Mr. Altuve. This is Jim Sanders calling from Anderson's. I'd like you to know that one of our deliverymen tried to drop off a package at your residence roughly twenty minutes ago. Unfortunately, nobody answered when he rang the bell. He couldn't leave the parcel on your doorstep because somebody has to sign for it upon receipt. He will revisit your home sometime between four and five o'clock today. If you won't be home then, please call me at 857-2726 to let me know. You can arrange to come to pick it up at one of our offices if that is more convenient for you.

M: 안녕하세요, Altuve 씨. 저는 Anderson's의 Jim Sanders입니다. 저희 택배 기사 중 한 명이 약 20분 전에 귀하가 계신 곳으로 택배를 가져다 드리려고 했다는 점을 알려 드리고자 합니다. 안타깝게도 기사가 벨을 눌렀을 때 아무도 대답을 하지 않았습니다. 수령증에 서명을 받아야 했기 때문에 문 앞에 택배를 두고 올 수가 없었습니다. 오늘 4시와 5시 사이에 댁을 재방문할 예정입니다. 그때에도 집에 계시지 않다면 857-2726으로 제게 전화로 알려 주시기 바랍니다. 만약 저희 지사에 오시는 것이 더 편하시면, 저희 지사로 오셔서 가지고 가셔도 좋습니다.

drop off ~을 놓고 가다 **roughly** 대략 **doorstep** 문 앞, 현관 **receipt** 영수증, 수령증 **revisit** 재방문하다 **convenient** 편리한

---

1. 화자는 어떤 업종에서 일하는 것 같은가?

(A) 택배 회사
(B) 집 수리업체
(C) 피자 가게
(D) 철물점

one of our deliverymen tried to drop off a package(택배 기사가 택배를 놓고 오려고 했다)와 he couldn't leave the parcel on your doorstep(문 앞에 택배를 두고 갈 수 없었다)와 같은 표현 등을 통해 화자가 일하는 곳은 (A)의 '택배 회사'일 것으로 예측할 수 있다.

2. 화자에 의하면 청자는 무엇을 해야 하는가?

(A) 요금을 지불한다
(B) 영수증을 보여 준다
(C) 서명을 한다
(D) 주소를 확인한다

담화의 중반부에서 화자는 '수령증에 서명을 받아야 하기 때문에'(because somebody has to sign for it upon receipt) 택배 기사가 아무도 없는 집 앞에 물건을 두고 오지 못했다는 점을 설명하고 있다. 즉 청자가 택배를 받았다는 서명을 해야 물건을 건네 줄 수 있는 상황이므로 (C)가 정답이다.

3. 화자는 청자에게 무엇을 하라고 제안하는가?

(A) 현금이나 신용 카드로 결제를 한다
(B) 직접 업체를 방문한다
(C) 온라인 회원으로 등록한다
(D) 이메일로 답신한다

담화 후반부에서 화자는 택배 기사가 재방문할 예정임을 알린 후 'You can arrange to come to pick it up at one of our offices if that is more convenient for you.'라고 말하면서 청자가 직접 지사로 찾아와 물건을 가져가도 좋다고 말한다. 따라서 보기 중 화자가 제안한 사항은 (B)이다.

담화가 이루어지고 있는 장소를 묻는 문제도 결국 화자 및 청자의 신원을 묻는 문제의 변형으로 볼 수 있다.

Where does the talk most likely take place? 담화는 어디에서 이루어지는 것 같은가?

Where most likely does the speech take place? 연설은 어디에서 이루어지는 것 같은가?

Where does the announcement most likely take place? 안내 방송은 어디에서 이루어지는 것 같은가?

연습 문제

담화를 듣고 주어진 질문에 가장 알맞은 답을 고르시오. ▶ 4- 04

[1-3]

M: All right, I think everyone understands how to get onto .... now. So let's move on to .... on the company intranet system. I'd like you to turn to page ten in .... As you can see there, in order to send messages, you must .... the system. You all .... this already. You .... by looking in the top right-hand corner of the screen. You should see .... up there. If it's not on the screen, you .... at once. I'll .... to make sure that everyone is logged in.

intranet 내부 전산망, 인트라넷
at once 즉시, 당장

1   Who most likely are the listeners?

   (A) Company workers
   (B) Computer programmers
   (C) Online shoppers
   (D) Potential clients

2   What does the speaker tell the listeners to look at?

   (A) A handout
   (B) A Web page
   (C) A pamphlet
   (D) A user's manual

3   What does the speaker mean when he says, "You all should have done this already"?

   (A) The listeners should have read the material.
   (B) The listeners should raise their hands.
   (C) The listeners should be logged in.
   (D) The listeners should have written the answers down.

W: Thank you, everybody, for coming to the tenth annual International Robotics Association Conference. _____ such a huge turnout. It looks like we're going to _____ for this three-day event. Before we begin, I'd like to thank the Beechwood Convention Center for hosting us _____.
We love coming here, and we especially like the way the staff _____. Now, we've got a very busy day with _____ planned. We'll be hearing from Dr. Terence Murphy, our _____, in a couple of moments. But first, _____ the association, Dr. Greg Jaworski, would like to _____.

annual 연례의
turnout 참가자의 수
host 주최하다, 진행하다
take care of ~을 돌보다
tons of 많은, 다수의
keynote speaker 기조 연설자

4   Where most likely does the speech take place?

(A) At a community center

(B) In a lounge

(C) In a company office

(D) In an auditorium

auditorium 강당

5   What does the speaker imply about the conference?

(A) It has always been held in the same place.

(B) It is lasting longer than normal this year.

(C) It will no longer be held after this event ends.

(D) It will have more activities than normal.

6   What will the listeners probably hear next?

(A) A keynote speech

(B) The names of some award winners

(C) Some sales figures

(D) A speech by an organization's president

figure 숫자, 수치
organization 기구, 단체, 조직

PART 4

Type 02 화자 및 청자의 신원

정답 및 해설 p.65

이유 및 방법

파트3에서와 마찬가지로 이유 및 방법을 묻는 문제는 담화의 특정 부분을 통해 정답의 단서를 찾아야 한다. 담화를 듣기에 앞서 먼저 문제와 보기를 살펴본 후 해당 내용이 언급되는 부분을 잘 듣고 그 내용을 기억해 두도록 한다.

풀이 전략

1 담화를 듣기 전에 문제에서 언급하고 있는 내용을 먼저 살펴본 후, 문제의 핵심어구가 등장하는 부분에서 정답의 단서를 찾는다.

2 이유를 묻는 질문이 제시되면 인과 관계로 엮일 수 있는 내용을 잘 듣고 기억해 둔다. 방법을 묻는 질문이 등장하면 목적 달성을 위한 구체적인 방안이나 방법이 제시되는 대목에 주의를 기울이도록 한다.

이유를 묻는 질문

• Why does the speaker suggest going by bus?	화자는 왜 버스로 가는 것을 제안하는가?
• Why does the speaker thank Ms. Hamilton?	화자는 왜 Hamilton 씨에게 고마워하는가?
• Why was the tunnel closed?	터널은 왜 폐쇄되었는가?
• Why are the listeners nervous?	청자들은 왜 긴장하는가?

방법을 묻는 질문

• How can the listeners get assistance?	청자들은 어떻게 도움을 받을 수 있는가?
• How does the speaker intend to get to the airport?	화자는 어떻게 공항에 갈 생각인가?
• How does the speaker hope to make money?	화자는 어떻게 수익을 내기를 바라는가?
• How can a person find out how much money is owed on a credit card?	어떻게 신용 카드의 결제 예정 금액을 알 수 있는가?

예제 ▶ 4-05

1. What does the speaker say about Superior Trust Bank?

(A) It has several branches throughout the city.

(B) It is the oldest bank in Cambridge.

(C) It has more customers than other banks.

(D) It specializes in lending funds to customers.

2. When most likely will a person be able to answer the phone?

(A) In a few moments

(B) When the operators are not busy

(C) After the national holiday ends

(D) A few hours from now

3. How can a person schedule a meeting with a bank employee?

(A) By calling another number

(B) By pressing a button

(C) By waiting for the beep

(D) By going online

스크립트 & 해석

W: Hello and thank you for calling Superior Trust Bank, Cambridge's oldest and finest savings and lending institution. We regret to inform you that you are calling after our regularly scheduled work hours, so there is no one here to take your call. We will be open once again tomorrow morning at 9:00 and will not close until 4:30 in the afternoon. If you need to check your bank balance, please press 3 and then follow the instructions. If you would like to make a reservation with a loan officer, please press 5. To report a lost or stolen card, please press 9.

institution 기관 **check one's bank balance** 통장 잔고를 확인하다 **instruction** 지시, 지시 사항 **loan officer** 대출 담당 직원

W: 안녕하세요, 캠브리지에서 가장 오래되고 우수한 금융 기관인 Superior Trust 은행에 전화 주셔서 감사합니다. 안타깝게도 귀하께서는 정규 영업 시간 이후에 전화를 하셨기 때문에 전화를 받을 수 있는 사람이 없습니다. 저희는 내일 아침 9시에 다시 문을 열 예정이며 오후 4시 30분에 문을 닫을 것입니다. 잔액을 확인하셔야 하는 경우에는 3번을 누르신 다음 지시에 따라 주십시오. 대출 상담 예약을 하고자 하시는 경우에는 5번을 눌러 주십시오. 카드 분실이나 카드 도난을 신고하시려면 9번을 눌러 주십시오.

해설

1. 화자가 Superior Trust 은행에 대해 말한 것은 무엇인가?
 (A) 시 전역에 몇 개의 지점을 가지고 있다.
 (B) 캠브리지에서 가장 오래된 은행이다.
 (C) 다른 은행들보다 많은 고객을 보유하고 있다.
 (D) 고객을 대상으로 한 대출을 전문으로 한다.

담화의 시작 부분에서 화자는 Superior Trust 은행을 Cambridge's oldest and finest savings and lending institution(캠브리지에서 가장 오래되고 우수한 금융 기관)으로 소개하고 있다. 따라서 보기 중 화자가 언급한 사항은 (B)이다.

2. 언제 전화를 받을 수 있을 것 같은가?
 (A) 잠시 후에
 (B) 상담원이 통화 중이지 않은 때에
 (C) 국경일이 지난 후에
 (D) 지금부터 몇 시간 후에

화자는 청자에게 '정상 근무 시간 이후에'(after our regularly scheduled work hours) 전화를 했기 때문에 전화를 받을 수 없다고 말한 후, 내일 오전 9시에 영업이 재개된다는 사실을 알리고 있다. 따라서 다음 날 오전에 전화 통화가 가능할 것으로 예상되므로 전화한 시점부터 내일 오전 9시까지의 시간을 a few hours from now(지금부터 몇 시간 후)로 표현한 (D)가 정답이다.

operator 전화 교환원

3. 어떻게 은행 직원과 만나는 시간을 정할 수 있는가?
 (A) 다른 번호로 전화함으로써
 (B) 버튼을 누름으로써
 (C) '삐' 소리를 기다림으로써
 (D) 온라인에 접속함으로써

담화 마지막 부분 중 'If you would like to make a reservation with a loan officer, please press 5.'라는 문장에서 정답의 단서를 찾을 수 있다. 질문의 a bank employee(은행 직원)는 결국 a loan officer(대출 담당 직원)를 가리키므로 은행 직원과의 상담은 5번을 누름으로써 예약이 가능하다는 점을 알 수 있다. 따라서 정답은 (B)이다.

연습 문제

담화를 듣고 주어진 질문에 가장 알맞은 답을 고르시오. ▶ 4-06

[1-3]

> **W:** We've ＿＿＿＿＿＿＿＿＿＿＿＿＿＿ our Web site, particularly
> the online store, to make it more user friendly. We've received
> ＿＿＿＿＿＿＿＿＿＿＿＿ from customers lately. Basically, they say
> it's difficult ＿＿＿＿＿＿＿＿＿＿＿ they want on the site and that
> pictures of our items are ＿＿＿＿＿＿＿＿＿＿＿＿.
> We've hired ＿＿＿＿＿＿＿＿＿＿ to do the upgrade.
> ＿＿＿＿＿＿＿＿＿＿＿＿ will start working on it tomorrow.
> Most of the work will be done ＿＿＿＿＿＿＿＿＿＿＿, which
> is when we receive the fewest visitors. I've been informed everything
> should ＿＿＿＿＿＿＿＿＿＿ to complete. We'll put a notice
> ＿＿＿＿＿＿＿＿＿＿ apologizing for any problems that may
> happen during that time.

particularly 특히
user-friendly
사용자 친화적인
basically 기본적으로,
무엇보다도
blurry 흐릿한
contractor 계약자,
도급업체
notice 공지, 알림
apologize 사과하다

1 Why have customers been complaining?

(A) An online store's Web page keeps crashing.
(B) A Web site is hard to use.
(C) It is difficult to access a Web site.
(D) Online prices have increased lately.

crash 충돌하다;
(컴퓨터 등이) 고장이 나다
access 접근하다

2 According to the woman, when will the work begin?

(A) Today
(B) Tomorrow
(C) At the end of the week
(D) Next week

3 How does the company plan to apologize?

(A) By posting an online notice
(B) By sending a letter to its customers
(C) By making a recorded announcement
(D) By e-mailing individuals

post 게시하다, 공고하다

> **M:** Hello, Katrina. This is Tim Simmons. I'd like to inform you that I'm _____ my plane, but someone just announced the flight _____. Apparently, one of the plane's doors won't shut, and they _____. They're _____ another airplane, so that means we _____ for another two and a half hours. I know you don't have time to pick me up at the airport now since _____ scheduled for later in the day, so I'll just _____. If I have any problems finding to your office, I'll call you when I'm _____.

board 탑승하다
announce 발표하다, 안내하다
apparently 보아 하니, 듣자 하니
take off 이륙하다
automobile 자동차
on one's way 도중에

departure area 출발 대기 구역
baggage claim area 수화물 찾는 곳
check-in counter 탑승 수속대, 체크인 카운터

4 Where most likely is the speaker?

(A) In a departure area
(B) In a baggage claim area
(C) On an airplane
(D) At a check-in counter

5 Why is Katrina unable to pick the man up?

(A) She has to catch a train.
(B) She is giving a presentation.
(C) She will conduct a product demonstration.
(D) She has a meeting to attend.

6 How does the speaker intend to arrive at Katrina's office?

(A) By taking a taxi
(B) By riding on a bus
(C) By driving a car
(D) By using a limousine bus

정답 및 해설 p.66

언급된 사항

언급된 사항을 묻는 문제는 파트3에서와 마찬가지로 담화 내용을 듣고 그와 부합되는 사항이 무엇인 지 묻는 문제이다. 짐작이나 추측을 통해 정답을 골라서는 안되며, 반드시 담화에서 언급된 내용을 바탕으로 정답을 찾아야 한다. 평소에 문제를 빨리 읽고 핵심어구를 파악한 후, 핵심어구가 거론된 부분을 정확하게 듣는 연습을 하도록 한다.

풀이 전략

1 대화를 듣기 전에 문제의 핵심어구가 무엇인지 먼저 살펴본 후, 해당 부분이 들리면 들은 내용에 근거하여 정답을 찾도록 한다. 특히 '바꾸어 쓴'(paraphrasing) 표현이 들어 있는 보기가 정답일 확률이 높다.

2 직접적으로 언급한 내용을 묻는 것이기 때문에 추측을 통해 정답을 찾아서는 안 된다. 겉으로 보기에는 그럴듯한 내용이라도 본문에서 직접 언급된 사항이 아니라면 오답으로 간주해야 한다.

예시 질문

• What does the speaker want to do?	화자는 무엇을 하고 싶어하는가?
• What will the employee of the year receive?	올해의 우수 사원은 무엇을 받게 될 것인가?
• What will happen on June 15?	7월 15일에 어떤 일이 일어날 것인가?
• What does the speaker say about his boss?	화자는 자신의 상사에 대해 무엇을 말하는가?
• How much is the discount on furniture?	가구는 얼마나 할인되는가?
• Where will the park be built?	공원은 어디에 지어질 것인가?
• Where does the speaker say that James must go?	화자는 James가 어디로 가야 한다고 말하는가?
• When will the event end?	행사는 언제 끝날 것인가?
• When will the parade begin?	퍼레이드는 언제 시작되는가?
• According to the speaker, what happened on Monday?	화자에 의하면 월요일에 어떤 일이 있었는가?

예제 ▶ 4- 07

1. Which industry are the listeners most likely in?

   (A) Real estate
   (B) Manufacturing
   (C) Logistics
   (D) Consulting

2. What does the speaker suggest about the listeners?

   (A) Some of them do not have any certification.
   (B) They will be listening to another speaker next.
   (C) Some role-playing activities will be done by them.
   (D) There will be competition for their services.

3. What does the speaker want the listeners to do?

   (A) Improve the writing on their résumés
   (B) Be interested in their clients
   (C) Study the material in depth
   (D) Learn how to write contracts

M: One of the biggest challenges everybody here will face in this industry is being able to complete a deal. Many people will visit your office and ask you to show them houses and apartments. But keep in mind that they're probably visiting a few other places to view as many potential homes as possible. What you must do is make a connection with your clients. Don't merely find out what kind of a place they're looking for. Instead, ask them about themselves and their families. Show genuine interest in what they do and why they're moving. By connecting with them on a personal level, you're more likely to get them to sign a contract.

challenge 도전 과제, 어려운 일 **face** 마주하다, 직면하다 **deal** 거래 **keep in mind** 명심하다 **potential** 잠재적인 **make a connection with** ~와 연결하다; ~와 관계를 만들다 **merely** 단지 **genuine** 진짜의 **sign a contract** 계약서에 서명하다, 계약하다

M: 여기 계신 모든 분들께서 직면하게 될 이 업계의 가장 큰 난제 중 하나는 거래를 성사시키는 능력을 갖추는 일입니다. 많은 사람들이 여러분의 사무실을 방문해서 주택과 아파트를 보여 달라고 요청할 것입니다. 하지만 아마도 그들은 가능한 많은 매물을 보기 위해 몇 군데를 더 방문할 것이라는 점을 명심하십시오. 여러분이 해야 할 일은 고객과의 관계를 만들어 내는 것입니다. 그들이 어떤 곳을 찾는지에 대해서만 알아서는 안 됩니다. 대신 그들 자신과 그들의 가족에 대해 물어보십시오. 그들이 어떤 일을 하는지, 그들이 왜 이사를 하려고 하는지에 대해 진정한 관심을 보이십시오. 인간적인 측면에서 그들과 관계를 맺음으로써 계약을 성사시킬 수 있는 가능성이 높아질 것입니다.

---

1. 청자들은 어떤 업종에서 일하는 것 같은가?

   (A) 부동산 중개업
   (B) 제조업
   (C) 물류업
   (D) 컨설팅

청중들은 사무실을 찾아와 '주택과 아파트를 보여 달라고 요구하는'(ask you to show them houses and apartments) 고객을 상대하게 될 사람들이다. 보기 중 이러한 업무와 관련된 직종은 (A)의 '부동산 중개업'이다.

real estate 부동산, 부동산 중개업 **logistics** 물류업

2. 화자가 청자들에 대해 암시하고 있는 것은 무엇인가?

   (A) 그들 중 일부는 자격증을 가지고 있지 않다.
   (B) 그들은 이다음에 다른 강사의 말을 듣게 될 것이다.
   (C) 롤플레잉 활동이 실시될 것이다.
   (D) 서비스에 대한 경쟁이 존재할 것이다.

담화 초반부의 'But keep in mind that they're probably visiting a few other places to view as many potential homes as possible.'이라는 문장에서 정답의 단서를 찾을 수 있다. 중개소를 찾은 고객은 한 군데가 아니라 여러 군데의 중개소를 찾아다니고 있을 것이라고 말한 점에서 부동산 중개업은 경쟁이 심한 업종이라는 점을 알 수 있다. 따라서 (D)가 정답이다.

certification 증명(서) **competition** 경쟁

3. 화자는 청자들이 무엇을 하기를 원하는가?

   (A) 이력서 작성 능력을 향상시킨다
   (B) 고객에게 관심을 가진다
   (C) 자료를 상세히 분석한다
   (D) 계약서 쓰는 법을 배운다

담화에서 언급된 사항을 묻고 있다. 담화 후반부에서 화자는 'Show genuine interest in what they do and why they're moving.'이라고 말하면서 고객들이 하는 일과 그들이 이사하려는 이유에 관심을 기울여 달라고 당부하고 있다. 따라서 (B)가 정답이다.

résumé 이력서 **in depth** 깊이, 상세하게

연습 문제

담화를 듣고 주어진 질문에 가장 알맞은 답을 고르시오. ▶ 4-08

[1-3]

> **W:** Now that the holiday season has concluded, are you afraid to see .... you've gained? If you need to lose a few pounds, then .... at Treadway Gym. We've got all kinds of equipment that can help you lose weight and .... daily yoga, Pilates, and aerobics classes. Our trainers .... to determine your exercise and health goals and then devise .... perfect for you. If you sign up .... before January 10, you'll .... a discount of thirty percent on a one-year membership and twenty percent on a six-month one. Call 674-2612 ....

holiday season
휴가철
conclude
결론짓다; 끝나다
get in better shape
몸매가 좋아지다
determine 결정하다,
결심하다; 알아내다
goal 목표
devise 만들어내다,
고안하다
qualify for
~을 받을 자격이 되다

1 What is indicated about the gym?

(A) It has an indoor swimming pool.

(B) It focuses mainly on weight training.

(C) It offers several classes each day.

(D) It has a dietician on its staff.

dietician 영양사

2 What does the speaker say that the trainers do?

(A) Come up with schedules for members

(B) Lead special one-on-one sessions

(C) Work out together with members

(D) Teach individual classes on dieting

come up with
(아이디어 등을) 떠올리다
one-on-one 일대일

3 How can a person qualify for a twenty-percent discount?

(A) By joining the gym with a friend

(B) By signing up before a deadline

(C) By purchasing a one-year membership

(D) By purchasing a two-year membership

M: I've got some news that everyone will be pleased to hear. The cold weather we've been experiencing _____. We'll no longer have temperatures _____ as of tomorrow afternoon. That's definitely _____. You can expect temperatures to _____ for the next few days. We should see highs _____ by Monday. If you ask me, I'd say that spring is almost _____.
We'll _____ all weekend, but _____ are going to arrive on Tuesday, and we should get two or three days of rain. That's _____, who are about to _____ in their fields.

experience
겪다, 경험하다
below freezing
영하의
as of ~일자로
steadily 꾸준히
be about to
막 ~하려고 하다
plant (식물 등을)
심다; 식물
crop 농작물

4   What does the speaker imply when he says, "That's definitely welcome news"?

(A) He is glad the cold weather is ending.

(B) He is pleased the rain will stop.

(C) He is happy no more snow will fall.

(D) He is excited the seasons are changing.

5   What will the weather be like on the weekend?

(A) It will be rainy.

(B) It will be sunny.

(C) It will be cloudy.

(D) It will be cold.

6   What does the speaker say about farmers?

(A) They are complaining about the weather.

(B) They are ready to harvest their crops.

(C) They have too much water in their fields.

(D) They will plant crops in their fields soon.

harvest 수확하다

추론

추론 문제는 대화에서 들은 내용을 바탕으로 논리적으로 도출 가능한 사항이 무엇인지 묻는다. 따라서 담화에서 직접적으로 언급되지는 않았지만 담화 내용을 통해 합리적으로 추론 가능한 사실을 찾아야 한다. 지나친 비약이 들어 있거나 근거가 빈약한 보기는 정답이 될 수 없다.

풀이 전략

1 추론 문제가 등장하면 담화 내용을 통해 논리적으로 도출 가능한 사실을 찾도록 한다.
2 담화에서 사용된 표현을 그대로 옮겨 놓고 지나친 비약을 하거나 빈약한 근거를 제시한 보기는 함정일 가능성이 높다.

추론 문제

• What does the speaker suggest about Mr. Weber?	화자가 Weber 씨에 대해 암시하고 있는 것은 무엇인가?
• What does the speaker indicate about his talk?	화자가 자신의 담화에 대해 암시하고 있는 것은 무엇인가?
• What is suggested about Prime Coffee Roasters?	Prime Coffee Roasters에 대해 암시되어 있는 것은 무엇인가?
• What is indicated about the factory's materials?	공장의 자재에 대해 암시되어 있는 것은 무엇인가?

예제 ▶ 4-09

1. Who most likely are the listeners?

(A) Trainers
(B) Supervisors
(C) New employees
(D) Visitors

2. What does the speaker say about the program?

(A) It was designed by an outside company.
(B) It takes place at a training center.
(C) It is led by several instructors.
(D) It lasts for three days.

3. What does the speaker indicate about the listeners?

(A) They will do some hands-on activities.
(B) They should take notes on what they learn.
(C) They will visit a factory later in the day.
(D) They will be tested on what they learn.

M: It's always exciting to start a new job, and my goal is to provide you with the information you require to perform to the best of your ability. The training program here at Duluth Motors has been created to show you not only how to do your assigned task on the assembly line but also how to do other employees' tasks. That way, if a colleague is absent, you can be a replacement without requiring additional training. This is an intensive three-day course. You must pay close attention to what I say. If you don't understand something, ask. Once I demonstrate a task, each of you will take turns attempting it.

M: 새로운 일을 시작하는 것은 언제나 흥미로운 일이며, 제 목표는 여러분들의 능력이 최대한 발휘될 수 있도록 여러분들께 필요한 정보를 제공해 드리는 것입니다. 이곳 Duluth Motors의 교육 프로그램은 여러분들에게 할당된 조립 라인 업무를 어떻게 수행하는지 알려 줄 뿐만 아니라 다른 직원의 업무도 어떻게 수행하는지 알려 드리기 위해 마련되었습니다. 그렇게 함으로써, 동료 직원이 결근을 하는 경우, 추가적인 교육을 받지 않고서도 대체 근무를 하실 수 있습니다. 이는 3일간의 집중 교육 과정입니다. 제가 말하는 것에 면밀한 주의를 기울이셔야 합니다. 이해가 되지 않는 점이 있으면 질문해 주십시오. 제가 시범을 보인 후에 여러분 각자가 번갈아 가면서 실습을 하도록 하겠습니다.

provide A with B A에게 B를 제공하다 **create** 창조하다, 만들다 **not only A but also B** A뿐만 아니라 B도 **assign** 할당하다 **absent** 결석한 **replacement** 대신, 대체 **additional** 추가적인 **intensive** 집중적인 **pay attention to** ~에 주의를 기울이다 **demonstrate** 시연하다, 시위하다 **take turns -ing** 교대로 ~하다

1. 청자들은 누구인 것 같은가?
(A) 강사
(B) 관리자
(C) 신입 직원
(D) 방문객

담화 초반부에서 화자는 Duluth Motors라는 회사의 교육 프로그램이 '조립 라인의 업무를 어떻게 수행하는지'(how to do your assigned task on the assembly line)와 '다른 직원의 업무를 어떻게 수행하는지'(how to do other employees' tasks)를 알려 주기 위한 것이라고 말한다. 보기 중 이와 같은 교육을 필요로 하는 대상은 (C)의 '신입 직원'뿐이다.

2. 화자는 프로그램에 대해 무엇을 말하는가?
(A) 외부 업체에 의해 만들어졌다.
(B) 트레이닝 센터에서 이루어진다.
(C) 몇몇 강사에 의해 진행된다.
(D) 3일 동안 진행된다.

화자는 교육 프로그램의 목적을 소개한 후, 'This is an intensive three-day course.'라고 말하면서 교육 기간에 대해 언급한다. 따라서 (D)가 정답이다. 교육 프로그램을 누가 개발했는지, 그리고 어디에서 누구에 의해 교육이 이루어지는지 등에 대해서는 전혀 언급된 바 없으므로 나머지 보기들은 정답이 될 수 없다.

3. 화자가 청자들에 대해 암시하고 있는 것은 무엇인가?
(A) 직접 해 보는 활동을 하게 될 것이다.
(B) 배운 내용을 필기해야 한다.
(C) 오늘 중으로 공장을 방문할 것이다.
(D) 배운 내용에 관해 테스트를 볼 것이다.

담화의 마지막 문장인 'Once I demonstrate a task, each of you will take turns attempting it.'에서 청자들은 시범을 본 후 실습을 하게 될 것임을 알 수 있으므로 (A)가 정답이다.

hands-on 직접 해 보는 **take notes** 필기하다

담화를 듣고 주어진 질문에 가장 알맞은 답을 고르시오. ▶ 4-10

[1-3]

W: Please let your employees know that we're _____ for the employee of the year award. All workers, both _____, are eligible to win, and _____ can nominate a colleague. _____ your staffers with nomination forms if they request them. In addition, we're adding _____ this year. We'll be giving out awards for the best employee in _____. You _____ should nominate three employees and explain why _____. We'll meet again in two weeks to _____. Recipients of the new award will receive _____.

nomination 후보 지명
employee of the year award 올해의 직원상
eligible 자격이 있는
nominate 후보로 지명하다
staffer 직원
add 더하다, 덧붙이다
give out 나누어 주다, 배포하다
vote 투표하다
recipient 받는 사람, 수령인

1　What does the speaker tell the listeners to give their staffers?

(A) Guidebooks

(B) Forms

(C) Oral instructions

(D) User names

2　What does the speaker suggest about the new award?

(A) Multiple individuals will be given it.

(B) Executives are not eligible to win it.

(C) It will be presented at an awards ceremony.

(D) The CEO asked for it to be made.

3　What will the award winners receive?

(A) Paid time off

(B) Cash

(C) A trophy

(D) A gift certificate

gift certificate 상품권

> **M:** According to a spokesperson at city hall, road repairs are scheduled to _____. Now that the floodwaters have receded, work crews _____ the city to determine the _____. Local residents have also been calling to _____. If you know any place requiring _____, please call 874-2711 at once. The _____ will be repaired first so that they can be reopened to traffic. Work will begin on Edwin Avenue. Nobody is sure how long _____, but the spokesperson assured reporters that there's _____ in the budget, so the city's roads will be _____ sometime soon.

4 What is suggested about the city's roads?

    (A) Many of them are still covered with water.

    (B) It is not known how many of them were damaged.

    (C) Some of them must be completely repaved.

    (D) A few of them were washed away by the flood.

be covered with
~으로 덮이다
repave 다시 포장하다
wash away
씻겨 내려가다

5 What does the speaker imply when he says, "Work will begin on Edwin Avenue"?

    (A) It suffered a large amount of damage.

    (B) It is the longest road in the city.

    (C) It will require several days of work.

    (D) It is located near city hall.

suffer 겪다

6 What does the speaker indicate about the funding of the project?

    (A) It will be paid by the raising of taxes.

    (B) Loans must be taken out to fund it.

    (C) There is enough money to complete it.

    (D) Private donations are being requested.

loan 대출, 대부
private 사유의; 사적인

PART 4

Type 05 추론

정답 및 해설 p.68

Type 06 요청 및 제안

화자가 청자들에게 요청, 지시, 부탁, 혹은 제안을 하는 경우, 그 내용을 구체적으로 묻는 문제가 등장할 수 있다. 이러한 내용은 보통 담화의 중·후반부에서 찾을 수 있으며 요청 및 제안과 관련된 표현이 나오는 부분에서 정답의 단서를 찾을 수 있다.

풀이 전략

1 요청 및 제안 사항은 보통 담화의 중반부 이후의 내용에서 찾을 수 있다.

2 요청 사항을 묻는 문제의 경우, 이와 관련된 문장, 예컨대, can/could로 시작하는 의문문이나 please가 들어가 있는 명령문을 주의해서 듣도록 하고, 제안 사항을 묻는 문제의 경우에는 should, had better가 들어가 있는 문장이나 how about 등으로 시작하는 문장을 주의해서 듣도록 한다.

예시 질문

• What does the speaker request?	화자는 무엇을 요청하는가?
• What does the speaker request the listener do?	화자는 청자에게 무엇을 하라고 요청하는가?
• What does the speaker ask the listeners to do?	화자는 청자들에게 무엇을 하라고 요청하는가?
• What does the speaker tell John to do?	화자는 John에게 무엇을 하라고 말하는가?
• What does the speaker tell the listeners to wear?	화자는 청자들에게 무엇을 착용하라고 말하는가?

예제 ⊙ 4-11

1. Where does this announcement take place?

(A) On an airplane
(B) On a ferry
(C) On a train
(D) On a bus

2. What does the speaker tell the listeners to do?

(A) Confirm their seat assignments
(B) Remain seated at all times
(C) Wait to order food and beverages
(D) Fasten their seatbelts

3. What will the speaker do next?

(A) Check boarding passes
(B) Do a safety check
(C) Take passengers' tickets
(D) Put away some luggage

M: Good morning, everyone. Thank you for choosing to ride with Beagle Motors. Our destination today is the city of Omaha. We should arrive there around three hours from now. This is not a nonstop bus trip as we'll be stopping at three towns along the way. It's a federal regulation that all passengers wear their seatbelts, so please put them on if you haven't done so already. In addition, no baggage is allowed in the aisle. Either put it under the seat in front of you or hold on to it. I'm going to walk down the aisle to collect everyone's ticket. Please have it ready for me. Once I finish, we'll be on our way.

nonstop bus 직행 버스 **along the way** 도중에 **federal regulation** (미국의) 연방 규정 **baggage** 짐, 수화물 **aisle** 통로 **collect** 수집하다 **be on one's way** 길을 떠나다

M: 모두들 안녕하십니까. Beagle Motors를 선택해 주셔서 감사합니다. 오늘 우리의 목적지는 오마하 시입니다. 지금부터 약 3시간 후에 그곳에 도착할 예정입니다. 가는 도중에 세 곳의 도시에 정차할 것이므로 직행 버스편이 아닙니다. 연방 규정에 따라 모든 승객분들께서는 안전 벨트를 착용하셔야 하며, 아직 착용하지 않으신 경우에는 착용해 주시기 바랍니다. 또한 통로에는 짐을 두실 수 없습니다. 앞 좌석 아래에 두시거나 들고 타셔야 합니다. 제가 복도를 다니면서 모든 분들의 승차권을 수거할 것입니다. 준비해 주시기 바랍니다. 수거가 끝나면 출발하도록 하겠습니다.

....

1. 이 안내 방송은 어디에서 이루어지는가?

(A) 비행기
(B) 여객선
(C) 기차
(D) 버스

담화 초반부의 'This is not a nonstop bus trip as we'll be stopping at three towns along the way.'라는 문장을 통해 이 담화는 버스에서 이루어지는 안내 방송이라는 점을 알 수 있다. 또한 담화 후반부에서 화자가 직접 표를 회수할 것이라고 안내한 점 등을 통해서도 (D)가 정답이라는 사실을 다시 한 번 확인할 수 있다.

ferry 여객선, 페리호

2. 화자는 청자들에게 무엇을 하라고 말하는가?

(A) 좌석이 맞는지 확인한다
(B) 계속 자리에 앉아 있는다
(C) 음식 및 음료 주문을 기다린다
(D) **안전 벨트를 맨다**

화자가 청자들에게 요청한 것은 '안전 벨트를 매는 것'(so please put them on), 짐을 복도에 짐을 두지 않는 것, 그리고 수거를 위해 승차권을 준비하는 것이다. 따라서 정답은 이들 중 첫 번째 사항과 관련이 있는 (D)이다.

seat assignment 좌석 배정, 좌석 배치 **at all times** 항상 **beverage** 음료

3. 화자는 이후에 무엇을 할 것인가?

(A) 승차표를 확인한다
(B) 안전 점검을 한다
(C) **승객들의 표를 가져 간다**
(D) 짐을 치운다

담화의 후반부 중 'I'm going to walk down the aisle to collect everyone's ticket.'이라는 문장에서 화자는 곧 승차권 수거할 것임을 알 수 있다. 따라서 담화 직후에 화자가 하게 될 일은 (C)이다.

boarding pass 탑승권 **safety check** 안전 점검 **put away** ~을 치우다

연습 문제

담화를 듣고 주어진 질문에 가장 알맞은 답을 고르시오. ▶ 4-12

[1-3]

W: As you're all aware, we'll have several _____ visiting us next week. Louise and Matt will chaperone the German buyers since they're _____. And Jasmine and Eric will be able to use _____ to communicate with the customers from China. Now, we've got something of a problem which _____. We have a group coming from Spain, but Rodrigo just got recalled _____. Alice can speak Spanish, but we _____ to assist. I want you to find out if _____ are fluent in Spanish and if they'd be willing to escort the Madrid delegation _____ here.

chaperone 동반하다, 따라다니다
fluent 유창한
recall 소환하다
headquarters 본사, 본부
be willing to 기꺼이 ~하다
escort 호송하다, 에스코트하다
delegation 대표단

1 What does the speaker indicate about Louise and Matt?

(A) They are responsible for recruiting foreign buyers.
(B) They will be traveling to Germany next week.
(C) They know how to speak a foreign language.
(D) They are familiar with Chinese culture.

be responsible for
~에 대한 책임을 맡다
recruit 모집하다
be familiar with
~에 친숙하다

2 According to the speaker, what happened to Rodrigo?

(A) He was sent to the main office.
(B) He was fired from his job.
(C) He moved to another city.
(D) He took some vacation time.

3 What does the speaker request the listeners do?

(A) Ask their workers about their language skills
(B) Be friendly when the potential clients arrive
(C) Meet some individuals at the airport
(D) Ensure that their offices look presentable

presentable
남에게 보일 수 있을 정도의, 단정한

174

M: Hello, Karen. This is Dave from the office. I wonder if you could do me ＿＿＿＿＿＿＿＿＿. My car ＿＿＿＿＿＿＿＿＿, so I'm waiting for the tow truck to come to take me ＿＿＿＿＿＿＿＿. I probably won't arrive at work ＿＿＿＿＿＿＿. However, Lisa Gamble is supposed to drop by to ＿＿＿＿＿＿＿ she needs to review. It's ＿＿＿＿＿＿＿ on my desk with her name written on it. Would you please make sure she gets it? I tried calling her, but her phone ＿＿＿＿＿＿＿＿. I sent her an e-mail but ＿＿＿＿＿＿＿ a response yet. Once you give her the envelope, I'd appreciate ＿＿＿＿＿＿＿.

huge 거대한, 큰
tow truck 견인차
garage 차고; 정비소
drop by 들르다
review 검토하다
envelope 봉투
response 대답, 반응

4 What is the speaker's problem?

(A) His bus has been delayed.

(B) He woke up too late.

(C) His vehicle will not run.

(D) He is feeling ill.

5 What does the man need to give Lisa Gamble?

(A) An insurance form

(B) A contract

(C) Some receipts

(D) Some blueprints

6 What does the speaker ask the listener to do?

(A) Pick him up at his home

(B) Send him an e-mail

(C) Contact Lisa Gamble

(D) Call him later

PART 4

Type 06 요청 및 제안

정답 및 해설 p.70

이후에 할 일

이후에 할 일을 묻는 문제는 화자가 담화를 마친 직후에 할 일을 묻는 문제와 미래의 특정 시점에 예정된 일을 묻는 문제로 구분할 수 있다. 전자의 경우 정답의 단서는 주로 대화의 마지막 부분에서, 후자의 경우에는 질문의 핵심어구가 들어 있는 부분에서 찾을 수 있다.

풀이 전략

1 미래의 특정 시점에 일어날 일을 묻는 문제의 경우, 특정 시점이 언급되는 부분에서 정답의 단서를 찾도록 한다. 언급된 날짜, 요일, 시간 등이 '바꾸어 표현된'(paraphrasing) 보기가 정답일 가능성이 높다.

2 담화 직후에 일어날 일을 묻는 문제의 경우, 담화가 끝나자마자 진행될 일을 찾아야 한다. 몇 시간 후, 다음 날, 한달 뒤, 일주일 후와 같이 상대적으로 긴 시간이 지난 후에 이루어질 일을 언급한 보기는 모두 오답이다.

예시 질문

• What will most likely happen next?	이다음에 어떤 일이 일어날 것인가?
• What will listeners hear next?	청자들은 이다음에 무엇을 듣게 될 것인가?
• What will the listeners probably do next?	청자들은 이다음에 무엇을 하게 될 것 같은가?
• What will the speaker do later?	이후에 화자는 무엇을 할 것인가?
• What will the speaker do next week?	화자는 다음 주에 무엇을 할 것인가?
• What will the listeners do during the course?	청자들은 교육 기간 동안 무엇을 하게 될 것인가?

예제 ▶ 4-13

1. Where most likely does the announcement take place?

(A) At a gallery
(B) At a library
(C) At a bookstore
(D) At a café

2. Who is Mr. Covington?

(A) An author
(B) A teacher
(C) An inventor
(D) At artist

3. What most likely will happen next?

(A) Pictures will be taken.
(B) Questions will be asked.
(C) A short film will be shown.
(D) Autographs will be signed.

W: I'd like to thank everybody for having attended today's talk with author David Covington. I for one learned a great deal about Mr. Covington's books and how he writes them. Thank you for the insightful questions you asked. And most of all, thanks to Mr. Covington for taking the time to come here to chat with us. He has always been a big supporter of independent bookstores like us. Now, Mr. Covington told me he has to depart in twenty minutes so that he can reach the airport in time to catch his flight home. But he's willing to sign books during that time. So please form a line right here, and let's get started.

W: 오늘 David Covington 작가와의 간담회에 참석하신 모든 분들께 감사를 드리고 싶습니다. 저의 경우, Covington 씨의 책에 대한 많은 것을 알게 되었으며 그분께서 어떻게 글을 쓰시는지도 알게 되었습니다. 통찰력 있는 질문을 해 주셔서 감사합니다. 그리고 무엇보다도 저희와 이야기를 나누기 위해 이곳까지 와 주신 Covington 씨에게 감사를 드립니다. 항상 저희와 같은 소규모 서점들을 적극적으로 후원해 주고 계십니다. 자, Covington 씨께서 집으로 가는 비행기를 타기 위해 제 시간에 공항에 도착하려면 20분 후에는 출발을 하셔야 한다고 제게 말씀해 주셨습니다. 하지만 남은 시간 동안은 기꺼이 책에 서명을 해 주실 것입니다. 이쪽에 줄을 서시면 시작하도록 하겠습니다.

author 작가 **for one** 본인으로서는 **insightful** 통찰력이 있는, 식견이 있는 **most of all** 무엇보다 **chat** 이야기하다, 잡담하다 **independent** 독립적인, 독자적인 **so that ~ can** ~하기 위해 **be willing to** 기꺼이 ~하다

1. 발표는 어디에서 이루어지고 있는 것 같은가?
   (A) 미술관
   (B) 도서관
   (C) 서점
   (D) 카페

시작 부분의 today's talk with author David Covington이라는 표현을 통해 이 담화가 작가 간담회에서 이루어지고 있는 담화라는 사실을 알 수 있다. 또한 담화 중반에 'David Covington이 라는 작가가 자신들과 같은 소형 서점을 후원해 주고 있다'(a big supporter of independent bookstores like us)고 언급한 점을 통해서도 이 간담회는 (C)의 '서점'에서 진행되고 있을 것으로 짐작할 수 있다.

2. Covington 씨는 누구인가?
   (A) 작가
   (B) 교사
   (C) 발명가
   (D) 화가

담화의 첫 문장에서 David Covington은 작가로 소개되고 있으며, 이후에도 화자는 간담회를 통해 'Covington 씨의 책에 대해 많이 알게 되었다'(learned a great deal about Mr. Covington's books)고 했으므로 (A)가 정답이다. 담화 마지막 부분에서 안내되고 있는 책 사인회 행사를 통해서도 그가 작가일 것이라는 점을 유추할 수 있다.

3. 이다음에 어떤 일이 일어날 것 같은가?
   (A) 사진을 찍을 것이다.
   (B) 질문을 받을 것이다.
   (C) 짧은 영상이 보여질 것이다.
   (D) 자필 서명이 이루어질 것이다.

담화 직후에 이루어질 일을 묻고 있다. 담화의 후반부에서 화자는 공항으로 가기 전까지 'Covington 씨가 기꺼이 사인을 해 줄 것'(he's willing to sign books during that time)이라고 안내한 후, 청자들에게 '줄을 서 달라'(please form a line right here)고 요청한다. 따라서 담화 직후에는 작가의 사인회가 진행될 것임을 알 수 있으므로 (D)가 정답이다.

film 필름, 영상 **autograph** 사인, 자필 서명

담화를 듣고 주어진 질문에 가장 알맞은 답을 고르시오. ▶ 4-14

[1-3]

> **M:** That was _____ in the country which you just listened to. I must admit the Deacons are rapidly becoming one of _____. That is their fourth consecutive number-one song, and they've sold _____ copies of their songs in _____. That kind of success is _____ these days. It's almost time for me to sign off and for Cynthia Potter to take over with _____. But before I leave, we've got time _____. This one is by the Falcons. _____, it's been a pleasure. I'll be back tomorrow.

number-one
최고의, 1위의
admit 인정하다
rapidly 빠르게
consecutive 연속적인
virtually 사실상
sign off 종료하다, 끝내다
take over 인수하다
tune 곡

1 What does the speaker suggest about the Deacons?

(A) They are a local band.
(B) They are made up of high school friends.
(C) They have been highly successful this year.
(D) They will be going on tour very soon.

be made up of
~으로 구성되다
highly 매우
go on tour 투어를 하다

2 Who is Cynthia Potter?

(A) A musician
(B) A radio host
(C) A band manager
(D) A journalist

musician 음악가, 연주자
host 진행자, 주최자
journalist 기자, 언론인

3 What will the listeners probably hear next?

(A) A weather report
(B) A commercial
(C) A news update
(D) A song

commercial 상업 광고

M: Welcome, everyone, to my seminar on ....
My name is Peter Cartwright, and I'll be ....
Just so you know, I've got more than thirty years
.... I've done work for print media as well
as TV, radio, and .... Today, I'll teach you
.... I've learned over the years that have made
me a highly successful marketer. At the conclusion of my lecture, we'll form
groups and .... based on what I've taught you.
But first, please take a look at the .... when
you walked into the room.

session 기간, 회기
print media 인쇄 매체
advertise 광고하다
trick 속임수; 비결, 묘책
conclusion 결론, 결말
based on ~에 기반한
handout 유인물

4 What is indicated about Peter Cartwright?

(A) He works in the marketing industry.
(B) He is leading a seminar for the first time.
(C) He is colleagues with all of the listeners.
(D) He will be speaking for several hours.

for the first time
처음으로

5 What will the listeners do during the session?

(A) Create a short advertisement
(B) Engage in some role-playing
(C) Take an examination
(D) Do some individual work

engage in ~에 참여하다;
~에 종사하다

6 What does the speaker tell the listeners to look at?

(A) A book
(B) An app
(C) A video screen
(D) A handout

PART 4

Type 02 이휘에 할 일

화자의 의도

화자의 의도를 묻는 문제는 따옴표를 통해 담화의 일부분을 그대로 가져온 후, 화자가 그렇게 말한 의도를 묻는다. 화자의 의도를 묻는 문제가 등장하면 주어진 문장의 직접적인 의미보다는 그 안에 숨겨져 있는 의미를 파악해야 하며, 이에 대한 단서는 전후 맥락을 통해 찾을 수 있다.

풀이 전략

1 주어진 문장을 표면적으로 해석한 보기는 정답이 될 수 없다. 전후 맥락을 통해 숨겨져 있는 의미를 찾아야 한다. 주어진 문장에 대명사가 포함되어 있는 경우에는 대명사가 무엇을 가리키는지 이해해야 정답을 찾기가 쉽다.

2 주어진 문장에 간혹 구어체에서 사용되는 낯선 표현들이 등장할 수 있다. 이러한 표현들이 등장하더라도 당황하지 말고 대화의 흐름을 파악하면서 주어진 문장의 속뜻을 짐작하도록 하자.

예시 질문

- What does the speaker imply when she says, "That has never happened before"?

  화자가 "That has never happened before"라고 말할 때 그녀는 무엇을 암시하는가?

- What does the speaker mean when he says, "That's not good enough"?

  화자가 "That's not good enough"라고 말할 때 그는 무엇을 의미하는가?

- Why does the speaker say, "I was unable to do so"?

  화자는 왜 "I was unable to do so"라고 말하는가?

예제 ⊙ 4-15

1. What does the speaker probably mean when she says, "We can't keep doing this"?

(A) Design flaws have to be detected earlier.

(B) A company needs some successful projects.

(C) Marketing campaigns should be improved.

(D) Delays in releasing new products must end.

2. What does the speaker want to do now?

(A) Demonstrate a new product

(B) Take the listeners on a tour

(C) Have a team-building exercise

(D) Come up with some ideas

3. What will some listeners most likely do?

(A) Raise their hands

(B) Leave the room

(C) Write down their thoughts

(D) Give short presentations

W: I called this meeting because there's something vital we must discuss. We released a new line of cosmetics last week, but sales are flat. Customers just aren't interested. This is our third failure of new products in a row. 1.We can't keep doing this. If we don't turn things around soon, we may have to declare bankruptcy. What I'd like to do right now is to have a brainstorming session for the rest of the day. Let's think about what to do regarding our products, our marketing, and anything else connected to our firm. Say anything you think of no matter how unimportant you might believe it to be. Put your hand up if you'd like to make a comment.

call a meeting 회의를 소집하다 **release** 놓아 주다;
출시하다 **cosmetics** 화장품 **flat** 평평한; (판매 등이) 저조한
failure 실패 **in a row** 일렬로, 연속해서 **declare** 선언하다
bankruptcy 파산 **regarding** ~와 관련하여 **connect** 연결
하다 **make a comment** 논평하다, 발언하다

W: 논의해야 할 중요한 사안이 있어서 제가 이번 회의를 소집했습니다. 우리는 지난 주에 새로운 시리즈의 화장품을 출시했지만, 매출이 저조합니다. 고객들이 관심을 보이지 않고 있습니다. 신제품이 실패한 것은 이번이 연속해서 세 번째입니다. 계속 이렇게 놔둘 수는 없습니다. 빨리 상황을 바꾸어 놓지 않으면 우리는 파산 선언을 해야 할지도 모릅니다. 제가 지금 말하고 싶은 것은 오늘 남은 시간 동안 브레인스토밍 회의를 하자는 것입니다. 제품, 마케팅, 그리고 우리 회사와 관련된 그 밖의 어떤 것에 대해서도 우리가 무엇을 해야 할지 생각해 봅시다. 아무리 중요하지 않다고 생각되더라도 생각나는 것이 있으면 말씀해 주십시오. 발언을 하고 싶으시면 손을 들어 주십시오.

---

1. 화자가 "We can't keep doing this"라고 말할 때 그녀는 무엇을 의미하는 것 같은가?

(A) 설계 결함이 더 빨리 발견되어야 한다.
(B) 회사에 성공적인 프로젝트가 필요하다.
(C) 마케팅 캠페인이 개선되어야 한다.
(D) 신제품 출시가 연기되는 일은 없어야 한다.

주어진 문장을 통해 화자가 의도하는 바를 묻고 있다. 주어진 문장을 직역하면 '이런 일이 계속 되도록 놔둘 수는 없다'는 뜻인데, 바로 앞 내용을 통해 this가 가리키는 바는 신제품의 연속적인 실패라는 점을 알 수 있다. 따라서 주어진 문장의 의미는 결국 '신제품을 성공시켜야 한다'는 뜻으로 받아들일 수 있으며 이러한 의미에 부합하는 (B)가 정답이다.

flaw 결함, 흠 **detect** 탐지하다

2. 화자는 지금 무엇을 하고 싶어하는가?

(A) 신제품에 대한 시연회를 연다
(B) 청자들을 견학시킨다
(C) 단합 대회 활동을 한다
(D) 아이디어를 생각해 낸다

담화 중반부의 'What I'd like to do right now is to have a brainstorming session for the rest of the day.'라는 화자의 말에서 정답의 단서를 찾을 수 있다. 화자는 해결책 모색을 위한 브레인스토밍 회의를 하자고 제안하고 있으므로 (D)가 정답이다.

team-building exercise 단합 대회 활동, 팀워크를 기르기 위한 활동

3. 청자들은 무엇을 할 것 같은가?

(A) 손을 든다
(B) 회의실에서 나간다
(C) 생각을 적는다
(D) 짧게 발표를 한다

담화의 마지막 부분에서 화자는 청자들에게 생각나는 것이 있으면 어떤 것이라도 얘기해 달라고 요청한 후 'Put your hand up if you'd like to make a comment.'라고 덧붙인다. 따라서 발언을 하고자 하는 사람은 손을 들 것이므로 (A)가 정답이다.

연습 문제

담화를 듣고 주어진 질문에 가장 알맞은 답을 고르시오. ▶ 4-16

[1-3]

> **M:** It's time for _____ at Dynamo, where you can get the best men's, women's, and children's clothes at low, low prices. While _____ discounts of up to fifty percent, we're _____ this time. Some items will be on sale for seventy percent off. _____: seventy percent. So stop _____ now and come to 88 Western Avenue, where Dynamo is open _____ 365 days a year. Don't know your size? Don't worry. Our expert staff can tell you what size will _____. Hurry and come because this sale _____ on Sunday.

explosive 폭발하는
normally 보통, 평상시에
expert 전문가; 전문가의, 전문적인
fit 맞다, 적합하다

1 Why does the speaker say, "That's right"?

    (A) To confirm that a number is correct

    (B) To indicate that new clothes have arrived

    (C) To say that the store's hours have changed

    (D) To note that a store has expanded

2 What does the speaker suggest about Dynamo?

    (A) It is going out of business soon.

    (B) It specializes in imported products.

    (C) It does not close at any time.

    (D) It holds a sale one time a year.

go out of business 폐업하다, 파산하다
specialize in ~을 전문으로 하다, ~에 특화되다

3 What can the staff at Dynamo do for customers?

    (A) Offer them an additional discount

    (B) Find clothing styles that look good on them

    (C) Tell them what size clothes to wear

    (D) Suggest which shoes are appropriate for them

additional 추가적인
appropriate 적절한

> **M:** Shoppers, may I have _____, please? Somebody parked a white Rudolph sedan _____ in the parking lot. The _____ of the vehicle is XYT-857. The vehicle is in front of the spot where our _____ park to drop off all of the delicious items that make Sanderson's the city's _____. There's a truck _____. Will the owner of the vehicle please hurry outside and park it in _____? In addition, please be advised that we are _____, so instead of closing at 8:00 P.M., we will be closing _____.

parking lot 주차장
license plate 자동차 번호판
spot 장소, 지점
drop off ~을 내려 놓다
grocery store 식품점
extend 확대하다, 확장하다
instead of ~ 대신에

4 Why type of store most likely is Sanderson's?

(A) A supermarket
(B) A department store
(C) A bakery
(D) A restaurant

5 What does the speaker imply when he says, "There's a truck waiting right now"?

(A) A sale will begin when the truck is unloaded.
(B) A car needs to be moved to another place.
(C) Some new items will be put on the shelves soon.
(D) A tow truck is going to remove a vehicle.

6 According to the speaker, what time will Sanderson's now close?

(A) At 7:00 P.M.
(B) At 8:00 P.M.
(C) At 9:00 P.M.
(D) At 10:00 P.M.

PART 4

Type 08 화자의 의도

정답 및 해설 p.72

Type 09 시각 자료 활용 I: 시간표, 가격표, 전화번호부, 층별 안내도, 세일 광고 등

시각 자료가 등장하면 담화에서 들은 내용과 시각 자료 상의 정보를 종합해서 해당 질문에 대한 답을 찾아야 한다. 따라서 짧은 시간 안에 시각 자료의 목적이나 성격을 파악한 후 담화에서 들은 내용을 바탕으로 정답을 찾도록 한다. 여기에서는 시간표, 가격표, 전화번호부, 층별 안내도 및 세일 광고가 등장하는 시각 자료 문제에 대해 알아보기로 하자.

풀이 전략

1. 시각 자료가 등장하면 시각 자료의 제목을 먼저 읽어서 시각 자료의 목적이 무엇인지 파악하도록 한다. 시각 자료의 제목이 없는 경우에는 표의 항목 등을 통해 시각 자료의 성격을 파악하도록 한다.

2. 구체적인 숫자가 언급되는 부분을 잘 듣도록 한다. 가격, 시간, 번호 등이 언급되는 부분은 거의 항상 문제화될 수 있는 부분이다.

예시 질문

- Look at the graphic. Who is the speaker? 도표를 보아라. 연사는 누구인가?
- Look at the graphic. When does the speech take place? 도표를 보아라. 강연은 언제 이루어질 것인가?
- Look at the graphic. Which department do the listeners work in? 도표를 보아라. 청자들은 어느 부서에서 일을 하는가?
- Look at the graphic. What number will the listeners call? 도표를 보아라. 청자들은 어떤 번호로 전화하게 될 것인가?
- Look at the graphic. On which floor is an exhibit closing soon? 도표를 보아라. 어느 층의 전시회장이 곧 문을 닫을 것인가?

예제 ▶ 4-17

Time	Subject	Speaker
9:00 A.M. – 11:00 A.M.	Tax Accounting	Chris Wrigley
11:00 A.M. – 12:00 P.M.	New Accounting Laws	Jessica Wright
1:00 P.M. – 2:00 P.M.	Corporate Accounting	Bill Kennedy
2:00 P.M. – 3:00 P.M.	International Bank Transfers	Sebastien Andre

1. How often does the speaker hope to host a seminar?

(A) Once a month
(B) Once every three months
(C) Once every six months
(D) Once a year

2. Look at the graphic. Which speaker is unable to attend the event?

(A) Chris Wrigley
(B) Jessica Wright
(C) Bill Kennedy
(D) Sebastien Andre

3. What does the speaker request a listener do?

(A) Speak with a food provider
(B) Contact the attendees
(C) Arrange a substitute speaker
(D) Clean up the conference room

W: We're two days away from the first accounting seminar we're hosting. If it's a success and we get positive feedback, we'll start offering them on a quarterly basis. We had a minor issue regarding one speaker. The person scheduled to discuss corporate accounting dropped out two days ago due to a personal issue. He's already been replaced, so that's fine. However, we haven't updated the schedule yet, so we need to do that and then print copies for the attendees. Tomorrow, I want to make sure the room is completely set up and ready before we go home. And I'd like somebody to call the caterer now to confirm delivery of the refreshments.

시간	주제	강사
9:00 A.M. – 11:00 A.M.	세무 회계	Chris Wrigley
11:00 A.M. – 12:00 P.M.	새로운 회계법	Jessica Wright
1:00 P.M. – 2:00 P.M.	기업 회계	Bill Kennedy
2:00 P.M. – 3:00 P.M.	해외 은행 송금	Sebastien Andre

positive 긍정직인; 직극적인 **feedback** 피드백, 반응 **on a quarterly basis** 분기별로 **due to** ~ 때문에 **replace** 대신 하다, 대체하다 **caterer** 음식 제공업체 **refreshment** 다과

W: 우리가 주최할 첫 회계 세미나가 이틀 후에 시작되는군요. 세미나가 성공적이고 평가가 긍정적인 경우에는 분기별로 세미나를 주최할 예정입니다. 한 분의 강사와 관련해서 사소한 문제가 있습니다. 기업 회계에 대해 논의하기로 했던 분께서 개인적인 사유로 이틀 전에 빠지시게 되었습니다. 이미 대체가 되었으므로 그건 괜찮습니다. 하지만 아직 일정을 업데이트하지 못했기 때문에 업데이트를 해야 하고 그 후에는 참석자들을 위한 일정표를 인쇄해야 합니다. 내일 퇴근하기 전까지 세미나실이 완벽히 준비되기를 바랍니다. 그리고 지금 바로 누군가가 음식 제공업체에 연락해서 다과가 배송될 것인지 확인해 주면 좋겠습니다.

1. 화자는 얼마나 자주 세미나를 개최하기를 바라는가?
(A) 매달
(B) 3개월 마다
(C) 6개월 마다
(D) 매년

we'll start offering them on a quarterly basis라고 언급한 부분 중 on a quarterly basis(분기별로)의 뜻을 알고 있으면 어렵지 않게 정답을 찾을 수 있다. 정답은 (B)이다.

2. 도표를 보아라. 어떤 강사가 행사에 참석할 수 없는가?
(A) Chris Wrigley
(B) Jessica Wright
(C) Bill Kennedy
(D) Sebastien Andre

담화 중반에서 화자는 '기업 회계를 논의하기로 예정되었던 사람이 이틀 전에 그만두게 되었다'(the person scheduled to discuss corporate accounting dropped out two days ago)고 했으므로 도표에서 기업 회계 세미나의 강사를 찾으면 정답은 (C)임을 쉽게 알 수 있다.

3. 화자는 청자들 중 한 명에게 무엇을 하라고 요청하는가?
(A) 음식 제공업체와 이야기한다
(B) 참석자들에게 연락한다
(C) 대체 강사를 찾는다
(D) 대회의실을 청소한다

담화의 마지막 문장 'And I'd like somebody to call the caterer now to confirm delivery of the refreshments.'에서 화자가 요청한 사항은 음식 제공업체에 전화해서 다과 배송과 관련된 점을 확인하라는 것이다. 따라서 caterer(음식 제공업체)를 food provider로 바꾸어 쓴 (A)가 정답이다.

substitute 대신, 대체(물)

담화를 듣고 주어진 질문에 가장 알맞은 답을 고르시오. ▶ 4-18

[1-3]

Employee Name	Extension
Elizabeth May	74
Carol Chung	75
Sandra Peterson	76
Irene Popper	77

W: Hello. This is Wendy Robinson. I'm sorry to inform you that I'm _____ my phone at this time. I'm currently in Dublin attending _____ I'll be _____ on June 15. If you need to speak about _____, please call 483-2822 and then ask for Ms. May. That will connect you _____. You can explain the situation, and then she will inform you about _____. I am checking _____ twice a day, so feel free to _____ at the beep. Please provide _____ as that's the best way for me to contact people while I'm abroad.

job fair 취업 박람회
urgent 긴급한
secretary 비서
voicemail message 음성 메시지
feel free to 마음껏 ~하다, 자유롭게 ~하다

1 Why is the speaker unable to answer the phone?

(A) She is attending a professional event.
(B) She is interviewing at another company.
(C) She is out of the country on vacation.
(D) She is at the company's headquarters in Dublin.

2 Look at the graphic. Which extension does the speaker tell the listeners to connect to?

(A) Extension 74
(B) Extension 75
(C) Extension 76
(D) Extension 77

3 How does the speaker prefer to contact others at this time?

(A) By telephone
(B) By text message
(C) By e-mail
(D) By video chatting

Tradeway

What: Back-to-School Sale

When: August 15-31

How Much: 15 to 50% off selected items

Where: 678 Hampton Road

M: If you're looking _____, then you should drop by Tradeway. We're having our yearly back-to-school sale, so you don't need to bust your budget _____ your son or daughter. The sale runs from August 15 to 31, but don't wait to go shopping. Items are only on sale until _____. When there are _____ available, the sale ends. Every item in our store is on sale from 15 to 50% off. Please keep in mind that these discounts only apply to _____ located at 678 Hampton Road. _____ to our online store.

back-to-school
sale 신학기 맞이 세일
bust 부수다;
파산시키다
keep in mind
명심하다
physical
물리적인; 신체의

4 What does the speaker suggest about the sale?

(A) It might end before August 31.

(B) It is being held at all Tradeway locations.

(C) It is happening for the first time.

(D) It will be held for a national holiday.

5 Look at the graphic. Which part contains wrong information?

(A) What

(B) When

(C) How Much

(D) Where

6 What is indicated about the online store?

(A) It recently opened.

(B) It offers free delivery.

(C) It has different discounts.

(D) It is available only to members.

정답 및 해설 p.73

PART 4

Type 09 시각 자료 활용 I: 시간표, 가격표, 전화번호부, 층별 안내도, 세일 광고 등

Type 10

시각 자료 활용 II: 그래프, 날씨 예보 등

그래프가 제시되면 여러 항목들과 수치들이 함께 등장하기 때문에 그래프와 관련된 문제는 어렵게 느껴질 수 있다. 하지만 그래프가 등장하더라도 자세한 수치 분석을 요하는 문제는 거의 출제되지 않으므로 크게 걱정할 필요는 없다. 그래프가 제시되면 그래프에서 가장 두각을 나타내는 항목 위주로, 예컨대 가장 수치나 높거나 낮은 항목 위주로 그래프를 살펴보면 어렵지 않게 정답을 찾을 수 있다. 한편 날씨 예보와 관련된 시각 자료가 제시되면 특정 날짜나 특정 요일의 날씨를 묻는 질문이 등장할 가능성이 크다. 따라서 날씨와 관련된 표현과 함께, 요일, 날짜 및 시간과 관련된 표현들이 등장하는 부분을 주의 깊게 듣도록 하자.

풀이 전략

1 그래프가 제시되면 그래프에서 가장 수치나 비중이 높거나 낮은 항목을 유심히 살펴보도록 하자. 이들과 관련된 질문이 출제될 가능성이 높다.

2 날씨와 관련된 시각 자료가 등장하면 날씨 표현과 함께 날짜 및 요일이 언급되는 부분을 유심히 듣도록 한다.

예시 질문

• Look at the graphic. What item will the speaker talk about first?

도표를 보아라. 화자는 먼저 어떤 항목에 대해 이야기할 것인가?

• Look at the graphic. How many branches are performing well?

도표를 보아라. 얼마나 많은 지점들이 성과를 내고 있는가?

• Look at the graphic. In which month was the speaker charged too much?

도표를 보아라. 어떤 달에 화자에게 가장 많은 요금이 부과되었는가?

예제 ▶ 4-19

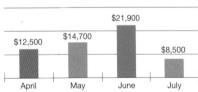

Anderson Museum Donations

1. According to the speaker, why does the museum need more donations?

   (A) To reduce the prices of its admission fees
   (B) To host more special events
   (C) To buy more items for display
   (D) To fund research it wants to conduct

2. What is going to happen tomorrow?

   (A) A new exhibition will open.
   (B) Students on a field trip will arrive.
   (C) A private collection will be donated.
   (D) A potential benefactor will take a tour.

3. Look at the graphic. Which month will the speaker discuss?

   (A) April
   (B) May
   (C) June
   (D) July

M: In the past year, we've made an effort to increase the number and amount of donations we receive at the museum. More donations mean we can improve the quality of our exhibits and put on special programs and events for visitors. We were recently contacted by Seymour Ernst, a local businessman. He's interested in making a sizable donation to the museum. He'll be visiting tomorrow to take a tour, so we need to do our best to impress him. Now, since April, we received considerably more donations in one month than in the others. I'd like to talk about what happened then so that we can replicate it.

스크립트 & 해석

make an effort 노력하다 donation 기부 put on 입다, 착용하다; 제공하다 sizable 상당한 크기의 take a tour 시찰하다, 견학하다 impress 각인하다; 인상을 남기다 considerably 상당히 replicate 복제하다

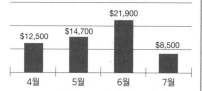

Anderson 박물관 기부금

$12,500	$14,700	$21,900	$8,500
4월	5월	6월	7월

M: 지난 해에 우리는 박물관으로 들어오는 기부의 횟수와 금액을 증대시키기 위해 노력했습니다. 기부가 많다는 것은 전시회의 질을 높이고 방문객들에게 특별한 프로그램과 행사를 제공해 줄 수 있다는 점을 의미합니다. 우리는 최근에 지역 기업가인 Seymour Ernst의 연락을 받았습니다. 그는 박물관에 상당한 금액을 기부할 의사를 가지고 있습니다. 내일 그가 이곳을 둘러보기 위해 방문할 예정이므로 최선을 다해서 그에게 깊은 인상을 남겨야 합니다. 자, 4월 이후로 우리는 다른 달보다 훨씬 더 많은 기부를 받은 달이 있었습니다. 그와 똑같은 일을 해낼 수 있도록, 당시 어떤 일이 있었는지 말씀을 드리도록 하겠습니다.

1. 화자에 의하면 박물관은 왜 더 많은 기부를 필요로 하는가?

(A) 입장료 가격을 인하하기 위해
(B) 더 많은 행사를 개최하기 위해
(C) 전시품을 더 많이 구입하기 위해
(D) 원하는 연구 활동에 자금을 지원하기 위해

담화 초반부에 기부가 필요한 이유는 '전시회의 질을 높이기 위해'(improve the quality of our exhibits) 그리고 '방문객들을 위한 특별 프로그램과 행사를 주최하기 위해'(put on special programs and events for visitors)라고 언급되고 있다. 따라서 두 가지 이유 중 후자와 관련이 있는 (B)가 정답이다.

reduce 줄이다, 감소하다 admission fee 입장료 fund 자금; 자금을 대다

해설

2. 내일 어떤 일이 일어날 것인가?

(A) 새로운 전시회가 열릴 것이다.
(B) 현장 학습을 온 학생들이 도착할 것이다.
(C) 개인 소장품들이 기증될 것이다.
(D) 잠재적인 후원자가 둘러볼 것이다.

담화 중반부에서 화자는 Seymour Ernst라는 기업가가 기부를 할 의사가 있음을 알린 후 '그가 내일 이곳을 둘러보기 위해 방문할 것'(he'll be visiting tomorrow to take a tour)이라고 말한다. 따라서 내일 일어날 일은 (D)이다. 참고로 (D)의 a potential benefactor(잠재적 후원자)는 Seymour Ernst를 가리킨다.

field trip 현장 학습 private collection 개인 소장품 donate 기증하다, 기부하다 benefactor 후원자

3. 도표를 보아라. 화자는 어떤 달에 대해 논의할 것인가?

(A) 4월
(B) 5월
(C) 6월
(D) 7월

담화 후반부의 'Now, since April, we received considerably more donations in one month than in the others.'에서 정답의 단서를 찾을 수 있다. 다른 달보다 월등히 기부가 많았던 달을 도표에서 찾으면 화자가 논의하고자 하는 시기는 21,900달러의 기부금을 모은 (C)의 '6월'임을 쉽게 알 수 있다.

연습 문제

담화를 듣고 주어진 질문에 가장 알맞은 답을 고르시오. ▶ 4-20

[1-3]

Mon.	Tues.	Wed.	Thurs.	Fri.
☀	☁	🌧	🌧	☀

W: Good evening, listeners. My name is Shelly Steele, and _____ of *Have It Your Way*, the city's most popular talk show. I'm nearly ready to take your calls, but let me give you a _____ first. Today's weather was _____, and it looks like the clouds will be here to _____. _____ tomorrow and the following day. After that, _____, and we'll have sunny skies again. _____ the temperature though. _____ in the high- to mid-twenties from now until the weekend. All right, let's hear a word from _____, and then we'll get started on tonight's show.

nearly 거의
weather report 일기 예보
for a while 잠시 동안
primary 주요한
sponsor 후원자

1   What kind of program is *Have It Your Way*?

(A) A news show
(B) A music program
(C) A cooking program
(D) A talk show

2   Look at the graphic. On which day does the radio broadcast take place?

(A) Tuesday
(B) Wednesday
(C) Thursday
(D) Friday

3   What will the listeners hear next?

(A) A commercial
(B) A traffic update
(C) A news report
(D) A talk show

National Market Share

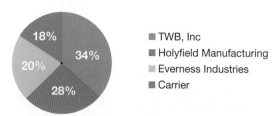

- TWB, Inc
- Holyfield Manufacturing
- Everness Industries
- Carrier

M: After numerous discussions, we've decided to attempt to _____ with Everness Industries. As you can see from the chart, it has the third-biggest _____ in the industry. If we can _____, we'll move from _____ to the top one. We've already _____ from our investors to make a competitive bid. Our CEO will speak with the other firm's CEO tomorrow and discuss _____. We could really use _____ we'd get with the acquisition. They would be of great importance considering that we're thinking of trying to break into _____ next year.

acquire and merger
인수 합병하다
market share
시장 점유율
take over
~을 인수하다
secure 확보하다
investor 투자자
competitive bid
경쟁 입찰
possibility 가능성, 확률
additional 추가적인
acquisition 인수

4 What is the speaker mainly discussing?

(A) The possible takeover of a company
(B) A new trend in his industry
(C) An upcoming conference he is attending
(D) A meeting between rival executives

takeover 인수
trend 추세, 트렌드
rival 경쟁의; 경쟁자
executive
(기업의) 중역, 임원

5 Look at the graphic. Where does the speaker most likely work?

(A) TWB, Inc.
(B) Holyfield Manufacturing
(C) Everness Industries
(D) Carrier

6 What does the speaker indicate about the company?

(A) It earned a record profit during the past year.
(B) It has already acquired several new factories.
(C) It wants to sell its products in other countries.
(D) It has plans to increase the size of its workforce.

profit 수익, 이윤
workforce 노동력

PART 4

Type 10 시각 자료 활용 III: 그래프, 날씨 예보 등

대화를 듣고 주어진 질문에 가장 알맞은 답을 고르시오. ▶ 4-21

1. Who most likely are the listeners?

    (A) Job applicants
    (B) Customers
    (C) Company workers
    (D) Industry analysts

2. What does the speaker say about the Destiny Corporation?

    (A) It opened an office in another country.
    (B) It hired the greatest number of employees.
    (C) It made more money than ever before.
    (D) It released several new products.

3. What will probably happen next?

    (A) An executive will present an award.
    (B) Dinner will be served.
    (C) A new hire will be introduced.
    (D) The CEO will give a short speech.

4. What does the speaker most likely mean when she says, "We can't allow that to continue"?

    (A) Too many employees are quitting.
    (B) A product launch is being delayed.
    (C) Equipment keeps breaking down.
    (D) A branch must stop losing money.

5. Who is Douglas Waters?

    (A) The speaker's boss
    (B) An employee in Tacoma
    (C) A client
    (D) Ted's supervisor

6. What does the speaker imply about Ted?

    (A) He is permitted to fire some employees.
    (B) He must report to Susan every day.
    (C) He is being permanently transferred to Tacoma.
    (D) He must submit a written report on the problem.

7. Why did the speaker make the phone call?

    (A) To make a sales pitch
    (B) To advertise a service
    (C) To return a phone call
    (D) To arrange a delivery

8. Why would Ms. Chandler have to pay a penalty?

    (A) For paying a charge late
    (B) For returning an item
    (C) For missing a deadline
    (D) For canceling a service

9. How does the speaker ask Ms. Chandler to get in touch with him?

    (A) By telephone
    (B) By e-mail
    (C) In person
    (D) By text message

10. What type of business is Dalton?

    (A) An airline
    (B) A hotel
    (C) A rental car agency
    (D) A travel agency

11. What is suggested about Dalton?

    (A) It recently hired a new chief executive.
    (B) It is the largest company in its industry.
    (C) It has operations in multiple countries.
    (D) It opened for business in the past year.

12. Why does the speaker say, "It simply can't be beat"?

    (A) To talk about some food
    (B) To discuss the service provided
    (C) To mention some equipment
    (D) To describe a low price

13. What are the listeners most likely doing?

(A) Attending a training session
(B) Listening to an introductory speech
(C) Learning how to drive a vehicle
(D) Taking a course on computer software

14. What does the speaker tell the listeners to do?

(A) Ask any questions they may have
(B) Wear some protective clothing
(C) Confirm they have their ID cards
(D) Read an instruction manual

15. What does the speaker imply when he says, "None of us is interested in that"?

(A) The listeners do not want to lose their jobs.
(B) The listeners do not want to work too long.
(C) The listeners do not want to take a break.
(D) The listeners do not want to arrive at work late.

---

16. Who is Edie Wellman?

(A) The host of a music program
(B) A chef at a popular restaurant
(C) The leader singer of a band
(D) A local newspaper reporter

17. What will Daniel Woodruff do?

(A) Provide an explanation
(B) Discuss a problem
(C) Perform a song
(D) Interview a guest

18. What will listeners most likely hear next?

(A) A sports news update
(B) A weather report
(C) A local news report
(D) A commercial

---

19. Why is the business closed?

(A) There is a holiday.
(B) Everyone is on vacation.
(C) The building is being renovated.
(D) Working hours are over.

20. According to the message, when will the clinic be open again?

(A) Later in the day
(B) The following morning
(C) The following afternoon
(D) The day after tomorrow

21. How can a person learn to get to the clinic?

(A) By staying on the line
(B) By pressing two
(C) By pressing three
(D) By checking a Web site

---

22. Where most likely do the listeners work?

(A) At a real estate agency
(B) At a manufacturing plant
(C) At a construction firm
(D) At a textile factory

23. What are some of the listeners going to receive?

(A) A free trip
(B) Extra vacation time
(C) Overtime work
(D) More money

24. What does the speaker say will happen in December?

(A) A new work project
(B) An advertisement campaign
(C) New employee recruitment
(D) A company awards ceremony

City of Departure	Arrival Time	Train Number
Buffalo	9:40	8574
Syracuse	8:55	9181
Albany	10:00	1625
Utica	10:05	3677

25. Why is the train delayed?

(A) Some passengers got on late.

(B) There was a minor accident.

(C) It had a mechanical problem.

(D) There was bad weather.

26. Look at the graphic. What is the number of the train that is arriving at Platform 3?

(A) 8574

(B) 9181

(C) 1625

(D) 3677

27. What does the speaker tell passengers to do?

(A) Check that they are sitting in the correct seats

(B) Show their tickets to the attendant

(C) Reserve their tickets immediately

(D) Wait for the train in the departure lounge

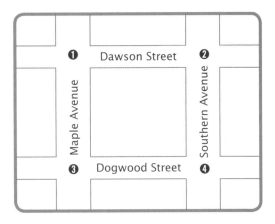

28. According to the speaker, why was traffic in the city backed up?

(A) There is a lot of road construction.

(B) Parts of the city are flooded.

(C) There were several accidents.

(D) A snowstorm recently happened.

29. Look at the graphic. Where did the accident take place?

(A) Intersection 1

(B) Intersection 2

(C) Intersection 3

(D) Intersection 4

30. What does the speaker say about traffic right now?

(A) It is flowing very well.

(B) There are fewer cars on the roads than normal.

(C) It is moving slowly in some places.

(D) The downtown area has some problems.

정답 및 해설 p.76

LC

실전 모의고사

LISTENING TEST

In the Listening test, you will be asked to demonstrate how well you understand spoken English. The entire Listening test will last approximately 45 minutes. There are four parts, and directions are given for each part. You must mark your answers on the separate answer sheet. Do not write your answers in your test book.

PART 1

Directions: For each question in this part, you will hear four statements about a picture in your test book. When you hear the statements, you must select the one statement that best describes what you see in the picture. Then find the number of the question on your answer sheet and mark your answer. The statements will not be printed in your test book and will be spoken only one time.

Statement (D), "There is traffic in several lanes on the road," is the best description of the picture, so you should select answer (D) and mark it on your answer sheet.

1.

2.

GO ON TO THE NEXT PAGE

3.

4.

5.

6.

GO ON TO THE NEXT PAGE ➤

ACTUAL TEST

PART 2

Directions: You will hear a question or statement and three responses spoken in English. They will not be printed in your test book and will be spoken only one time. Select the best response to the question or statement and mark the letter (A), (B), or (C) on your answer sheet.

7. Mark your answer on your answer sheet.

8. Mark your answer on your answer sheet.

9. Mark your answer on your answer sheet.

10. Mark your answer on your answer sheet.

11. Mark your answer on your answer sheet.

12. Mark your answer on your answer sheet.

13. Mark your answer on your answer sheet.

14. Mark your answer on your answer sheet.

15. Mark your answer on your answer sheet.

16. Mark your answer on your answer sheet.

17. Mark your answer on your answer sheet.

18. Mark your answer on your answer sheet.

19. Mark your answer on your answer sheet.

20. Mark your answer on your answer sheet.

21. Mark your answer on your answer sheet.

22. Mark your answer on your answer sheet.

23. Mark your answer on your answer sheet.

24. Mark your answer on your answer sheet.

25. Mark your answer on your answer sheet.

26. Mark your answer on your answer sheet.

27. Mark your answer on your answer sheet.

28. Mark your answer on your answer sheet.

29. Mark your answer on your answer sheet.

30. Mark your answer on your answer sheet.

31. Mark your answer on your answer sheet.

Directions: You will hear some conversations between two or more people. You will be asked to answer three questions about what the speakers say in each conversation. Select the best response to each question and mark the letter (A), (B), (C), or (D) on your answer sheet. The conversations will not be printed in your test book and will be spoken only one time.

32. What type of business does the man work at?

(A) A landscaping firm
(B) A construction company
(C) A consulting firm
(D) A furniture store

33. When will some people from the business visit the woman?

(A) On Monday
(B) On Wednesday
(C) On Friday
(D) On Saturday

34. What does the man tell the woman to do?

(A) Visit the office in person
(B) Confirm her address
(C) Request a price estimate
(D) Talk with a supervisor

35. What is the man's problem?

(A) A product he purchased did not work.
(B) He bought the wrong item by mistake.
(C) He could not understand a user's manual.
(D) He is unable to find the item he wants.

36. What does the man mean when he says, "That's all right"?

(A) He would be pleased to get a new item.
(B) He thinks the money offered is not enough.
(C) He is uninterested in the woman's offer.
(D) He is unhappy with the quality of the item.

37. What does the woman ask the man for?

(A) A coupon
(B) A receipt
(C) A container
(D) A phone number

38. Who most likely is the woman?

(A) A tour guide
(B) A bus driver
(C) A restaurant owner
(D) A souvenir shop employee

39. What does the man ask the woman about?

(A) The price of a meal
(B) A shopping center
(C) A meeting place
(D) The time a show starts

40. What does the woman recommend the man do?

(A) Have lunch with her
(B) Do some sightseeing
(C) Check a schedule
(D) Reserve some tickets

41. What mistake did the woman make?

(A) She arrived at the wrong time.
(B) She failed to schedule an appointment.
(C) She did not bring enough money.
(D) She filled out a form improperly.

42. What does the man tell the woman to do?

(A) Pay for a service in cash
(B) Purchase a new computer
(C) Let him know her address
(D) Come back another time

43. What can be inferred about the woman?

(A) She lives in an apartment building.
(B) She has an appointment with a doctor.
(C) She is visiting the place for the first time.
(D) She is planning to move to another city.

GO ON TO THE NEXT PAGE

44. Where most likely are the speakers?

   (A) In an office
   (B) At a gas station
   (C) In a vehicle
   (D) At a company

45. What are the speakers trying to do?

   (A) Visit a potential client's office
   (B) reschedule a product demonstration
   (C) Revise their work presentation
   (D) Purchase some power tools

46. What will the man do next?

   (A) Make a telephone call to a client
   (B) Ask a person for some assistance
   (C) Check his e-mail for an address
   (D) Confirm his schedule is correct

47. Why did the man make the phone call?

   (A) To complain about a service
   (B) To make a change to an order
   (C) To find out how to make a payment
   (D) To ask about an out-of-stock item

48. What problem did the man encounter?

   (A) A Web site did not work properly.
   (B) An item he wanted was unavailable.
   (C) His credit card number was rejected.
   (D) He received the wrong item in a shipment.

49. What does the woman say about the man's order?

   (A) It still needs to be paid for.
   (B) It was mailed to the wrong address.
   (C) It has not been sent to him yet.
   (D) It will be shipped by next-day air.

50. Why does the man say, "That's peculiar"?

   (A) To confirm that his doorbell works properly
   (B) To show that he is upset with the woman
   (C) To express his surprise at a comment
   (D) To indicate he was waiting for the woman

51. What does the man need to do?

   (A) Sign for a package
   (B) Visit the post office in person
   (C) Contact the woman's supervisor
   (D) Pay for an item

52. What will the woman probably do next?

   (A) Drive to the man's house
   (B) Reschedule an appointment
   (C) Make a delivery
   (D) Confirm an address

53. Where most likely are the speakers?

   (A) At a restaurant
   (B) At a bakery
   (C) At a café
   (D) At a grocery store

54. What will happen in two days?

   (A) Some items will arrive.
   (B) A sale will begin.
   (C) A business will close early.
   (D) A sale will come to an end.

55. What does the woman ask about?

   (A) The price of an item
   (B) The possibility of free delivery
   (C) The ingredients in an item
   (D) The opening hours of a store

56. What is the conversation mainly about?

(A) A future work project
(B) The need to visit a client
(C) A request for vacation time
(D) Next month's schedule

57. What does the man want to do this weekend?

(A) Attend a professional event
(B) Work overtime in the office
(C) Relax at his home
(D) Take a trip with his family

58. What does the woman say will happen on Tuesday?

(A) A staff meeting will be held.
(B) An inspection will occur.
(C) Some training will take place.
(D) Some new employees will start.

59. Why did the man visit the women?

(A) To inspect a factory
(B) To interview for a job
(C) To conduct a demonstration
(D) To negotiate a contract

60. What is suggested about the man?

(A) He is eager to live in the local area.
(B) He lacks experience in the aeronautics industry.
(C) He has worked with the women before.
(D) He hopes to add Wilson Aeronautics as a client.

61. How do the women feel about Greenville?

(A) They think it is a good place to live.
(B) They do not know much about it.
(C) They wish there were more to do there.
(D) They are very familiar with it.

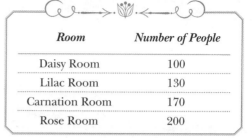

Gardener Hotel Banquet Rooms

Room	Number of People
Daisy Room	100
Lilac Room	130
Carnation Room	170
Rose Room	200

62. How did the woman get the information about the hotel?

(A) By making a telephone call
(B) By visiting it in person
(C) By reading about it online
(D) By looking at a brochure

63. Look at the graphic. Which room will the speakers most likely reserve?

(A) Daisy Room
(B) Lilac Room
(C) Carnation Room
(D) Rose Room

64. What does the man suggest about the dinner?

(A) It should contain dishes without meat.
(B) Attendees want to order their own meals.
(C) It needs to last for two hours.
(D) The quoted price is too high.

GO ON TO THE NEXT PAGE

March

Sun	Mon	Tues	Wed	Thurs	Fri	Sat
2	3	4 *Peterson Collection*	5	6	7	8
9	10	11	12 *Waterford Collection*	13	14	15
16	17	18	19	20	21 *Chapman Collection*	22
23	24	25	26	27 *Lewis Collection*	28	29

Fulton County Furniture

The bearer of this coupon can save

10%   on bedroom furniture

15%   on office furniture

20%   on living room furniture

25%   on outdoor furniture

65. Where most likely do the speakers work?

(A) At a museum of history
(B) At a performing arts theater
(C) At an art gallery
(D) At a university library

66. Look at the graphic. When will the group from Grover High School arrive?

(A) March 4
(B) March 12
(C) March 21
(D) March 27

67. What will the man do next?

(A) Speak with a donor
(B) Make a telephone call
(C) Confirm a schedule
(D) Lead a tour

68. What does the man ask the woman about?

(A) The cost of delivery
(B) The hours of operation
(C) The validity of a coupon
(D) The price of an item

69. Look at the graphic. What discount will the man most likely receive?

(A) 10%
(B) 15%
(C) 20%
(D) 25%

70. What does the man say he needs to do?

(A) Check his e-mail
(B) Deliver an item to a friend
(C) Make an important call
(D) Start working again soon

PART 4

⏵ 5- 04

71. Why did the speaker call Ms. Griggs?

(A) To ask her to confirm her address
(B) To determine her interest in an additional item
(C) To inform her about an order she made
(D) To let her know about a minor delay

72. What does the speaker say about the items?

(A) Some of them were broken.
(B) Several of them are the wrong color.
(C) They can be installed for free.
(D) Their price became cheaper.

73. What should the listener do to get a refund?

(A) Complete an online form
(B) Talk to Gerard Butler
(C) Visit the store in person
(D) Respond to an e-mail

74. Why does the speaker say, "It's time for something new"?

(A) She wants to discuss something different.
(B) The way the company does business is old fashioned.
(C) Several new designers must be hired.
(D) A company logo needs to be changed.

75. What does the speaker say that she did?

(A) Applied for another position
(B) Hired an outside contractor
(C) Got permission from the CEO
(D) Came up with her own design

76. What does the speaker tell the listeners to do?

(A) Contact their clients
(B) Read a brochure
(C) Write their opinions
(D) Talk to their colleagues

77. Where most likely does the talk take place?

(A) At a research center
(B) At a museum
(C) At a department store
(D) At an elementary school

78. What does the speaker imply when he says, "There isn't much time left"?

(A) A donor needs to be contacted at once.
(B) They will be unable to finish a project.
(C) A project must be completed soon.
(D) A planned activity will likely be canceled.

79. What will probably happen next?

(A) A different person will speak.
(B) A donor will be introduced.
(C) A short break will be taken.
(D) A survey will be conducted.

80. What is Emerson's?

(A) A restaurant
(B) A bakery
(C) A café
(D) A grocery store

81. Why is Emerson's having a special event?

(A) It is celebrating its anniversary.
(B) It has some new products.
(C) It is celebrating the owner's birthday.
(D) It recently opened.

82. What does the speaker recommend doing?

(A) Visiting a Web site
(B) Ordering some items by phone
(C) Bringing a friend to the store
(D) Trying some items for free

GO ON TO THE NEXT PAGE

ACTUAL TEST

83. What is the repair crew going to work on?

   (A) Some kitchen appliances
   (B) Electric lines
   (C) A building roof
   (D) Water pipes

84. What caused the damage?

   (A) A weather event
   (B) An equipment malfunction
   (C) Human error
   (D) Frozen water

85. How long will the repairs most likely take?

   (A) A few minutes
   (B) Two hours
   (C) All day
   (D) One week

86. Who is the speaker talking to?

   (A) Executives
   (B) Volunteers
   (C) Students
   (D) Coworkers

87. What does the speaker ask the listeners to do?

   (A) Return after lunch
   (B) Find their team leaders
   (C) Take a short break
   (D) Read a list

88. What will the listeners be given?

   (A) Trash cans
   (B) Refreshments
   (C) Gloves
   (D) Safety glasses

89. What were the people protesting?

   (A) A city development plan
   (B) An increase in taxes
   (C) The closing of a community center
   (D) A lack of infrastructure

90. Who is Raymond West?

   (A) A community center employee
   (B) A city mayor
   (C) A protestor
   (D) A construction worker

91. What will take place on Saturday evening?

   (A) A meeting with a politician
   (B) A grand opening
   (C) A special concert
   (D) A formal protest

92. What does the speaker most likely mean when she says, "Everybody seems to understand what to do"?

   (A) She does not want to answer any questions.
   (B) It is time to stop working for the day.
   (C) The listeners will do some role-playing now.
   (D) The listeners can stop doing an activity.

93. What will the listeners read about?

   (A) A scenario involving a bank teller and a client
   (B) A situation between a customer and a worker
   (C) A problem that is solved by an engineer
   (D) Common mistakes that most shoppers make

94. What does the speaker instruct the listeners to do?

   (A) Write down their opinions
   (B) Put their hands in the air
   (C) Close their books
   (D) Fill out some forms

Speaker	Date
Lisa Voss	September 7
Patricia Wesley	September 16
Denise Peterson	September 21
Wendy Alston	September 24

95. Look at the graphic. When is the speaker giving the talk?

(A) September 7
(B) September 16
(C) September 21
(D) September 24

96. What does the speaker's organization do?

(A) Provide eyewear for people
(B) Give health checkups to the poor
(C) Donate food to the homeless
(D) Repair people's homes for free

97. What does the speaker suggest about the doctors?

(A) They recently graduated from medical school.
(B) They are considered highly talented.
(C) They have their own private clinics.
(D) They are not getting paid for their time.

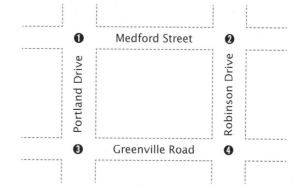

98. Why is the store closed?

(A) It is undergoing repairs.
(B) It is a national holiday.
(C) It is changing locations.
(D) It is late at night.

99. Look at the graphic. Where will the store be located?

(A) Location 1
(B) Location 2
(C) Location 3
(D) Location 4

100. What does the speaker imply about the store?

(A) It opened around five years ago.
(B) It frequently holds sale events.
(C) It allows telephone orders.
(D) It is no longer located in Cooperstown.

This is the end of the Listening Test.

★ 기초부터 실전까지 ★

300

== 문제로 끝내는 ==

토익

·MICHAEL A. PUTLACK·
·STEPHEN POIRIER·
·TONY COVELLO·
&
·다락원 토익 연구소 공저·

LC

해설집

다락원

300

= 문제로 끝내는 =

토익

· MICHAEL A. PUTLACK ·
· STEPHEN POIRIER ·
· TONY COVELLO ·
&
· 다락원 토익 연구소 공저 ·

LC

해설집

다락원

PART 1

Type 01 인물 사진 I

p.14

▶ 1- 02

1. (D) **2.** (C) **3.** (A) **4.** (A)

1

(A) The man is getting up to leave the table.
(B) Some food has been placed on the table.
(C) All of the chairs are occupied by diners.
(D) He is working on a laptop computer.

place 놓다, 두다   occupy 점하다, 차지하다   diner 식당 손님

(A) 남자가 테이블을 떠나기 위해 일어나고 있다.
(B) 테이블에 음식이 차려져 있다.
(C) 모든 의자에 식당 손님들이 앉아 있다.
(D) 그는 노트북 컴퓨터로 작업을 하고 있다.

테이블에 앉아 노트북을 보고 있는 남자를 찍은 사진이다. 남자는 테이블에 앉아 있으므로 '일어서고 있다'(is getting up)고 진술한 (A)는 정답이 아니며, 테이블에 없는 '음식'(some food)를 언급한 (B)도 정답이 될 수 없다. 사진 속 인물은 남자 한 명 뿐이므로 '식당 손님들'(diners)이 의자에 앉아 있다고 한 (B)도 적절하지 않은 설명이다. 정답은 노트북 이용 중인 남자의 모습을 적절히 묘사한 (D)이다.

2

(A) The dump truck is fully loaded with dirt.
(B) A worker is driving the forklift.
(C) Some heavy equipment is being used.
(D) The sidewalk is being paved by the workers.

dump truck 덤프 트럭   load (짐 등을) 싣다   dirt 흙   forklift 지게차
heavy equipment 중장비   sidewalk 보도, 인도   pave 포장하다

(A) 덤프 트럭에 흙이 가득 실려 있다.
(B) 한 인부가 지게차를 몰고 있다.

(C) 중장비가 사용되고 있다.
(D) 인도가 인부들에 의해 포장되고 있다.

포크레인 앞에서 도로 작업을 하고 있는 사람을 볼 수 있다. 사진 속에 보이지 않는 '덤프 트럭'(dump truck)과 '지게차'(forklift)를 언급한 (A)와 (B)는 정답이 될 수 없고, 사진 속 인부는 도로를 포장하는 것이 아니라 도로의 포장을 걷어내고 있는 것으로 보이므로 (D) 역시 잘못된 진술이다. 정답은 인부가 사용 중인 장비를 heavy equipment(중장비)로 표현한 (C)이다.

3

(A) Products are displayed on the shelves.
(B) The grocery cart is full of fresh produce.
(C) She is looking for some items on sale.
(D) She is taking her items to the checkout counter.

shelf 선반   grocery 식료품   be full of ~으로 가득하다   produce
농산품   on sale 세일 중인   checkout counter 계산대

(A) 상품들이 선반에 진열되어 있다.
(B) 식료품점 카트에 신선 식품들이 가득하다.
(C) 그녀는 세일 중인 물품을 찾고 있다.
(D) 그녀는 물품들을 계산대로 가져가고 있다.

카트를 끌며 선반에 진열 중인 상품을 바라보고 있는 한 고객의 모습을 볼 수 있다. 따라서 이를 적절히 묘사한 (A)가 정답이다. 빈 카트에 '신선 식품이 가득 차 있다'(is full of fresh produce)고 한 (B)와 사진에서 볼 수 없는 '계산대'(checkout counter)를 언급한 (D)는 정답이 될 수 없다. 그녀가 세일 중인 상품을 찾고 있는지는 확인할 수 없는 사항이므로 (C) 역시 정답이 아니다.

4

(A) He is slicing some items on a cutting board.
(B) The food is being placed into the oven.
(C) The chef is cooking dinner for some customers.
(D) He is applying for a position at a restaurant.

slice 얇게 자르다   cutting board 도마   oven 오븐   applying for
~을 신청하다; ~에 지원하다

(A) 그는 무언가를 도마에 놓고 자르고 있다.
(B) 음식이 오븐에 들어가고 있다.
(C) 주방장이 손님들을 위해 저녁 식사를 요리하고 있다.
(D) 그는 식당에 구직 신청을 하고 있다.

요리사로 보이는 한 남자가 도마 위에서 무언가를 자르고 있다. 따라서 이러한 행동을 정확히 묘사한 (A)가 정답이다. 오븐이 보이기는 하지만 '음식을 오븐에 넣고 있다(is being placed into the oven)'고 한 (B)는 잘못된 설명이며, (C)는 사진만으로는 확인할 수 없는 사항을 이야기하고 있다. (D)는 사진을 보고 유추할 수 있는 장소인 restaurant(식당)을 이용한 함정이다.

Type 02 인물 사진 II
p.18

▶ 1- 04

| **1.** (C) | **2.** (C) | **3.** (B) | **4.** (D) |

1

(A) Store clerks are stacking packages onto the shelves.
(B) Parcels are being delivered to the post office.
(C) Boxes are being moved by some workers.
(D) Packages have been opened by some employees.

---

clerk 직원   stack 쌓다   parcel 소포   post office 우체국

(A) 매장 직원들이 선반에 상자를 쌓고 있다.
(B) 소포가 우체국으로 배송되고 있다.
(C) 상자들이 직원에 의해 옮겨지고 있다.
(D) 직원들에 의해 상자들이 개봉되었다.

창고로 보이는 곳에서 두 명의 직원이 함께 상자를 나르고 있다. 따라서 이를 올바르게 묘사한 (C)가 정답이다. 상자를 운반 중이지 '선반에 쌓고 있는 것'(are stacking packages onto the shelves)은 아니므로 (A)는 정답이 아니며, (B)의 '우체국'(post office)는 사진과 전혀 관련이 없는 장소이다. 사진 속 상자들은 모두 포장된 상태로 보이므로 상자들이 '개봉되어 있다'(have been opened)고 한 (D) 역시 정답이 될 수 없다.

2

(A) All of the people are looking in the same direction.
(B) One woman is typing something on her laptop.
(C) Both of the women are next to each other.
(D) The man is holding a telephone in his hand.

---

next to ~의 옆에   each other 서로

(A) 모든 사람이 같은 곳을 바라보고 있다.
(B) 한 여성은 노트북으로 무언가를 타이핑하고 있다.
(C) 두 여자는 서로 옆에 있다.
(D) 남자는 손에 전화기를 들고 있다.

각자 다른 행동을 하고 있는 세 명의 인물을 볼 수 있다. 우측의 여자는 또 다른 여자를 바로 옆에서 바라보고 있으며 사진 중앙의 여자는 전화로 통화를 하고 있고 좌측의 남성은 데스크 밖에 서 있다. 따라서 여자 두 명이 인접해 있다고 설명한 (C)가 정답이다. 모든 인물들이 서로 '같은 방향'(in the same direction)을 바라보고 있지는 않으므로 (A)는 오답이며, 노트북이 보이기는 하나 '타이핑을 치는'(is typing something) 사람은 없으므로 (B)도 올바른 진술이 아니다. 전화기는 남자가 아니라 여자가 사용 중이므로 (D) 역시 오답이다.

3

(A) The waiter is pouring a bottle of wine.
(B) The diners are seated at their table.
(C) The waiter is taking the customers' orders.
(D) Dishes are being cleared off the table.

---

pour 붓다, 따르다   dish 접시   clear off ~을 치우다

(A) 웨이터가 와인 한 병을 따르고 있다.
(B) 식당 손님들이 테이블에 앉아 있다.
(C) 웨이터가 손님들의 주문을 받고 있다.
(D) 테이블에서 접시들이 치워지고 있다.

테이블에 앉아 있는 손님들과 테이블에 음식을 놓고 있는 한 명의 웨이터를 볼 수 있다. 따라서 웨이터가 '와인을 따르고 있다'(is pouring a bottle of wine)고 한 (A)와 '주문을 받고 있다'(is taking the customer's orders)고 진술한 (C)는 정답이 될 수 없으며, 접시가 '치워지고 있다'(are being cleared off the table)고 설명한 (D) 역시 오답이다. 정답은 앉아 있는 손님들을 적절히 묘사한 (B)이다.

4

(A) A snowplow is pushing snow off the road.
(B) Vehicles are moving through the intersection.
(C) A person is getting ready to get on a bicycle.
(D) Several cars are lined up behind one another.

---

snowplow 제설차, 제설 장비   vehicle 차량   intersection 교차로
line up 줄을 서 있다   one another 서로

(A) 제설차가 도로의 눈을 치우고 있다.
(B) 차량들이 교차로를 통과하고 있다.
(C) 한 사람이 자전거를 탈 준비를 하고 있다.
(D) 몇 대의 차들이 줄지어 서 있다.

눈이 쌓인 길에서 자전거를 타고 있는 두 사람과 달리기를 하고 있는 한 사람을 볼 수 있다. 사진에서 볼 수 없는 '제설차'(snowplow)와 '교차로'(intersection)를 언급한 (A)와 (B)는 정답이 아니며, 세 명 중 '자전거를 탈 준비'(ready to get on a bicycle)를 하고 있는 사람은 없으므로 (C) 또한 오답이다. 정답은 사진의 오른쪽에서 볼 수 있는 차량들의 모습을 올바르게 설명한 (D)이다.

Type 03 인물 사진 III

p.22

▶ 1- 06

1. (C)   **2.** (C)   **3.** (C)   **4.** (D)

1

(A) The cabin crew members are preparing for takeoff.
(B) They are waiting for their luggage at baggage claim.
(C) Some people are pulling their suitcases behind them.
(D) All the passengers are holding their carry-on bags.

cabin crew member 항공기 승무원   prepare for ~을 준비하다
take off 이륙   luggage 수화물, 짐   baggage claim (공항에서) 수화물을 찾는 곳   suitcase 여행용 가방, 슈트케이스   carry-on bag 기내 휴대용 가방

(A) 항공기 승무원들이 이륙 준비를 하고 있다.
(B) 그들은 수화물 찾는 곳에서 짐을 기다리고 있다.
(C) 몇몇 사람들이 여행용 가방을 끌고 있다.
(D) 모든 승객들이 기내 휴대용 가방을 들고 있다.

항공기 승무원들이 공항에서 이동하고 있는 모습을 볼 수 있다. 따라서 이들이 '이륙을 준비 중이다'(are preparing for takeoff)고 설명한 (A)와 '가방을 기다리고 있다'(are waiting for their luggage)고 진술한 (B)는 정답이 될 수 없다. 사진에서 잘 보이지 않는 '승객'(passengers)과 '기내 휴대용 가방'(carry-on bags)을 언급한 (D) 또한 확인하기 힘든 내용이다. 정답은 여행용 가방을 끌고 가는 모습을 올바르게 설명한 (C)이다.

2

(A) Each of the seats is currently occupied.
(B) The woman is sitting in a wheelchair.
(C) One of the men has his arms crossed.
(D) Some of the people are talking to one another.

currently 현재   occupy 점유하다   wheelchair 휠체어
one another 서로

(A) 현재 각각의 자리가 차 있다.
(B) 여자가 휠체어에 앉아 있다.
(C) 남자 중 한 명이 팔짱을 끼고 있다.
(D) 사람들 중 몇몇은 서로 이야기를 나누고 있다.

여러 명의 사람들이 의자에 앉아 대기 중인 장면을 찍은 사진이다. 빈 의자도 있지만 사람들이 앉아 있는 의자도 있으므로 '모든 자리'(each of the seats)가 차 있다고 설명한 (A)는 정답이 아니며, 사진에서 보이지 않는 '휠체어'(wheelchair)를 언급한 (B) 또한 정답이 될 수 없다. '서로 이야기를 나누고 있는'(are talking to one another) 사람도 찾아볼 수 없으므로 (D)도 오답이다. 정답은 사진 왼쪽에 팔짱을 끼고 있는 남자를 정확히 묘사한 (C)이다.

3

(A) They are giving a presentation to an audience.
(B) A picture is being shown by the projector.
(C) Several cups have been placed on the table.
(D) They are getting dressed up for a special occasion.

give a presentation 발표하다   audience 관객   projector 프로젝터
dress up (옷을) 차려입다   occasion 경우

(A) 그들은 관객들에게 발표를 하고 있다.
(B) 프로젝터에 의해 사진이 보여지고 있다.
(C) 테이블에 몇 개의 컵이 놓여 있다.
(D) 그들은 특별한 행사를 위해 정장을 차려입고 있다.

사무실에 여러 명의 사람들이 서 있는 모습을 볼 수 있다. 사진에서 볼 수 없는 '관객'(audience)이나 '프로젝터'(projector)를 언급한 (A)와 (B)는 정답이 될 수 없고, 사진만으로는 '특별 행사'(a special occasion)가 진행 중인지 확인할 수 없으므로 (D) 역시 올바른 설명이 아니다. 정답은 책상 위에 놓인 커피잔을 언급한 (C)이다.

4

(A) Fans are applauding for the performers.
(B) The guitar is being played by the band members.
(C) The orchestra is performing inside the theater.
(D) All three musicians are playing their instruments.

applaud 박수를 치다   orchestra 관현악단, 오케스트라   perform
공연하다   instrument 도구, 악기

(A) 팬들이 연주가들에게 박수를 보내고 있다.
(B) 밴드 멤버에 의해 기타가 연주되고 있다.
(C) 오케스트라가 연주회장 안에서 연주를 하고 있다.
(D) 세 명의 연주자 모두 악기를 연주하고 있다.

거리에서 현악기를 연주하는 세 명의 연주자와 행인들을 볼 수 있다.
'박수를 치는'(are applauding) 팬들은 보이지 않으므로 (A)는 정답
이 아니며, 연주자들은 '기타'(guitar)가 아니라 바이올린을 연주하고
있으므로 (B)도 정답이 될 수 없다. 또한 '오케스트라'(orchestra)가
연주 중인 것도 아니고 이들이 '극장 내부에서'(inside the theater)
연주하고 있는 것도 아니므로 (C)는 사진과 전혀 관련이 없는 진술이
다. 정답은 연주자 모두 악기를 연주하고 있다고 진술한 (D)이다.

Type 04 사물 사진
p.26

▶ 1- 08

1. (D)   **2.** (C)   **3.** (B)   **4.** (D)

1

(A) Plates and bowls are being set on the table.
(B) Several dishes are full of food.
(C) Silverware is being placed by the plates.
(D) Some cups are sitting on the top shelf.

plate 접시   bowl 사발, 그릇   be full of ~으로 가득하다   silverware
은식기류   shelf 선반

(A) 접시와 그릇들이 테이블에 놓이고 있다.
(B) 몇 개의 접시에는 음식이 가득 들어 있다.
(C) 식기류가 접시 옆에 놓이고 있다.
(D) 맨 위 선반에는 컵이 놓여 있다.

선반 위에 놓여 있는 접시와 컵 등을 볼 수 있다. 식기들이 선반이
아니라 '테이블에 놓이고 있다'(are being set on the table)고 한

(A)는 정답이 아니며, '음식이 가득 담긴'(full of food) 접시는 찾아
볼 수 없으므로 (B)도 오답이다. 식기들이 '놓여지고 있다'(is being
placed)는 (C)의 표현은 인물의 동작과 관련된 표현으로 이 역시 정
답이 될 수 없다. 정답은 사진 위쪽 선반에 놓인 컵을 올바르게 설명
한 (D)이다.

2

(A) Shoppers are looking at the clothing on display.
(B) All of the clothes are hanging on the racks.
(C) Articles of clothing have been placed on shelves.
(D) Price tags are being put on all of the clothes.

on display 진열 중인   hang 매달리다   rack 받침대, 선반   article 글,
기사, 물품   price tag 가격표

(A) 쇼핑객들이 진열된 옷을 바라보고 있다.
(B) 모든 옷들이 옷걸이에 걸려 있다.
(C) 의류들이 선반에 놓여 있다.
(D) 모든 옷에 가격표가 붙여지고 있다.

옷과 신발들이 전시되어 있는 의류 매장의 내부 사진이다. 인물을 찾
아볼 수 없는 사진에서 주어가 shoppers(쇼핑객들)인 (A)는 정답이
될 수 없고, '가격표'(price tags)를 붙이는 사람도 찾아볼 수 없으므
로 (D)도 오답이다. 옷걸이에 걸려 있는 옷도 있지만 선반에 놓여 있
는 옷도 있으므로 '모든 옷'(all of the clothes)이 옷걸이에 걸려 있
다고 설명한 (B)도 정답이 아니다. 정답은 '선반에 의류들이 놓여 있
다'고 진술한 (C)이다.

3

(A) Bicyclists are riding down the busy street.
(B) Some bikes have been parked beside the road.
(C) Both of the lampposts have been turned on.
(D) Some people are waiting to cross the street.

ride (탈 것을) 타다   lamppost 가로등   turn on ~을 켜다

(A) 자전거를 탄 사람들이 분주한 거리를 지나가고 있다.
(B) 몇 대의 자전거가 도로 옆에 주차되어 있다.
(C) 두 개의 가로등 모두 불이 켜져 있다.
(D) 몇몇 사람들이 길을 건너기 위해 기다리고 있다.

도로 옆에 몇 대의 자전거가 주차되어 있는 모습을 볼 수 있다.
따라서 이를 정확히 묘사한 (B)가 정답이다. 사람을 나타내는

bicyclists(자전거 타는 사람)와 some people이 주어인 (A)와 (D)는 정답이 될 수 없고, 사진 중앙의 가로등이 켜져 있는지는 확인할 수 없기 때문에 (C)도 올바른 진술이 아니다.

4

(A) Guests are being seated on the sofas.
(B) The curtains are drawn shut over the window.
(C) Paintings are hanging on all of the walls.
(D) A coffee table is in the middle of the room.

guest 손님, 게스트   draw curtains shut 커튼을 치다   in the middle of ~의 가운데에

(A) 손님들이 소파에 앉아 있다.
(B) 창문에 커튼이 내려져 있다.
(C) 모든 벽에 그림이 걸려 있다.
(D) 거실 중앙에 커피 테이블이 있다.

각종 가구가 비치된 거실의 모습을 볼 수 있다. 사물 사진이므로 guests(손님)가 주어인 (A)는 정답이 될 수 없고, 사진에서 찾아 볼 수 없는 '커튼'(curtains)을 묘사한 (B)도 올바른 설명이 아니다. 그림은 한 쪽 벽에서만 볼 수 있으므로 '모든 벽'(all of the walls)에 그림이 걸려 있다고 묘사한 (C)도 오답이다. 정답은 사진 중앙의 커피 테이블을 적절히 설명한 (D)이다.

Type 05 풍경 사진
p.30

⊙ 1-10

1. (C)   **2.** (D)   **3.** (C)   **4.** (A)

1

(A) Cars have been parked on both sides of the road.
(B) People are walking down the sidewalk.
(C) Several scooters are parked near one another.
(D) Some of the windows in the buildings are open.

sidewalk 인도, 보도   scooter 스쿠터

(A) 자동차가 도로 양쪽에 주차되어 있다.
(B) 사람들이 인도를 걷고 있다.
(C) 몇 대의 스쿠터가 가까운 거리에 주차되어 있다.
(D) 건물의 몇몇 창문들이 열려 있다.

도로 양 옆으로 건물들이 들어서 있고 도로 한쪽에는 스쿠터 및 차량들이 주차되어 있다. '도로 양쪽'(both sides of the road)에 차가 주차되어 있다고 한 (A)는 사실이 아니며, 사람들이 '인도를 걷고 있는'(walking down the sidewalk) 것도 아니므로 (B) 역시 정답이 될 수 없다. 건물의 창문들은 모두 닫혀 있는 것으로 보이므로 (D) 또한 올바른 설명이 아니다. 따라서 스쿠터가 주차된 모습을 제대로 설명한 (C)가 정답이다.

2

(A) Diners are waiting to be seated at their tables.
(B) People are using umbrellas to keep dry in the rain.
(C) Chairs have been pulled out from the tables.
(D) Umbrellas have been opened above the tables.

umbrella 우산, 파라솔   pull out 빼내다

(A) 식당 손님들이 테이블에 앉기 위해 기다리고 있다.
(B) 사람들이 비를 맞지 않기 위해 우산을 쓰고 있다.
(C) 의자가 테이블 밖으로 나와 있다.
(D) 테이블 위에 파라솔이 펴져 있다.

테이블 마다 파라솔이 설치된 야외 식당의 모습을 볼 수 있다. 사람은 찾아볼 수 없으므로 각각 diners(식당 손님들)와 people로 시작하는 (A)와 (B)는 정답이 될 수 없다. 의자들은 모두 테이블 밑으로 들어가 있기 때문에 (C)는 사진과 반대되는 설명을 하고 있다. 정답은 테이블에 설치된 파라솔을 적절히 설명한 (D)이다.

3

(A) Passengers are getting off the bus.
(B) Vehicles are driving down both sides of the street.
(C) Some people are waiting by the crosswalk.
(D) The women are walking across the street.

get off ~에서 내리다   crosswalk 횡단보도

(A) 승객들이 버스에서 내리고 있다.
(B) 차량들이 도로 양쪽으로 이동하고 있다.
(C) 몇몇 사람들이 횡단보도에서 기다리고 있다.
(D) 여자들이 거리를 건너가고 있다.

횡단보도와 버스, 그리고 횡단보도를 건너가기 위해 신호를 기다리는 사람들의 모습을 볼 수 있다. 버스를 타려는 사람은 보이지만 '버스에서 내리고 있는'(are getting off the bus) 사람은 보이지 않으

므로 (A)는 적절한 설명이 아니며, '도로 양쪽'(both sides of the street)으로 다니는 차량들도 보이지 않기 때문에 (B)도 오답이다. 사람들은 '길을 건너고 있는'(are walking across the street) 것이 아니라 횡단보도 앞에서 신호를 기다리고 있으므로 (D)는 오답이고 (C)가 정답이다.

4

(A) A fountain is shooting water into the air.
(B) People are getting up from their chairs.
(C) Everyone is enjoying a sunny day at the lake.
(D) Statues are being displayed at the museum.

---

fountain 분수   shoot 쏘다   sunny 맑은, 화창한   statue 조각

(A) 분수대에서 공중으로 물이 뿜어져 나오고 있다.
(B) 사람들이 의자에서 일어나고 있다.
(C) 모든 사람들이 호숫가에서 맑은 날씨를 즐기고 있다.
(D) 박물관에 조각상이 전시되고 있다.

공원에서 사람들이 의자에 앉아 물을 내뿜는 분수대를 바라보고 있다. 따라서 분수대에서 물이 뿜어져 나오고 있다고 진술한 (A)가 정답이다. 사진 아래쪽의 사람들은 의자에 앉아 있으므로 '의자에서 일어나고 있다'(are getting up from their chairs)고 언급한 (B)는 적절한 설명이 아니며, 사진 속 하늘은 구름이 많이 낀 것으로 보이므로 '화창한 날'(sunny day)이라는 표현을 쓴 (C) 역시 정답이 될 수 없다. 사진 양 옆으로 조각들이 보이기는 하지만 사진 속 장소가 '박물관'(museum)은 아니므로 (D) 또한 오답이다.

Type 06 군중 사진   p.34

▶ 1- 12

1. (D)   **2.** (B)   **3.** (A)   **4.** (B)

1

(A) Everyone waiting at the bus stop has taken a seat.
(B) A bus is about to pull up to the side of the road.
(C) A passenger is trying to purchase a bus ticket.
(D) One person standing has his arms crossed.

---

bus stop 버스 정류장   be about to 막 ~하려고 하다   pull up 멈추다   cross 교차하다

(A) 버스 정류장에서 기다리는 모든 사람들이 앉아 있다.
(B) 버스 한 대가 도로 옆에 정차하려고 한다.
(C) 한 승객이 버스표를 구입하려고 한다.
(D) 서 있는 한 사람은 팔짱을 끼고 있다.

버스 정류장에서 버스를 기다리고 있는 여러 명의 사람들을 볼 수 있다. 서 있는 사람도 있기 때문에 '버스를 기다리는 모든 사람'(everyone waiting at the bus stop)이 앉아 있다고 한 (A)는 잘못된 진술이며, 사진에서 보이지 않는 '버스'를 언급한 (B)도 정답이 될 수 없다. '티켓을 구매하려는'(to purchase a bus ticket) 사람도 없기 때문에 (C) 역시 오답이다. 정답은 사진 왼쪽에 팔짱을 끼고 서 있는 남자를 제대로 묘사한 (D)이다.

2

(A) They are waiting in the airport departure lounge.
(B) Some people are seated together on a couch.
(C) A server is providing everyone with refreshments.
(D) One man is giving some handouts to a woman.

---

airport departure lounge 공항의 출발 라운지   couch 카우치, 긴 소파   server 종업원   provide A with B A에게 B를 제공하다   refreshment 다과, 음식물   handout 유인물

(A) 그들은 공항의 도착 라운지에서 대기하고 있다.
(B) 몇몇 사람들이 소파에 함께 앉아 있다.
(C) 종업원이 모든 사람들에게 먹을 것을 가져다 주고 있다.
(D) 한 남자가 여자에게 유인물을 주고 있다.

건물의 로비로 보이는 곳에 사람들이 앉아 있는 모습을 볼 수 있다. 사진만으로는 사람들이 '공항의 출발 라운지'(the airport departure lounge)에 있는지 확인할 수 없으므로 (A)는 정답이 아니며, '음식물을 나누어 주는'(providing everyone with refreshments) 종업원도 보이지 않으므로 (C) 역시 정답이 될 수 없다. 사진 속에 서류를 들고 있는 남자는 보이나 이를 '여자에게 나누어 주고 있는 것'(giving some handouts to a woman)은 아니므로 (D)도 오답이다. 정답은 사진 아래쪽에 보이는 긴 의자에 함께 앉아 있는 사람들을 적절히 묘사한 (B)이다.

3

(A) A graphic is being shown on the screen.
(B) An audience member is asking the speaker a question.
(C) Most of the people seated are dressed formally.

(D) The members of the audience are not paying attention.

> graphic 도표, 그래픽   be dressed formally 정장을 입다   pay attention 주의를 기울이다

(A) 스크린으로 도표가 보여지고 있다.
(B) 청중 한 명이 연사에게 질문을 하고 있다.
(C) 대부분의 사람들이 정장을 입고 앉아 있다.
(D) 청중들은 주의를 기울이지 않고 있다.

강사가 청중들을 대상으로 발표를 하고 있는 모습을 볼 수 있다. 정답은 스크린에 비쳐진 도표를 적절히 묘사한 (A)이다. '질문을 하는'(asking the speaker a question) 사람은 보이지 않으므로 (B)는 정답이 될 수 없고, 대다수의 청중들은 캐주얼 차림을 하고 있는 것으로 보이므로 이들이 '정장을 입고 있다'(are dressed formally)고 말한 (C)도 잘못된 설명이다. 관객 대부분이 스크린 쪽을 바라보고 있으므로 이들이 '주의를 기울이고 있지 않다'(are not paying attention)고 진술한 (D) 또한 오답이다.

4

(A) Everybody in the group is looking upward.
(B) One man is pointing at something above them.
(C) The members of the group are dressed warmly.
(D) One woman is having a telephone conversation.

> upward 위쪽으로   point 가리키다

(A) 무리의 모든 사람들이 위를 바라보고 있다.
(B) 한 남자가 위에 있는 무언가를 가리키고 있다.
(C) 그룹 구성원들은 따뜻한 옷을 입고 있다.
(D) 한 여성이 전화 통화를 하고 있다.

여러 명의 사람들이 남자가 가리키는 방향을 바라보고 있다. 따라서 이러한 장면을 제대로 묘사한 (B)가 정답이다. 사진 오른쪽의 여자는 휴대 전화를 보고 있으므로 '무리의 모든 사람'(everybody in the group)이 위를 보고 있다고 한 (A)와, 이 여성이 '전화 통화를 하고 있다'(is having a telephone conversation)고 진술한 (D)는 정답이 될 수 없다. 사진 속 사람들은 반팔이나 반바지와 같은 여름 복장을 하고 있으므로 사람들이 '따뜻한 옷을 입고 있다'(are dressed warmly)고 설명한 (C) 역시 오답이다.

실전 문제 연습
p.38

⊙ 1- 13

1. (D)	**2.** (B)	**3.** (B)	**4.** (D)	**5.** (C)
6. (B)				

1.

(A) They are busy sewing some shirts.
(B) One woman is pressing a button.
(C) They are drying all of the clothes off.
(D) One woman is looking at the other one.

> be busy -ing ～하느라 바쁘다   sew 꿰매다, 바느질하다   button 버튼, 단추   dry 말리다, 건조시키다

(A) 그들은 바쁘게 셔츠를 꿰매고 있다.
(B) 한 여자는 버튼을 누르고 있다.
(C) 그들은 모든 옷을 말리고 있다.
(D) 한 여자가 다른 여자를 보고 있다.

세탁소에서 일하고 있는 사람들의 모습을 보여 주는 사진이다. (A)와 (B)는 사진 속에서 볼 수 있는 shirts(셔츠)와 button(단추, 버튼)을 이용해 만든 함정이며, (C)는 사진을 보고 연상할 수 있는 dry cleaning(드라이 클리닝)과 발음이 비슷한 표현으로 만든 오답이다. 따라서 정답은 사진 왼쪽에 있는 여자의 시선을 바르게 묘사한 (D)이다.

2.

(A) People are seated all around the table.
(B) Each of the chairs has a cushion on it.
(C) Paintings have been placed on the wall.
(D) A drink is being poured into the cup.

> seat 앉히다   cushion 방석, 쿠션   pour (액체를) 따르다, 붓다

(A) 사람들이 모두 테이블 주변에 앉아 있다.
(B) 각각의 의자에 방석이 놓여 있다.
(C) 벽에 그림이 걸려 있다.
(D) 컵에 음료가 따라지고 있다.

실내의 모습을 보여 주는 전형적인 사물 사진이다. 사람이 등장하지 않으므로 (A)와 (D)는 정답이 될 수 없다. 벽에 걸려 있는 사진은 하나뿐이므로 (C) 역시 오답이다. 정답은 의자에 방석이 놓여 있는 모습을 제대로 묘사한 (B)이다.

3.

(A) A person is driving a motor vehicle.
(B) There is a wheel in front of the car.
(C) He is inspecting the automobile's engine.
(D) The car is being offered for sale.

---

motor vehicle 자동차   wheel 바퀴   in front of ~의 앞에   inspect 점검하다, 조사하다   automobile 자동차   be offered for sale 팔려고 내놓다

(A) 한 사람이 자동차를 운전하고 있다.
(B) 자동차 앞에 바퀴가 놓여 있다.
(C) 그는 자동차의 엔진을 보고 있다.
(D) 자동차가 판매 중이다.

자동차를 수리하고 있는 사람을 보여 주는 1인 사진이다. '자동차를 운전하고 있는'(is driving a motor vehicle) 것은 아니므로 (A)는 정답이 될 수 없고, 정비사가 살펴보고 있는 것은 '엔진'(engine)이 아니라 바퀴 안쪽이므로 (C) 또한 오답이다. 정답은 차 앞에 놓여 있는 '자동차 바퀴'(wheel)를 언급한 (B)이다.

4.

(A) The band is playing in a concert hall.
(B) The performers are reading some sheet music.
(C) People have lined both sides of the road.
(D) Some drummers are walking on the street.

(A) 밴드가 콘서트 홀에서 연주를 하고 있다.
(B) 연주자들은 악보를 보고 있다.
(C) 사람들이 도로 양쪽에 줄을 서 있다.
(D) 드럼 연주자들이 거리를 걷고 있다.

거리에서 퍼레이드가 진행 중이다. 따라서 '콘서트 홀'(concert hall)에서 연주를 하고 있다고 진술한 (A)는 오답이고, 드럼 연주자들이 '거리'(street)를 걷고 있다고 한 (D)가 정답이다. 사진 속에서 '악보'(sheet music)는 찾아볼 수 없으므로 (B)는 정답이 아니며, '도로 양쪽'(both sides of the road) 모습 또한 볼 수 없으므로 (C) 역시 오답이다.

5.

(A) The men are shoveling dirt into a pile.
(B) They are getting supplies from the truck.
(C) A construction crew is working in the street.
(D) The men are all looking in the same direction.

---

shovel 삽; 삽질하다   pile 더미, 쌓아놓은 것   construction crew 공사장 인부   direction 방향

(A) 남자들은 삽으로 흙을 퍼서 쌓고 있다.
(B) 그들은 트럭에서 물품을 꺼내고 있다.
(C) 공사 인부들이 거리에서 작업을 하고 있다.
(D) 남자들은 모두 같은 방향을 바라보고 있다.

세 명의 인부들이 도로 작업을 하고 있는 모습을 볼 수 있다. 삽으로 작업 중인 사람은 보이지만 '흙더미'(pile)는 보이지 않으므로 (A)는 정답이 아니다. 트럭이 보이기는 하나 트럭에서 물건을 하차 중이지는 않으므로 (B) 역시 정답이 될 수 없다. 사진 속 인물들의 시선은 각기 다른 방향을 향하고 있으므로 (D) 또한 오답이다. 정답은 (C)인데, 여기에서 crew(인부들)는 집합명사로 복수를 나타낸다. 따라서 a construction crew를 '한 명의 인부'라고 생각할 경우 (C)를 오답으로 생각하는 실수를 범할 수 있다.

6.

(A) Delivery trucks are being unloaded.
(B) Trucks are parked at a loading dock.
(C) A forklift is moving the packages.
(D) Both vehicles are driving down the highway.

---

unload 짐을 내리다   loading dock 하역장, 짐을 싣는 곳   forklift 지게차   highway 고속도로

(A) 배달 트럭에서 짐을 내리고 있다.
(B) 트럭들이 하역장에 주차되어 있다.
(C) 지게차가 상자들을 옮기고 있다.
(D) 두 차량 모두 고속도로를 달리고 있다.

하역장에서 짐을 실은 트럭의 모습을 볼 수 있는 사물 사진이다. 따라서 정답은 (B)이다. 짐을 내리고 있는 사람의 모습은 찾아볼 수 없으므로 (A)는 오답이고, '지게차'(forklift) 또한 보이지 않으므로 (C) 역시 정답이 아니다. 차량은 주차되어 있으므로 '고속도로를 달리고 있다'(driving down the highway)고 진술한 (D) 또한 정답이 될 수 없다.

PART 2

Type 01 who로 시작하는 의문문 　　p.42

▶ 2-02

1. (C)　　**2.** (B)　　**3.** (A)　　**4.** (B)　　**5.** (C)

1

Who were you speaking with on the phone?

(A) My number is 236-9043.
(B) For about ten minutes.
(C) My boss just called me.

boss 상사, 우두머리, 사장

전화로 누구와 이야기를 하고 있었나요?
(A) 제 번호는 236-9043이에요.
(B) 약 10분 동안이요.
(C) 사장님께서 전화를 하셨어요.

who를 목적격으로 사용하여 전화 상대가 누구인지 묻고 있다. 전화 통화 상대를 묻는 질문에 전화 번호로 답한 (A)는 정답이 될 수 없고, (B)는 통화 시간 등을 물었을 때 이어질 법한 답변이다. 정답은 '사장'(my boss)이라고 통화 상대를 밝힌 (C)이다.

2

Who is interested in taking that class on marketing?

(A) Ms. Lincoln is my instructor.
(B) I'd like to, but I'm too busy.
(C) Yes, we're going to the market.

marketing 마케팅　instructor 강사　market 시장

누가 마케팅 수업을 받고 싶어하나요?
(A) Lincoln 씨가 제 선생님이에요.
(B) 제가 받고 싶지만 너무 바쁘군요.
(C) 네, 우리는 시장에 갈 거예요.

의문사 who를 이용하여 마케팅 수업에 관심이 있는 사람이 누구인지 묻고 있다. (A)는 강사가 누구인지 묻는 질문에 이어질 만한 답변이고, (C)는 marketing(마케팅)과 발음이 비슷한 market(시장)으로 오답을 유도하고 있는 함정이다. 따라서 본인이 가고 싶다는 의사를 밝힌 (B)가 정답이다.

3

To whom should I give this invoice?

(A) The office manager over there.
(B) You're right. She has a great voice.
(C) No, you didn't give it to me.

invoice 송장　office manager 사무장　voice 목소리

이 송장은 누구에게 드리면 되나요?
(A) 저쪽에 계신 사무장님께요.
(B) 당신 말이 맞아요. 그녀는 뛰어난 목소리를 지녔어요.
(C) 아니요, 당신은 저에게 주지 않았어요.

의문사 whom을 이용하여 송장을 전달해야 할 대상이 누구인지 묻고 있다. 정답은 office manager(사무장)라는 직책으로 대상을 밝힌 (A)이다. (B)는 invoice와 발음이 비슷한 voice로 오답을 유도하고 있으며, (C)는 질문의 give를 중복 사용한 함정이다.

4

Who didn't remember to log off the computers last night?

(A) The office closes at 9:00 every day.
(B) I wasn't in the office all day.
(C) We're upgrading our computers.

remember to ~할 것을 기억하다　log off 로그오프하다　all day 하루 종일　upgrade 업그레이드하다

어젯밤에 컴퓨터에서 로그오프하는 것을 잊은 사람은 누구였나요?
(A) 사무실은 매일 9시에 문을 닫아요.
(B) 저는 하루 종일 사무실에 없었어요.
(C) 우리는 컴퓨터를 업그레이드하고 있어요.

의문사 who를 이용해 로그오프를 하지 않는 사람이 누구인지 묻고 있다. (A)는 사무실이 문을 닫는 시간을 물었을 때 이어질 수 있는 답변이고, (C)는 질문의 computers(컴퓨터)를 중복 사용하여 오답을 유도하고 있는 함정이다. 따라서 자신은 이번 일과 관련이 없다는 점을 밝히기 위해 '나는 사무실에 없었다'(I wasn't in the office)고 답한 (B)가 가장 자연스러운 답변이다.

5

Who wants to apply for a transfer to the Boston office?

(A) On a transatlantic flight.
(B) Stephen grew up in Boston.
(C) I heard that Janet's interested.

apply for ~을 신청하다　transfer 이동, 이전　transatlantic 대서양 횡단의　grow up 자라다, 성장하다

누가 보스턴 지사로 전근 신청을 하고 싶어하나요?
(A) 대서양 횡단 비행에서요.
(B) Stephen은 보스턴에서 자랐어요.
(C) Janet이 관심을 가지고 있다고 들었어요.

전근 신청을 원하는 사람이 누구인지 묻고 있다. (A)는 transfer(이동)와 발음이 비슷한 transatlantic(대서양 횡단의)으로, (B)는 Boston이라는 지명을 중복 사용함으로써 각각 오답을 유도하고 있는 함정이다. 정답은 Janet이라는 희망자의 이름을 밝힌 (C)이다.

Type 02 what으로 시작하는 의문문 p.44

⊙ 2-04

| **1.** (B) | **2.** (B) | **3.** (B) | **4.** (A) | **5.** (C) |

1

> What kind of event is Anderson Consulting hosting?
>
> (A) At the Bradenton Convention Center.
> (B) A seminar on international marketing.
> (C) For three days starting this Friday.

host 주최하다, 개최하다   international 국제적인

Anderson 컨설팅에서 어떤 행사를 열 건가요?
(A) Bradenton 컨벤션 센터에서요.
(B) 해외 마케팅에 관한 세미나요.
(C) 이번 주 금요일을 시작으로 3일 동안이요.

what kind of로 시작하는 의문문이므로 of 다음의 명사와 연관이 있는 답변이 정답이다. (A)는 행사 장소를 묻는 질문에, (C)는 행사 기간을 질문에 이어질 수 있는 답변들이다. 정답은 event(행사, 이벤트)의 한 종류인 seminar(세미나)로 답변한 (B)이다.

2

> What should we do to increase sales of sneakers?
>
> (A) I wear a size ten and a half.
> (B) Let's advertise online.
> (C) More than 10,000 pairs so far.

sneakers 운동화   advertise 광고하다   so far 지금까지

운동화의 판매량을 늘리기 위해서는 어떻게 해야 할까요?
(A) 저는 10과 1/2 사이즈를 신어요.
(B) 온라인 광고를 하죠.
(C) 지금까지 10,000켤레 이상이요.

판매량 증가를 위해 어떤 일을 해야 할지 묻고 있으므로 '온라인 광고'(advertise online)를 하자고 제안한 (B)가 가장 자연스러운 답변이다. (A)는 신발 사이즈를 묻는 질문에 어울릴 법한 답변이며, (C)는 신발의 판매량 등을 물었을 경우에 이어질 수 있는 대답이다.

3

> What time should we schedule the awards ceremony to begin?
>
> (A) It starts in thirty minutes.
> (B) Six thirty would be ideal.
> (C) She's the employee of the year.

awards ceremony 시상식   ideal 이상적인   employee of the year 올해의 직원

시상식은 몇 시에 시작하는 것으로 시간을 잡아야 하나요?
(A) 30분 후에 시작해요.

(B) 6시 30분이 이상적일 것 같아요.
(C) 그녀가 올해의 직원이에요.

what time으로 묻고 있으므로 구체적인 시각을 언급하는 보기를 찾도록 한다. (A)는 '시각'이 아닌 '시간'으로 답하고 있으므로 정답이 될 수 없고, (C)는 질문의 awards ceremony(시상식)를 통해 연상할 수 있는 employee of the year(올해의 직원)라는 표현으로 혼동을 일으키려는 오답이다. 따라서 정답은 '6시 30분'이라는 구체적인 시각을 제안한 (B)이다.

4

> What size shirt do you usually wear?
>
> (A) I'm down to a medium these days.
> (B) It's a blue button-down shirt.
> (C) I'd rather wear a T-shirt now.

these days 요즘   button-down shirt 버튼 다운 셔츠   would rather 차라리 ~하고 싶다

평상시에 어떤 사이즈의 셔츠를 입나요?
(A) 요즘에는 체중이 줄어서 미디엄을 입어요.
(B) 버튼이 달린 파란색 셔츠에요.
(C) 지금은 티셔츠를 입고 싶군요.

what size shirt로 시작하는 의문문이므로 자신의 구체적인 셔츠 사이즈를 밝힌 (A)가 정답이다. (B)와 (C)는 모두 셔츠 사이즈가 아니라 셔츠의 종류에 대해 이야기하고 있다.

5

> What training program did you sign up for?
>
> (A) Yes, I did all the training.
> (B) For about an hour and a half.
> (C) None of them.

sign up for ~에 등록하다

어떤 교육 프로그램에 등록했나요?
(A) 네, 저는 모든 교육을 받았어요.
(B) 약 한 시간 반 정도요.
(C) 어떤 것에도 등록하지 않았어요.

what training program으로 시작하는 의문문으로, 상대방이 어떤 프로그램에 등록했는지 묻고 있다. 의문사로 시작하는 의문문에 yes/no로 답한 (A)는 정답이 될 수 없고, (B)는 교육 프로그램의 진행 시간 등을 묻는 질문에 대한 답변이다. 따라서 '어떤 프로그램에도 등록하지 않았다'는 의미의 (C)가 정답이다. no, nothing, none 등으로 시작하는 부정문은 어떤 질문에도 답변이 될 가능성이 높은 문장이기 때문에 항상 집중해서 들어야 한다.

Type 03 when으로 시작하는 의문문 p.46

⊙ 2-06

| **1.** (B) | **2.** (A) | **3.** (B) | **4.** (C) | **5.** (C) |

1

When did Ms. Cunningham work at Edison Technology?

(A) As the general manager.
(B) Around three years ago.
(C) Yes, she worked there.

general manager 부장, 실장; 총지배인

Cunningham 씨는 언제 Edison Technology에서 근무했나요?
(A) 부장으로서요.
(B) 약 3년 전에요.
(C) 네, 그녀는 그곳에서 근무했어요.

의문사 when을 이용하여 Cunningham 씨의 근무 기간을 묻고 있다. (A)는 직위를 묻는 질문에 이어질 만한 답변이고, (D)는 when을 제대로 듣지 못했을 경우 선택할 수 있는 함정이다. 따라서 정답은 '3년 전에'라고 대답한 (B)이다.

2

When shall we make our travel arrangements?

(A) Let's do that right after lunch.
(B) To Zurich and then Athens.
(C) I arranged everything in my office.

arrangement 준비; 배열 arrange 준비하다, 마련하다

출장 준비는 언제 할까요?
(A) 점심 시간 직후에 하죠.
(B) 취리히, 그 다음은 아테네로요.
(C) 제가 사무실에서 모든 것을 준비했어요.

when을 이용해 언제 출장 준비를 할 것인지 묻고 있다. 따라서 '점심 시간 직후'라고 시점을 밝힌 (A)가 정답이다. (B)는 목적지 등을 물었을 때 이어질 법한 답변이고, (C)는 arrangements(준비)의 동사형인 arranged(준비하다)를 이용해 만든 함정이다.

3

When does Mr. Lawrence arrive at the airport?

(A) On Flight TR584.
(B) I'll check the itinerary.
(C) She's in terminal 3.

itinerary 일정표 terminal 터미널

Lawrence 씨가 언제 공항에 도착하나요?
(A) TR584 비행기편이요.
(B) 제가 일정표를 확인해 볼게요.
(C) 그녀는 3번 터미널에 있어요.

when으로 시작하는 의문문으로 비행기의 도착 시간을 묻고 있다. (A)는 비행기편 이름을 묻는 질문에 이어질 수 있는 답변이며, (C)는 장소를 묻는 질문에 어울리는 답변이다. 정답은 '일정을 확인해 보겠다'며 사실상 도착 시간을 모른다고 답변한 (B)이다.

4

When will Mr. Samuelson speak at the orientation session?

(A) No, that's not Mr. Samuelson.
(B) It's a speech on employee benefits.
(C) Right after Dr. Davis.

employee benefit 직원 복지

오리엔테이션에서 Samuelson 씨는 언제 강연을 할 예정인가요?
(A) 아니요, Samuelson 씨가 아니에요.
(B) 직원 복지에 관한 강연이에요.
(C) Davis 박사님 바로 다음에요.

Samuelson 씨의 연설 시간이 언제인지 묻고 있다. 의문문으로 묻는 질문에 yes/no로 답한 (A)는 정답이 될 수 없고, (B)는 강연의 주제 등을 물을 때 이어질 법한 답변이다. 정답은 Davis 박사의 강연 이후라고 그 시점을 밝힌 (C)이다.

5

When is the contract going to be reviewed by the lawyers?

(A) Both of them are lawyers.
(B) They're under review.
(C) Maybe this weekend.

contract 계약, 계약서 review 검토하다 lawyer 변호사, 법률가
under review 검토 중인, 조사를 받고 있는

그 계약서는 언제 변호사에 의해 검토될 예정인가요?
(A) 그 두 사람 모두 변호사예요.
(B) 그들은 조사를 받고 있어요.
(C) 아마도 이번 주말에요.

의문사 when을 이용해 계약서가 검토될 시점이 언제인지 묻고 있다. (A)는 질문의 lawyers(변호사)를 반복 사용하여 혼동을 일으키는 함정이며, (B)는 under review(조사를 받고 있는, 검토되고 있는)라는 표현을 이용한 오답으로, 만약 주어인 they를 contract(계약)로 의미하는 it으로 바꾼다면 (B)도 정답이 될 수 있을 것이다. 정답은 검토 시점을 '이번 주말'이라고 밝힌 (C)이다.

Type 04 where로 시작하는 의문문 p.48

▶ 2- 08

| 1. (B) | 2. (A) | 3. (C) | 4. (C) | 5. (A) |

1

Where is the best place to purchase office equipment?

(A) It's having a sale this weekend.
(B) Check out McGregor's.
(C) A new copier and a laptop.

office equipment 사무용 기기 have a sale 세일을 하다 check out 확인하다; 알아보다 copier 복사기

사무용 기기를 사기에 가장 적합한 곳은 어디인가요?
(A) 이번 주말에 세일을 할 거예요.
(B) McGregor's를 알아보세요.
(C) 새 복사기와 노트북 컴퓨터요.

의문사 where를 이용해 사무용 기기를 살 수 있는 곳이 어디인지 묻고 있다. 정답은 특정 업체 이름을 거론한 (B)이다. (A)는 it이 가리키는 대상이 언급되지 않았으므로 부적절한 답변이며, (C)는 office equipment(사무 기기)에 속하는 copier(복사기)와 laptop(노트북 컴퓨터)을 이용하여 오답을 유도하는 함정이다.

2

Where can I find the apartment manager's office?

(A) It's the third door on the right.
(B) His name is Mr. Jefferson.
(C) Yes, we have apartments to rent.

apartment manager's office 아파트의 관리 사무소   rent 임대하다

아파트 관리 사무소는 어디에 있나요?
(A) 오른쪽의 세 번째 문이에요.
(B) 그의 이름은 Jefferson 씨에요.
(C) 네, 세를 놓으려는 아파트가 있어요.

아파트 관리 사무소의 위치를 묻고 있으므로 사무실이 있는 자리를 직접적으로 밝힌 (A)가 가장 자연스러운 대답이다. (B)는 사람의 이름을 묻는 질문에 이어질 법한 답변이며, (C)는 질문의 apartments(아파트)를 중복 사용한 함정이다.

3

Where should I send my application for employment?

(A) It's a full-time position.
(B) The deadline is this Friday.
(C) Let me get you the address.

application for employment 입사 지원서   full-time position 정규직   deadline 기한, 마감일

입사 지원서는 어디로 보내야 하나요?
(A) 정규직이에요.
(B) 기한은 이번 주 금요일이에요.
(C) 주소를 알려 드릴게요.

where를 이용해 입사 지원서의 수신처를 묻고 있다. (A)는 application for employment(입사 지원)라는 표현을 통해 연상할 수 있는 full-time position(정규직)으로 오답을 유도하고 있으며, (B)는 질문의 where를 when으로 잘못 들었을 때 선택할 수 있는 함정이다. 따라서 곧 수신 주소를 알려 줄 것임을 암시한 (C)가 적절한 답변이다.

4

Where did you learn how to operate a forklift?

(A) I haven't had any operations.
(B) The fork goes beside the plate.

(C) I took a couple of classes.

operate 작동하다, 가동하다; 수술하다   forklift 지게차   operation 작동, 가동; 수술

지게차를 운전하는 법은 어디에서 배웠나요?
(A) 저는 수술을 받은 적이 없어요.
(B) 포크는 접시 옆에 있어요.
(C) 두 개의 수업을 들었어요.

의문사 where를 이용해 어디에서 지게차 운전법을 배웠는지 묻고 있다. (A)는 질문에서 사용된 operate의 명사형인 operation을 이용한 함정으로, 여기에서 operation은 '수술'이라는 뜻으로 사용되었다. (B)는 forklift(지게차)와 발음이 유사한 fork(포크)로 혼동을 일으키려는 오답이다. 따라서 정답은 '수업에서 배웠다'는 뜻을 나타내는 (C)이다.

5

Where are we going on the company retreat next month?

(A) That hasn't been decided yet.
(B) No, we shouldn't retreat.
(C) Actually, I think it's this month.

company retreat 회사 단합 대회, 회사 야유회   retreat 물러나다, 퇴각하다; 피정, 칩거

다음 달 회사 단합 대회 때 어디로 갈 예정인가요?
(A) 아직 정해지지 않았어요.
(B) 아니요, 물러서면 안돼요.
(C) 사실, 저는 이번 달이라고 생각했어요.

where를 통해 단합 대회의 장소가 어디인지 묻고 있다. 따라서 직접적인 답변을 하지 않고 '정해진 바가 없다'는 사실을 전한 (A)가 가장 자연스러운 대답이다. (B)는 질문에서 사용된 retreat를 중복 사용한 함정인데, 여기에서 retreat는 동사로 '물러나다'라는 뜻으로 사용되었다. (C) 역시 month를 중복 사용함으로써 혼동을 일으키려는 함정이다.

Type 05 why로 시작하는 의문문   p.50

▶ 2- 10

| **1.** (B) | **2.** (A) | **3.** (B) | **4.** (C) | **5.** (A) |

1

Why haven't any of these shipments been delivered?

(A) On the next ship that comes to port.
(B) Nancy can probably tell you.
(C) David delivered these items.

ship 배, 선박   port 항구

이 선적물들은 왜 하나도 배송이 안 되었나요?
(A) 항구로 가는 다음 배편으로요.
(B) 아마 Nancy가 말해 줄 수 있을 거예요.

(C) David가 이 물품들을 배송했어요.

의문사 why를 이용해 배송이 이루어지지 않은 이유를 묻고 있다. (A)는 shipments(선적)와 발음이 비슷한 ship(선박)을 이용한 함정이며, (C)는 배송한 사람이 누구인지 묻는 질문 등에 이어질 수 있는 답변이다. 정답은 'Nancy라는 사람이 그 이유를 알고 있을 것'이라며 간접적으로 제3자에게 물어볼 것을 제안한 (B)이다.

2

Why does Mr. Roper refuse to consider another option?

(A) He thinks his solution is the best.
(B) No, that's not my opinion.
(C) I'm meeting Mr. Roper this afternoon.

refuse 거절하다, 거부하다   option 선택, 옵션   solution 해결, 해결방안   opinion 의견

Roper 씨는 왜 다른 옵션을 고려하지 않나요?
(A) 자신의 해결책이 최선책이라고 생각하고 있어요.
(B) 아니요, 그것은 제 의견이 아니에요.
(C) 저는 오늘 오후에 Roper 씨를 만날 거예요.

Roper 씨가 다른 옵션을 고려하지 않는 이유를 묻고 있다. 정답은 '자신의 해결책이 최선이라서 그렇다'며 직접적으로 그 이유를 밝힌 (A)가 정답이다. (B)는 option(선택, 옵션)과 발음이 비슷한 opinion(의견)으로 혼동을 유도하고 있는 함정이며, (C)는 질문의 Mr. Roper라는 호칭을 중복 사용한 오답이다.

3

Why didn't you contact the IT Department at once?

(A) No, I don't have any contacts there.
(B) I was sure I could solve the problem myself.
(C) The contact number is extension 756.

contact 연락하다, 접촉하다; 연줄이 닿는 사람

왜 바로 IT 부서에 연락하지 않았나요?
(A) 아니요, 저는 그곳에 아는 사람이 없어요.
(B) 혼자서 문제를 해결할 수 있을 것으로 확신했어요.
(C) 연락처는 내선 번호 756입니다.

IT 부서에 연락을 취하지 않은 이유를 묻고 있다. (A)는 이유를 묻는 질문에 yes/no로 대답한 오답인데, 여기에서 contacts는 동사가 아니라 명사로서 '연줄이 닿는 사람'을 의미한다. (C) 역시 contact를 중복 사용한 오답이며, 정답은 '혼자서 해결 할 줄 알았다'며 연락을 취하지 않은 이유를 직접적으로 밝힌 (B)이다.

4

Why did Mr. Crampton request a meeting with Ms. Murphy?

(A) They are meeting thirty minutes from now.
(B) Yes, that was the request that he made.

(C) He needs to discuss some staffing issues.

request 요청하다, 요구하다   staff 직원; 직원을 제공하다

Crampton 씨는 왜 Murphy 씨와의 만남을 요청했나요?
(A) 그들은 지금부터 30분 후에 만날 거예요.
(B) 네, 그것이 바로 그가 한 요청이었어요.
(C) 직원 채용 문제에 대해 논의해야 해서요.

Crampton 씨라는 사람이 만나자고 요청한 이유를 묻고 있다. (A)는 만날 시간을 묻는 질문에 이어질 만한 답변이고, 이유를 묻는 질문에 yes/no로 대답한 (B) 역시 정답이 될 수 없다. 정답은 요청 사유를 직접적으로 밝힌 (C)이다.

5

Why was our team assigned to travel to El Paso?

(A) We always work with Acorn Tech.
(B) For three days next week.
(C) I already completed my assignment.

assign 배정하다   complete 마치다, 완료하다   assignment 과제, 업무

왜 우리 팀이 엘 패소 출장 업무를 배정받았나요?
(A) 우리가 항상 Acorn Tech를 상대하잖아요.
(B) 다음 주 3일 동안이요.
(C) 저는 이미 제 업무를 끝냈어요.

의문사 why를 통해 출장 업무가 배정된 이유를 묻고 있다. 따라서 '(엘 패소에 위치한 것으로 생각되는) Acorn Tech라는 업체와 관련된 업무는 항상 자신들이 담당해 왔다'는 의미를 전한 (A)가 가장 적절한 답변이다. (B)는 출장 기간 등을 묻는 질문에 이어질 수 있는 답변이며, (C)는 assign(할당하다, 배정하다)의 명사형인 assignment(업무, 과제)를 이용한 함정이다.

Type 06 how로 시작하는 의문문 I   p.52

▶ 2- 12

1. (C)   **2.** (B)   **3.** (B)   **4.** (A)   **5.** (A)

1

How about taking a couple of days off next week?

(A) My friend is coming to visit me.
(B) A trip to the beach or the mountains.
(C) I've got a deadline to meet next Friday.

take a day off 하루 휴가를 내다   deadline 마감 시간, 기한   meet 만나다; 충족시키다

다음 주에 이틀 정도 쉬는 것이 어떨까요?
(A) 제 친구가 저를 만나러 올 거예요.
(B) 해안가나 산으로 가는 여행이요.
(C) 다음 주 금요일까지 기한을 맞춰야 해요.

how about을 이용해 다음 주에 휴가를 내라는 제안을 하고 있다. (A)는 휴가를 내는 이유를 묻는 질문에, (B)는 휴가지를 묻는 질문 등에 이어질 수 있는 답변이다. 정답은 '금요일이 마감인 업무가 있다'고 말함으로써 간접적으로 제안에 대한 거절의 의사를 밝힌 (C)이다.

2

How does holding a conference call sound?

(A) I called him twice.
(B) It depends on the time.
(C) With Ms. Jones.

conference call 전화 회의   depend on ~에 의지하다; ~에 좌우되다

전화 회의를 하는 것은 어떻게 들리나요?
(A) 저는 그에게 두 번 전화했어요.
(B) 시간에 달렸죠.
(C) Jones 씨와 함께요.

how와 look/sound 등이 같이 쓰인 의문문 역시 상대방의 의견을 묻는 질문으로 볼 수 있으며 이 질문도 how를 이용해 전화 회의에 대한 상대방의 의견을 구하고 있다. (A)는 동사 call(전화하다)을 이용해 만든 함정이며, (C)는 회의 상대 등을 묻는 질문에 뒤따를 수 있는 답변이다. 정답은 '시간에 달려 있다'고 말함으로써 조건부 찬성 입장을 나타낸 (B)이다.

3

How did you manage to reserve such good tickets?

(A) We're sitting in the front row.
(B) My uncle works at the theater.
(C) Each ticket costs about $30.

reserve 예약하다, 예매하다   row 줄, 열

그처럼 좋은 자리의 티켓을 어떻게 예매했나요?
(A) 우리는 앞줄에 앉게 될 거예요.
(B) 삼촌께서 극장에서 일을 하세요.
(C) 티켓 한 장의 가격은 약 30달러예요.

how를 이용해 티켓을 구입한 방법을 묻고 있다. 따라서 '극장에서 일하는 삼촌이 구해 주셨다'며 티켓을 입수한 방법을 밝힌 (B)가 가장 자연스러운 답변이다. (A)는 reserve a ticket(티켓을 예매하다)이라는 표현에서 연상할 수 있는 sit in the front row(앞줄에 앉다)라는 표현으로 혼동을 유발하고 있는 오답이며, (C)는 티켓 가격을 물었을 때에 이어질 수 있는 대답이다.

4

How can I get from here to the highway?

(A) Take the next left and then go straight.
(B) Traffic on the highway is always bad.
(C) It's a five-minute drive.

from A to B A에서 B까지   highway 고속도로

여기에서 고속도로까지는 어떻게 갈 수 있나요?
(A) 다음 번에 좌회전한 후 직진하세요.
(B) 고속도로의 교통 상황은 항상 좋지가 않아요.
(C) 차로 5분 거리예요.

고속도로로 갈 수 있는 방법을 묻고 있으므로 구체적인 방법, 즉 '다음 번에 좌회전해서 직진하라'고 알려 준 (A)가 정답이다. (B)는 질문의 highway(고속도로)를 중복 사용하여 오답을 유도하고 있는 함정이며, (C)는 고속도로까지의 거리 등을 물었을 때 뒤따를 수 있는 대답이다.

5

How are you planning to solve this problem with the vendor?

(A) Do you have any ideas?
(B) It's a big problem.
(C) It hasn't been solved yet.

solve 해결하다   vendor 행상인, 판매 회사

판매 업체와의 이번 문제는 어떻게 해결할 계획인가요?
(A) 좋은 생각이라도 있나요?
(B) 큰 문제예요.
(C) 아직 해결되지 않았어요.

의문사 how를 이용하여 어떻게 문제를 해결할 계획인지 묻고 있다. (B)와 (C)는 각각 질문에서 사용된 problem(문제)과 solve(해결하다)를 이용해 만든 오답이다. 정답은 '좋은 생각이 있느냐'고 되물음으로써 아직 자신에게 별다른 계획이 없다는 점을 암시한 (A)이다.

Type 07 how로 시작하는 의문문 Ⅱ   p.54

🔊 2-14

| 1. (C) | 2. (B) | 3. (C) | 4. (A) | 5. (C) |

1

How soon can you make it to the bank?

(A) It's closed for the national holiday.
(B) I'd like to open a savings account.
(C) Right now if it's important.

make it 가다   national holiday 국경일   savings account 예금 계좌

은행까지 얼마나 빨리 갈 수 있나요?
(A) 국경일에는 문을 닫아요.
(B) 예금 계좌를 개설하고 싶어요.
(C) 중요하다면 지금 바로요.

how soon을 이용해 언제, 얼마나 빨리 은행으로 갈 수 있는지 묻고 있다. (A)와 (B)는 질문의 bank(은행)라는 단어와 관련된 내용을 이용해 오답을 유도하고 있는 함정으로, 질문과 전혀 관련이 없는 대답들이다. 정답은 조건부로 '지금 바로 갈 수 있다'는 뜻을 전한 (C)이다.

2

> How often does Mr. Butters inspect the facility?
>
> (A) Only the factory in Topeka.
> (B) On the last day of every month.
> (C) He's conducting an inspection today.

inspect 조사하다, 점검하다   facility 시설   conduct 실시하다, 실행하다   inspection 조사

Butters 씨는 얼마나 자주 시설을 점검하시나요?
(A) 토피카의 공장만이요.
(B) 매달 마지막 날에요.
(C) 오늘 점검을 하실 거예요.

how often을 통해 시설 점검의 빈도를 묻고 있다. (A)는 점검 대상 등을 물었을 때 이어질 수 있는 답변이고, (C)는 inspect(조사하다, 점검하다)의 명사형인 inspection(조사, 점검)을 이용한 함정이다. 정답은 직접적으로 '매달 한 번'이라는 빈도를 언급한 (B)이다.

3

> How many people have registered for the seminar?
>
> (A) It will last for three hours.
> (B) It costs one hundred dollars to attend.
> (C) More than fifty at last count.

register 등록하다   last 계속하다, 지속되다   attend 참석하다   count 계산, 셈

세미나에 몇 명의 사람들이 등록했나요?
(A) 3시간 동안 계속될 거예요.
(B) 참석하는데 100달러가 들어요.
(C) 마지막으로 세어 보았을 때 50명 이상이었어요.

how many people로 시작하는 의문문이므로 구체적인 인원수를 언급한 보기가 정답이다. (A)는 세미나의 진행 시간 등을 묻는 질문에, (B)는 세미나의 참석 비용을 묻는 질문 등에 이어질 수 있는 답변이다. 따라서 정답은 '50명'이라는 구체적인 수치를 밝힌 (C)이다.

4

> How much will it cost to have the office painted?
>
> (A) We haven't gotten an estimate yet.
> (B) The walls should be painted white.
> (C) A crew from Anderson Interior.

estimate 견적(서)   crew 승무원, 직원

사무실을 페인트칠하는데 비용이 얼마나 들까요?
(A) 아직 견적서를 받지 못했어요.
(B) 벽은 하얀색으로 칠해져야 해요.
(C) Anderson Interior의 직원이요.

how much와 동사 cost를 이용해 페인트 작업 비용을 묻고 있다. 따라서 '아직 견적서를 받지 못해 알 수 없다'며 즉답을 피한 (A)가

가장 자연스러운 답변이다. (B)는 질문의 painted(페인트 칠을 하다)를 중복 사용한 오답이고, (C)는 페인트 작업으로 연상할 수 있는 Anderson Interior라는 인테리어 업체명을 이용한 함정이다.

5

> How far away is the airport from the city center?
>
> (A) On a limousine bus.
> (B) An international flight.
> (C) One hour by subway.

그 공항은 시내 중심가에서 얼마나 떨어져 있나요?
(A) 리무진 버스에서요.
(B) 국제선 항공기요.
(C) 지하철로 한 시간이요.

how far away로 시작하는 의문문은 거리를 묻는 질문이다. (A)와 (B)는 각각 airport로부터 연상할 수 있는 limousine bus(리무진 버스)와 international flight(국제선 항공기)로 오답을 유도하고 있는 함정이다. 정답은 (C)인데, 여기에서 hour라는 단위가 언급되고 있기는 하지만, 이는 사실상 '한 시간' 걸리는 거리의 의미를 나타내고 있기 때문에 (C)가 가장 적절한 답변이다.

Type 08 which로 시작하는 의문문　　p.56

⊙ 2- 16

1. (C)	2. (B)	3. (A)	4. (C)	5. (C)

1

> Which store should we make our purchase at?
>
> (A) I've got some coupons.
> (B) Mostly office supplies.
> (C) It doesn't matter to me.

make a purchase 구매하다   coupon 쿠폰

어느 매장에서 구입을 해야 할까요?
(A) 제게 쿠폰이 좀 있어요.
(B) 주로 사무용품이요.
(C) 상관없어요.

which store로 시작하는, 어느 매장에서 구매를 해야 할지 묻는 질문이다. (A)는 store(매장) 및 purchase(구입하다) 등과 같은 표현에서 연상할 수 있는 coupon(쿠폰)을 이용한 함정이며, (B)는 구매해야 할 물품 등을 물었을 때 이어질 수 있는 답변이다. 따라서 '어느 매장이든 상관없다'는 의사를 밝힌 (C)가 가장 자연스러운 대답이다.

2

> Which of the two blouses do you prefer?
>
> (A) Yes, I like that one.
> (B) The one in your right hand.

(C) Go ahead and try it on.

---

prefer 선호하다   try on ~을 입어보다

두 블라우스 중에 어떤 것을 선호하나요?
(A) 네, 저는 저것이 좋아요.
(B) 오른 손에 들고 있는 것이요.
(C) 가서 입어보세요.

which of 다음에 two blouses가 이어지고 있으므로 두 개의 블라우스 중에서 하나를 지목한 보기가 정답이다. 의문사 의문문에 yes/no로 대답한 (A)는 오답이며, (C)는 blouses(블라우스)로 연상 가능한 표현인 try on(~을 입어보다)을 이용한 함정이다. 정답은 하나의 블라우스를 지목한 (B)로, 여기에서 one은 blouse를 가리킨다.

3

Which road can get me to my destination faster?

(A) Actually, I'm not from around here.
(B) It always takes me half an hour.
(C) That's not my destination.

---

destination 목적지   not from around here 이곳 사람이 아닌

어떤 도로로 가야 목적지까지 더 빨리 갈 수 있을까요?
(A) 실은 제가 이 동네 사람이 아니라서요.
(B) 저는 항상 30분이 걸려요.
(C) 그곳은 제 목적지가 아니에요.

which를 이용하여 목적지까지 갈 수 있는 가장 빠른 길을 묻고 있다. (B)는 소요 시간 등을 물었을 때 이어질 수 있는 대답이고, (C)는 질문의 destination을 중복 사용한 오답이다. 정답은 '잘 모르겠다'는 뜻을 우회적으로 나타낸 (A)이다.

4

Which airline did you make your reservation on?

(A) A nonstop flight to Beijing.
(B) My plane leaves at three o'clock.
(C) The one we talked about earlier.

---

airline 항공사   nonstop flight 직항편

어떤 항공사에서 예약했나요?
(A) 베이징으로 가는 직항편이요.
(B) 제 비행기는 3시에 출발해요.
(C) 전에 이야기했던 곳이요.

which airline으로 시작하는, 예약한 항공사가 어디인지 묻는 질문이다. 따라서 부정대명사 one을 이용해 특정 항공사를 가리킨 (C)가 가장 자연스러운 답변이다. (A)는 (B)는 각각 airline으로 연상할 수 있는 단어인 nonstop flight(직항편)와 plane(비행기)을 이용한 함정으로, (A)는 항공편을 묻는 질문에, (B)는 비행기의 출발 시간을 묻는 질문 등에 뒤따를 수 있는 답변이다.

5

Which job did Ms. Desmond decide to accept?

(A) She'll be getting a pay raise.
(B) I work as an interior decorator.
(C) She still hasn't made up her mind.

---

pay raise 급여 인상   interior decorator 실내 장식가, 인테리어 디자이너   make up one's mind 결정하다, 결심하다

Desmond 씨는 어떤 일을 하기로 했나요?
(A) 그녀의 급여는 인상될 거예요.
(B) 저는 인테리어 디자이너로 일하고 있어요.
(C) 아직 결정을 내리지 못했어요.

의문사 which를 이용해 Desmond 씨라는 사람이 어떤 일을 할 것인지 묻고 있다. (A)는 질문의 job(일자리), accept(수락하다)와 같은 단어에서 연상할 수 있는 표현인 pay raise(급여 인상)를 이용한 함정이고, Desmond 씨의 일에 대해 묻는 질문에 주어가 I인 (B)는 엉뚱한 답변이다. 따라서 '아직 결정을 내리지 못했다'는 의미를 전한 (C)가 정답이다.

Type 09   whose로 시작하는 의문문   p.58

⊙ 2- 18

| 1. (A) | 2. (A) | 3. (B) | 4. (A) | 5. (C) |

1

Whose job is it to order printer ink when we run out?

(A) Laura always handles that.
(B) Let me help you print those ads.
(C) There's some in the storage room.

---

run out 다 쓰다, 소진하다   handle 다루다, 처리하다   ad 광고   storage room 창고

프린터 잉크가 떨어졌을 때 잉크를 주문하는 것은 누구의 일인가요?
(A) 항상 Laura가 처리했어요.
(B) 제가 광고지 인쇄하는 것을 도와 줄게요.
(C) 창고에 어느 정도 있어요.

의문사 whose를 이용해 프린터 잉크를 주문하는 일이 누구의 일인지 묻고 있다. 따라서 그 일이 Laura라는 인물의 업무임을 직접적으로 밝힌 (A)가 가장 적절한 답변이다. (B)는 질문의 printer(프린터)의 동사형인 print(인쇄하다, 프린트하다)를 이용해 만든 오답이고, (C)는 프린터 잉크 등이 어디에 있는지 묻는 질문에 이어질 수 있는 답변이다.

2

Whose design was selected to become the new company logo?

(A) That'll be announced at the press conference.
(B) A triangle with three circles in it.

PART 2

17

(C) She's designing the building right now.

---

select 고르다, 선정하다   logo 로고   announce 발표하다, 안내하다
press conference 기자 회견

누구의 디자인이 회사의 새로운 로고로 선정되었나요?
(A) 기자 회견장에서 발표될 거예요.
(B) 세 개의 원을 포함한 삼각형이요.
(C) 그녀가 지금 그 건물을 설계하고 있어요.

회사의 새로운 로고로 누구의 디자인이 선정되었는지 묻고 있다. (B)는 로고의 형태나 특징 등을 물었을 때 이어질 수 있는 답변이고, (C)는 질문의 design을 동사로 사용하여 혼동을 유발하고 있는 오답이다. 정답은 '기자 회견에서 알려질 것'이라고 말함으로써 현재로는 알 수 없다는 뜻을 내비친 (A)이다.

3

Whose company made the best bid on the renovation project?

(A) We decided not to bid on it.
(B) We're going with Walker, Inc.
(C) JTR made a really high offer.

---

make a bid 입찰하다   renovation 수선; 혁신

리모델링 공사에 어느 업체가 가장 좋은 조건으로 입찰했나요?
(A) 우리는 입찰을 하지 않기로 결정했어요.
(B) Walker 주식회사와 하게 될 거예요.
(C) JTR이 정말로 높은 금액을 제안했어요.

which를 이용해 입찰 조건이 가장 좋은 업체가 어디인지 묻고 있다. (A)는 bid(입찰; 입찰하다)를 중복 사용해 혼동을 일으키고 있는 오답이고, (C)의 a really high offer(매우 높은 금액의 제안)는 질문의 the best bid(가장 좋은 입찰 조건, 최저가의 입찰)와 상반되는 의미를 나타낸다. 따라서 정답은 'Walker 주식회사'라는 특정 업체를 지명한 (B)이다.

4

Whose entry came in first in the architecture contest?

(A) The team from Las Vegas.
(B) A large tower on the beach.
(C) Jodie entered the contest last year.

---

entry 입장; 참가(자)   come in first 1등을 하다   architecture
contest 건축 공모전   tower 탑, 타워   enter a contest 대회에 참가
하다

건축 공모전에서 어떤 팀이 1등을 했나요?
(A) 라스베이거스에서 온 팀이요.
(B) 해변가의 커다란 타워요.
(C) 작년에 Jodie가 참가했어요.

whose를 이용해 공모전의 우승자가 누구였는지 묻고 있다. 따라서 '라스베이거스에서 온 팀'이라고 대답한 (A)가 가장 자연스러운 답변이다. (B)는 architecture(건축)라는 단어로부터 연상할 수 있는

tower(탑, 타워)를 이용한 오답이고, (C)는 contest(대회, 경기)를 중복 사용한 함정이다.

5

Whose vehicle are we taking on our trip to Atlanta?

(A) The interstate can take us there.
(B) It should only take three hours.
(C) Carol volunteered to drive us.

---

vehicle 차량   interstate 주간 고속도로   volunteer 자원하다

누구의 차로 애틀랜타까지 갈 건가요?
(A) 주간 고속도로를 타면 그곳으로 갈 거예요.
(B) 3시간밖에 걸리지 않아요.
(C) Carol이 운전하겠다고 자원했어요.

누구의 차로 출장을 갈 것인지 묻고 있다. (A)는 이용할 도로 및 최적 경로 등을 물은 경우에, (B)는 이동 시간 등을 물은 경우에 이어질 법한 답변이다. 정답은 Carol이라는 사람의 차로 가게 될 것임을 암시한 (C)이다.

Type 10   do로 시작하는 의문문   p.60

⏵ 2-20

| 1. (C) | 2. (A) | 3. (B) | 4. (A) | 5. (C) |

1

Do the employees want to take the rest of the day off?

(A) It's four o'clock in the afternoon now.
(B) I could use some rest for a bit.
(C) That's all everyone's talking about.

---

take the rest of the day off 일찍 퇴근하다, 조퇴하다   for a bit 잠시

직원들이 일찍 퇴근하고 싶어하나요?
(A) 지금은 오후 4시에요.
(B) 잠시 쉬었으면 좋겠어요.
(C) 모두들 그 이야기만 하고 있어요.

직원들이 조기 퇴근을 원하는지 묻고 있다. (A)는 현재 시각을 묻는 질문에 이어질 수 있는 답변이며, 엉뚱한 주어인 I로 시작하는 (B) 또한 정답이 될 수 없다. 정답은 간접적으로 모든 사람들이 쉬고 싶어 한다는 뜻을 내비침으로써 사실상 yes의 의미를 나타낸 (C)이다.

2

Did you ever get in contact with anyone at Anderson Steel?

(A) I called twice, but nobody answered.
(B) One of our most important suppliers.
(C) No, he didn't steal anything at all.

---

get in contact with ~와 접촉하다, ~에게 연락을 취하다   steal 훔치다

Anderson 철강의 사람에게 연락을 해 보았나요?
(A) 두 번 전화를 했지만 아무도 받지 않더군요.
(B) 우리의 가장 중요한 공급업체 중 하나예요.
(C) 아니요, 그는 결코 아무것도 훔치지 않았어요.

Anderson 철강이라는 업체의 직원과 접촉을 했는지 묻고 있다. 따라서 '전화를 했지만 받는 사람이 없었다'며 사실상 no의 의미를 전한 (A)가 가장 적절한 답변이다. (B)는 Anderson 철강이라는 업체를 알고 있는지 묻는 질문에 이어질 법한 답변이고, (C)는 steel(철)과 발음이 같은 steal(훔치다)을 이용한 함정이다.

3

> Does everyone agree to meet back here at 3:00?
>
> (A) No, that's not what time it is.
> (B) 3:30 would work better for me.
> (C) He hasn't come back yet.

3시에 이곳에서 다시 만나자는 점에 모두 찬성하시나요?
(A) 아니요, 그것은 현재 시각이 아니에요.
(B) 제게는 3시 30분이 더 좋을 것 같아요.
(C) 그는 아직 돌아오지 않았어요.

3시에 다시 만나자는 제안을 모두 찬성하는지 묻고 있다. (A)는 지금이 3시인지 묻는 질문에 이어질 수 있는 대답이며, (C)는 질문에서 사용된 back(뒤로)을 중복 사용하여 오답을 유도하고 있는 함정이다. 정답은 '(3시 보다는) 3시 30분이 더 좋다'며 간접적으로 no의 의미를 전달하고 있는 (B)이다.

4

> Do you want to change your insurance coverage?
>
> (A) I'm satisfied with what I have.
> (B) Yes, I'm covered by insurance.
> (C) Sorry, but you're not eligible for it.
>
> insurance coverage 보험의 보장 범위   be eligible for ~에 대한 자격이 있다

보험의 보장 범위를 변경하고 싶으신가요?
(A) 지금 범위에 만족해요.
(B) 네, 저는 보험으로 보장을 받아요.
(C) 미안하지만 당신은 그럴 자격이 없어요.

일반 의문문을 통해 보험을 변경하고 싶은지 묻고 있다. 따라서 '지금 조건에 만족한다'며 간접적으로 no의 의미를 밝힌 (A)가 가장 적절한 답변이다. (B)는 보험 가입 여부를 물었을 때 이어질 수 있는 답변이고, (C)는 보험 가입이 거부되는 경우에 들을 수 있는 말이다.

5

> Did the loan application get submitted properly?
>
> (A) Yes, that property over there is mine.
> (B) I'll submit it to Mr. Jacobs now.
> (C) You forgot to sign two documents.

> loan 대부, 대출   submit 제출하다   properly 제대로, 적절히
> property 재산, 소유물; 부동산   document 서류

대출 신청서가 제대로 접수되었나요?
(A) 네, 저쪽에 있는 부지는 제 것이에요.
(B) 지금 Jacobs 씨에게 제출할게요.
(C) 두 장의 서류에 서명을 하지 않으셨더군요.

신청서가 접수되었는지 확인하고 있다. (A)는 properly(적절하게)와 발음이 유사한 property(재산; 부동산)를 이용한 오답이고, (B)는 submit를 중복 사용하여 혼동을 일으키고 있는 함정이다. 정답은 '사인이 빠져 있는 서류가 있다'고 말함으로써 신청서 접수가 제대로 이루어지지 않았다는 점을 통보한 (C)이다.

Type 11   be동사로 시작하는 의문문 I   p.62

⏵ 2- 22

| **1.** (C) | **2.** (A) | **3.** (B) | **4.** (C) | **5.** (A) |

1

> Am I the only person who is staying here late?
>
> (A) That's all right. It's not late yet.
> (B) You can stay here for a while.
> (C) Leslie is planning to work overtime.
>
> stay late 늦게까지 남아 있다   for a while 한동안   work overtime 초과 근무를 하다, 야근하다

여기에서 늦게까지 남아 있을 사람이 저 혼자인가요?
(A) 괜찮아요. 아직 늦지 않았어요.
(B) 잠시 여기에 계셔도 되어요.
(C) Leslie도 야근을 할 거예요.

be동사를 이용하여 늦게까지 남아 있을 사람이 본인뿐인지 묻고 있다. (A)와 (B)는 각각 질문에서 사용된 late와 stay를 반복 사용하여 오답을 유도하고 있는 함정이다. 정답은 Leslie라는 사람도 늦게까지 남아 있을 것이라며 사실상 no의 의미로 대답한 (C)이다.

2

> Is Ms. Hampton's order something we can do?
>
> (A) It'll be hard, but we can manage it.
> (B) Why did you order her to do that?
> (C) I'm sure that she can do it.
>
> order 주문하다; 명령하다   manage 관리하다; 해내다

Hampton 씨의 주문을 우리가 감당할 수 있을까요?
(A) 어렵겠지만 할 수 있을 거예요.
(B) 왜 그녀에게 그렇게 하라고 지시했나요?
(C) 그녀가 할 수 있을 것이라고 확신해요.

주어진 질문은 직역하면 'Hampton 씨의 주문(량)은 우리가 처리할 수 있는 것인가?'라는 의미이다. 따라서 '어렵겠지만 그럴 수 있다'고 답함으로써 사실상 yes로 답한 (A)가 가장 자연스러운 답변이다. (B)

는 order를 중복 사용한 함정으로, 질문에서의 order는 '주문하다'라는 뜻인 반면, (B)의 order는 '명령하다' 혹은 '지시하다'라는 뜻이다. (C)의 경우, she를 we로 바꾼다면 정답이 될 수 있다.

3

> Are the nails we purchased the correct size?
>
> (A) I wear a size medium.
> (B) I'd better double-check right now.
> (C) I forgot to buy a hammer.
>
> nail 못; 손톱 had better ~하는 편이 낫다 double-check 재확인하다, 이중으로 확인하다 hammer 망치

우리가 구입한 못의 사이즈가 맞는 건가요?
(A) 저는 미디엄 사이즈를 입어요.
(B) 지금 다시 한 번 확인해 보는 것이 좋겠군요.
(C) 깜빡 잊고 망치를 사지 않았어요.

올바른 사이즈의 못을 구입했는지 묻고 있다. (A)는 질문의 size를 중복 사용함으로써 혼동을 일으키고 있는 오답이고, (C)는 nails(못)과 연관이 있는 도구인 hammer(망치)를 이용한 함정이다. 따라서 정답은 '확실하지 않으니 다시 한 번 확인해 보는 것이 좋겠다'며 즉답을 피한 (B)이다.

4

> Is Dr. Waters able to see any patients tomorrow?
>
> (A) My appointment is for one this afternoon.
> (B) You need to become more patient.
> (C) He's attending a seminar all week long.
>
> patient 환자; 참을성이 있는, 인내심이 있는 appointment 약속 all week long 일주일 내내

Waters 선생님께서 내일 환자를 진료하실 수 있으신가요?
(A) 제가 예약한 시간은 오늘 오후 1시예요.
(B) 당신은 참을성을 키울 필요가 있어요.
(C) 이번 주 내내 세미나에 참석하실 거예요.

be able to를 이용한 의문문으로, Waters라는 의사가 내일 진료를 할 수 있는지 묻고 있다. (A)는 진료 예약 시간을 묻는 질문 등에 이어질 수 있는 답변이고, (B)는 patient를 중복 사용한 함정으로, 여기에서 patient는 '환자'라는 뜻의 명사가 아니라 '참을성이 있는'이라는 뜻의 형용사로 쓰였다. 정답은 일주일 내내 세미나에 참석할 것이라서 환자를 볼 수 없다는 의미를 간접적으로 나타낸 (C)이다.

5

> Was Mr. Roosevelt the keynote speaker at the conference?
>
> (A) He gave a talk on the second day.
> (B) You can ask Sara for the key.
> (C) Yes, you have a lot of confidence.
>
> keynote speaker 기조 연설자 give a talk 연설하다, 강연하다 confidence 자신감, 확신

Roosevelt 씨가 컨퍼런스의 기조 연설자셨나요?
(A) 그분은 두 번째 날에 연설을 하셨어요.
(B) Sara에게 열쇠를 요청하시면 돼요.
(C) 네, 당신은 강한 자신감을 가지고 있군요.

Roosevelt 씨가 기조 연설자인지 확인하고 있다. 따라서 그가 두 번째 날에 연설할 것이라는 사실을 알림으로써 no의 의미를 전한 (A)가 정답이다. (B)는 keynote(기조, 주안점)와 발음이 유사한 key(열쇠)로, (C)는 conference(컨퍼런스)와 발음이 비슷한 confidence(자신감)로 오답을 유도하고 있는 함정이다. '기조 연설'(keynote speech)이 보통 행사 첫 날에 이루어진다는 점을 알고 있으면 정답을 쉽게 찾을 수 있다.

Type 12 be동사로 시작하는 의문문 II p.64

▶ 2-24

1. (B) **2.** (A) **3.** (C) **4.** (B) **5.** (A)

1

> Were you surprised by the results of the survey?
>
> (A) They are coming out the day after tomorrow.
> (B) I found several things shocking.
> (C) They haven't taken the survey yet.
>
> survey 설문 조사 come out 나오다, 드러나다 the day after tomorrow 모레 shocking 놀라운

설문 조사의 결과에 놀랐나요?
(A) 모레에 나올 거예요.
(B) 몇 가지 점이 놀랍다고 생각했어요.
(C) 그들은 아직 설문 조사를 하지 않았어요.

수동태 형식을 사용하여 조사 결과에 놀랐는지 묻고 있다. (A)는 조사 결과가 언제 나올 것인지 묻는 질문 등에 이어질 수 있는 답변이고, (C)는 가리키는 대상이 불분명한 they를 주어로 사용한 오답이다. 정답은 몇 가지 사항이 놀라웠다고 말함으로써 간접적으로 yes의 의미를 드러낸 (B)이다.

2

> Are we bidding on the contract to provide catering services at city hall?
>
> (A) Ms. Marshall is putting a bid together now.
> (B) Yes, the food there has really improved.
> (C) I believe the food at city hall is always catered.
>
> bid 입찰하다 catering service 케이터링 서비스 city hall 시청 put a bid together 입찰에 참여하다, 응찰하다 cater (행사 등에) 음식을 제공하다

시청에 케이터링 서비스를 제공하는 계약에 입찰할 건가요?
(A) Marshall 씨께서 지금 입찰에 참여하고 계세요.
(B) 네, 그곳 음식은 정말로 좋아졌어요.
(C) 시청의 음식은 항상 케이터링으로 제공되는 것으로 알고 있어요.

현재진행형을 이용해 케이터링 서비스 계약에 입찰할 것인지 묻

고 있다. 따라서 Marshall 씨라는 사람이 현재 응찰하고 있다고 답변함으로써 yes의 의미를 전한 (A)가 가장 적절한 답변이다. (B)는 catering services(케이터링 서비스)에서 연상할 수 있는 food(음식)로 오답을 유도하고 있는 함정이며, (C)는 동사 cater(음식을 제공하다) 등을 이용해 만든 오답이다.

3

Is Mr. Thompson practicing for his demonstration later today?

(A) He demonstrated that the belief is false.
(B) I think it's scheduled to start at four.
(C) His schedule is completely full all day.

practice 연습하다   demonstration 시위; (제품 등의) 시연
demonstrate 시위하다; 입증하다   all day 하루 종일

Thompson 씨가 오늘 중에 제품 시연회 연습을 할 건가요?
(A) 그는 그러한 믿음이 잘못되었다는 점을 입증했어요.
(B) 4시에 시작하는 것으로 알고 있어요.
(C) 그의 스케줄은 하루 종일 꽉 차 있어요.

Thompson 씨가 오늘 제품 시연 연습을 할 것인지 묻고 있다. (A)는 demonstration(시연)의 동사형인 demonstrated(입증하다)를 이용한 함정으로 질문과 전혀 관련 없는 내용을 말하고 있으며, (B)는 제품 시연 시간 등을 묻는 질문에 적합한 답변이다. 정답은 Thompson 씨의 스케줄이 차 있어서 연습을 못할 것이라는 부정적인 뉘앙스를 담고 있는 (C)이다.

4

Were any brochures handed out at the conference?

(A) I didn't hand anything out to you.
(B) Yes. Would you like to have one?
(C) It's a conference on construction methods.

brochure 소책자, 브로셔   hand out 나누어 주다, 배포하다
construction method 시공법

컨퍼런스에서 배포된 브로셔가 있었나요?
(A) 저는 당신에게 아무것도 주지 않았어요.
(B) 네. 한 부 갖고 싶으신가요?
(C) 시공법에 관한 컨퍼런스였어요.

컨퍼런스에서 브로셔가 배포되었는지 묻고 있으므로 yes로 답한 후 한 부 갖고 싶은지를 되물은 (B)가 가장 자연스러운 답변이다. (A)는 질문에서 사용된 hand out(나누어 주다, 배포하다)을 이용한 함정이며, (C)는 컨퍼런스의 주제 등을 물었을 때 이어질 법한 답변이다.

5

Was your supervisor leading this morning's orientation session?

(A) Actually, I don't work for Ms. Kennedy anymore.
(B) I think that he is supervising the new project.
(C) It will take a while for everyone to get oriented.

supervisor 감독관; 관리자   not ~ anymore 더 이상 ~하지 않다
supervise 감독하다, 감시하다   take a while 어느 정도 시간이 걸리다
get oriented 적응하다

오늘 아침의 오리엔테이션을 당신의 상사가 진행했나요?
(A) 사실 저는 더 이상 Kennedy 씨 밑에서 일하지 않아요.
(B) 그가 새로운 프로젝트를 감독하고 있다고 생각해요.
(C) 모든 사람이 적응하기까지 시간이 어느 정도 걸릴 거예요.

상대방의 상사가 오리엔테이션을 진행했는지 묻고 있다. (B)는 supervisor(관리인, 감독관)의 분사형인 supervising(감시하는, 감독하는)을 이용한 함정이고, (C)의 get oriented는 '적응하다'라는 뜻으로, 이는 질문과 전혀 관련이 없는 답을 하고 있다. 따라서 '더 이상 그 사람 밑에서 일하지 않는다'고 말함으로써 사실상 잘 모르겠다는 뜻을 내비친 (A)가 정답이다. 정답에 직·간접적으로 yes/no의 의미가 드러나 있지 않고, '잘 모르겠다'는 의미도 우회적으로 표현되었기 때문에 상당히 까다로운 문제라 할 수 있다.

Type 13 have로 시작하는 의문문   p.66

⊙ 2-26

1. (C)   **2.** (C)   **3.** (B)   **4.** (A)   **5.** (A)

1

Have the employee performance reviews been completed yet?

(A) The performance is supposed to end soon.
(B) Nobody has reviewed the material.
(C) I just finished the last one this morning.

employee performance review 인사고과, 직원 평가   material 재료; 자료

인사고과 작업이 완료되었나요?
(A) 공연은 곧 끝날 거예요.
(B) 아무도 그 내용을 검토하지 않았어요.
(C) 오늘 아침에 마지막 작업을 끝냈죠.

인사고과 작업이 마무리되었는지 묻고 있다. 질문의 performance는 '성과'라는 뜻인 반면, (A)의 performance는 '공연'이라는 의미로 사용되었다. (B)는 동사 review(검토하다)를 이용한 오답으로 질문과 전혀 관련이 없는 내용을 언급하고 있다. 정답은 '오늘 오전에 마쳤다'고 말함으로써 긍정적인 답변을 한 (C)이다.

2

Has anyone seen Mr. Roper in the office this morning?

(A) His office is right down the hall.
(B) I've been in the office all day.
(C) He's in Los Angeles on business.

on business 업무상

오늘 아침에 사무실에서 Roper 씨를 본 사람이 있나요?

(A) 그의 사무실은 복도를 따라가면 있어요.
(B) 저는 하루 종일 사무실에 있었어요.
(C) 그는 업무 때문에 로스앤젤레스에 있어요.

Roper 씨라는 인물의 행방에 대해 묻고 있다. (A)는 사무실의 위치를 물었을 때 이어질 수 있는 답변이고, (B)는 엉뚱하게도 본인의 행방을 밝히고 있다. 정답은 출장 중이어서 사무실에 없었다는 점을 설명한 (C)이다.

3

Have you considered asking for a transfer to Sydney?

(A) A great city next to the ocean.
(B) Personally, I'd rather work in Hong Kong.
(C) He transferred there two months ago.

consider 고려하다   ask for ~을 요청하다, 신청하다   transfer 이동; 이동하다   personally 개인적으로   would rather 오히려 ~하고 싶다

시드니로의 전근 신청을 생각해 본 적이 있나요?
(A) 바닷가 옆의 멋진 도시에요.
(B) 개인적으로는 오히려 홍콩에서 일해 보고 싶어요.
(C) 그는 두 달 전에 그곳으로 전근을 갔어요.

상대방에게 시드니로의 전근을 고려한 적이 있는지 묻고 있다. (A)는 시드니라는 도시명에서 연상할 수 있는 내용으로 오답을 유도하고 있는 함정이고, 주어가 you인 질문에 he라는 엉뚱한 주어로 답한 (C) 역시 정답이 될 수 없다. 따라서 '(시드니보다) 홍콩에서 일해 보고 싶다'고 언급함으로써 사실상 no의 의미를 전한 (B)가 가장 적절한 답변이다.

4

Has the budget for next year been approved?

(A) The CEO needs to give his final approval.
(B) A budget of more than one million dollars.
(C) I approve of those suggestions.

budget 예산   approve of ~을 찬성하다, 승인하다

내년 예산안이 승인되었나요?
(A) 대표 이사님께서 최종 승인을 하셔야 해요.
(B) 1백만 달러 이상의 예산이요.
(C) 저는 그러한 제안에 찬성이에요.

예산안의 승인 여부에 대해 묻고 있다. 따라서 '대표 이상의 최종 승인이 필요하다'고 말함으로써 사실상 no의 의미를 전한 (A)가 정답이다. (B)는 질문의 budget(예산)을 중복 사용한 오답이고, (C)는 approve(승인하다)를 이용한 함정으로, 여기에서 approve of는 '~을 찬성하다'는 의미이다.

5

Has someone from Jersey Express called about my delivery?

(A) He said he'd be here in ten minutes.

(B) No, I didn't order anything.
(C) Yes, Jersey Express delivers here.

제 배송물과 관련해서 Jersey Express 직원이 전화를 했나요?
(A) 10분 후 여기에 올 것이라고 말하더군요.
(B) 아니요, 저는 아무것도 주문하지 않았어요.
(C) 네, Jersey Express에서 여기로 배송해 줘요.

Jersey Express라는 배송 업체의 직원이 전화를 했는지 묻고 있다. 따라서 '10분 후에 오겠다는 메시지를 남겼다'는 의미의 (A)가 가장 자연스러운 답변이다. (B)는 주문 여부를 묻는 질문에 뒤따를 수 있는 답변이고, (C)는 Jersey Express라는 업체명을 중복 사용하여 오답을 유도하고 있는 함정이다.

Type 14 will/would로 시작하는 의문문 p.68

▶ 2-28

| **1.** (C) | **2.** (B) | **3.** (C) | **4.** (B) | **5.** (A) |

1

Will you inform me when Ms. Hamilton arrives?

(A) No, she hasn't arrived here yet.
(B) Approximately thirty minutes from now.
(C) I'll give you a call when I see her.

inform 알리다   approximately 대략

Hamilton 씨가 언제 도착하는지 알려 주시겠어요?
(A) 아니요, 그녀는 아직 여기에 도착하지 않았어요.
(B) 지금부터 약 30분 후에요.
(C) 그녀를 보면 당신에게 전화를 할게요.

조동사 will을 이용해 Hamilton 씨가 오면 본인에게 알려 달라고 부탁하고 있다. (A)는 도착 여부를 묻는 질문 등에 이어질 수 있는 답변이며, (B)는 질문의 앞부분을 못 듣고 'When will Ms. Hamilton arrive?'로 질문을 잘못 들었을 때 선택할 수 있는 오답이다. 정답은 수락의 의미로서 '그녀를 보면 연락을 주겠다'고 답한 (C)이다.

2

Would anyone like a drink from the café across the street?

(A) It just opened a few days ago.
(B) Wait a bit, and I'll go with you.
(C) I'm drinking lemon iced tea now.

길 맞은 편에 있는 카페의 음료를 드시고 싶은 분이 있나요?
(A) 그곳은 며칠 전에 문을 열었어요.
(B) 잠시만요, 저도 같이 갈게요.
(C) 저는 지금 아이스 레몬티를 마시고 있어요.

조동사 would를 통해 마실 것을 원하는 사람이 있는지 묻고 있다. (A)는 the café across the street(길 건너편에 있는 카페)를 통해 연상할 수 있는 opened a few day ago(며칠 전에 문을 열다)라는

22

표현으로 오답을 유도하고 있는 함정이고, (C)는 drink(마시다)의 현재분사형인 drinking을 이용한 오답이다. 정답은 함께 카페에 가자고 말함으로써 간접적으로 제안에 대한 수락의 의미를 나타낸 (B)이다.

3

Will the flight be delayed due to the weather conditions?
(A) You're in no condition to be flying now.
(B) It's snowing with very heavy winds.
(C) The gate agent said we're leaving on time.
due to ~ 때문에   in no condition to ~할 상태가 아닌   on time 정시에

기상 상황 때문에 비행기가 연착될 건가요?
(A) 당신은 지금 비행을 할 상태가 아니에요.
(B) 심한 강풍과 함께 눈이 내리고 있어요.
(C) 게이트에 있는 직원은 우리가 정시에 출발할 것이라고 말하더군요.

아침후르 비행기가 엽차될 예정인지 묻는 질문이다. (A)는 질문에서 사용된 condition(상태, 상황)과 flight(비행)의 동사형인 fly를 이용하여 만든 함정이고, (B)는 weather conditions(기상 상황)로부터 연상할 수 있는 구체적인 날씨를 언급함으로써 혼동을 일으키고 있다. 따라서 정답은 연착되지 않고 정시에 출발할 것이라는 정보를 알려 준 (C)이다.

4

Would you prefer to rent a car?
(A) I drive an SUV most of the time.
(B) I would rather take public transportation.
(C) Either way is fine with me.
would rather 차라리 ~하겠다   public transportation 대중 교통

차를 렌트하고 싶으신가요?
(A) 저는 주로 SUV를 몰아요.
(B) 차라리 대중 교통을 이용할게요.
(C) 저는 둘 다 좋아요.

상대방에게 차를 렌트하고 싶어하는지 묻고 있다. (A)는 car의 한 종류인 SUV(스포츠 유틸리티 차량)를 언급함으로써 오답을 유도하는 함정이고, (C)는 두 가지 선택 사항 중 하나를 택할 것을 요청했을 때 이어질 수 있는 답변이다. 따라서 '(차를 렌트하는 대신) 대중 교통을 이용하겠다'고 말함으로써 사실상 거절의 의사를 밝힌 (B)가 가장 적절한 대답이다.

5

Will they take the computer training course in the morning?
(A) It was rescheduled for the afternoon.
(B) Actually, he knows a lot about computers.
(C) They're taking two courses this semester.
reschedule 일정을 조정하다   semester 학기

그들은 오전에 컴퓨터 교육을 받을 건가요?
(A) 오후로 시간이 조정되었어요.
(B) 실은, 그가 컴퓨터에 대해 잘 알아요.
(C) 그들은 이번 학기에 두 개의 수업을 듣게 될 거예요.

조동사 will을 이용하여 컴퓨터 교육이 오전에 이루어질 예정인지 묻고 있다. 따라서 '오후로 시간이 변경되었다'고 말함으로써 우회적으로 no의 의미를 전한 (A)가 적절한 답변이다. they가 주어인 질문에 he로 답한 (B)는 오답이며, 질문과 전혀 상관이 없는 '학기'(semester)를 언급한 (C) 역시 정답이 될 수 없다.

Type 15 can/could으로 시작하는 의문문

p.70

▶ 2-30

1. (C)	**2.** (A)	**3.** (B)	**4.** (C)	**5.** (A)

1

Could somebody please close all the windows?
(A) Two windows in the north wall.
(B) We close at seven this evening.
(C) I'd prefer to keep them open.

창문을 모두 닫아 주실 분이 있나요?
(A) 북쪽 벽에 있는 두 개의 창문이요.
(B) 오늘 저녁에는 7시에 문을 닫아요.
(C) 저는 열어 두는 것이 더 좋아요.

조동사 could를 이용해 창문을 모두 닫아 달라는 요청을 하고 있다. (A)와 (B)는 각각 질문의 windows와 close를 중복 사용한 함정으로, 질문과는 전혀 관련이 없는 대답을 하고 있다. 정답은 '창문을 열어 두는 것이 좋겠다'며 간접적으로 요청에 대한 거절 의사를 밝힌 (C)이다.

2

Can you lend me some money so that I can buy lunch?
(A) How much do you need?
(B) Let's get some sandwiches.
(C) No, thanks. I already had pizza.
so that ~ can ~하기 위하여

점심을 사 먹을 수 있도록 제게 돈을 빌려 주실 수 있으신가요?
(A) 얼마나 필요하시나요?
(B) 샌드위치를 사 먹죠.
(C) 사양할게요. 저는 이미 피자를 먹었어요.

상대방에게 점심값을 빌려 달라고 부탁하고 있다. 따라서 필요한 금액이 얼마인지 되물음으로써 간접적으로 수락 의사를 내비친 (A)가 가장 적절한 답변이다. (B)는 lunch(점심 식사)로부터 연상할 수 있는 단어인 sandwiches(샌드위치)로 오답을 유도하고 있는 함정이며, (C)는 점심을 같이 먹자는 제안 등에 이어질 수 있는 대답이다.

3

Can you accompany me to the printing store?

(A) It's about three blocks away from here.
(B) Mr. Winters wants to see me in his office.
(C) No, our printer isn't working now.

---
accompany 동반하다

저와 함께 인쇄소에 가 주실 수 있나요?
(A) 여기에서 세 블록 정도 떨어져 있어요.
(B) Winters 씨께서 저를 사무실에서 보고 싶어 하세요.
(C) 아니요, 프린터는 지금 작동하고 있지 않아요.

상대방에게 인쇄소에 함께 가 달라는 부탁을 하고 있다. (A)는 인쇄소의 위치 등을 물을 때 이어질 법한 답변이고, (C)에서 printer는 '인쇄소'가 아니라 '프린터'라는 뜻을 나타낸다. 따라서 'Winters 씨께서 사무실에서 저를 만나고자 한다'고 말함으로써 부탁을 거절할 수 밖에 없는 상황임을 알린 (B)가 가장 자연스러운 답변이다.

4

Could you show me that house sometime tomorrow?

(A) The owners of the home are really nice.
(B) The address is 43 Rosemont Street.
(C) I can meet you anytime in the morning.

---
owner 소유주, 주인

내일 중에 저 집을 보여 주실 수 있으신가요?
(A) 그 집의 소유자분들은 정말로 친절하세요.
(B) 주소는 Rosemont 가 43이에요.
(C) 오전 아무 때라도 뵐 수 있어요.

부동산 중개업자로 보이는 상대방에게 내일 집을 보여 줄 수 있는지 묻고 있다. (A)는 house(주택)에서 연상할 수 있는 the owners of the home(집 주인)이라는 표현을 이용한 함정이고, (B)는 집주소 등을 물었을 때 뒤따를 수 있는 대답이다. 정답은 오전 중이라면 어느 때나 상대방의 요청을 들어 줄 수 있음을 밝힌 (C)이다.

5

Can Mr. Simmons meet with Ms. Ray to discuss the merger?

(A) I'll set up a meeting between them.
(B) The merger has been going smoothly.
(C) We hope to discuss the merger.

---
merger 합병   smoothly 부드럽게, 순조롭게

Simmons 씨가 Ray 씨와 만나 합병 문제를 논의할 수 있을까요?
(A) 제가 자리를 마련해 볼게요.
(B) 합병은 원활하게 이루어지고 있어요.
(C) 우리는 합병에 관해 논의하기를 원해요.

조동사 can을 이용해 합병에 관한 논의가 가능할지 묻고 있다. 따

라서 자신이 자리를 마련하겠다고 말함으로써 논의의 가능성을 밝힌 (A)가 가장 자연스러운 답변이다. (B)는 질문의 merger를, (C)는 discuss the merger를 반복 사용함으로써 오답을 유도하고 있는 함정이다.

Type 16 shall/should로 시작하는 의문문
p.72

⊙ 2-32

1. (B)	**2.** (A)	**3.** (B)	**4.** (A)	**5.** (C)

1

Should we request an inspection of the machinery?

(A) Lots of breakdowns lately.
(B) There's no need to do that.
(C) Mr. Thompson is an inspector.

---
inspection 조사, 점검   machinery 기계류, 기기   breakdown 고장
lately 최근에   inspector 조사관, 감독관

기기들에 대한 점검을 요구할까요?
(A) 최근에 고장이 많이 났어요.
(B) 그럴 필요 없어요.
(C) Thompson 씨가 감독관이에요.

기기들에 대한 점검이 필요한지 묻고 있다. (A)는 machinery(기기)와 연관이 있는 breakdowns(고장)라는 단어로, (C)는 inspection(조사, 점검)의 또 다른 명사 형태인 inspector(조사관)로 혼동을 유발하고 있는 함정이다. 정답은 그럴 필요가 없음을 밝힌 (B)로, 여기에서 do that은 request an inspection(조사를 요청하는 일)을 의미한다.

2

Shall I pick up some sandwiches on my way back to the office?

(A) I'd love a turkey with cheese.
(B) I haven't picked them up yet.
(C) He's at a sandwich shop now.

---
on one's way 도중에   turkey 칠면조

사무실로 돌아오는 길에 샌드위치를 사 올까요?
(A) 치즈가 들어간 터키 샌드위치면 좋겠어요.
(B) 아직 찾아오지 못했어요.
(C) 그는 지금 샌드위치 가게에 있어요.

조동사 shall을 이용해 상대방의 의향을 묻고 있다. 따라서 본인이 원하는 샌드위치의 구체적인 종류를 말함으로써 그에 대한 긍정적인 반응을 보인 (A)가 가장 적합한 대답이다. (B)는 질문에서 사용된 pick up(찾아오다)이라는 표현을 이용한 함정이며, (C) 역시 가리키는 대상이 불분명한 주어인 he로 시작하는 오답이다.

3

Should I sign the document before submitting it?

(A) No, it wasn't turned in.
(B) Yes, you have to do that.
(C) All cases have been documented.

document 문서, 서류; 기록하다, 문서화하다   submit 제출하다   turn in ~을 제출하다

서류를 제출하기 전에 서명을 해야 하나요?
(A) 아니요, 그것은 아직 제출되지 않았어요.
(B) 네, 그렇게 하셔야 해요.
(C) 모든 사례들이 기록되어 있어요.

의무를 나타내는 조동사 should를 이용하여 자신이 서명을 해야 하는지 묻고 있다. (A)는 submit(제출하다)과 같은 의미인 turn in을 이용한 함정으로, 내용상 질문과 전혀 관련이 없는 답변을 하고 있다. (C)는 document를 이용한 오답인데, 여기에서 document는 명사가 아니라 '기록하다' 혹은 '문서화하다'라는 의미의 동사로 사용되었다. 따라서 정답은 상대방의 서명이 필요하다는 점을 밝힌 (B)이다.

4

Should we double-check the numbers one last time?

(A) Megan is doing that for me.
(B) Okay. I'll pay with a check.
(C) No, sales haven't doubled.

double-check 재확인하다   one last time 마지막으로   check 확인하다; 수표   double 두 개의, 두 배의; 두 배가 되다

마지막으로 한 번 더 숫자들을 확인할까요?
(A) Megan이 하고 있어요.
(B) 좋아요. 수표로 계산할게요.
(C) 아니요, 매출이 두 배로 늘지는 않았어요.

조동사 should를 이용해 수치들을 다시 확인해야 하는지 묻고 있다. 따라서 'Megan이 하고 있으니 그럴 필요가 없다'는 의미를 전한 (A)가 가장 적절한 답변이다. (B)와 (C)는 각각 질문의 double-check(재차 확인하다)와 발음이 혼동될 수 있는 check(확인하다; 수표)와 doubled(두 배가 되다)로 혼동을 유발하려는 함정이다.

5

Shall we invite Ms. Bonnet to the get-together?

(A) It's at a restaurant down the street.
(B) This Friday right after work finishes.
(C) That would be the polite thing to do.

get-together 모임   polite 공손한, 예의가 바른

Bonnet 씨를 모임에 초대할까요?
(A) 길 아래 편 식당에서요.
(B) 이번 주 금요일 업무가 끝난 직후에요.
(C) 그렇게 하는 것이 예의일 것 같아요.

shall를 이용하여 Bonnet 씨라는 사람을 모임에 초대하자는 제안을 하고 있다. (A)는 모이는 장소 등을 물었을 때, (B)는 모이는 시간 등을 물었을 때 이어질 법한 답변들이다. 따라서 그렇게 하는 것이 좋겠다는 의미를 전함으로써 제안에 대한 수락의 의사를 내비친 (C)가 가장 자연스러운 답변이다.

Type 17 부정의문문

▶ 2- 34

| **1.** (B) | **2.** (B) | **3.** (A) | **4.** (C) | **5.** (A) |

1

Can't we postpone the interviews for the unfilled positions until next week?

(A) Sure, you can go ahead and fill it up.
(B) We'd better do them more quickly.
(C) Yes, these positions are still unfilled.

postpone 미루다, 연기하다   unfilled 비어 있는, 공석의   fill up ~을 가득 채우다   had better ~하는 편이 낫다

공석인 자리에 대한 채용 면접을 다음 주로 미룰 수 없을까요?
(A) 물론이죠, 가득 채워 주시면 됩니다.
(B) 빨리 하는 것이 더 나을 것 같아요.
(C) 네, 이러한 직책들은 아직도 공석이에요.

부정의문문을 이용하여 면접을 미룰 수 없는지 묻고 있다. (A)는 unfilled(비어 있는, 공석의)와 발음이 비슷한 and fill it up이라는 표현으로 오답을 유도하고 있으며, (C)는 질문에서 사용된 positions(자리, 지위)와 unfilled를 중복 사용한 함정이다. 정답은 '빨리 진행하는 것이 나을 것 같다'고 답함으로써 면접을 미루지 않는 것이 좋겠다는 의견을 제시한 (B)이다.

2

Shouldn't we call Mr. Butler about the modifications?

(A) I worked with Mr. Butler before.
(B) He doesn't work here anymore.
(C) That's been modified.

modification 수정, 변경   not ~ anymore 더 이상 ~ 않다   modify 수정하다

수정 사항과 관련해서 Butler 씨에게 전화를 해야 하지 않을까요?
(A) 저는 전에 Butler 씨와 일을 해 보았어요.
(B) 그는 더 이상 여기에서 일하지 않아요.
(C) 그것은 수정되었어요.

Butler 씨라는 사람에게 전화를 해야 하지 않는지 묻고 있다. (A)는 Mr. Butler를 중복 사용한 함정으로, '전에 그와 일을 했다'는 엉뚱한 답변을 하고 있다. (C)는 modifications(수정, 변경)와 어근이 같은 modified(수정한)를 이용한 함정으로, 이 역시 질문과 전혀 관련이 없는 사항을 언급하고 있다. 따라서 '그는 더 이상 여기에서 일하지 않는다'라고 말함으로써 Butler 씨에게 전화할 필요가 없다는 점을 암시한 (A)가 가장 적절한 답변이다.

3

> Isn't the landscaper supposed to be finished by now?
>
> (A) He's running behind schedule.
> (B) Some flowers and a few shrubs.
> (C) Yes, we're nearly finished.
>
> ----
> landscaper 조경사, 정원사   run behind schedule 예정보다 늦다
> shrub 관목

지금쯤이면 조경사가 일을 끝냈어야 하지 않나요?
(A) 예정보다 늦어지고 있어요.
(B) 꽃들과 약간의 관목들이요.
(C) 네, 우리는 거의 끝냈어요.

조경사의 작업이 아직 끝나지 않았는지 묻고 있다. 따라서 예정보다 늦어지고 있다는 사실을 밝힘으로써 조경 작업이 끝나지 않았음을 암시한 (A)가 가장 자연스러운 답변이다. (B)는 landscaper(정원사, 조경사)로부터 연상할 수 있는 flowers(꽃)와 shrubs(관목)라는 단어를 이용한 함정이고, 조경사의 작업에 관해 묻는 질문에 엉뚱한 주어인 we로 답하고 있는 (C) 역시 오답이다.

4

> Haven't the blueprints been finalized yet?
>
> (A) Construction will start fairly soon.
> (B) We finally decided to paint the room blue.
> (C) I asked the architect to redo the first floor.
>
> ----
> blueprint 청사진, 도면   finalize 완결하다, 마무리하다   fairly 꽤,
> 상당히   architect 건축가   redo 다시 하다

도면이 아직 확정되지 않았나요?
(A) 공사가 곧 시작될 거예요.
(B) 결국 그 방은 파란색으로 색칠하기로 했어요.
(C) 건축가에게 1층을 다시 작업해 달라고 요청했어요.

부정의문문을 이용해 도면 작업이 완료되었는지 묻고 있다. (A)는 blueprints(도면, 청사진)로 연상이 가능한 construction(공사)이라는 단어로 혼동을 유발시키려는 함정이며, (B)는 finalize(완결하다)와 발음이 비슷한 finally와 blue라는 단어를 조합해 만든 오답이다. 정답은 건축가에게 일부 작업을 다시 해 달라고 요청했다는 사실을 밝힘으로써 아직 도면 작업이 끝나지 않았음을 암시한 (C)이다.

5

> Won't you reconsider raising our budget?
>
> (A) I'm sorry, but that isn't possible.
> (B) The budget projections are due.
> (C) I received a pay raise last year.
>
> ----
> reconsider 재고하다   budget 예산   budget projection 예산 계획
> due 예정된; 제출되어야 하는   pay raise 급여 인상

저희 예산을 인상하는 것을 재고하지 않으실 건가요?
(A) 미안하지만 그건 불가능해요.
(B) 예산 계획안이 제출되어야 해요.
(C) 저는 작년에 급여가 인상되었어요.

예산을 인상할 의향이 없는지 묻고 있다. 따라서 예산 인상은 불가능하다는 점을 직접적으로 밝힌 (A)가 가장 자연스러운 답변이다. (B)는 질문에서 사용된 budget(예산)을 중복 사용한 함정이며, (C)는 raise(인상하다; 인상)를 명사로 사용해 혼동을 일으키려는 오답이다.

Type 18 부가의문문

⊙ 2- 36

1. (B)	**2.** (B)	**3.** (A)	**4.** (B)	**5.** (C)

1

> I should lock up the office tonight, shouldn't I?
>
> (A) I don't remember where the key is.
> (B) If you're the last one to leave.
> (C) No, the office door isn't locked.
>
> ----
> lock up 문을 잠그다. 문단속을 하다

오늘밤에 제가 사무실 문을 잠가야 하죠, 그렇지 않나요?
(A) 열쇠가 어디에 있는지 기억나지 않는군요.
(B) 당신이 제일 늦게 나가게 되면요.
(C) 아니요, 사무실 문은 잠기지 않았어요.

부가의문문을 이용해 사무실 문을 잠가야 하는지 묻고 있다. (A)는 lock up(문을 잠그다)이라는 표현으로 연상이 가능한 key(열쇠)를 이용한 함정으로, 이는 문을 열어야 할 상황 등에 어울리는 문장이다. (C)는 사무실 문이 잠겨 있는지 묻는 질문 등에 이어질 수 있는 대답으로, 이 역시 정답이 될 수 없다. 따라서 조건부로 사무실 문을 잠가야 할 수도 있다고 답변한 (B)가 정답이다.

2

> Mr. Gordon isn't flying to Canada tomorrow, is he?
>
> (A) There's nothing I can do about that.
> (B) He had to change his plans suddenly.
> (C) Yes, I'm going to Canada for vacation.

Gordon 씨가 내일 캐나다로 갈 예정이죠, 그렇지 않나요?
(A) 그에 대해서는 제가 할 수 있는 일이 없어요.
(B) 그는 급하게 일정을 변경해야만 했어요.
(C) 네, 저는 캐나다로 휴가를 갈 거예요.

Gordon 씨라는 사람이 캐나다로 갈 것인지 묻고 있다. (A)는 '자신이 할 수 있는 일이 없다'는 뜻으로 질문과 전혀 관련이 없는 답변을 하고 있으며, Gordon 씨의 일정을 묻는 질문에 엉뚱한 주어인 I로 시작하는 (C) 역시 정답이 될 수 없다. 따라서 그가 급하게 일정을 변경해서 캐나다로 가지 않을 것이라는 점을 내비친 (B)가 가장 적절한 답변이다.

3

We didn't <u>renegotiate</u> the contract with RPT, did we?

(A) You'll <u>have to ask</u> someone in Sales.
(B) I always <u>negotiate</u> to get a higher salary.
(C) The contract still needs <u>to be signed</u>.

---

renegotiate 재협상하다   salary 급여, 월급

계약 사항에 대해 RPT와 재협상을 하지는 않았죠, 그랬나요?
(A) 영업부 직원에게 물어보도록 하세요.
(B) 저는 항상 급여를 올리기 위해 협상을 해요.
(C) 계약서에 서명이 이루어져야 해요.

부가의문문을 이용하여 RPT라는 업체와의 재계약 여부를 확인하려고 한다. 정답은 '영업부의 다른 사람에게 물어봐야 한다'고 말하면서 즉답을 피한 (A)이다. (B)는 renegotiate(재협상하다)와 발음이 비슷한 negotiate(협상하다)를 이용한 함정이고, (C)는 질문에서 사용된 contract(계약, 계약서)를 반복 사용한 오답이다.

4

The pet shop on Third Avenue <u>hasn't closed down</u>, has it?

(A) Dogs and cats for the most part.
(B) Not to the best of my knowledge.
(C) Yes, it's pretty close to my place.

---

close down 폐장하다, 폐업하다   for the most part 주로, 대부분
to the best of my knowledge 내가 아는 한

3번가에 있는 애완 동물 가게가 폐업을 하지는 않았죠, 그런가요?
(A) 주로 개와 고양이에요.
(B) 제가 아는 한 닫지 않았어요.
(C) 네, 저희 집과 꽤 가까워요.

상대방에게 애완 동물 가게의 폐업 여부를 확인하려는 질문이다. (A)는 pet shop(애완 동물 가게)으로 연상이 가능한 dogs and cats(개와 고양이들)라는 표현을 이용한 함정이며, (C)는 매장의 유무나 위치 등을 물었을 때 이어질 수 있는 답변이다. 따라서 '내가 아는 한 문을 닫지 않았을 것'이라며 간접적인 방식으로 no의 의미를 전한 (B)가 가장 자연스러운 답변이다.

5

Let's <u>practice</u> our presentation one more time, shall we?

(A) <u>Soccer practice</u> always starts at six.
(B) I haven't bought <u>any presents</u> yet.
(C) <u>How about doing</u> that after lunch?

프레젠테이션 연습을 한 번 더 하죠, 그럴까요?
(A) 축구 연습은 항상 6시에 시작해요.
(B) 저는 아직 선물을 사지 못했어요.
(C) 점심 식사 후에 하는 것이 어떨까요?

부가의문문을 이용해 프레젠테이션 연습을 한 번 더 하자고 제안하

고 있다. (A)는 질문의 practice(연습하다)를 반복 사용함으로써 오답을 유도하고 있는 함정이고, (B)는 presentation(발표, 프레젠테이션)과 발음이 비슷한 presents(선물)로 혼동을 일으키려는 오답이다. 따라서 점심 시간 이후에 연습하는 것이 어떤지를 되묻는 (C)가 가장 적절한 답변이다.

Type **19** 선택의문문

p.78

⊙ 2- 38

| **1.** (C) | **2.** (B) | **3.** (B) | **4.** (A) | **5.** (B) |

1

Did you pay for express shipping <u>or standing shipping</u>?

(A) A pretty <u>large box</u>.
(B) At the <u>post office</u> down the street.
(C) As a member, I get <u>free delivery</u>.

특급 배송으로 결제했나요, 아니면 일반 배송으로 결제했나요?
(A) 상당히 큰 상자요.
(B) 거리 아래쪽에 있는 우체국에서요.
(C) 제가 회원이라서 무료 배송이었어요.

선택의문문을 이용해 특급 배송 요금을 지불했는지, 일반 배송 요금을 지불했는지 묻고 있다. (A)는 shipping(선적, 배송)으로 연상이 가능한 box(상자)를 이용한 함정이며, (B)는 우편물을 부친 장소 등을 물었을 때 이어질 수 있는 답변이다. 정답은 무료로 보냈다고 말함으로써 질문에서 제시되지 않은 사항을 선택한 (C)이다.

2

Do you want to take a break now, or should we keep working until we're done?

(A) That's right. We're all finished.
(B) I <u>can keep going</u> for a while.
(C) Yes, that's what I'd like to do.

---

take a break 휴식을 취하다   for a while 한동안, 잠시

지금 쉬고 싶으신가요, 아니면 끝낼 때까지 계속 일을 할까요?
(A) 맞아요. 다 끝났어요.
(B) 당분간은 계속 할 수 있어요.
(C) 네, 그것이 제가 하고 싶은 것이에요.

휴식을 취할 것인지, 계속 일을 할 것인지 묻고 있다. 따라서 두 가지 선택 사항 중 후자를 선택한 (B)가 가장 자연스러운 답변이다. (A)는 we're done(일을 끝내다)과 의미가 동일한 we're all finished(일을 끝내다)라는 표현을 이용한 함정이며, 선택의문문에 yes로 답한 (C) 역시 정답이 될 수 없다.

3

Can you drive Natalie to the airport, or <u>would you prefer that I do it</u>?

(A) <u>Her flight departs</u> in the evening.

PART 2

(B) Why doesn't she just take a bus?

(C) The airport is on the other side of town.

....

depart 떠나다, 출발하다

Natalie를 태우고 공항으로 갈 수 있나요, 아니면 제가 그렇게 할까요?
(A) 그녀의 비행기는 저녁에 출발해요.
(B) 그녀는 왜 버스를 타지 않죠?
(C) 공항은 시내 반대편에 있어요.

Natalie라는 사람을 상대방이 공항으로 데리고 갈 것인지, 자기가 데리고 가야 하는지 묻고 있다. (A)는 airport(공항)로 연상이 가능한 flight(비행기편)의 출발 시간을 이용한 오답이고, (C)는 공항의 위치 등을 물었을 때 이어질 법한 답변이다. 정답은 왜 그녀가 버스를 타지 않는지 되물음으로써 제3의 방법을 언급한 (B)이다.

4

Did Mr. Brennan call just now, or was that someone else?

(A) My client from Berlin was on the line.

(B) Mr. Brennan should be in his office.

(C) I haven't called anyone all day.

....

on the line 통화 중인

Brennan 씨가 방금 전에 전화를 걸었나요, 아니면 다른 사람이었나요?
(A) 베를린에 있는 제 고객이 전화했어요.
(B) Brennan 씨는 사무실에 있을 거예요.
(C) 저는 오늘 아무에게도 전화를 하지 않았어요.

전화를 건 사람이 Brennan 씨였는지, 아니면 다른 사람이었는지 묻고 있다. 정답은 선택 사항에 없는 '베를린 고객'이 전화를 걸었다고 답한 (A)이다. (B)는 Mr. Brennan이라는 이름을 중복 사용한 오답이고, 전화를 한 사람이 누구인지 묻는 질문에 '나는 아무에게도 전화하지 않았다'고 답한 (C)는 질문과 전혀 관련이 없는 대답이다.

5

Would the round table or the rectangular one look better in the office?

(A) Maybe. I think so.

(B) The former, I'd say.

(C) Yes, it's a rectangle.

....

rectangular 사각형의   former 전자   rectangle 사각형

사무실에 원형 테이블이 더 잘 어울릴까요, 아니면 사각 테이블이 더 잘 어울릴까요?
(A) 아마도요. 저는 그렇게 생각해요.
(B) 전자가 어울린다고 말하고 싶네요.
(C) 네, 그것은 사각형이에요.

원형 테이블과 사각 테이블 중 사무실에 더 잘 어울리는 것이 무엇인지 묻고 있다. (A)는 선택의문문에 전혀 어울리지 않는 답변이며, (C)는 rectangular의 명사형인 rectangle을 이용한 함정이다. 따라서 '전자'(the former), 즉 원형 테이블을 직접적으로 선택한 (B)가 가장 자연스러운 답변이다. 참고로 후자는 the latter라고 표현한다.

Type **20** 간접의문문
p.80

▶ 2-40

1. (C)	**2.** (A)	**3.** (B)	**4.** (A)	**5.** (A)

1

Can you tell me how to operate the forklift?

(A) No, I didn't pick up the fork.

(B) There's a fork in the road up ahead.

(C) You'd better take a driving class.

....

forklift 지게차   fork 포크; 갈퀴, 쇠스랑   driving class 운전 교습

지게차를 어떻게 작동시키는지 말씀해 주실 수 있나요?
(A) 아니요, 저는 포크를 들지 않았어요.
(B) 도로 앞쪽에 갈퀴가 있어요.
(C) 운전 교습을 받는 것이 나을 것 같군요.

간접의문문을 이용하여 상대방에게 지게차 운전법을 알려 줄 수 있는지 묻고 있다. (A)와 (B)는 모두 forklift(지게차)와 발음이 비슷한 fork로 오답을 유도하고 있는 함정으로, (A)의 fork는 식기인 '포크'라는 뜻으로, (B)의 fork는 기구인 '갈퀴'라는 뜻으로 사용되었다. 정답은 '운전 교습을 받는 것이 낫겠다'며 간접적인 방식으로 상대방의 요청을 거절한 (C)이다.

2

Have you been informed who the new vice president will be?

(A) There's a rumor that it's Ms. Cartwright.

(B) We've got the information you need here.

(C) The vice president is ready to see you now.

....

inform 알리다   rumor 소문, 루머   be ready to ～할 준비가 되다

누가 신임 부사장이 될 것이라고 들었나요?
(A) Cartwright 씨일 것이라는 소문이 있어요.
(B) 당신이 필요로 하는 정보는 여기에 있어요.
(C) 지금 부사장님께서 당신을 만날 준비가 되셨어요.

간접의문문을 이용해 누가 신임부사장이 될 것인지 묻고 있다. 따라서 후보 이름을 직접적으로 거론한 (A)가 가장 자연스러운 답변이다. (B)는 inform(알리다)의 명사형인 information(정보)으로, (C)는 vice president(부사장)라는 직책을 중복 사용함으로써 각각 혼동을 유발시키려는 함정이다.

3

> Can you remember how much the electricity bill was last month?
>
> (A) I always try to save energy.
> (B) A bit over two hundred dollars.
> (C) We have to pay the bill by May 31.
>
> ----
> electricity bill 전기 요금   save 구하다; 절약하다, 저축하다

지난달 전기 요금이 얼마였는지 기억하나요?
(A) 저는 항상 에너지를 절약하려고 노력해요.
(B) 2백 달러 약간 넘는 금액이요.
(C) 3월 31일까지 요금을 납부해야 해요.

지난달의 전기 요금이 얼마였는지 묻고 있으므로 구체적인 금액을 제시한 (B)가 가장 적합한 답변이다. (A)는 electricity(전기)로부터 연상할 수 있는 energy(에너지)라는 단어를 이용한 함정이며, (C)는 질문의 bill(청구서, 계산서)을 중복 사용한 오답이다.

4

> Do you happen to know what event is scheduled for after lunch?
>
> (A) I believe it's a training course.
> (B) We're all going out to eat together.
> (C) Yes, that's what we're doing.

점심 식사 이후에 어떤 행사가 예정되어 있는지 아시나요?
(A) 교육이 진행될 것이라고 알고 있어요.
(B) 우리 모두 밖에서 함께 식사할 거예요.
(C) 네, 그것이 우리가 하게 될 일이에요.

간접의문문을 이용해 점심 시간 이후의 일정을 묻고 있다. 따라서 교육이 예정되어 있음을 알린 (A)가 가장 자연스러운 답변이다. (B)는 lunch(점심 식사)라는 단어로부터 연상할 수 있는 표현인 eat together(함께 식사하다)로 오답을 유도하고 있으며, 사실상 what으로 묻는 질문에 yes로 답한 (C)는 정답이 될 수 없다.

5

> Do you know if we are submitting a bid for the renovation project?
>
> (A) We are. After all, we might be selected.
> (B) Right. The project is being revised.
> (C) Nobody has made any submissions to us.
>
> ----
> bid 입찰   after all 어쨌거나, 결국   revise 수정하다, 개정하다   make a submission 제안하다

우리가 리모델링 공사의 입찰에 참여할 것으로 생각하나요?
(A) 그래요. 어쨌거나 우리가 선정될 수도 있으니까요.
(B) 맞아요. 그 프로젝트는 수정되고 있어요.
(C) 아무도 우리에게 제안하지 않았어요.

입찰의 참여 가능성을 묻고 있으므로 그에 대한 긍정적인 입장을 밝힌 (A)가 정답이다. (B)는 project를 중복 사용한 함정이고, (C)는

submit(제출)의 명사형인 submission(항복; 제출, 제안)을 이용한 오답이다.

Type 21 평서문 I

▶ 2-42

1. (C)	2. (B)	3. (C)	4. (B)	5. (C)

1

> I heard the company plans to downsize soon.
>
> (A) Yes, we're heading downstairs.
> (B) She hasn't seen any of the plans.
> (C) There's no truth to that rumor.
>
> ----
> downsize 인원을 감축하다   plan 계획; 도면   rumor 소문, 루머

그 회사가 곧 인원 감축을 할 것이라고 들었어요.
(A) 네, 우리는 아래층으로 내려가고 있어요.
(B) 그녀는 어떤 도면도 보지 못했어요.
(C) 그 소문은 사실이 아니에요.

평서문을 통해 인원 감축에 대한 소식을 전하고 있다. (A)는 downsize(인원을 감축하다)와 발음이 비슷한 downstairs(아래층으로)로 오답을 유도하는 함정이고, (B)는 질문의 plans를 중복 사용한 함정인데, 여기에서 plans는 '계획'이 아니라 '도면'이라는 뜻으로 사용되었다. 정답은 소문이 거짓이라고 말함으로써 상대방의 정보가 잘못되었음을 지적한 (C)이다.

2

> Ms. Robinson asked me to hold all of her calls.
>
> (A) Great. Can I speak with her now?
> (B) When will she be available then?
> (C) I'm glad she has time to talk.
>
> ----
> hold a call 전화를 대신 받다, 전화를 대기시키다

Robinson 씨께서 자신에게 오는 모든 전화를 대신 받아 달라고 제게 요청하셨어요.
(A) 잘 되었군요. 지금 그분과 이야기할 수 있을까요?
(B) 그러면 언제 그분과 통화할 수 있을까요?
(C) 그분과 이야기를 나눌 수 있는 시간이 있어서 기쁘군요.

hold a call(전화를 대신 받다, 전화를 대기시키다)이라는 표현을 알고 있어야 정답을 찾을 수 있는 문제이다. 현재 Robinson 씨가 전화를 받을 수 없는 상황이므로 언제 통화가 가능한지를 물은 (B)가 가장 자연스러운 답변이다. (A)와 (B)는 모두 전화 통화가 가능한 상황에서 나올 수 있는 대답이다.

3

> The roads are getting slippery due to the ice.
>
> (A) Because the weather is so warm.
> (B) I slipped and fell in the office.

(C) I need to drive more slowly.

---

slippery 미끄러운   due to ~ 때문에   slip 미끄러지다

얼음 때문에 도로가 미끄러워지고 있어요.
(A) 날씨가 매우 따뜻하기 때문이에요.
(B) 저는 사무실에서 미끄러져서 넘어졌어요.
(C) 더 천천히 운전해야겠군요.

평서문을 통해 도로가 미끄럽다는 우려를 나타내고 있다. 얼음 때문에 도로가 미끄럽다는 말에 '날씨가 따뜻해서 그렇다'고 답한 (A)는 질문과 상반되는 의미를 담고 있으며, (B)는 slippery(미끄러운)의 동사형인 slip(미끄러지다)을 이용한 함정이다. 정답은 '(미끄러우니) 천천히 운전해야겠다'는 자신의 생각을 밝힌 (C)이다.

4

I just booked a table for six at Cristiano's for seven o'clock.

(A) It was such a delicious dinner.
(B) Actually, there will be eight of us.
(C) Please follow me to your seat.

---

book 예약하다   delicious 맛있는   follow 따르다, 따라가다

Cristiano's에서 7시에 6명 자리를 예약했어요.
(A) 정말로 맛있는 저녁 식사였어요.
(B) 사실 8명이 될 거예요.
(C) 제가 자리까지 안내해 드릴게요.

Cristiano's라는 식당을 예약했다는 정보를 알려 주고 있다. (A)는 음식에 대한 평 등을 요구했을 때 이어질 수 있는 답변이고, (C)는 식당의 종업원이 손님을 맞이할 때 할 수 있는 말이다. 정답은 상대방이 알고 있는 인원수가 잘못되어있음을 지적한 (B)이다.

5

Profits for the third quarter are up by twenty percent.

(A) I'm so sorry to hear that.
(B) But how much money did they make?
(C) That's the best news I've heard all day.

3/4분기 수익이 20% 증가했어요.
(A) 그런 이야기를 들으니 정말 유감이에요.
(B) 하지만 그들이 돈을 얼마나 벌었나요?
(C) 오늘 들은 것 중에서 가장 좋은 소식이로군요.

수익 증가라는 긍정적인 내용의 소식을 전하고 있다. (A)는 수익 하락 등 부정적인 소식을 접했을 경우에 뒤따를 수 있는 반응이고, (B)는 가리키는 대상이 불분명한 주어인 they를 이용한 오답이다. 정답은 '오늘 들은 것 중 가장 좋은 소식이다'라며 자신의 기쁜 마음을 드러낸 (C)이다.

Type 22 평서문 II

⊙ 2-44

1. (B)	**2.** (A)	**3.** (C)	**4.** (C)	**5.** (A)

1

You ought to buy those items since they're on sale.

(A) I said bye to her this morning.
(B) I forgot to bring my credit card.
(C) He's pushing a shopping cart.

세일 중이기 때문에 저 제품을 사야 해요.
(A) 저는 오늘 아침에 그녀에게 작별 인사를 했어요.
(B) 신용 카드를 가져 오는 것을 잊었어요.
(C) 그는 쇼핑 카트를 끌고 있어요.

ought to라는 표현을 이용하여 세일 중인 제품을 구입하라는 제안을 하고 있다. (A)는 buy(사다)와 발음이 같은 인사말인 bye를 이용한 함정이고, (C)는 매장의 이미지로부터 떠올릴 수 있는 a shopping cart(쇼핑 카트)를 이용한 오답이다. 정답은 '깜빡 잊고 신용 카드를 가져오지 않았다'고 말함으로써 제안을 거절할 수 밖에 없는 상황임을 나타낸 (B)이다.

2

We need to consider giving raises to several employees.

(A) There's not enough money in the budget.
(B) Okay, we can hire some more workers.
(C) Right. Salaries are too high these days.

몇몇 직원들의 급여를 인상시키는 것을 고려해 보아야 해요.
(A) 예산상 돈이 충분하지 않아요.
(B) 좋아요, 직원을 더 고용할 수 있어요.
(C) 맞아요. 요즘에 급여가 너무 높아요.

need to라는 표현으로 급여 인상을 고려해 보아야 한다는 제안을 하고 있다. 따라서 예산상 돈이 없다고 말하면서 제안을 우회적으로 거절한 (A)가 가장 적절한 답변이다. 급여 인상을 고려하자는 제안에 '직원을 더 뽑을 수 있다'고 답한 (B)와 '요즘 급여가 너무 높다'고 답한 (C)는 모두 엉뚱한 대답이다.

3

You should have a talk with Alice concerning her performance.

(A) The play is set to begin on time.
(B) We're all concerned about you.
(C) It has been poor lately, hasn't it?

---

concerning ~에 관한   play 연극   be concerned about ~에 대해 걱정하다   lately 최근에

그녀의 성과와 관련해서 Alice와 이야기를 해 보세요.
(A) 연극은 정시에 시작할 예정이에요.

30

(B) 우리는 모두 당신을 걱정하고 있어요.
(C) 최근에 좋지가 않죠, 그렇지 않나요?

조동사 should를 이용해 Alice라는 사람과 이야기를 나눌 것을 제안하고 있다. (A)는 질문에서 사용된 performance(성과, 업적)를 '공연'으로 잘못 알아들었을 경우 선택할 수 있는 함정이며, (B)는 질문의 전치사인 concerning(~와 관련해서)과 발음이 비슷한 concerned(걱정하는, 우려하는)를 이용한 오답이다. 따라서 최근 그녀의 성과가 좋지 않았는지를 되물음으로써 상대방이 그처럼 제안한 이유를 확인하려 한 (C)가 가장 적절한 답변이다. 참고로 (C)의 it은 her performance를 가리킨다.

4

> We had better respond to his demands by this Friday.
>
> (A) There's no response.
> (B) It's a demanding job.
> (C) There's not enough time.

---
demand 요구하다; 요구 demanding 부담이 큰, 힘든

그의 요구에 대한 답을 이번 주 금요일까지 해 주는 것이 좋겠어요.
(A) 반응이 없어요.
(B) 부담이 큰 일이에요.
(C) 시간이 충분하지 않아요.

had better를 이용해 금요일까지 요구 사항에 대한 답을 주자는 제안을 하고 있다. (A)는 respond(대답하다, 반응하다)의 명사형인 response(대답, 반응)로, (B)는 demands(요구하다)의 분사형인 demanding(부담이 큰, 힘든)으로 오답을 유도하고 있는 함정이다. 따라서 '(금요일까지는) 시간이 충분치 않다'며 상대방의 제안을 받아 드릴 수 없음을 밝힌 (C)가 가장 자연스러운 대답이다.

5

> I suggest taking the elevator to the top floor.
>
> (A) I couldn't agree more.
> (B) On the tenth floor.
> (C) Yes, there's the elevator.

맨 위층까지 엘리베이터를 타고 갈 것을 제안해요.
(A) 대찬성이에요.
(B) 10층에서요.
(C) 네, 엘리베이터가 있어요.

엘리베이터를 타고 맨 위층으로 가자는 제안을 하고 있으므로 이에 대해 적극적으로 수락 의사를 밝힌 (A)가 정답이다. (B)와 (C)는 각각 질문에서 사용된 floor와 elevator를 중복 사용한 오답이다. 참고로 (A)의 'I couldn't agree more.'는 '대찬성이다' 혹은 '전적으로 동감이다'라는 뜻이다.

Type 23 명령문
p.86

⊙ 2-46

1. (A)	**2.** (C)	**3.** (B)	**4.** (C)	**5.** (C)

1

> Let's consider all of our options before deciding.
>
> (A) Okay. Set up a meeting for this afternoon.
> (B) Yes, those are all of the choices we have.
> (C) That decision is under consideration.

---
option 선택 사항, 옵션 set up a meeting 회의를 소집하다 under consideration 고려 중인

결정을 내리기에 앞서 모든 옵션들을 고려해 보죠.
(A) 좋아요. 오늘 오후에 회의를 소집해 주세요.
(B) 네, 그것이 우리가 선택할 수 있는 전부예요.
(C) 그러한 결정 사항은 고려 중이에요.

간접명령문을 이용해 모든 옵션들을 검토하는 제안을 하고 있다. 따라서 제안을 수락하면서 동시에 회의를 소집해 달라는 (A)가 가장 자연스러운 답변이다. (B)는 질문에서 사용된 options(옵션)와 의미가 유사한 choices(선택)를 이용한 오답이고, (C)는 질문에서 사용된 consider(고려하다)의 명사형인 consideration(고려)을 이용한 오답이다.

2

> Send a memo to the staff about the new policy.
>
> (A) He memorized everything he needed to.
> (B) About how to get reimbursed for expenses.
> (C) I'll have it done in ten minutes.

---
memo 회람 staff 직원 policy 정책, 방침 memorize 암기하다 reimburse 변제하다, 상환하다 expense 경비, 비용

직원들에게 새로운 방침에 관한 회람을 보내 주세요.
(A) 그는 자신에게 필요한 모든 것을 암기했어요.
(B) 비용을 회사가 지불하도록 하는 방법에 대해서요.
(C) 10분 후에 할게요.

명령문을 이용하여 직원들에게 회람을 보내라는 지시를 내리고 있다. (A)는 memo(회람)와 발음이 유사한 memorized(암기하다)를 이용한 함정으로, 이는 가리키는 대상이 불분명한 he를 주어로 삼고 있다. (B)는 new policy(새로운 방침)가 무엇에 관한 것인지 물었을 때 이어질 수 있는 답변이다. 따라서 '10분 후에 회람을 보내겠다'고 답함으로써 지시를 따르겠다는 의사를 밝힌 (C)가 정답이다.

3

> Don't forget to e-mail me the data from the survey.
>
> (A) I'll head to the post office soon.
> (B) Check your inbox.
> (C) Yes, this is the data.

---
head to ~으로 향하다 inbox (이메일의) 받은 편지함

잊지 말고 설문 조사 자료를 제게 이메일로 보내 주세요.
(A) 저는 잠시 후에 우체국으로 갈 거예요.
(B) 받은 편지함을 확인해 주세요.
(C) 네, 이것이 자료예요.

명령문을 통해 이메일로 자료를 보내 달라는 지시를 내리고 있다. 따라서 '(이메일을 보낼 테니) 수신함을 확인해 달라'고 답한 (B)가 가장 적절한 답변이다. (A)는 e-mail(이메일로 보내다)을 mail(우편으로 부치다)로 잘못 들었을 경우 연상할 수 있는 post office(우체국)를 이용한 함정이며, (C)는 질문에서 사용된 data를 중복 사용한 오답이다.

4

Let's give Mr. Peters a chance to explain himself.

(A) Your explanation is somewhat confusing.
(B) Mr. Peters is working in his cubicle.
(C) I'm not interested in what he has to say.

explain oneself 자기 입장을 밝히다, 해명하다 confusing 혼란스러운 cubicle 작은 방 be interested in ~에 관심이 있다

Peters 씨에게 해명할 기회를 주도록 하죠.
(A) 당신의 설명은 다소 모호하군요.
(B) Peters 씨는 자신의 사무실에서 일하고 있어요.
(C) 그가 어떤 말을 하든 관심 없어요.

Peters 씨라는 사람에게 해명할 기회를 주자는 제안을 하고 있다. (A)는 질문의 explain(설명하다)의 명사형인 explanation(설명)을 이용한 함정으로 질문과 전혀 관련이 없는 답변을 하고 있으며, (B)는 Mr. Peters이라는 이름을 반복 사용하여 오답을 유도하고 있다. 정답은 '그가 할 말에 관심이 없다'며 상대방의 제안을 단호하게 거절한 (C)이다.

5

Don't try to repair the copier if it breaks down.

(A) I don't think she broke it.
(B) Ten double-sided copies, please.
(C) Should I contact the repairman then?

break down 고장이 나다

복사기가 고장 나는 경우에 수리하려고 하지 마세요.
(A) 그녀가 고장을 냈다고 생각하지는 않아요.
(B) 양면으로 10장 복사 부탁해요.
(C) 그러면 수리 기사에게 연락을 해야 하나요?

복사기가 고장이 나도 직접 수리하지 말라는 지시를 내리고 있다. (A)는 가리키는 대상이 불분명한 대명사 she와 질문에서 사용된 breaks(부수다; 고장을 내다)의 과거형인 broke를 이용한 함정이고, (B)는 copier(복사기)로 연상할 수 있는 표현인 double-sided copies(양면 복사)를 이용한 오답이다. 따라서 직접 수리하지 않고 수리 기사를 불러야 하는지를 되물은 (C)가 가장 자연스러운 답변이다.

Type 24 기타 I

p.88

⊙ 2- 48

1. (B)	2. (A)	3. (C)	4. (A)	5. (A)

1

Which proposal do you think we should accept?

(A) Nobody has accepted anything.
(B) I like the one Mr. Washington made.
(C) That's precisely the one I prefer.

proposal 제안   precisely 정확하게

우리가 어떤 제안을 받아드려야 한다고 생각하나요?
(A) 아무도 받아드린 것이 없어요.
(B) Washington 씨가 한 제안이 마음에 들어요.
(C) 그것이 바로 제가 선호하는 것이에요.

어떤 제안이 마음에 드는지 상대방의 의견을 묻고 있다. (A)는 본문에서 사용된 accept를 이용한 함정이며, 가리키는 대상이 불분명한 that을 주어로 삼고 있는 (C) 역시 정답이 될 수 없다. 정답은 직접적으로 'Washington 씨의 제안이 마음에 든다'는 의견을 밝힌 (B)이다.

2

What do you expect Data Soft is going to offer us?

(A) A two-year contract at a reasonable price.
(B) Its headquarters is located in Richmond.
(C) Those are the terms of the offer we received.

reasonable 합리적인, 합당한   headquarters 본사, 본부   term 기간; 조건

Data Soft가 우리에게 무엇을 제안할 것으로 예상하나요?
(A) 합리적인 가격의 2년간 계약이요.
(B) 그곳 본사는 리치몬드에 위치해 있어요.
(C) 그것이 우리가 받은 제안 조건이에요.

Data Soft라는 업체의 제안에 대한 상대방의 예상을 묻고 있다. 따라서 '합리적인 가격으로 2년 계약을 제안할 것'이라는 자신의 예상을 밝힌 (A)가 가장 자연스러운 답변이다. 제안에 대한 예상을 묻는 질문에 본사의 위치를 언급한 (B)는 엉뚱한 답변이며, (C)는 본문에서 사용된 offer(제안; 제안하다)를 중복 사용하여 오답을 유도하고 있는 함정이다.

3

What do you suppose the solution to this problem is?

(A) Yes, this is a major problem.
(B) You figured it out quickly.
(C) It's beyond my ability to solve.

solution 해결, 해결 방안   figure out 알아내다, 해결하다   ability 능력

이 문제에 대한 해결책은 무엇이라고 생각하나요?
(A) 네, 이것은 중요한 문제에요.
(B) 당신이 빨리 알아냈어요.
(C) 저의 해결 능력을 넘어서는 문제예요.

문제의 해결 방법에 대한 상대방의 의견을 구하고 있다. 의견을 묻는 질문에 yes로 답한 (A)는 정답이 아니며, (B)는 solution과 의미상으

로 연결되는 figure out(알아내다, 해결하다)이라는 표현으로 혼동을 유발하려는 함정이다. 따라서 '내 능력 밖이다'라고 말함으로써 자신은 해결할 수 없는 문제임을 밝힌 (C)가 가장 적합한 대답이다.

4

Which way do you think we could get there the fastest?

(A) I recommend taking the expressway.
(B) It's at least half an hour from here.
(C) We always take a plane to Houston.

recommend 추천하다   expressway 고속도로

그곳으로 가장 빨리 가려면 어떤 길을 이용해야 하나요?
(A) 고속도로를 이용하는 것을 추천할게요.
(B) 여기서부터 최소한 30분 거리에요.
(C) 우리는 항상 비행기를 타고 휴스턴으로 가요.

가장 빨리 갈 수 있는 방법을 묻고 있다. 따라서 직접적으로 고속도로를 추천한 (A)가 가장 자연스러운 답변이다. (B)는 어떤 지점까지의 거리 등을 물었을 때 이어질 수 있는 답변이고, (C)는 질문과 선여 관련이 없는 Houston이라는 지명을 이용한 오답이다.

5

What do you think of the company's new logo?

(A) It's much better than the old one.
(B) Three different colors.
(C) Ms. Chen studied graphic design in college.

회사의 새로운 로고에 대해 어떻게 생각하나요?
(A) 기존 것보다 훨씬 더 좋요.
(B) 서로 다른 세 가지 색깔이요.
(C) Chen 씨는 대학에서 그래픽 디자인을 공부했어요.

회사의 새 로고에 대한 상대방의 의견을 묻고 있다. 따라서 기존 로고 보다 더 좋아 보인다는 입장을 밝힌 (A)가 정답이다. (B)와 (C)는 각각 logo(로고)로부터 연상 가능한 colors(색상)와 graphic design(그래픽 디자인)으로 오답을 유도하는 함정으로, 질문과는 전혀 관련이 없는 내용을 언급하고 있다.

Type 25 기타 II   p.90

⊙ 2-50

| **1.** (B) | **2.** (B) | **3.** (C) | **4.** (A) | **5.** (A) |

1

Excuse me, but would you happen to know where Liberty Park is?

(A) She has never been there before.
(B) You'd better take a taxi there.
(C) It's the city's most popular park.

죄송하지만 Liberty 공원이 어디에 있는지 아시나요?
(A) 그녀는 결코 그곳에 가본 적이 없어요.
(B) 그곳까지는 택시를 타고 가시는 것이 나아요.
(C) 그곳은 시내에서 가장 인기가 있는 공원이죠.

but 이후의 내용에 주의하면 이 의문문은 Liberty 공원의 위치를 묻는 문장이라는 점을 알 수 있다. (A)는 엉뚱한 주어인 she로 시작하는 오답이고, (C)는 Liberty 공원이 어떤 곳인지 묻는 질문 등에 이어질 수 있는 대답이다. 따라서 정답은 '그곳은 택시를 타고 가야 하는 곳이다'라며 Liberty 공원이 멀리 떨어진 곳에 있다는 점을 암시한 (B)이다.

2

I'm sorry, but there aren't any seats left on this bus.

(A) Let me know when it's my stop.
(B) I'll take the next one then.
(C) Thanks. I'll sit down here.

죄송하지만 이 버스에는 남아 있는 좌석이 없어요.
(A) 언제 내리면 되는지 알려 주세요.
(B) 그러면 다음 버스를 탈게요.
(C) 고마워요. 여기에 앉을게요.

버스에 자리가 없다는 점을 알리고 있다. (A)는 '내려야 할 때를 알려 달라'는 의미로 버스 승객이 버스 기사 등에게 할 수 있는 말이며, 자리가 없다는 말에 '여기 앉겠다'고 답한 (C)는 질문과 전혀 어울리지 않는 대답이다. 정답은 '(빈 자리가 없으니) 다음 버스를 타겠다'는 자신의 의사를 밝힌 (B)이다.

3

If you need any help, please contact my colleague Rufus Morgan.

(A) He's never contacted me before.
(B) Thanks so much for your help.
(C) I'm afraid I don't know his number.

colleague 동료

도움이 필요하면 제 동료인 Rufus Morgan에게 연락하세요.
(A) 그는 결코 저에게 연락한 적이 없어요.
(B) 도와 줘서 정말 고마워요.
(C) 안타깝게도 저는 그분의 전화번호를 몰라요.

도움이 필요한 경우 자신의 동료에게 연락하라는 당부를 하고 있다. (A)는 질문의 contact를 중복 사용함으로써, (C)는 help를 중복 사용함으로써 오답을 유도하고 있는 함정들이다. 따라서 '그의 전화번호를 모른다'며 우회적으로 상대방에게 연락처를 물어보는 (C)가 가장 자연스러운 반응이다.

4

Pardon me, but can you show me where the fresh produce is?

(A) It's located in aisles 8 and 9.

(B) Yes, we produce that.

(C) No, it's frozen, not fresh.

fresh produce 신선 식품   aisle 복도, 통로   frozen 얼어붙은, 냉동의

죄송하지만 신선 식품이 어디에 있는지 알려 주시겠어요?
(A) 8번과 9번 코너에 있어요.
(B) 네, 저희가 그것을 생산해요.
(C) 아니요, 그것은 신선 식품이 아니라 냉동 식품이에요.

매장 등과 같은 곳에서 '신선 식품'(fresh produce)의 위치를 묻고 있는 상황이다. 따라서 직접적으로 해당 위치를 언급한 (A)가 정답이다. (B)에서 produce는 '생산하다' 혹은 '만들어내다'라는 뜻의 동사로 사용되었고, (C)는 질문에서 사용된 fresh(신선한)를 중복 사용한 함정이다.

5

I hate to bother you, but could you show me how to use this machine?

(A) There are instructions printed on it.
(B) We bought the equipment online.
(C) I showed Janet what to do.

bother 괴롭히다   instruction 설명, 지시 사항   equipment 장비, 설비

귀찮게 굴고 싶지는 않지만, 이 기기를 어떻게 사용하는지 알려 주시겠어요?
(A) 그 위에 사용법이 인쇄되어 있어요.
(B) 우리는 그 장비를 온라인으로 구입했어요.
(C) 제가 Janet에게 어떻게 하는지 알려 주었어요.

기기의 사용법을 묻고 있으므로 사용법이 적혀 있는 곳을 알려 준 (A)가 가장 자연스러운 답변이다. (B)는 machine(기계)으로 연상할 수 있는 equipment(장비)라는 단어를 이용한 함정이며, (C)는 질문에서 사용된 show(보여 주다)를 이용한 오답이다.

실전 문제 연습

p.92

▶ 2-51

1. (B)	2. (A)	3. (C)	4. (C)	5. (B)
6. (C)	7. (A)	8. (C)	9. (A)	10. (C)
11. (A)	12. (C)	13. (A)	14. (B)	15. (C)
16. (A)	17. (B)	18. (C)	19. (C)	20. (A)
21. (C)	22. (B)	23. (C)	24. (C)	25. (A)

1.

Have you been introduced to our new intern yet?

(A) Yes, let's take turns.
(B) I'll meet her at lunch.
(C) In the Marketing Department.

introduce 소개하다   intern 인턴 사원   yet 아직, 벌써   take turns 교대하다

새로운 인턴을 소개받았나요?
(A) 네, 교대해요.
(B) 점심 시간에 만날 거예요.
(C) 마케팅 부서에서요.

have로 시작하는 현재완료 시제의 의문문이다. 인턴을 소개받았는지 묻고 있기 때문에 '(아직 만나보지는 못했지만) 점심 시간에 만날 것이다'는 취지로 답한 (B)가 정답이다. (A)는 intern과 발음이 비슷한 turns로 오답을 유도하고 있는 함정이다. 경험을 묻는 질문에 장소를 언급한 (C) 또한 정답이 될 수 없다.

2.

The negotiations haven't been proceeding well.

(A) I couldn't agree more.
(B) Sure, let's proceed with them.
(C) A signed contract.

negotiation 협상   proceed 진행하다   I couldn't agree more 전적으로 동감이다. 전적으로 찬성하다   sign 서명하다   contract 계약(서)

협상이 잘 진행되고 있지가 않아요.
(A) 정말 그래요.
(B) 물론이죠, 계속 진행해요.
(C) 서명이 들어 있는 계약서요.

평서문을 통해 협상의 부진한 진행 상황을 언급하고 있으므로 이에 대해 맞장구를 친 (A)가 가장 자연스러운 답변이다. (B)는 proceed(진행하다, 계속하다)를 중복 사용한 함정이며, (C)는 negotiation(협상)으로부터 연상할 수 있는 a signed contract(서명이 이루어진 계약서)라는 어구를 이용한 오답이다.

3.

Doesn't the air conditioner in here work properly?

(A) About twenty-five degrees.
(B) Sorry. I'll do it right the next time.
(C) It's an older model.

air conditioner 에어컨   properly 제대로, 적절히   degree 도

이곳 에어컨은 제대로 작동하지 않나요?
(A) 약 25도요.
(B) 미안해요. 다음 번에는 제대로 할게요.
(C) 구형 모델이거든요.

부정의문문을 이용하여 에어컨의 정상 작동 여부를 묻고 있다. 기기의 정상 작동 여부를 묻고 있는 질문에 특정 온도를 밝힌 (A)는 정답이 될 수 없고, (B)는 work properly(제대로 작동하다, 제대로 일하다)와 의미가 유사한 do it right(제대로 하다)라는 표현을 이용한 함정이다. 따라서 정답은 구형 모델이라 제대로 작동하지 않는다는 의미를 전달하고 있는 (C)이다.

4.

What time is the announcement going to be made?

(A) In the company auditorium.
(B) By Ms. Brock.
(C) Thirty minutes from now.

announcement 발표, 안내   auditorium 강당

발표는 몇 시에 이루어질 예정인가요?
(A) 회사 강당에서요.
(B) Brock 씨에 의해서요.
(C) 지금부터 30분 후에요.

what time으로 질문하고 있으므로 구체적인 시각을 밝힌 답변이 정답이다. 따라서 '지금부터 30분 후'라고 답한 (C)가 정답이다. what time 대신 where를 이용해 발표 장소를 물었다면 (A)가 정답이 될 것이고, by whom을 이용해 발표자가 누구인지 물었다면 (B)가 정답이 될 것이다.

5.

Our flight will begin boarding in five minutes.

(A) A nonstop flight to San Francisco.
(B) We'd better hurry to the gate.
(C) In economics class as usual.

board 탑승하다   nonstop 직항의   hurry 서두르다   as usual 평소처럼, 평상시대로

우리 비행기편은 5분 후에 탑승이 시작될 거예요.
(A) 샌프란시스코 직항 비행기편이요.
(B) 서둘러 탑승구로 가는 것이 좋겠군요.
(C) 평상시처럼 이코노미 좌석에서요.

평서문을 통해 비행기편의 탑승 시간이 임박했음을 알려 주고 있으므로 이에 동조하여 '서두르는 편이 좋겠다'고 답한 (B)가 가장 자연스러운 답변이다. (A)는 flight(비행기, 비행기편)를 반복 사용함으로써 오답을 유도하고 있는 함정이고, (C)는 flight로부터 연상할 수 있는 표현인 economy class(이코노미 좌석)를 이용한 오답이다.

6.

Would you be interested in giving a short lecture?

(A) This time tomorrow morning.
(B) Twenty minutes or so.
(C) What's the topic?

give a lecture 강연하다, 강의하다   topic 주제

짧게 강연을 하는 것에 관심이 있나요?
(A) 내일 아침 이 시간이요.
(B) 대략 20분이요.
(C) 주제가 무엇인가요?

조동사 would를 이용해 상대방에게 강연을 할 의향이 있는지 묻고 있다. (A)는 강연이 시작되는 시간을 묻는 질문 등에 이어질 수 있는

답변이고, (B)는 강연이 진행되는 시간을 묻는 질문 등에 나올 수 있는 답변이다. 정답은 주제가 무엇인지 되물음으로써 주제에 따라 가부가 갈릴 수 있음을 밝힌 (C)이다.

7.

Where is Ms. Kelly traveling to this week?

(A) Either Italy or Germany.
(B) To meet some potential clients.
(C) She's on vacation.

either A or B A와 B중 하나   potential 잠재적인; 잠재력

Kelly 씨는 이번 주에 어디로 출장을 갈 건가요?
(A) 이탈리아나 독일 중 한 곳이요.
(B) 잠재 고객들을 만나기 위해서요.
(C) 그녀는 휴가 중이에요.

의문사 where를 이용해 출장 지역이 어디인지 묻고 있으므로 구체적인 나라 이름을 언급한 (A)가 정답이다. (B)는 출장 목적을 묻는 질문에 이어질 수 있는 답변이고, (C)는 traveling(여행)에서 연상할 수 있는 단어인 vacation(휴가)을 이용한 함정이다.

8.

Who does Mr. Jennings report to?

(A) That's what I was told.
(B) It's a twenty-page report.
(C) The head of his department.

report 보고하다; 보고서   head 머리; 장, 수장

Jennings 씨는 누구에게 보고를 하나요?
(A) 그것이 바로 제가 들은 바에요.
(B) 20페이지 분량의 보고서예요.
(C) 그의 부서장이요.

의문사 who로 시작되는 질문이므로 구체적인 이름이나 직책 등을 밝힌 답변이 정답이다. (A)는 상대방의 말에 동조를 할 때 사용되는 표현이며, (B)는 보고서의 분량을 물었을 때 이어질 수 있는 대답이다. 정답은 '부서장'이라는 보고 대상의 직책을 밝힌 (C)이다.

9.

Could you help me carry these boxes to the storage room?

(A) My back is really hurting now.
(B) It's to the left of the elevator.
(C) I can see several boxes there.

storage room 창고   back 등, 허리

이 상자들을 창고까지 옮기는데 도움을 주실 수 있으신가요?
(A) 지금 허리가 정말로 아파서요.
(B) 엘리베이터 왼쪽에 있어요.
(C) 그곳에 상자들이 몇 개 보여요.

조동사 could를 이용해 상대방에게 도움을 요청하고 있다. 따라서 '허리가 아파 그럴 수가 없다'고 답함으로써 간접적으로 도움 요청을 거절한 (A)가 정답이다. (B)는 위치를 묻는 질문에 이어질 수 있는 답변이고, (C)는 질문의 boxes를 중복 사용한 오답이다.

10.

> The registration period for the conference ends tomorrow.
>
> (A) We had a great time there.
> (B) It cost me $50 to sign up.
> (C) I'd better log on to the Web site.
>
> registration period 등록 기간   sign up 등록하다   log on 로그온하다, 로그인하다

컨퍼런스 등록 기간이 내일 끝나요.
(A) 우리는 그곳에서 멋진 시간을 보냈어요.
(B) 등록하는데 50달러가 들었어요.
(C) 웹사이트에 로그인해야겠네요.

컨퍼런스의 등록 마감이 임박했다는 정보를 알려 주고 있다. (A)는 컨퍼런스에 대한 소감 등을 물었을 때 이어질 수 있는 답변이고, (B)는 질문의 registration(등록)과 의미가 상통하는 sign up(등록하다)을 이용한 함정이다. 정답은 '(마감이 임박했으니) 웹사이트에 로그인하여 등록을 해야겠다'는 의미를 전달하고 있는 (C)이다.

11.

> Which of these items should we purchase?
>
> (A) Whatever is the highest in quality.
> (B) Yes, that's the one I want.
> (C) You made a good decision.
>
> quality 품질   make a decision 결정하다

이 상품들 중에 어떤 것을 구입해야 할까요?
(A) 품질이 가장 뛰어난 것으로요.
(B) 네, 그것이 제가 원하던 것이에요.
(C) 훌륭한 결정을 내렸군요.

의문사 which를 이용하여 상대방에게 상품들 중 어떤 것을 선택해야 할지 묻고 있다. 정답은 '(그중에서) 품질이 가장 좋은 것'을 지칭한 (A)이다. 의문사로 시작하는 질문에 yes로 답한 (B)는 정답이 될 수 없고, (C)는 상대방의 결정이나 결단을 들은 후에 이어질 수 있는 반응이다.

12.

> You're still planning to apply for a transfer, aren't you?
>
> (A) In the Miami office.
> (B) She comes to us from Cairo.
> (C) My intentions haven't changed.
>
> still 아직도, 여전히   apply for ~을 신청하다, ~에 지원하다   transfer 이동; 전근   intention 의도, 생각

여전히 전근을 신청할 생각이죠, 그렇지 않나요?
(A) 마이애미 지사에서요.
(B) 그녀는 카이로 출신이에요.
(C) 제 생각은 변함없어요.

부가의문문으로 묻고 있으므로 yes/no 의미를 담고 있는 답변이 정답이다. (A)와 (B)는 transfer(이동, 전근)를 듣고 연상할 수 있는 장소인 Miami(마이애미), Cairo(카이로)를 이용한 함정으로 모두 정답이 될 수 없다. 정답은 전근할 생각을 계속 하고 있다고 말함으로써 간접적으로 yes의 의미를 전달한 (C)이다.

13.

> Was anybody here not surprised by the merger?
>
> (A) I believe Martin predicted it.
> (B) Between our two main rivals.
> (C) Yes, these parts fit together.
>
> merger 합병   predict 예상하다, 예측하다   rival 경쟁 상대, 라이벌   fit together 서로 잘 맞다

합병에 놀라지 않은 사람이 있었나요?
(A) Martin이 예상하고 있었다고 생각해요.
(B) 우리의 주요 경쟁업체 두 곳 사이에요.
(C) 네, 이 부품들은 서로 잘 맞아요.

be동사로 시작하는 의문문이다. 정답은 yes의 의미를 내포하고 있는 (A)이다. (B)와 (C)는 각각 merger(합병)로부터 연상할 수 있는 표현인 rivals(경쟁업체, 라이벌)와 fit together(서로 잘 맞다)로 오답을 유도하고 있는 함정이다.

14.

> The heavy rain is delaying our construction schedule.
>
> (A) I'll deliver it on time then.
> (B) The weather should clear up soon.
> (C) It will be a ten-story building.
>
> delay 연기하다, 지체시키다   deliver 배달하다   clear up (날씨가) 개다   story 층

폭우로 인해 건설 일정이 차질을 빚고 있어요.
(A) 그러면 제가 정시에 배달할게요.
(B) 날씨가 곧 좋아질 거예요.
(C) 10층짜리 건물이 될 거예요.

평서문을 이용해 공사 일정 차질에 대한 우려를 나타내고 있다. 정답은 상대방의 우려를 해소시킬 목적으로 '날씨가 곧 좋아질 것이다'라고 반응한 (B)이다. (A)는 delaying(연기하다)과 발음이 비슷한 deliver it(배달하다)을 이용한 함정이며, (C)는 construction(건설)으로부터 연상이 가능한 building(건물)을 이용한 함정이다.

15.

> How many people applied for the open position?
>
> (A) An entry-level job as a receptionist.
> (B) The interviews start tomorrow.

(C) I have to ask Debbie about that.

open position 빈 자리, 공석   entry-level job 초보적인 업무

공석에 얼마나 많은 사람이 지원했나요?
(A) 접수 담당자와 같은 초보적인 일이요.
(B) 면접은 내일 시작되어요.
(C) 그에 대해서는 Debbie에게 물어봐야 할 것 같아요.

how many people로 물었으니 인원수로 대답하는 것이 원칙이며, '잘 모르겠다'는 식의 답변 등도 가능하다. (A)는 일의 성격을 묻는 질문에 이어질 수 있는 답변이고, (B)는 질문의 open position(빈 자리, 공석)으로부터 연상이 가능한 interviews(면접)를 이용한 함정이다. 정답은 'Debbie라는 사람에게 물어봐야 알 수 있다'며 즉답을 피한 (C)이다.

16.

I'm here to pick up some documents for Mr. Howard.

(A) They're here in this envelope.
(B) The negotiations were well documented.
(C) Okay, I'll pick you up in the afternoon.

pick up 가지고 가다; (차로) 데리러 가다   document 서류; 기록하다
envelope 봉투

Howard 씨를 위한 서류를 받아 가려고 왔어요.
(A) 이 봉투 안에 있어요.
(B) 협상 내용은 잘 기록되었어요.
(C) 좋아요, 제가 오후에 당신을 태우러 갈게요.

평서문을 이용해 자신이 온 이유를 밝히고 있다. 따라서 상대방의 찾는 서류가 있는 곳을 알려 준 (A)가 가장 자연스러운 답변이다. (B)와 (C)는 각각 질문의 document와 pick up이라는 표현을 중복 사용하여 오답을 유도하고 있는 함정인데, (B)의 document는 '기록하다' 또는 '문서화하다'라는 뜻의 동사이고, (C)의 pick up은 '차로 데리러 가다'라는 뜻이다.

17.

We'd better complete the draft of the contract before lunch.

(A) The cafeteria is fine with me.
(B) That doesn't give us much time.
(C) Yeah, I can feel a draft in here.

had better ~하는 편이 낫다   draft 초안   cafeteria 구내 식당, 매점
feel a draft 냉대를 느끼다

점심 시간 전에 계약서 초안을 완성시키는 것이 좋겠어요.
(A) 저는 구내 식당도 좋아요.
(B) 그럼 시간이 많지가 않군요.
(C) 예, 이곳은 대접이 좋지가 않네요.

had better를 이용해 점심 시간 전에 초안 작성 업무를 끝내자는 제안을 하고 있다. 따라서 '그렇게 하려면 서둘러야겠다'는 뜻을 간접적으로 밝힌 (B)가 정답이다. (A)는 lunch로 부터 떠올릴 수 있는 단어

인 cafeteria(구내 식당)로, (C)는 draft를 중복 사용함으로써 오답을 유도하고 있는 함정이다. 참고로 (C)에서 feel a draft는 '냉대를 느끼다'라는 의미를 나타낸다.

18.

The elevator doesn't appear to be working now.

(A) I work until six every day.
(B) Okay. Just press the button.
(C) Let's take the stairs then.

take the stairs 계단을 이용하다

엘리베이터가 작동하지 않는 것 같군요.
(A) 저는 매일 6시까지 일을 해요.
(B) 좋아요. 버튼만 누르세요.
(C) 그러면 계단을 이용하죠.

평서문을 통해 엘리베이터가 고장 났다는 정보를 전달하고 있다. (A)는 work를 중복 사용한 오답이며, (B)는 elevator로부터 연상이 가능한 press the button이라는 표현을 통해 오답을 유도하고 있는 함정이다. 정답은 엘리베이터 대신 계단을 이용하자는 대안을 제시한 (C)이다.

19.

Why was that customer so upset just now?

(A) She's a regular customer here.
(B) No, it hasn't been set up yet.
(C) An item she bought was broken.

upset 기분이 상한   regular customer 단골 손님   set up 설치하다

저 고객은 왜 저렇게 화가 났나요?
(A) 그녀는 이곳의 단골 손님이에요.
(B) 아니요, 아직 설치되지 않았어요.
(C) 그녀가 산 제품이 고장 났어요.

의문사 why를 이용하여 고객이 화난 이유를 묻고 있다. (A)는 문제의 customer(고객)를 중복 사용함으로써, (B)는 upset(화가 난)과 발음이 비슷한 set up(설치하다)을 이용하여 각각 오답을 유도하고 있다. 정답은 고객이 화난 이유를 직접적으로 밝힌 (C)이다.

20.

Shall we meet in ten minutes, or do you need to reschedule?

(A) See you in your office in a bit.
(B) Yes, that should be acceptable.
(C) The event is taking place on Friday.

reschedule 일정을 조정하다   in a bit 잠시 후에   acceptable 받아들일 수 있는   take place 일어나다, 발생하다

10분 후에 만날까요, 아니면 일정을 조정해야 하나요?
(A) 잠시 후에 당신 사무실에서 보죠.

(B) 네, 그건 받아들여야 해요.
(C) 그 행사는 금요일에 열릴 예정이에요.

선택의문문을 통해 10분 후에 만날 것인지, 일정을 재조정할 것인지 상대방에게 묻고 있다. 따라서 '잠시 후에 보자'고 말함으로써 첫 번째 방안을 선택한 (A)가 정답이다. 선택의문문에 yes로 답한 (B)는 정답이 될 수 없고, (C)는 행사 일정 등을 묻는 질문에 이어질 법한 답변이다.

21.

I suggest going back over your presentation.

(A) It's on the state of our foreign branches.
(B) I'm not going to be present there.
(C) Did you find some mistakes in it?

go back over (있었던 일에 대해) 생각해 보다, 이야기하다 on the state of ~의 상태에 관한 present 발표하다; 참석한 mistake 실수

당신 발표에 대해 논의해 볼 것을 제안해요.
(A) 해외 지사의 상황에 관한 것이에요.
(B) 저는 그곳에 참석하지 않을 거예요.
(C) 실수가 있었나요?

평서문을 통해 발표에 대해 이야기해 보자는 제안을 하고 있다. (A)는 발표의 주제가 무엇인지 물었을 때 이어질 법한 답변이고, (B)의 present는 '발표하다'라는 뜻의 동사가 아니라 '참석한'이라는 뜻의 형용사이다. 정답은 자신의 발표에 대해 논의하자는 이유가 무엇인지를 되묻은 (C)이다.

22.

Somebody forgot to turn off the lights last night.

(A) I just bought some light bulbs.
(B) Emily was the last person here.
(C) No, the lights were still on.

forget to ~할 것을 잊다 light bulb 전구

어젯밤에 전등을 끄는 것을 잊은 사람이 있었어요.
(A) 저는 조금 전에 전구를 샀어요.
(B) Emily가 마지막까지 있었어요.
(C) 아니요, 전등은 켜져 있었어요.

상대방에게 전등을 끄지 않은 사람이 있었음을 알리고 있다. 따라서 예상되는 인물의 이름을 직접적으로 거론한 (B)가 정답이다. (A)는 lights(조명)로부터 연상이 가능한 light bulbs(전구)로, (C)는 lights를 중복 사용하여 오답을 유도하고 있는 함정이다.

23.

Is there someone who can process this refund for me?

(A) The process is not very difficult.
(B) I've got the receipt right here.
(C) I'll handle it if you can wait a moment.

process 처리하다; 과정, 절차 refund 환불 receipt 영수증 handle 다루다, 처리하다 wait a moment 잠시 기다리다

환불 절차를 진행해 주실 분이 있나요?
(A) 절차는 그다지 어렵지 않아요.
(B) 여기에 영수증이 있어요.
(C) 잠시 기다리시면 제가 처리해 드릴게요.

be동사로 시작하는 의문문을 통해 환불 절차를 처리해 줄 사람을 찾고 있다. 따라서 '내가 하겠다'고 답한 (C)가 가장 자연스러운 답변이다. (A)는 질문에서 사용된 process(처리하다; 과정, 절차)를 중복 사용한 함정이며, (B)는 의미상 refund(환불)와 관계가 있는 receipt(영수증)를 이용한 오답이다.

24.

Which airport are the clients flying into?

(A) About two hours from now.
(B) Eagle Airlines, I believe.
(C) The one in Springfield.

airport 공항 airline 항공사

고객들이 어느 공항으로 올 건가요?
(A) 지금부터 약 2시간 후에요.
(B) 제가 알기로는 Eagle 항공사에요.
(C) 스프링필드에 있는 공항이요.

which airport를 놓치지 않고 들었다면 정답은 '스프링필드에 있는 공항'이라고 답한 (C)임을 쉽게 알 수 있다. (A)는 비행 시간을 물어본 경우에, (B)는 항공사 이름을 물어본 경우에 이어질 수 있는 답변들이다.

25.

Your conference call has been moved to two thirty.

(A) Give me a reminder five minutes before it starts.
(B) With the CEO and the vice president.
(C) We discussed all the important matters during it.

conference call 전화 회의 give ~ a reminder ~에게 상기시켜 주다 vice president 부사장; 부통령

전화 회의가 2시 30분으로 변경되었어요.
(A) 회의 시작 5분전에 다시 알려 주세요.
(B) 사장님과 부사장님과 함께요.
(C) 그때 중요한 문제는 모두 논의했어요.

평서문을 이용해 전화 회의 시간에 대한 정보를 알리고 있다. 따라서 회의 시작 전에 다시 한 번 알려 달라고 요청한 (A)가 정답이다. (B)는 회의 참석자를 묻는 질문에 이어질 법한 답변이고, (C)는 회의 소감 등을 묻는 질문에 이어질 수 있는 답변이다.

PART 3

Type 01 주제 및 목적

▶ 3-02

1. (D) **2.** (A) **3.** (A) **4.** (B) **5.** (D)
6. (A)

[1-3]

> **M:** Good afternoon. I wonder if you can get this stain out of this pair of pants. I've got to wear them to a wedding I'm attending.
> **W:** Hmm . . . It looks like a coffee stain, so we should be able to remove it. At worst, it will be very difficult to see. You can pick it up two days from now.
> **M:** Actually, the wedding is tomorrow at one. Can you clean it faster?
> **W:** We're closed tomorrow, but if you pay for express service, we can have it ready for you three hours from now.
> **M:** I don't care what it costs. I'll be back here around five thirty.

> stain 얼룩 have got to ~해야 한다 wedding 결혼(식) remove 제거하다 at worst 최악의 경우에, 아무리 나빠도

M: 안녕하세요. 이 바지의 얼룩을 제거해 주실 수 있으신지 궁금하군요. 참석해야 하는 결혼식에 입고 가야 해서요.
W: 흠... 커피 얼룩처럼 보이기 때문에 제거할 수 있을 것 같아요. 최악의 경우라도 알아 보기는 힘들 거예요. 지금부터 이틀 후에 찾으러 오시면 되고요.
M: 실은 결혼식이 내일 한 시거든요. 더 빨리 세탁해 주실 수 있으신가요?
W: 내일은 문을 닫지만 특급 서비스 비용을 지불하시면 지금부터 세 시간 후에 준비해 드릴 수 있어요.
M: 비용이 얼마가 드는지는 상관없어요. 약 30분 후에 이곳으로 다시 올게요.

1 남자가 방문한 목적은 무엇인가?
(A) 바지를 찾아 가기 위해
(B) 가격에 대해 문의하기 위해
(C) 조언을 구하기 위해
(D) 세탁을 하기 위해

세탁소에서 이루어지고 있는 대화이다. 대화의 첫 문장에서 남자는 'I wonder if you can get this stain out of this pair of pants.'라고 말하며 세탁소를 찾은 이유를 밝히고 있다. 즉 바지 얼룩을 제거하기 위해 세탁소를 방문한 것이므로 (D)가 정답이다.

2 남자는 내일 무엇을 할 것인가?
(A) 결혼식에 참석한다
(B) 면접을 본다
(C) 출장을 간다

(D) 직무와 관련된 행사에서 연설을 한다

질문의 핵심어구인 tomorrow가 들어 있는 문장을 주의해서 들어야 한다. tomorrow는 'Actually, the wedding is tomorrow at one.'이라는 남자의 말에서 들을 수 있는데, 이를 통해 남자는 내일 결혼식에 참석할 예정임을 알 수 있다. 따라서 정답은 (A)이다.

3 남자는 여자에게 무엇을 하라고 요청하는가?
(A) 특급 서비스를 제공한다
(B) 옷이 준비되면 그에게 전화를 한다
(C) 약간의 할인을 적용해 준다
(D) 내일 옷을 돌려 준다

대화 후반부에서 여자가 '특급 서비스 비용을 지불하면'(if you pay for express service) 30분 후에 옷을 찾을 수 있다고 말하자 남자는 'I don't care what it costs.'라고 언급한 후 30분 후에 다시 오겠다고 말한다. 따라서 남자가 여자에게 요청한 것은 특급 서비스를 제공해서 세탁을 빨리 끝내 달라는 것이므로 정답은 (A)이다.

[4-0]

> **W:** Hello. This is Laura Engels. May I please speak with Luke Jackson?
> **M:** Hello, Ms. Engels. This is Luke Jackson. Are you calling about the ticket you booked online yesterday?
> **W:** No, I don't need to make any changes to that. However, I was just informed that I have to fly to Buenos Aires tonight, so I need your assistance.
> **M:** There's only one airline with an evening flight there, so let me check if there are seats available. Do you have any special requests?
> **W:** I'd like a window seat in business class.
> **M:** Okay. Just so you know, the flight departs at 7:45 P.M., so you don't have much time to get to the airport.

> inform 알리다 assistance 도움, 원조 airline 항공사 get to ~에 도달하다, 도착하다

W: 안녕하세요. 저는 Laura Engels입니다. Luke Jackson과 통화를 할 수 있을까요?
M: 안녕하세요, Engels 씨. 제가 Luke Jackson입니다. 어제 온라인으로 예매하신 티켓 때문에 전화하신 건가요?
W: 아니요, 그에 대해서는 변경할 것이 없어요. 하지만 조금 전에 제가 오늘밤 부에노스 아이레스로 가야 한다는 점을 알게 되어서 당신의 도움이 필요해요.
M: 그곳으로 가는 저녁 비행기편은 한 항공사에만 있기 때문에 구할 수 있는 자리가 있는지 제가 확인해 볼게요. 다른 특별한 요구 사항이 있으신가요?
W: 비즈니스 클래스의 창가 자리면 좋겠어요.
M: 알겠어요. 아시겠지만 비행기는 저녁 7시 45분에 출발하기 때문에 공항까지 갈 수 있는 시간이 많지는 않으세요.

4 여자는 왜 전화를 하고 있는가?
(A) 예약을 변경하기 위해
(B) 새로운 예약을 하기 위해

(C) 가격에 대해 문의하기 위해
(D) 좌석 배정을 새로 받기 위해

여자가 전화한 목적을 묻고 있다. 대화 초반부에 남자가 여자에게 예약한 티켓 때문에 전화한 것이냐고 묻자 여자는 그렇지 않다고 대답한 후, '오늘밤에 부에노스 아이레스로 가야 한다'(I have to fly to Buenos Aires tonight)고 말하면서 또 다른 비행기 티켓을 요청한다. 따라서 여자가 전화한 이유는 기존 예약과 다른 또 다른 예약을 하기 위함이므로 정답은 (B)이다.

5 남자는 누구인 것 같은가?
(A) 항공사 직원
(B) 여행 가이드
(C) 호텔 직원
(D) 여행사 직원

보기 중에서 비행기표를 예약하고 예약 사항을 변경해 줄 수 있는 사람은 (D)의 '여행사 직원'이다.

6 남자는 여자에게 무엇을 제안하는가?
(A) 그녀는 비행기에 타기 위해 서둘러야 한다.
(B) 그녀는 평소에 지불했던 것보다 많은 돈을 지불해야 한다.
(C) 그는 그녀의 요구를 받아드릴 수 없다.
(D) 그는 몇 분 후에 여자에게 다시 전화할 것이다.

accommodate 수용하다

대화의 마지막 문장에서 남자는 부에노스 아이레스 행 비행기의 출발 시간을 알려 주면서 you don't have much time to get to the airport라고 말한다. 즉 남자가 여자에게 제안한 것은 서둘러 공항에 가라는 것이므로 (A)가 정답이다.

Type 02 화자의 신원

p.98

(▶) 3- 04

1. (C) **2.** (A) **3.** (A) **4.** (B) **5.** (A)
6. (D)

[1-3]

M: Susanna, are you ready for tomorrow's orientation session? You're going to be telling the new employees about the benefits they qualify for, right?
W: That's correct, Jack. I've already prepared my talk, but I need some more copies of the forms the employees have to fill out.
M: Don't you already have enough? I thought I gave you plenty last week.
W: I was initially told there would be twenty attendees, but now it looks like there will be more than fifty.
M: 3. That's a big difference. Talk to Randy, and he can set you up with as many forms as you need.

benefit 혜택; 수당 qualify for ~을 받을 자격이 있다 fill out ~을 작성하다 initially 처음에, 초기에 difference 차이 set ~ up with ~에게 ~을 제공하다

M: Susanna, 내일 오리엔테이션 준비가 다 되었나요? 신입 사원들이 받을 수 있는 수당에 대해 당신이 이야기하기로 되어 있잖아요, 그렇죠?
W: 맞아요, Jack. 이미 할 말은 준비해 두었는데, 사원들이 작성해야 하는 양식은 더 복사를 해야 해요.
M: 이미 충분하지 않나요? 지난 주에 제가 많이 드렸다고 생각했는데요.
W: 처음에는 20명이 참석할 것이라고 들었지만 지금은 50명 이상이 올 것으로 보여요.
M: 차이가 크군요. Randy에게 말하면 그가 당신에게 필요한 만큼의 양식을 가져다 줄 거예요.

1 여자는 어떤 부서에서 일하는 것 같은가?
(A) 회계부
(B) 영업부
(C) 인사부
(D) 연구개발부

신입 사원들을 위한 오리엔테이션을 준비하고 사원들의 수당을 지급하는 일 등은 (C)의 '인사부'의 업무이다.

2 여자는 무엇을 더 필요로 하는가?
(A) 양식
(B) 소책자
(C) 포스터
(D) 사용자 매뉴얼

오리엔테이션 준비가 되었는지 묻는 남자의 질문에 여자는 강연 준비는 되었지만 '신입 사원들이 작성해야 할 양식은 더 복사해야 한다'(I need some more copies of the forms the employees have to fill out)고 답한다. 따라서 여자가 필요로 하는 것은 (A)의 '양식'이다.

3 남자가 "That's a big difference"라고 말할 때 그는 무엇을 암시하는가?
(A) 참석 인원수가 많은 점에 놀라고 있다.
(B) 몇몇 사람들이 분명 등록을 취소했을 것이다.
(C) 여자는 많은 사람을 대상으로 말하는 연습을 해야 한다.
(D) 그들은 보다 큰 공간에서 행사를 주최해야 한다.

문맥상 주어진 문장의 difference는 처음에 참가하기로 한 인원수와 이후 참가하기로 한 인원수 사이의 차이를 가리킨다. 따라서 남자가 암시한 바는 (A)로 볼 수 있다.

[4-6]

W: It looks like your crew did plenty of work today. Can you tell me what's left to do?

M: We started painting upstairs, but we haven't finished. When we return tomorrow, we'll complete the rest of the rooms upstairs and then paint the downstairs, too. We'll also install curtains in the bedrooms.

W: When do you think you'll be finished with everything? We'd like to move back into our home as soon as possible.

M: The majority of the work will be done by tomorrow afternoon, but then we'll need one more day to do a few minor projects and to clean up the entire place.

plenty of 많은   install 설치하다   as soon as possible 가능한 빨리

W: 작업하시는 분들이 오늘 많은 일을 하신 것 같군요. 남은 일이 무엇인지 말씀해 주시겠어요?
M: 위층의 페인트칠을 시작했지만 끝내지 못했어요. 내일 다시 와서 위층 나머지 방들의 페인트칠을 끝내고 그 후에는 아래층도 페인트칠을 할 거예요. 또한 침실에 커튼도 설치할 예정이고요.
W: 모든 작업이 언제쯤 끝날 것으로 생각하시나요? 가능한 빨리 집으로 들어오고 싶거든요.
M: 대부분의 작업은 내일 오후에 끝날 예정이나, 이후 몇 가지 사소한 공사들을 진행하고 이곳 전체를 청소하는데 하루가 더 필요해요.

4 남자는 어디에서 일하는 것 같은가?
   (A) 건설 회사
   (B) 인테리어업체
   (C) 건축 사무소
   (D) 철물점
   architectural 건축의   hardware store 철물점

보기 중 집에 '페인트칠을 하고'(paint) '커튼을 설치하는'(install curtains) 작업 등을 할 수 있는 곳은 (B)의 '인테리어업체'뿐이다.

5 여자에 대해 암시되어 있는 것은 무엇인가?
   (A) 그녀는 집 공사를 시키고 있다.
   (B) 그녀는 전에 남자와 일을 한 적이 있다.
   (C) 그녀가 사용할 수 있는 금액은 한정되어 있다.
   (D) 그녀는 남자의 성과에 기뻐하고 있다.
   in the past 과거에   limited 제한된, 한정된

여자는 남자에게 인테리어 작업이 언제 끝날 것인지 물은 후, 'We'd like to move back into our home as soon as possible.'이라고 말한다. 이를 통해 여자는 집주인임을 알 수 있으므로 (A)가 정답이다.

6 남자에 의하면 작업은 언제 완전히 끝날 것인가?
   (A) 오늘
   (B) 내일 오전
   (C) 내일 오후
   (D) 모레

대화의 마지막 문장에서 남자는 대부분의 일은 내일 오후에 끝날 것이지만 '나머지 작업과 청소를 하는데 하루가 더 필요하다'(we'll need one more day to do a few minor projects and to clean up the entire place)고 했으므로 실제로 모든 작업이 끝나는 시점은 (D)의 '모레'일 것이다.

Type 03   문제점 및 걱정거리

p.102

⊙ 3-06

1. (A)   **2.** (D)   **3.** (B)   **4.** (B)   **5.** (A)
6. (C)

[1-3]

M: Gloria, are you still working on the poster for the upcoming festival? You know, if we don't send it to the printer by tomorrow, we won't get them in time to post around the city.
W: I'm doing my best, but everyone in the office keeps giving me work to do. I simply haven't had enough time to complete the project.
M: If anyone else asks you to do something, send that person to me. You need to make sure that the poster is done by the end of the day.
W: Yes, sir. I'll get right to work on it.

upcoming 다가 오는, 곧 있을   post 게시하다   make sure 확실히 하다   get to work 일하러 가다, 착수하다

M: Gloria, 곧 있을 페스티벌을 위한 포스터 작업을 아직도 하고 있나요? 알다시피, 내일까지 인쇄업체에 보내지 않으면 시간 내에 시 주변에 포스터를 게시하지 못할 거예요.
W: 최선을 하다고는 있지만 사무실의 모든 사람들이 제게 해야 할 일을 계속해서 주고 있어요. 프로젝트를 끝날 수 있는 시간이 충분하지가 않아요.
M: 다른 사람이 무언가 요청하는 경우, 그 사람을 저한테 보내 주세요. 당신은 오늘 중으로 반드시 포스터를 완성시키도록 하고요.
W: 네, 그럴게요. 바로 작업을 하도록 할게요.

1 남자는 왜 걱정하는가?
   (A) 프로젝트가 아직 끝나지 않았다.
   (B) 악천후로 페스티벌이 연기될 수 있다.
   (C) 몇몇 포스터가 인쇄업체로부터 돌아오지 않았다.
   (D) 특별 행사를 아는 사람이 거의 없다.

대화의 시작 부분에서 남자는 여자에게 포스터 작업이 아직도 진행 중인지 물은 후, '내일까지 포스터를 인쇄업체로 보내지 않으면 포스터를 게시할 시간이 없을 것'(if we don't send it to the printer by tomorrow, we won't get them in time to post around the city)이라며 우려를 표명하고 있다. 따라서 남자가 걱정을 하고 있는 이유는 (A)이다.

2 여자는 동료 직원들에 대해 무엇을 말하는가?
   (A) 그들은 그녀를 돕기를 거부했다.
   (B) 그들은 그녀의 포스터 작업을 높이 평가했다.
   (C) 그들은 그녀를 사무실에 혼자 두고 떠났다.
   (D) 그들은 그녀에게 일을 맡기고 있다.
   compliment 칭찬하다   assign 할당하다, 배정하다

여자는 포스터 작업이 지체되는 이유로 '사무실 사람들이 자기에게 계속해서 일을 주고 있다'(everyone in the office keeps giving me work to do)는 점을 들고 있다. 따라서 그녀가 동료 직원들에 대해 언급한 점은 (D)이다.

3 남자는 여자에게 무엇을 하라고 지시하는가?

(A) 즉시 인쇄업체를 방문한다
(B) 자신의 프로젝트에만 전념한다
(C) 사무실 회의를 준비한다
(D) 남자가 작성한 보고서를 검토한다

대화의 후반부에서 남자는 여자에게 다른 사람이 일을 주면 그 사람을 자신에게 보내라고 이야기하면서 여자에게 포스터 작업에만 전념할 것을 요구한다. 따라서 (B)가 정답이다.

[4-6]

W: We've been receiving more calls from customers than usual all morning long. They're complaining that they can't complete any online orders.
M: The IT Department installed some new software last night, but I think somebody made a mistake in the process.
W: What should we tell people when they call?
M: Let them know that we're aware of the problem and that we're doing our best to solve it.
W: Okay. I'll instruct all the other operators to do the same thing. Please keep me updated on the situation.
M: As soon as the Web site is functioning smoothly, I'll tell you.

---

install 설치하다 make a mistake 실수하다 be aware of ~을 알다 instruct 지시하다 operator 전화 교환원 keep ~ updated ~에게 최신 소식을 알려 주다 function 기능; 기능하다 smoothly 원활하게

W: 오전 내내 평소보다 많은 고객들의 전화를 받았어요. 온라인 주문을 마칠 수가 없다는 불만을 토로하고 있더군요.
M: IT 부서가 어젯밤에 새로운 소프트웨어를 설치했는데, 누군가가 그 과정에서 실수를 한 것 같아요.
W: 전화가 오면 어떻게 말해야 할까요?
M: 우리가 문제를 알고 있다는 점을 이야기하고 문제 해결을 위해 최선을 다하는 중이라고 알려 주세요.
W: 그럴게요. 다른 전화 상담원들에게도 똑같이 하라고 지시해 둘게요. 상황에 대한 새로운 소식이 들어오면 알려 주세요.
M: 웹 사이트가 원활하게 작동하는 대로 말씀을 드릴게요.

4 왜 문제가 발생했는가?

(A) 전기 기술자가 실수로 전선을 절단했다.
(B) 소프트웨어가 제대로 설치되지 않았다.
(C) 어떤 제품이 세일 중인지 고객들이 볼 수 없다.
(D) 주문량이 잘못 계산되고 있다.

electrician 전기 기사, 전기 기술자 wire 선, 전선 calculate 계산하다 incorrectly 부정확하게

대화의 시작 부분에서 평소보다 많은 불만 전화가 오고 있다고 여자가 말하자 남자는 어제 새로운 소프트웨어가 설치되었다는 사실을 언급한 후 '그러한 과정에서 누군가 실수를 한 것 같다'(I think somebody made a mistake in the process)고 말한다. 따라서 문제가 발생한 원인은 (B)로 볼 수 있다.

5 남자가 문제에 대해 암시하고 있는 것은 무엇인가?

(A) 현재 문제 해결을 위한 작업이 진행되고 있다.
(B) 문제는 몇 분 내에 해결될 것이다.
(C) 피해 복구를 위해 외부 업체가 필요하다.
(D) 유사한 현상이 과거에도 일어났다.

contractor 계약자, 도급업체

불만 전화에 어떤 대응을 해야 하는지 묻는 여자의 질문에 남자는 'Let them know that we're aware of the problem and that we're doing our best to solve it.'이라고 답한다. 이를 통해 화자들의 회사는 현재 문제를 인식하고 있으며 문제 해결을 위한 노력 중이라는 점을 알 수 있으므로 (A)가 정답이다. 문제가 언제 해결될지, 그리고 누구에 의해 문제가 해결될 것인지는 언급된 바 없으므로 (B)와 (C)는 정답이 될 수 없다.

6 여자는 이다음에 무엇을 할 것 같은가?

(A) 웹 사이트에 최신 정보를 게시한다
(B) 고객 중 한 명에게 전화를 한다
(C) 동료들에게 이야기한다
(D) 온라인으로 주문을 한다

대화 후반부에서 여자는 남자의 지시 사항을 들은 후 'I'll instruct all the other operators to do the same thing.'이라고 말한다. 이를 통해 여자는 전화 상담원들에게 남자의 지시 사항을 전달할 것으로 예상되므로 (C)가 정답이다.

Type 04 이유 및 방법

p.106

⊙ 3- 08

1. (B)	**2.** (B)	**3.** (D)	**4.** (C)	**5.** (B)
6. (D)				

[1-3]

W: Excuse me, but is the position being advertised on the front window of your store still open? I could use a full-time job.
M: Yes, we're still hiring. Would you happen to have any experience as a cashier? We don't have time to train anyone because we're pretty busy these days.
W: I've worked similar jobs in the past, so I'm familiar with how to use cash registers and how to deal with customers.
M: Why don't we go into my office so that I can ask you a few questions? If I'm satisfied and the hours you can work match, the job is yours.

---

advertise 광고하다 full-time job 상근직, 정규직 cashier 계산원 similar 비슷한 be familiar with ~에 익숙하다 cash register 금전 등록기 deal with ~을 다루다, ~을 상대하다 so that ~ can ~하기 위하여 match 어울리다

W: 실례지만 매장 앞 창문에 게시된 구인 광고 상의 일자리가 아직 비어 있나요? 풀타임으로 일할 수 있을 것 같아서요.
M: 네, 아직 채용 중이에요. 혹시 계산원 경력이 있으신가요? 요즘이 매우 바쁜 시기라, 누군가를 교육시킬 수 있는 시간이 없거든요.

W: 전에 비슷한 일을 해 본 적이 있기 때문에 금전 등록기를 사용하는 법과 고객들을 상대하는 법은 잘 알고 있어요.
M: 제가 몇 가지 질문을 할 수 있도록 제 사무실로 오시겠어요? 답변이 만족스럽고 당신이 일할 수 있는 시간이 우리와 맞으면 일자리를 드릴게요.

1 여자는 어떻게 일자리에 대해 알게 되었는가?
(A) 친구로부터 이야기를 들었다.
(B) 그에 대한 구인 광고를 보았다.
(C) 인터넷에서 알게 되었다.
(D) 남자에게서 들었다.

대화의 시작 부분에서 여자는 '매장 창문의 구인 광고에 게시된 일자리'(the position being advertised on the front window of your store)가 아직 비어 있는지 묻고 있으므로 여자가 일자리에 대해 알게 된 것은 구인 광고 때문이다. 따라서 (B)가 정답이다.

2 남자는 여자에게 무엇에 관해 묻는가?
(A) 예상 급여
(B) 경력
(C) 원하는 근무 시간
(D) 이전 동료들
expectation 예상, 기대

남자의 말 'Would you happen to have any experience as a cashier?'에서 남자가 묻는 것은 계산원으로서의 경력임을 알 수 있다. 따라서 (B)가 정답이다.

3 남자는 이다음에 무엇을 할 것 같은가?
(A) 여자의 업무를 설명한다
(B) 매장을 견학시켜 준다
(C) 계약서를 작성한다
(D) 짧게 면접을 실시한다
give a tour of ~을 견학시키다   contract 계약(서)   conduct 실시하다, 실시하다   brief 짧은, 간단한

대화의 마지막 부분에서 남자는 여자에게 자신의 사무실에 가서 '몇 가지 질문을 해도 되는지'(so that I can ask you a few questions)를 묻고 있다. 이는 결국 면접의 일환일 것이므로 (D)가 정답이다.

[4-6]

M: Everyone has been working overtime for too long these days. The employees are simply exhausted.
W: Do you think we should hire some more workers? Profits are up, so there should be enough money in the budget.
M: That would be ideal. Why don't I put an ad in a couple of local newspapers for some positions?
W: I think it would be more effective if you simply advertised on our company's Web page. If we don't get enough applicants, then we can consider other options.
M: All right. I'll come up with some job descriptions and e-mail them to you before I post them.

exhausted 기운이 빠진; 고갈된   ideal 이상적인   put an ad 광고를 내다   effective 효과적인   come up with (아이디어 등을) 떠올리다   job description 직무 기술서

M: 요즘 모두가 늦게까지 야근을 하고 있어요. 직원들이 지쳐 있어요.
W: 직원을 더 고용해야 한다고 생각하나요? 수익이 증가하고 있기 때문에 예산은 충분할 거예요.
M: 그러면 좋겠어요. 제가 두어 곳의 지역 신문에 채용 공고를 내면 어떨까요?
W: 회사의 웹 페이지에 게시하는 것보다 그것이 더 효과적일 것 같군요. 지원자들이 충분하지 않으면 다른 옵션도 고려해 볼 수 있을 거예요.
M: 좋아요. 제가 직무 기술서를 작성해서 게시하기 전에 당신에게 이메일로 보내 줄게요.

4 남자는 어떤 문제를 언급하는가?
(A) 몇몇 시설에서 생산량이 감소하고 있다.
(B) 남은 예산이 충분하지 않다.
(C) 직원들이 오랜 시간 노동으로 피곤해 한다.
(D) 최근 몇몇 직인들이 퇴사를 했다.
be tired from ~으로 지치다   resign 사임하다, 퇴사하다

대화의 시작 부분에서 남자는 야근으로 인해 '직원들이 지쳐있다'(The employees are simply exhausted.)고 말한다. 따라서 정답은 exhausted(기운이 빠진)를 tired(지친)로 바꾸어 쓴 (C)이다.

5 여자는 어떻게 구인 광고를 하자고 제안하는가?
(A) 신문에 광고를 게재함으로써
(B) 인터넷에 광고함으로써
(C) 라디오 광고를 함으로써
(D) 무역 출판물에 광고함으로써

신문에 채용 공고를 내자는 남자의 말을 듣고 여자는 'I think it would be more effective if you simply advertised on our company's Web page.'라고 답한다. 즉 여자는 웹 페이지에 구인 공고를 내자는 제안을 하고 있으므로 (B)가 정답이다. 남자가 제안한 채용 방식을 물었다면 (A)가 정답이 될 것이다.

6 남자는 여자에게 무엇을 이메일로 보내겠다고 말하는가?
(A) 공석 리스트
(B) 입사 지원서
(C) 지원자들의 이력서
(D) 직무 기술서

남자의 마지막 말 'I'll come up with some job descriptions and e-mail them to you before I post them.'을 놓치지 않고 들었다면 남자가 여자에게 보낼 것은 (D)의 '직무 기술서'임을 쉽게 알 수 있다.

Type 05 언급된 사항
p.110

⊙ 3- 10

1. (C)	2. (C)	3. (D)	4. (A)	5. (B)
6. (C)				

M1: Carol, have you finished writing your analysis of the sales data from last month?

W: I'm still working on it, Mr. Gibbs. Do you need it today?

M1: It's always great to receive reports early, but the deadline is Wednesday at 3:00.

M2: Carol, you've never done this before, have you? If you need any help, why don't you talk to Leslie? It was her job in the past.

W: I wasn't aware of that, Chris. But I think she took the day off today, so I'll just do it alone.

M2: Call me at extension 22 if you need help. I don't mind.

---

analysis 분석   deadline 마감 시간, 기한   take a day off 하루 휴가를 내다   extension 연장; 내선 번호

M1: Carol, 지난 달 판매 자료에 대한 분석 보고서를 다 작성했나요?

W: 아직 작업 중이에요, Gibbs 씨. 오늘 필요하신가요?

M1: 보고서는 항상 빨리 받는 것이 좋지만, 마감 시간은 수요일 3시에요.

M2: Carol, 전에 이런 일을 해 본 적이 없죠, 그렇죠? 도움이 필요하면 Leslie에게 이야기하는 것이 어떨까요? 전에 그녀가 하던 일이었거든요.

W: 그 점은 제가 모르고 있었군요, Chris. 하지만 그녀가 오늘 휴가를 냈다고 알고 있기 때문에 그냥 저 혼자서 할게요.

M2: 도움이 필요하면 내선 번호 22로 제게 전화를 주세요. 저는 괜찮으니까.

1 Gibbs 씨는 언제까지 보고서를 받아야 하는가?
(A) 오늘
(B) 내일
(C) 수요일
(D) 목요일

보고서가 언제 필요한지 묻는 여자의 질문에 남자1은 빠르면 좋지만 '마감 시간은 수요일 3시'(the deadline is Wednesday at 3:00)라고 말하면서 간접적으로 그때까지 달라는 지시를 내리고 있다. 따라서 (C)가 정답이다.

2 여자에 대해 언급되어 있는 것은 무엇인가?
(A) 그녀는 전에 Leslie와 함께 일한 적이 있다.
(B) 그녀는 금융 전문가로 일한다.
(C) 그녀는 어떤 일을 처음 하고 있는 중이다.
(D) 그녀는 곧 출장을 갈 예정이다.

analyst 분석가, 애널리스트   for the first time 처음으로

대화 중반부의 남자2의 말 'Carol, you've never done this before, have you?'에서 여자는 전에 이러한 일, 즉 분석 보고서를 작성하는 일을 해 본 적이 없을 것이라는 점을 알 수 있다. 따라서 (C)가 언급된 내용이다.

3 여자가 Leslie에 대해 말한 것은 무엇인가?
(A) 내선 번호 22번으로 그녀와 연락할 수 있다.
(B) 그녀는 다음달 보고서를 작성할 것이다.
(C) 그녀는 Gibbs 씨의 사무실에서 일한다.

(D) 그녀는 오늘 사무실에 없다.

reach 뻗다; 연락하다

대화 후반부에서 남자2가 여자에게 Leslie라는 사람에게 도움을 청하라고 제안하자 여자는 'But I think she took the day off today, so I'll just do it alone.'이라고 답하면서 그녀가 휴가 중이라는 사실을 알리고 있다. 따라서 보기 중 여자가 Leslie에 대해 언급한 사항은 (D)임을 알 수 있다. (A)의 경우, 내선 번호 22번으로 연락할 수 있는 사람은 남자2이고, Leslie는 다음 달 보고서를 쓸 사람이 아니라 지난 달까지 보고서를 썼던 사람이므로 (B) 역시 사실이 아니다.

W: The city is encouraging everyone to think about the environment, so some of us are considering carpooling to work.

M: That's a great idea. How are you going to inform people about it?

W: I posted a note and a signup sheet on the bulletin board by the front door. Seven people have already signed it.

M: I'll put my name down as well. I would love not to have to drive to work every morning.

W: 6.Tell me about it. I come here from downtown, and getting stuck in traffic can be pretty stressful. If I could ride with a couple of other people, it would make the ride more tolerable.

---

encourage 격려하다, 장려하다   environment 환경   carpool 카풀을 하다   signup sheet (서명을 적는) 참가 신청서   bulletin board 게시판   put down ~을 적다   get stuck in traffic 차가 막히다   tolerable 참을 수 있는, 견딜만한

W: 시에서 모든 사람들에게 환경에 대해 생각해 볼 것을 권장하고 있기 때문에 우리 중 몇 명은 카풀로 출근하는 것을 고려하고 있어요.

M: 멋진 생각이군요. 그에 대해서 어떻게 사람들에게 이야기할 건가요?

W: 정문 옆에 있는 게시판에 메모와 신청서를 붙여 놓았어요. 7명이 이미 서명을 했고요.

M: 저도 이름을 적어야겠군요. 아침 마다 차를 몰고 출근할 필요가 없다면 정말 좋을 것 같아요.

W: 무슨 말인지 잘 알아요. 저도 시내 중심가에서 이곳으로 출근하는데, 교통 체증이 발생하면 많은 스트레스를 받게 되죠. 두어 명의 다른 사람들과 함께 차를 탈 수 있다면 차에 있는 시간이 더 견딜만할 것 같아요.

4 화자들은 주로 무엇을 논의하고 있는가?
(A) 직장에서의 새로운 프로그램
(B) 회사의 게시판
(C) 오늘 아침의 출근
(D) 그들이 소속되어 있는 동아리

대화 전반에 걸쳐 '카풀로 출근하는 것'(carpooling to work)에 대한 이야기를 나누고 있다. 따라서 이를 new program이라고 바꾸어 쓴 (A)가 정답이다.

5 여자는 게시판에 무엇을 붙였는가?
(A) 구인 광고
(B) 참가 신청서
(C) 체육관 광고
(D) 포스터

남자가 카풀에 관한 생각을 다른 사람들에게 어떻게 말할 것인지 묻는 질문에 여자는 'I posted a note and a signup sheet on the bulletin board by the front door.'라고 답한다. 이를 통해 여자가 게시판에 붙인 것은 메모와 참가 신청서임을 알 수 있으므로 정답은 이들 중 후자를 가리키는 (B)이다.

6 여자가 "Tell me about it"이라고 말할 때 그녀는 무엇을 의미하는 것 같은가?
(A) 그녀는 카풀로 출근하는 것이 멋진 아이디어라고 생각한다.
(B) 그녀는 직장에서의 새로운 직위가 흥미롭게 보인다고 생각한다.
(C) 그녀는 때때로 차를 몰고 출근하는 것을 좋아하지 않는다.
(D) 그녀는 늦게 업무를 시작하는 것을 좋아한다.

주어진 문장은 '무슨 뜻인지 알겠다'라는 동감의 의미를 나타낸다. 이는 남자가 '매일 차를 몰고 출근하지 않으면 좋겠다'는 말에 대한 반응이므로 결국 주어진 문장이 의미하는 바는 여자도 차를 몰고 출근하는 것이 싫다는 것이다. 따라서 (C)가 정답이다.

Type 06 추론

⊙ 3-12

1. (C) **2.** (A) **3.** (D) **4.** (C) **5.** (A)
6. (D)

[1-3]

W: Hello, Chris. Have you already reached the train station?
M: I arrived here about twenty minutes ago, Stephanie. When are you going to get here? Our train is scheduled to leave in ten minutes.
W: I'm in a taxi, and we're stuck in traffic. We haven't even crossed the Causeway Bridge yet.
M: There's another train that departs for Denver in an hour. Would you like for me to exchange our tickets for that one?
W: That would be perfect. Sorry about this. I had too many things to discuss with Mr. Crampton, so my meeting with him lasted longer than I had expected.

reach 닿다, 도달하다 be stuck in traffic 차가 막히다, 교통 체증에 걸리다 exchange 바꾸다, 교환하다 expect 예상하다, 기대하다

W: 안녕하세요, Chris. 벌써 기차 역에 도착했나요?
M: 저는 20분 전에 도착했어요, Stephanie. 언제 이곳으로 올 건가요? 기차는 10분 후에 출발할 예정이에요.
W: 택시 안에 있는데 차가 막히고 있어요. 아직 Causeway 교도 건너지 못했고요.
M: 한 시간 후에 덴버 행 열차가 또 있어요. 그 열차편으로 표를 교환

할까요?
W: 그러면 좋겠어요. 이번 일은 미안해요. Crampton 씨와 논의할 사항이 너무 많아서 그분과의 회의 시간이 예상보다 오래 걸렸어요.

1 여자는 어디에 있는가?
(A) 기차역
(B) 버스 안
(C) 택시 안
(D) 자신의 자동차 안

어디에 있는지 묻는 남자의 질문에 여자는 '택시 안에 있다'(I'm in a taxi)고 답한다. 따라서 (C)가 정답이다. 참고로 남자가 있는 곳을 물었다면 (A)가 정답이 될 것이다.

2 여자에 대해 암시되어 있는 것은 무엇인가?
(A) 제시간에 도착하지 못할 것이다.
(B) 전에 기차를 타본 적이 없다.
(C) 표를 구입해야 한다.
(D) 무언가를 가지고 와야 한다는 점을 잊었다.

교통 체증을 겪고 있다는 여자의 말을 듣고 남자는 한 시간 후에 출발하는 다음 덴버 행 기차를 타자는 제안을 한다. 이에 여자가 'That would be perfect.'리며 제안을 수락하고 있기 때문에 보기 중 여자에 대해 짐작할 수 있는 사항은 (A)이다.

3 남자는 무엇을 하자고 제안하는가?
(A) Crampton 씨와의 만남을 주선한다
(B) 사무실에서 여자를 차에 태우고 온다
(C) 덴버에 있는 호텔의 객실 2개를 예약한다
(D) 다른 기차표를 구한다

'Would you like for me to exchange our tickets for that one?'이라는 남자의 말을 놓치지 않고 들었다면 정답을 쉽게 찾을 수 있다. 여기에서 that이 가리키는 것은 한 시간 후에 출발하는 또 다른 덴버 행 열차이므로 결국 남자가 제안한 것은 (D)이다.

[4-6]

M: Jane, do you know what's going on at the factory in Moline? Production is down more than fifty percent this week.
W1: George Wilson sent me an e-mail explaining everything. Apparently, a lot of the equipment at the factory has been breaking down lately.
W2: That shouldn't be happening. That factory only opened seven months ago, and it has state-of-the-art facilities.
M: Jane, you need to head out there immediately. I want you to inspect the place and give me a report.
W1: If I leave now, I can be there in two hours. I'll call you when I arrive.

production 생산 apparently 보아 하니, 듣자 하니; 명백히 break down 고장이 나다 state-of-the-art 첨단의, 최신의 inspect 점검하다, 조사하다

M: Jane, 멀린에 있는 공장에서 어떤 일이 일어나고 있는지 알고 있나요? 이번 주에 생산량이 50퍼센트 이상 감소했어요.

W1: George Wilson이 제게 모든 상황을 설명해 주는 이메일을 보내 주었어요. 듣자 하니 공장의 많은 기기들이 최근에 고장을 일으켰더군요.

W2: 일어나서는 안 되는 일이죠. 그 공장은 불과 7개월 전에 문을 열었고 최신 장비들을 갖추고 있으니까요.

M: Jane, 당신이 즉시 그곳으로 가야 할 것 같아요. 당신이 그곳을 조사해서 제게 보고해 주었으면 좋겠어요.

W1: 지금 출발하면 2시간 후에 도착할 수 있을 거예요. 도착해서 전화를 드릴게요.

4 화자들은 주로 무엇에 대해 이야기하는가?
(A) 직원의 생산성
(B) 최근에 한 장비 구입
(C) 시설의 문제
(D) 새로운 광고

productivity 생산성   advertising campaign 광고

공장의 기기들이 고장이 나서 문제가 되고 있다는 점이 논의되고 있다. 따라서 대화의 주제는 factory(공장)를 facility(시설)로 바꾸어 쓴 (C)이다.

5 George Wilson은 누구인 것 같은가?
(A) 공장 직원
(B) 고객
(C) 화자들의 상사
(D) 조사관

George Wilson이라는 이름은 여자1의 말 'George Wilson sent me an e-mail explaining everything.'에서 들을 수 있다. 전후 맥락상 여기에서 everything은 공장의 생산량 하락과 관련된 모든 사항을 뜻하므로 George Wilson은 (A)의 '공장에서 일하는 사람'일 것이다.

6 Jane에 대해 암시되어 있는 것은 무엇인가?
(A) 얼마 전에 승진을 했다.
(B) 결함이 있는 장비를 구입했다.
(C) 비행기를 타야 한다.
(D) 멀린으로 가야 한다.

promotion 승진, 진급; 홍보, 프로모션   faulty 잘못된, 흠이 있는

대화 후반부에 남자가 여자1인 Jane에게 '즉시 멀린으로 가야 한다'(you need to head out there immediately)고 말하자 여자1도 그곳에 도착하면 연락하겠다는 의사를 밝히고 있다. 따라서 (D)가 정답이다. 그녀가 어떤 방법으로 멀린에 갈 것인지는 언급된 바 없으므로 (C)를 정답으로 선택해서는 안 된다.

Type 07 요청 및 제안

p.118

⊙ 3-14

1. (B)   **2.** (C)   **3.** (D)   **4.** (B)   **5.** (C)
6. (A)

[1-3]

W: Excuse me. I've never been in Garden City before, so could you tell me where the Flowers Art Gallery is located?

M: I'm really sorry, but I've never heard of it before, and I've lived here for more than ten years.

W: I see. Well, I guess I should just ask someone else then.

M: You know, there's a tourist information center two blocks away from here. Just walk straight down this street to get there. You should go there to get some maps and other useful information.

W: Thanks so much for your assistance. Have a nice day.

---

hear of ~에 대해 듣다   tourist information center 관광 안내소
useful 유용한, 쓸모 있는

W: 실례합니다. 제가 전에 가든 시에 와 본 적이 없어서요, Flowers 미술관이 어디에 있는지 말씀해 주실 수 있으신가요?

M: 정말 죄송하지만 들어본 적이 없는 곳인데, 저는 이곳에서 10년 넘게 살고 있어요.

W: 그렇군요. 음, 그러시면 다른 분께 물어봐야 할 것 같네요.

M: 아시겠지만 여기에서 두 블록 떨어진 곳에 관광 안내소가 있어요. 이 거리를 따라 계속 가면 도착하시게 될 거예요. 그곳에 가셔서 지도도 받으시고 기타 유용한 정보들도 얻으세요.

W: 도와 주셔서 고맙습니다. 좋은 하루 되세요.

1. 여자는 누구인 것 같은가?
(A) 쇼핑객
(B) 관광객
(C) 가이드
(D) 화가

여자의 신원을 묻고 있다. 대화의 시작 부분에서 여자가 Flowers 미술관의 위치를 묻자 남자는 tourist information center(관광 안내소)를 방문할 것을 제안한다. 따라서 여자는 (B)의 '관광객'일 것이다.

2 남자에 대해 암시되어 있는 것은 무엇인가?
(A) 미술관에서 일한다.
(B) 시간이 날 때 관광 안내를 한다.
(C) 가든 시의 주민이다.
(D) 최근에 새 집으로 이사를 했다.

가든 시에 있는 미술관의 위치를 묻는 질문에 남자는 '이곳에 10년 이상 살았지만'(I've lived here for more than ten years) 들어본 적이 없는 곳이라고 말한다. 이를 통해 남자는 가든 시 주민일 것으로 추측할 수 있으므로 (C)가 정답이다.

3 남자는 여자에게 무엇을 하라고 말하는가?
(A) 관광 안내소에 전화를 한다
(B) 택시를 타고 목적지에 간다
(C) 투어를 신청한다
(D) 지도를 구한다

destination 목적지

대화 후반부의 남자의 말 'You should go there to get some maps and other useful information.'에서 정답의 단서를 찾을 수 있다. 남자가 여자에게 당부한 것은 관광 안내소에 가서 지도를 구하고 기타 유용한 정보를 수집하라는 것이다. 따라서 (D)가 정답이다.

[4-6]

M: The numbers are in from the Sales Department, and it looks like we've got a huge hit on our hands.

W: Seriously? How well is our computer game doing?

M: It sold 250,000 copies during the first week, and it's increasing in popularity. We might record a million sales within the next month.

W: That's wonderful news. We had better get to work on a sequel to that game so that we don't lose momentum.

M: Good thinking, Janet. I'll talk to the lead designer and see if he's got any ideas.

W: I spoke with Mark yesterday, and he told me that he's been thinking about that a lot. I'm sure you'll have a good conversation.

---

popularity 인기   record 기록하다   get to work 착수하다   sequel 속편, 후속작   momentum 탄성, 가속도

M: 그 수치들은 영업부에서 들어온 것인데, 우리 손으로 커다란 히트를 친 것 같아 보이네요.

W: 정말인가요? 우리의 컴퓨터 게임이 잘 팔리고 있나요?

M: 첫 주에 250,000장이 팔렸고 인기가 오르고 있는 중이에요. 다음 달 내로 백 만장 판매 기록을 세울지도 모르겠어요.

W: 멋진 소식이로군요. 기세가 꺾이지 않도록 그 게임의 후속작 작업을 시작하는 것이 좋겠어요.

M: 좋은 생각이에요, Janet. 선임 디자이너에게 이야기해서 그에게 아이디어가 있는지 알아볼게요.

W: 제가 어제 Mark와 이야기를 나누었는데, 그에 대해 많은 것을 생각 중이라고 말하더군요. 당신은 분명 유익한 대화를 나누게 될 거예요.

4 대화는 주로 무엇에 관한 것인가?
(A) 특별 행사
(B) 비디오 게임
(C) 마케팅 캠페인
(D) 회사의 수익

남자가 컴퓨터 게임의 판매량이 호조를 보이고 있다는 소식을 전하자 여자가 후속작 작업을 시작하자는 제안을 하고 있다. 따라서 대화의 주제는 (B)로 볼 수 있다. 회사의 구체적인 수익에 대해서는 언급된 바가 없으므로 (D)는 정답이 될 수 없다.

5 여자는 무엇을 할 것을 추천하는가?
(A) 광고에 더 많은 비용을 쓴다
(B) 제품을 해외로 판매한다
(C) 후속작 작업을 한다
(D) 포커스 그룹을 이용한다

focus group 포커스 그룹(시장 조사 등을 위해 각 계층을 대표하는 사람들로 이루어진 그룹)

'We had better get to work on a sequel to that game so that we don't lose momentum.'이라는 여자의 말에서 had better의 쓰임에 유의하면 정답을 쉽게 찾을 수 있다. 여자는 판매량의 기세가 꺾이지 않도록 후속작 작업을 하자는 제안을 하고 있으므로 (C)가 정답이다.

6 Mark는 누구인 것 같은가?
(A) 게임 디자이너
(B) 영업 사원
(C) 쇼핑객
(D) 관리자

대화 후반부에서 남자가 후속 게임 개발과 관련하여 '수석 디자이너와 이야기를 해 보겠다'(I'll talk to the lead designer)고 말하자 여자는 '자신이 Mark라는 사람과 어제 (이미) 이야기를 나누었다'(I spoke with Mark yesterday)고 말하면서 그 결과를 알려 주고 있다. 따라서 Mark라는 인물은 화자들의 회사의 '게임 디자이너'일 것으로 추측할 수 있으므로 (A)가 정답이다.

Type 08   이후에 할 일
p.122

🔊 3- 16

1. (C)	**2.** (D)	**3.** (A)	**4.** (B)	**5.** (A)
6. (C)				

[1-3]

W: The signs promoting our upcoming fall sale just arrived from the printer. Would you mind helping me set these ads up around the store and in the parking lot?

M: I wish I could help you now, but Mr. Richards asked me to wash all of the windows in the front. Would you mind waiting for a while?

W: Not at all. I suppose it will take you a couple of hours to finish everything. I can start unboxing the deliveries we received this morning.

M: Sounds good. I'll let you know when I'm ready to get to work.

---

sign 간판, 표지판   upcoming 다가오는, 곧 있을   wash 닦다   for a while 잠시   unbox 상자를 열다, 상자에서 꺼내다

W: 곧 있을 가을 세일을 홍보하는 광고판이 인쇄소에서 도착했어요. 매장 주변과 주차장에 이 광고판을 설치하는 일을 도와 줄 수 있나요?

M: 도움을 주고는 싶지만 Richards 씨께서 제게 정면에 있는 창문을 모두 청소하라고 시켰어요. 잠시 기다려 줄 수 있나요?

W: 물론이죠. 당신이 일을 끝내기까지 두어 시간 정도 걸릴 것 같군요. 저는 오늘 아침에 받은 배송물들의 포장을 벗기도록 할게요.

M: 좋아요. 일할 준비가 되면 당신에게 알려 줄게요.

1 여자는 무엇을 받았는가?
(A) 책
(B) 옷
(C) 간판
(D) 소포

대화의 시작 부분에서 여자는 남자에게 '세일 홍보용 간판'(the signs promoting our upcoming fall sale)이 도착했다는 소식을 전한 후, 이를 설치하는 일을 도와 달라고 부탁한다. 따라서 여자가 받은 것은 (C)이다.

2 Richards 씨는 남자에게 무엇을 하라고 말했는가?
(A) 배송물들의 상자를 개봉한다
(B) 잠시 쉰다
(C) 고객들을 돕는다
(D) 창문을 닦는다

남자는 광고판 설치를 도와 달라는 여자의 부탁을 거절하면서 그 이유로 'Richards 씨가 유리를 청소하라고 했다'(Mr. Richards asked me to wash all of the windows in the front)는 점을 들고 있다. 이를 통해 Richards 씨가 남자에게 지시한 사항은 (D)임을 알 수 있다.

3 화자들은 이후에 무엇을 함께 할 것인가?
(A) 광고판을 설치한다
(B) 가격표를 부착한다
(C) 점심을 먹는다
(D) 교육을 받는다
attach 붙이다, 부착하다

광고판 설치를 도와 달라는 여자의 부탁에 남자는 당장 해야 할 일이 있으니 기다려 줄 수 있는지 묻는다. 이에 대해 여자가 기다릴 수 있다고 대답했으므로 보기 중 화자들이 이후에 같이 하게 될 일은 (A)이다.

[4-6]

M: Excuse me. These neckties are still on sale, aren't they? If I purchase a couple, will I get twenty-five percent off the regular price?
W: That depends. Do you have a membership in our VIP shoppers' club?
M: No, I don't. In fact, I'm only here because of an ad I read in the newspaper. This is actually my first time to shop here.
W: Well, to qualify for the full discount, you have to fill out a form to become a member. Otherwise, you'll only receive ten percent off the regular price.
M: In that case, would you show me what I need to do to get the bigger discount, please?

regular price 정가   membership 회원 자격   qualify for ~을 받을 자격이 있다

M: 실례합니다. 이 넥타이는 아직 세일 중이죠, 그렇지 않나요? 두 개를 구입하면 정가에서 25% 할인을 받게 되나요?
W: 그럴 수도 있고 아닐 수도 있으세요. 저희 매장의 VIP 회원이신가요?
M: 아니요, 그렇지 않아요. 사실 저는 뉴스에 실린 광고만 보고 여기에 왔어요. 실제로 이곳에서의 쇼핑은 처음이죠.
W: 음, 할인을 모두 받으시기 위해서는 회원 가입을 위한 양식을 작성하셔야 해요. 그렇지 않으면 정가에서 10%만 할인을 받으실 수 있으시죠.
M: 그렇다면 할인을 더 받기 위해 제가 어떻게 하면 되는지 알려 주시겠어요?

4 대화는 어디에서 이루어지는 것 같은가?
(A) 식당
(B) 의류 매장
(C) 슈퍼마켓
(D) 헬스 클럽

대화 시작 부분에서 남자가 '넥타이'(these neckties)의 할인 여부에 대해 묻고 있다. 보기 중 넥타이를 판매하는 곳은 (B)의 '옷 가게'뿐이다.

5 남자는 특별 행사에 대해 어떻게 알게 되었는가?
(A) 신문을 읽음으로써
(B) 텔레비전을 시청함으로써
(C) 라디오를 청취함으로써
(D) 친구와 이야기함으로써

대화 중반의 남자의 말 'In fact, I'm only here because of an ad I read in the newspaper.'에서 정답의 단서를 찾을 수 있다. 남자는 신문에 실린 광고를 보고 매장을 찾은 것이므로 남자가 특별 행사, 즉 세일에 대해 알게 된 방법은 (A)이다.

6 남자는 이다음에 무엇을 할 것인가?
(A) 신용 카드로 결제를 한다
(B) 메뉴를 본다
(C) 양식을 작성한다
(D) 몇 가지 옷을 입어본다

대화 후반부에서 여자가 '할인을 모두 받기 위해서는 회원 가입이 필요하며'(you have to fill out a form to become a member) 그렇지 않은 경우에는 소폭의 할인만 받을 수 있다고 설명하자 남자는 '할인을 더 많이 받을 수 있게 해 달라'(would you show me what I need to do to get the bigger discount)고 부탁한다. 따라서 대화 직후에 남자는 회원 가입 절차를 밟게 될 것이므로 (C)가 정답이다.

Type **09** 화자의 의도

p.126

⏵ 3-17

1. (B)	**2.** (A)	**3.** (C)	**4.** (B)	**5.** (D)
6. (A)				

[1-3]

M1: Hello. My name is Dean Winthrop, and I'd like to check into my room now. I have a reservation.
W: Good morning, Mr. Winthrop, and welcome to the Jefferson Hotel. Unfortunately, our policy doesn't allow guests to check in until one in the afternoon.
M1: Are you sure about that? The last time I stayed here, I was permitted to go to my room before then.
M2: Hello, Mr. Winthrop. ²·Ms. Price is a new employee here. Here's your room key. It's the same one you had three weeks ago.
M1: Thanks so much, Mr. Doolittle. Would you have someone carry my bags up to my room for me?
M2: Of course.

policy 정책, 방침   permit 허락하다, 허가하다

M1: 안녕하세요. 제 이름은 Dean Winthrop인데, 체크인을 해서 객실로 들어가고 싶어요. 예약은 했어요.

W: 안녕하세요, Winthrop 씨, Jefferson 호텔에 오신 것을 환영합니다. 안타깝지만 저희 방침상 오후 1시 전에는 투숙객이 체크인을 할 수가 없어요.

M1: 확실한가요? 지난 번에 묵었을 때에는 그 전에 객실로 들어갈 수 있도록 해 주셨거든요.

M2: 안녕하세요, Winthrop 씨. Price 씨가 신입 직원이라서요. 여기 객실 키를 드릴게요. 3주 전에 받으셨던 키와 같은 거예요.

M1: 정말 고마워요, Doolittle 씨. 다른 분으로 하여금 제 가방을 객실까지 옮겨다 주실 수 있으신가요?

M2: 물론이죠.

1 여자는 왜 Winthrop 씨에게 체크인을 할 수 없다고 말하는가?
(A) 그는 예약을 하지 않았다.
(B) 그가 너무 일찍 도착했다.
(C) 그는 객실 요금을 지불하지 않았다.
(D) 그의 객실은 청소 중이다.

대화 초반부의 여자의 말 'Unfortunately, our policy doesn't allow guests to check in until one in the afternoon.'에서 정답의 단서가 드러나 있다. 남자가 1시 전에 도착해서 체크인이 불가능하다는 점을 설명하고 있으므로 (B)가 정답이다.

2 Doolittle 씨는 왜 "Ms. Price is a new employee here"라고 말하는가?
(A) 직원의 행동을 설명하기 위해
(B) 직원에게 축하를 하기 위해
(C) Winthrop 씨로 하여금 다른 누군가와 이야기하도록 만들기 위해
(D) Winthrop 씨에게 사과를 요구하기 위해

congratulate 축하하다 encourage 고무시키다, 장려[격려]하다
apologize 사과하다

화자의 의도를 묻고 있는 문제로 전후 문맥을 이해해야 정답을 찾을 수 있다. 체크인이 불가능하다는 여자의 설명에 남자1이 이의를 제기하자, 남자2가 주어진 문장과 같이 말한 후 남자1에게 열쇠를 넘겨 주는 상황이다. 따라서 주어진 문장은 '여자가 이곳의 신입 직원이라 (Winthrop 씨를 몰라 보고) 원칙적인 이야기를 했다'는 뜻으로 이해할 수 있으며, 남자1은 예외를 인정받는 중요한 고객일 것이라는 점을 짐작할 수 있다. 따라서 주어진 문장의 의미는 (A)로 볼 수 있다.

3 Winthrop 씨에 대해 암시되어 있는 것은 무엇인가?
(A) 그는 해외에서 왔다.
(B) 그는 일주일 동안 호텔에 머물 것이다.
(C) 그는 전에 호텔에 숙박한 적이 있다.
(D) 그는 좀처럼 미리 예약을 하지 않는다.

rarely 좀처럼 ~않다 in advance 미리, 앞서

대화 후반부에서 남자2는 Winthrop 씨에게 호텔 키를 넘기며 'It's the same one you had three weeks ago.'라고 말한다. 이를 통해 Winthrop 씨는 3주 전에도 이 호텔에 묵었다는 점을 알 수 있으므로 (C)가 정답이다.

[4-6]

W: I've got some good news, Ken. The manager at the Dayton Convention Center called and said that there

was a cancelation, so we can rent a room there for our company banquet.

M: 4·That won't be necessary. Sandra made a reservation at another establishment this morning.

W: Oh, I see. Where are we going to be having the event?

M: At Beverly's. It's a bit pricy, but the location is perfect, and it comes highly recommended.

W: That sounds great. I guess that I ought to call Mr. Brentwood to let him know that we won't be needing his services.

cancelation 취소 banquet 연회, 만찬 necessary 필요한
establishment 설립; 업체 pricy 비싼 highly 매우 recommend 추천하다

W: 좋은 소식이 있어요, Ken. Dayton 컨벤션 센터의 매니저에게 전화가 왔는데, 취소 자리가 생겨서 우리가 회사 연회를 위한 공간을 임대할 수 있게 되었어요.

M: 그럴 필요는 없을 거예요. Sandra가 오늘 아침에 다른 업체에서 예약을 했거든요.

W: 오, 그랬군요. 어디에서 행사가 열릴 예정인가요?

M: Beverly's에서요. 약간 비싸기는 하지만 위치가 완벽해서 많은 추천을 받았죠.

W: 잘 되었군요. 제가 Brentwood 씨에게 전화해서 그쪽 서비스가 필요하지 않게 되었다는 점을 알려 줘야 할 것 같아요.

4 남자가 "That won't be necessary"라고 말할 때 그는 무엇을 의미하는가?
(A) 여자는 자신이 한 예약을 취소해야 한다.
(B) 그의 회사는 Dayton 컨벤션 센터를 이용하지 않을 것이다.
(C) 그는 업체를 방문하는 것에 관심이 없다.
(D) 회사의 행사는 열리지 않을 것이다.

outing 야유회

전후 문맥을 통해 that이 가리키는 것이 무엇인지 확인해야 한다. 주어진 문장은 Dayton 컨벤션 센터에 자리가 생겨서 장소 예약이 가능하게 되었다는 여자의 말을 듣고 남자가 한 말이다. 따라서 that은 'Dayton 컨벤션 센터를 예약하는 일'을 뜻하므로 주어진 문장은 '그곳을 예약할 필요가 없다'는 의미이다. 따라서 정답은 (B)로, 이는 그 이후의 내용, 즉 Sandra라는 사람이 다른 곳을 예약했다는 말을 통해서도 확인이 가능하다.

5 남자가 Beverly's에 대해 말한 것은 무엇인가?
(A) 그곳은 시내의 먼 곳에 위치해 있다.
(B) 비용이 그다지 많이 들지 않는다.
(C) 현재 그곳에 예약할 수 있는 장소가 없다.
(D) 사람들이 그에 대해 긍정적인 평가를 하고 있다.

positive 긍정적인 comment 논평, 주석

남자가 Beverly's에 대해 말한 것은 '가격이 약간 비싸다'(it's a bit pricy)는 점, '장소가 완벽하다'(the location is perfect)는 점, 그리고 '많은 추천을 받고 있다'(it comes highly recommended)는 점이다. 따라서 정답은 이 중 마지막 내용과 의미가 동일한 (D)이다.

6 여자는 자신이 무엇을 해야 한다고 말하는가?
(A) 전화를 한다

(B) 예약을 확정한다
(C) 직접 장소를 방문한다
(D) Sandra에게 이야기한다

대화의 마지막 문장에서 여자는 자신이 'Brentwood 씨에게 전화를 걸어 예약을 할 필요가 없다는 점을 알려야겠다'(I ought to call Mr. Brentwood to let him know that we won't be needing his services)고 말한다. 따라서 보기 중 여자가 해야 할 일은 (A)이다.

Type 10 시간 및 장소

p.130

⊙ 3-20

1. (B)	2. (B)	3. (C)	4. (D)	5. (A)
6. (C)				

[1-3]

W: Wilma Thompson from MTP Manufacturing sent me an e-mail asking when the supplies she ordered will be delivered. Do you know anything about them?
M: She hasn't gotten them yet? The last order she made was two weeks ago. She must be really upset.
W: Yeah, her tone was somewhat abrupt. I'd say somebody either didn't send the order or it got mailed but never arrived. I'll call Kevin Cross in Shipping and tell him to investigate the matter.
M: Instruct him to drop everything he's doing to get that information. Then, have him call me so that I can get Ms. Thompson on the phone to explain the situation.

upset 기분이 상한   somewhat 다소   abrupt 돌연한; 퉁명스러운
either A or B A와 B 중 하나   investigate 조사하다   instruct 지시
하다   drop 떨어뜨리다; 간단한 글을 쓰다   so that ~ can ~할 수 있
도록

W: MTP Manufacturing의 Wilma Thompson이 제게 이메일을 보내 자신이 주문한 물품들이 언제 도착하는지 묻더군요. 그에 대해 아는 것이 있나요?
M: 아직 받지 못했다고요? 그녀가 마지막으로 주문한 것이 2주 전이었는데요. 틀림없이 화가 나 있겠군요.
W: 네, 목소리 톤이 다소 퉁명스러웠어요. 누군가 주문품을 보내지 않았다고 말하던가, 아니면 발송은 했지만 도착하지 않은 것이라고 말을 해야겠어요. 선적부의 Kevin Cross에게 전화해서 문제를 알아봐 달라고 전할게요.
M: 정보를 얻기 위해 그가 한 모든 일을 적으라고 지시하세요. 그런 다음 제가 전화로 Thompson 씨에게 상황을 설명할 수 있도록 저한테 전화하라고 해 주세요.

1 Thompson 씨는 언제 주문을 했는가?
(A) 한 달 전
(B) 두 달 전
(C) 이틀 전
(D) 어제

대화 초반의 남자의 말 'The last order she made was two weeks ago.'에서 화자들의 고객인 Thompson 씨는 (B)의 '2주 전'에 주문을 했음을 알 수 있다.

2 화자들에 의하면 Thompson 씨의 기분은 어떠한가?
(A) 걱정하고 있다.
(B) 기분이 좋지 않다.
(C) 흥분해 있다.
(D) 기뻐한다.

Thompson 씨가 '정말로 기분이 상해 있을 것'(must be really upset.)이라고 한 남자의 말과 '그녀의 목소리가 퉁명스러웠다'(her tone was somewhat abrupt)는 여자의 말을 통해 Thompson 씨의 기분을 짐작할 수 있다. 정답은 (B)이다.

3 Thompson 씨에 대해 암시되어 있는 것은 무엇인가?
(A) 그녀는 MTP Manufacturing의 소유주이다.
(B) 그녀는 Kevin Cross를 개인적으로 알고 있다.
(C) 그녀는 중요한 고객이다.
(D) 그녀는 직접 방문하기를 기대하고 있다.

대화의 마지막 부분에서 남자는 Kevin Cross라는 선적부 직원으로 하여금 자신이 할 일을 빠짐없이 기록하게 하라고 지시한 후, 자신이 직접 'Thompson 씨에게 전화로 상황을 설명하겠다'(I can get Ms. Thompson on the phone to explain the situation)고 말한다. 이를 통해 Thompson 씨라는 사람은 중요한 고객일 것으로 추측할 수 있으므로 (C)가 정답이다. Thompson 씨가 MTP Manufacturing 소속인 것은 맞지만, 그녀가 소유주라는 말은 찾아볼 수 없으므로 (A)를 정답으로 골라서는 안 된다.

[4-6]

M: Erica, I'm here waiting for Ms. Hooper's plane to arrive, but I just got a bad bit of news. It looks like there's a delay on her end, so she won't be landing here for another hour.
W: I'm really sorry to hear that. Just stay there and pick her up when she arrives.
M: What about the dinner event that she's supposed to be attending this evening?
W: I'll tell everyone that it's going to be slightly delayed. But please drive her straight to the restaurant once you collect her bags.
M: Okay. After dropping her off there, I'll take her luggage to the hotel she's planning to stay at.

on one's end ~가 있는 곳에서   land 착륙하다   slightly 약간   drop
off ~을 내려 주다   take A to B A를 B로 데리고 가다

M: Erica, 저는 이곳에서 Hooper 씨의 비행기가 도착하기를 기다리고 있는데, 방금 좋지 못한 소식을 들었어요. 출발지에서 비행기가 늦게 출발해서, 한 시간 후에야 여기에 도착하실 거예요.
W: 그런 말을 들으니 정말 유감이군요. 그곳에 있다가 그분께서 도착하시면 모시고 오세요.
M: 오늘 저녁에 그분께서 참석하기로 한 만찬 행사는 어떻게 되나요?
W: 모든 사람들에게 약간 늦어질 것이라고 얘기해 둘게요. 하지만

그분의 가방을 받는 대로 그분을 곧장 식당으로 모시고 오세요.
M: 알겠어요. 모셔다 드린 다음에는 그분의 짐을 머무실 호텔에 가져다 놓을게요.

4 남자는 어디에서 전화를 하고 있는가?
(A) 지하철역
(B) 버스 터미널
(C) 기차역
(D) 공항

대화의 시작 부분에서 남자가 '비행기를 기다리고 있다'(waiting for Ms. Hooper's plane to arrive)고 한 점과 'Hooper 씨의 비행기가 한 시간 후에 착륙할 것'(she won't be landing here for another hour)이라는 언급 등을 통해 남자가 있는 곳은 (D)의 '공항'임을 쉽게 알 수 있다.

5 여자는 남자에게 무엇을 하라고 말하는가?
(A) 자신이 있는 곳에 그대로 있는다
(B) 참석자들에게 연락한다
(C) 호텔을 예약한다
(D) 사무실로 돌아온다

'Just stay there and pick her up when she arrives.'라는 명령문이 정답의 단서이다. 여자는 남자에게 Hooper 씨가 도착할 때까지 공항에서 계속 기다리라고 했으므로 stay(머물다)를 remain(남아 있다)으로 바꾸어 쓴 (A)가 정답이다.

6 남자는 자신이 무엇을 하겠다고 언급하는가?
(A) 고객과 저녁 식사를 한다
(B) 주차 요금을 낸다
(C) 가방을 호텔로 가지고 간다
(D) Hooper 씨를 그녀의 집에 데려다 준다
parking fee 주차 요금

남자의 마지막 문장 'After dropping her off there, I'll take her luggage to the hotel she's planning to stay at.'에서 남자가 하려는 일은 Hooper 씨를 식당에 데려다 주고 그녀의 짐을 호텔로 가져가는 것임을 알 수 있다. 따라서 (C)가 정답이다.

Type **11** 시각 자료 활용 I
p.134

⊙ 3-22

1. (C) **2.** (C) **3.** (D) **4.** (B) **5.** (A)
6. (C)

[1-3]

시간	강연 주제	강사
11:00 A.M. –12:00 P.M.	바이오테크놀로지의 최신 경향	Steve West
1:00 P.M. – 2:00 P.M.	퀀텀 컴퓨팅의 미래	Gregor McMurtry
2:00 P.M. – 3:00 P.M.	의료 목적의 AI 사용	Stephanie Harden
3:00 P.M. – 4:00 P.M.	로봇과 산업	Jasmine Hunter

W: Stan, Dr. West contacted us a few minutes ago and said that his train has been delayed. He won't arrive here until around noon.
M: He's scheduled to speak first. We'd better ask one of the other speakers to change places with him.
W: I already spoke with Stephanie Harden, and she agreed to go first. In fact, she was happy to do so because that will give her enough time to keep her from having to rush to the airport.
M: Great. Thanks for taking the initiative.
W: I'll print some new schedules to give to the attendees to prevent them from getting confused.
M: Good thinking.

---
change places with ~와 자리를 바꾸다 keep A from B A가 B하는 것을 막다 rush 서둘러 가다 take the initiative 선수를 치다; 솔선수범하다 prevent A from B A가 B하는 것을 예방하다 confused 혼란스러운

W: Stan, West 박사님께서 몇 분 전에 전화를 하셔서 열차가 연착되고 있다고 말씀해 주셨어요. 12시 전에는 이곳에 못 오실 것 같아요.
M: 제일 먼저 강연을 하시기로 예정되어 있으시군요. 다른 강사분 중 한 분께 그분과 순서를 바꿔 달라고 요청하는 것이 좋겠어요.
W: 이미 Stephanie Harden과 이야기를 해 보았는데, 그분께서 먼저 하시겠다고 동의해 주셨어요. 사실, 그렇게 되면 공항까지 서둘러 갈 필요가 없을 정도로 충분한 시간이 생기기 때문에 그분께서도 좋아하셨어요.
M: 잘 되었군요. 미리 조치해 줘서 고마워요.
W: 참석자들이 혼란스러워하지 않도록 새로운 일정표를 인쇄해서 나누어 주도록 할게요.
M: 좋은 생각이군요.

1 무엇이 문제인가?
(A) 기차편이 취소되었다.
(B) 몇몇 컨퍼런스 참석자들이 취소를 했다.
(C) 한 강사가 늦게 도착할 것이다.
(D) 장소가 변경되어야 한다.

대화의 시작 부분에서 문제를 확인할 수 있다. 여자는 'West 박사라는 사람의 기차가 연착되었다'(his train has been delayed)고 말하면서 그가 '12시 전에는 오지 못할 것'(won't arrive here until around noon)이라는 소식을 전하고 있다. 따라서 문제가 되는 점은 (C)이다.

2 도표를 보아라. 오전 11시에 시작하는 강연의 주제는 무엇인가?
(A) 바이오테크놀로지의 최신 경향
(B) 퀀텀 컴퓨팅의 미래
(C) 의료 목적의 AI 사용
(D) 로봇과 산업

대화 중반부에서 여자는 11시에 첫 강연을 하기로 한 West 박사 대신 Stephanie Harden이 강연을 할 것이라는 점을 알리고 있다. 따라서 도표에서 Stephanie Harden의 강연 주제를 찾으면 결국 11시에 이루어질 강연의 제목은 (C)의 '의료 목적의 AI 사용'이다.

3 여자는 자신이 무엇을 하겠다고 말하는가?
(A) 참석자들과 이야기한다

(B) 연사에게 답신 전화를 한다
(C) 티켓을 회수한다
(D) 종이를 인쇄한다

여자의 마지막 말 'I'll print some new schedules to give to the attendees to prevent them from getting confused.'에서 여자는 새로운 일정을 인쇄해서 참석자들에게 나누어 줄 것이라는 점을 알 수 있다. 따라서 여자가 하게 될 일은 new schedules(새 일정표)를 some papers(종이)로 바꾸어 쓴 (D)이다.

[4-6]

Simba 사무용품점
특별 쇼핑 쿠폰

화요일 35% 세일
수요일 30% 세일
목요일 25% 세일
금요일 20% 세일

M: Jeanie, we need to get a large amount of supplies for the office. We're running low on paper, pens, and folders, among other items.
W: Let's go to Simba Stationery. I've got a coupon that will give us some big savings.
M: Hmm . . . If we go today, we'll receive thirty percent off. Let's drive there as soon as lunch ends.
W: I'd love to do that, but I'm supposed to pick Mr. Lender up at the bus station at 1:30. Why don't you ask Carmen to go with you?
M: She's in China on business the entire week. I think I'll get Bruce to go with me.

a large amount of 다량의   run low on ~이 부족하다   as soon as ~하자마자   bus station 버스 터미널   on business 업무상

M: Jeanie, 사무실에서 쓸 용품들을 많이 사야 해요. 다른 용품들 중에서도 용지, 펜, 폴더가 다 떨어져 가고 있어요.
W: Simba 사무용품점에 가보죠. 제가 비용을 크게 줄일 수 있는 쿠폰을 가지고 있거든요.
M: 흠... 오늘 가면 30%의 할인을 받게 되는군요. 점심 시간이 끝나는 대로 차를 몰고 가보죠.
W: 저도 그렇게 하고 싶지만, 저는 1시 30분에 Lender 씨를 데리러 버스 터미널로 갈 예정이라서요. Carmen에게 같이 가자고 요청해 보는 것이 어떨까요?
M: 그녀는 업무 때문에 일주일 내내 중국에 있을 거예요. Bruce와 함께 가야 할 것 같군요.

4 도표를 보아라. 대화는 어떤 요일에 이루어지는가?
(A) 화요일
(B) 수요일
(C) 목요일
(D) 금요일

대화 중반부의 'If we go today, we'll receive thirty percent off.'라는 남자의 말에 정답의 단서가 있다. 도표에서 30%의 할인을 받을 수 있는 요일은 수요일로 나타나 있으므로 화자들이 대화를 나누고 있는 요일은 (B)의 '수요일'일 것이다.

5 여자는 오후에 무엇을 해야 하는가?
(A) 버스 터미널에 간다
(B) 복사를 한다
(C) 남자를 돕는다
(D) 비용 청구를 신청한다
reimbursement 변제, 상환

함께 사무용품점에 가자는 남자의 제안에 여자는 '1시 30분에 Lender 씨를 데리러 버스 터미널에 가야 한다'(I'm supposed to pick Mr. Lender up at the bus station at 1:30)고 말하면서 제안을 거절한다. 따라서 여자가 오후에 해야 할 일은 (A)이다.

6 남자가 Carmen에 대해 말한 것은 무엇인가?
(A) 그녀는 휴가 중이다.
(B) 그녀는 남자와 함께 매장에 갈 것이다.
(C) 그녀는 국내에 있지 않다.
(D) 그녀는 남자의 부서에서 일한다.

여자가 남자에게 본인 대신 Carmen과 함께 사무용품점에 갈 것을 제안하자 남자는 'She's in China on business the entire week.'라고 말하면서 그녀가 업무상 중국에 가 있다는 점을 알린다. 따라서 보기 중 남자가 언급한 사항은 (C)이다.

Type **12**   시각 자료 활용 II
p.138

⊙ 3- 24

1. (D)	**2.** (B)	**3.** (C)	**4.** (C)	**5.** (A)
6. (C)				

[1-3]

Henderson's 백화점	
층	코너
1층	남성 의류 및 여성 의류
2층	아동 의류 및 장난감
3층	가구
4층	사무용품

W: Hi, Greg. I didn't know that you go shopping at this store.
M: I don't normally do that, but my wife wants me to acquire some clothes for our daughter. Since the store is having a sale, she sent me here.
W: I'm here to get some office supplies. I always buy in bulk when there's a special deal because the prices can't be beat.
M: Okay. Anyway, I've got to get going because I need to return to work before my lunch break ends. I'll see you later.
W: Talk to you later.

normally 보통   acquire 얻다, 획득하다   in bulk 대량으로   beat 이기다; 더 낫다

W: 안녕하세요, Greg. 당신이 이곳 백화점에 쇼핑하러 오는 줄은 몰랐어요.

M: 보통은 하지 않지만 아내가 딸을 위한 옷을 사 오라고 해서요. 백화점에서 세일을 하고 있기 때문에 저를 이곳으로 보내더군요.

W: 저는 사무용품을 구입하러 왔어요. 특별 세일이 있을 때에는 가격이 매우 싸기 때문에 항상 대량으로 구입해 두죠.

M: 그렇군요. 아무튼 저는 점심 시간이 끝나기 전에 회사로 복귀해야 해서 이제 가야 해요. 나중에 봐요.

W: 나중에 얘기해요.

1 여자가 남자에 대해 암시하고 있는 것은 무엇인가?
(A) 그는 최근에 결혼을 했다.
(B) 그는 그녀와 같은 회사에서 일한다.
(C) 그는 여러 해 동안 그녀와 알고 지냈다.
(D) 그는 좀처럼 백화점에 오지 않는다.

대화의 시작 부분에서 여자는 남자를 만나 놀라워 하면서 'I didn't know that you go shopping at this store.'라고 말한다. 이를 통해 남자는 백화점에 자주 오지 않는 사람이라는 점을 추측할 수 있으므로 (D)가 정답이다. 남자와 여자가 아는 사이이긴 하지만 '여러 해 동안'(for many years) 알고 지낸 사이인지는 확인할 수 없으므로 (C)는 정답이 될 수 없다.

2 도표를 보아라. 남자는 이다음에 어디로 갈 것 같은가?
(A) 1층
(B) 2층
(C) 3층
(D) 4층

대화 초반부에서 남자가 백화점에 온 이유는 my wife wants me to acquire some clothes for our daughter라고 언급되어 있다. 즉 남자는 딸을 위한 옷을 사기 위해 백화점을 방문한 것이므로 도표에서 해당 코너를 찾으면 남자가 갈 곳은 (B)의 '2층' 아동복 매장이다.

3 남자는 왜 서두르는가?
(A) 회의에 참석해야 한다.
(B) 비행기를 타야 한다.
(C) 사무실로 돌아가야 한다.
(D) 귀가할 예정이다.

대화의 마지막 부분에서 남자는 '점심 시간이 끝나기 전에 직장으로 돌아가야 한다'(I need to return to work before my lunch break ends)고 말한 후 여자에게 작별 인사를 건넨다. 이를 통해 정답은 return to work(직장으로 돌아가다)를 go back to his office(사무실로 돌아가다)로 바꾸어 쓴 (C)임을 알 수 있다.

[4-6]

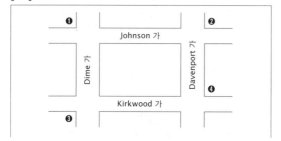

M: Celia, you've been to our downtown branch before, haven't you? I'm going there tomorrow to pick up some documents but don't know where it is.

W: Are you planning to drive or take the subway?

M: Actually, I was told that riding on the bus is the fastest way there.

W: Yeah, that's definitely true. Okay, you have to take the number 311 bus. Get off the bus at the corner of Kirkwood Street and Dime Avenue. Then, walk down Dime Avenue until you get to Johnson Street.

M: Do I need to cross the street then?

W: Yes, go straight across the street. The office is on the third floor in the Dogwood Building.

---

document 문서   get to ~에 도달하다   cross 건너다

M: Celia, 전에 시내 중심가에 있는 지사에 가 본 적이 있죠, 그렇지 않나요? 내일 서류를 가지러 그곳에 가려고 하는데, 어디에 있는지 잘 모르겠어요.

W: 차를 가지고 갈 생각인가요, 아니면 지하철을 타고 갈 생각인가요?

M: 실은 그곳까지 갈 수 있는 가장 빠른 방법은 버스를 타고 가는 것이라고 들었어요.

W: 네, 사실이에요. 좋아요, 311번 버스를 타야 해요. Kirkwood 가와 Dime 가 사이의 코너에서 내리세요. 그런 다음에는 Johnson 가에 도착할 때까지 Dime 가를 따라 걸으세요.

M: 그 후에 길을 건너야 하나요?

W: 네, 길을 건너서 직진하세요. 지사는 Dogwood 빌딩의 3층에 있어요.

4 남자는 언제 지사로 갈 것인가?
(A) 지금
(B) 오늘 오후
(C) 내일
(D) 이틀 후

대화 시작 부분의 남자의 말 'I'm going there tomorrow to pick up some documents but don't know where it is.'에서 정답의 단서를 찾을 수 있다. 내일 서류를 찾으러 시내 지사로 갈 것이라고 했으므로 (C)가 정답이다.

5 화자들은 버스에 대해 무엇을 말하는가?
(A) 남자의 목적지까지 갈 수 있는 가장 빠른 방법이다.
(B) 더 이상 Dogwood 빌딩까지 가지 않는다.
(C) 30분마다 시내 중심가로 간다.
(D) 버스표 요금이 인상되었다.

대화의 중반 부분에서 남자가 '시내 지사까지 갈 수 있는 가장 길은 버스를 타고 가는 것'(riding on the bus is the fastest way there)이라는 이야기를 들었다고 말하자 여자가 'Yeah, that's definitely true.'라고 말하면서 맞장구를 친다. 따라서 보기 중 화자들이 언급한 사항은 (A)이다.

6 도표를 보아라. 남자는 어디에서 하차해야 하는가?
(A) 1번
(B) 2번
(C) 3번
(D) 4번

대화 후반부의 여자의 말 'Get off the bus at the corner of Kirkwood Street and Dime Avenue.'에서 하차 지점을 확인할 수 있다. 여자는 남자에게 Kirkwood 가와 Dime 가가 만나는 코너에서 내리라고 했으므로 지도에서 해당 위치를 확인하면 (C)가 정답이다.

Type **13** 시각 자료 활용 III

⊙ 3- 26

1. (B)　　**2.** (C)　　**3.** (B)　　**4.** (C)　　**5.** (B)
6. (D)

[1-3]

예약				
Mon	Tues	Wed	Thurs	Fri
Allen Robards	Edward Jenkins	Mark Sanders	Alexander Cleveland	Matthew Chiu

M: Ms. Watkins, Mr. Jenkins just called and said that he can't make his meeting tomorrow because he's going to be out of town. He wants to reschedule for another day this week.
W: Do I have any empty slots remaining this week? I think I'm booked solid.
M: You're right. But we could probably convince Mr. Cleveland to move his appointment to next Monday.
W: That's a good idea. Go ahead and do that, please. Just call him up and apologize on my behalf.
M: Okay. I'll update your online calendar as soon as everything is confirmed.

---

slot 구멍, 자리; 시간　booked solid 예약이 꽉 찬　convince 설득하다, 납득시키다　on one's behalf ~을 대신하여　confirm 확인하다, 확정하다

M: Watkins 선생님, 조금 전에 Jenkins 씨께서 전화하셔서 시내 밖으로 가실 예정이라 내일 오실 수가 없다고 말씀하셨어요. 이번 주 다른 날로 일정을 조정하고 싶어하시더군요.
W: 이번 주에 비어 있는 시간이 있나요? 예약이 다 찬 것으로 알고 있거든요.
M: 네, 맞는 말씀이세요. 하지만 아마도 Cleveland 씨에게 예약을 다음 월요일로 옮기자고 설득해 볼 수 있을 것 같아요.
W: 좋은 생각이군요. 그럼 그렇게 해 주세요. 그분께 전화를 드려서 저 대신 사과해 주시고요.
M: 알겠습니다. 모든 일정이 확정되면 온라인 캘린더를 업데이트시킬게요.

1 남자에 의하면, Jenkins 씨는 왜 예약을 변경하고 싶어하는가?
(A) 전문가를 위한 행사에 참석해야 한다.
(B) 다른 도시로 가야 한다.
(C) 아직 휴가에서 돌아오지 않았다.
(D) 만날 준비가 되어 있지 않다.

대화의 시작 부분에서 남자는 Jenkins 씨가 '도시 밖에 있을 것

이기 때문에'(because he's going to be out of town) 예약 날짜를 바꾸고 싶어한다는 점을 여자에게 알리고 있다. 따라서 Jenkins 씨가 예약을 변경하고자 하는 이유는 (B)이다.

2 도표를 보아라. 여자는 언제 Jenkins 씨를 만날 것인가?
(A) 월요일
(B) 수요일
(C) 목요일
(D) 금요일

대화 중반의 남자의 말 'But we could probably convince Mr. Cleveland to move his appointment to next Monday.'에서 정답의 단서를 찾을 수 있다. 남자는 Cleveland 씨의 예약을 다음 주 월요일로 미루고 원래 Cleveland 씨가 예약했던 날짜에 Jenkins 씨를 만날 것을 제안하고 있으므로 도표에서 Cleveland 씨가 예약한 날을 찾으면 정답은 (C)의 '목요일'임을 알 수 있다.

3 남자는 자신이 무엇을 하겠다고 말하는가?
(A) 만남을 위해 문서를 복사한다
(B) 문서를 고친다
(C) 누군가와 직접 만나 사과한다
(D) 제품 시연회를 리뷰한다

대화의 마지막 부분에서 남자는 'I'll update your online calendar as soon as everything is confirmed.'라고 말하면서 온라인 캘린더에 변경 사항을 반영시키겠다고 했으므로 보기 중 남자가 하게 될 일은 (B)이다. 참고로 (B)의 a document(문서)는 online calendar(온라인 캘린더)를 바꾸어 쓴 표현이다.

[4-6]

W: Excuse me, but I seem to have gotten lost somehow. Could you tell me how to get to McGregor's Café, please?
M: Sure. It's really easy. Just go straight down this street for two blocks. Then, you're going to come to a street on your left that doesn't allow two-way traffic. It's clearly marked, so look for the sign.
W: That's the street which I want to go down, right?
M: Correct. Drive straight for one block, and you'll see the building you want on the left. You can park on the street right in front of it.

---

two-way traffic 양방향 통행

W: 실례지만 제가 길을 잃은 것 같아요. 어떻게 하면 McGregor's 까페로 갈 수 있는지 말씀해 주실 수 있나요?
M: 물론이죠. 정말로 쉬워요. 이 거리를 따라 두 블록 직진하세요. 그

54

러면 왼쪽에 양방향 통행이 금지되는 거리에 도달하게 될 거예요. 표시가 명확하게 되어 있으니 표지판을 찾으세요.

W: 그 길을 따라가면 되는 건가요?

M: 맞아요. 차를 몰고 한 블록 더 가시면 왼쪽에 찾는 건물이 보이실 거예요. 건물 앞 길거리에 주차를 하실 수 있어요.

4 화자들은 주로 무엇을 논의하는가?
  (A) 어디에서 우회전을 해야 하는지
  (B) 언제 고속도로에서 빠져 나와야 하는지
  (C) 어떻게 목적지에 갈 수 있는지
  (D) 왜 특정 도로를 피해야 하는지

McGregor's 카페를 찾고 있는 여자 운전자에게 남자가 길을 알려 주고 있는 상황이다. 따라서 카페를 a destination(목적지)로 바꾸어 쓴 (C)가 정답이다.

5 도표를 보아라. 남자는 여자에게 어떤 표지판을 찾으라고 말하는가?
  (A) 1번 표지판
  (B) 2번 표지판
  (C) 3번 표지판
  (D) 4번 표지판

남자가 찾으라고 한 곳은 '양방향 통행이 금지되는'(doesn't allow two-way traffic) 도로이다. 따라서 보기 중 '일방 통행 표지판'(one-way sign)을 찾으면 정답은 (B)라는 사실을 쉽게 알 수 있다. 참고로 1번 표지판은 '유턴 금지 표지판'(no U-turn sign), 3번은 '정지 표지판'(stop sign), 그리고 4번은 '공사 안내 표지판'(under construction sign)이다.

6 남자는 여자에게 어디에 주차를 하라고 말하는가?
  (A) 지하 주차장
  (B) 회사 주차장
  (C) 주차장 건물
  (D) 거리

남자의 마지막 문장 'You can park on the street right in front of it.'에서 남자는 여자에게 카페 건물 앞 거리 도로에 주차가 가능하다는 사실을 알리고 있다. 따라서 (D)가 정답이다.

실전 문제 연습

3- 27

1. (D)	**2.** (A)	**3.** (B)	**4.** (C)	**5.** (B)
6. (C)	**7.** (C)	**8.** (D)	**9.** (B)	**10.** (B)
11. (A)	**12.** (C)	**13.** (A)	**14.** (D)	**15.** (B)
16. (C)	**17.** (D)	**18.** (A)	**19.** (D)	**20.** (B)
21. (B)	**22.** (C)	**23.** (A)	**24.** (B)	**25.** (C)
26. (A)	**27.** (B)	**28.** (D)	**29.** (C)	**30.** (C)
31. (D)	**32.** (B)	**33.** (C)	**34.** (D)	**35.** (D)
36. (A)	**37.** (C)	**38.** (C)	**39.** (B)	

[1-3]

> M: Hello. I'm calling about the job your company advertised in the Sunday edition of the *Daily Reader*. Is the position of senior editor still open?
>
> W: Yes, it is. We'll be accepting applications for it until the end of the month. If you want, I can transfer you to let you speak with my boss, Linda Swanson. She can answer any questions you may have.
>
> M: No, that's quite all right, but I appreciate the offer. The advertisement was very thorough, so I don't have any questions at the moment. I'll be sure to send my application no later than this Friday.

advertise 광고하다   edition 판, 호   senior editor 선임 편집자   application 지원(서)   transfer 이동하다; (전화를) 돌리다   thorough 철저한   at the moment 지금   no later than 늦어도 ~까지

M: 안녕하세요. *Daily Reader* 일요일자 신문에 귀사가 낸 구인 광고 때문에 전화를 드렸어요. 선임 편집자 자리가 아직 비어 있나요?

W: 네, 그래요. 그에 대한 지원서를 이번 달 말까지 받고 있어요. 원하시면 제 상사인 Linda Swanson 씨와 이야기를 나눌 수 있도록 전화를 돌려 드릴게요. 질문이 있으신 경우, 그분께서 답변해 주실 수 있을 거예요.

M: 아니요, 그럴 필요는 없지만 그렇게 말씀해 주시니 고맙군요. 광고에 매우 자세하게 나와 있어서 지금은 질문할 것이 없어요. 늦어도 이번 주 금요일까지 잊지 않고 지원서를 제출하도록 할게요.

1. 남자는 언제까지 일자리에 지원해야 하는가?
  (A) 오늘 중으로
  (B) 이번 주까지
  (C) 다음 주까지
  (D) 이번 달 말까지

편집자 직위에 대한 지원 마감 기한을 묻고 있다. 편집자 자리가 아직 공석인지 묻는 남자의 질문에 여자는 '이번 달 말까지'(until the end of the month) 지원서를 받고 있다고 했으므로 정답은 (D)이다. 대화 후반부에서 남자가 '금요일까지'(no later than this Friday) 지원서를 제출할 것이라는 말만 듣고 정답을 (B)로 골라서는 안 된다.

2. 여자는 무엇을 하겠다고 제안하는가?
  (A) 남자의 전화를 자신의 상사와 연결시켜 준다
  (B) 남자의 지원서에 빠진 부분이 없다는 점을 확인시켜 준다
  (C) 남자에게 세부적인 업무 내용을 알려 준다
  (D) 남자에게 지원서를 이메일로 보내 준다

connect 연결하다   complete 완전한   description 설명

여자는 남자에게 '자신의 상사와 전화 연결을 해 주겠다'(I can transfer you to let you speak with my boss)고 말하면서 일자리에 대한 질문이 있는 경우 그녀에게 물어볼 것을 제안하고 있다. 따라서 보기 중 여자가 제안한 것은 (A)이다.

3. 남자가 광고에 대해 언급하고 있는 것은 무엇인가?
  (A) 두어 곳의 웹사이트에 게시되어 있었다.
  (B) 충분한 정보가 들어 있었다.
  (C) 보수가 얼마인지 적혀 있지 않았다.
  (D) 자격 요건이 모두 적혀 있지는 않았다.

contain 포함하다　fail 실패하다, ~하지 못하다　include 포함하다
requirement 요구 조건

대화 후반부에서 남자는 여자의 전화 연결 제의를 거절하면서 '구인 광고에 자세한 내용이 있기 때문에'(the advertisement was very thorough) 질문 사항이 없다고 말한다. 따라서 남자가 광고에 대해 언급한 것은 (B)로 볼 수 있다. 광고는 *Daily Reader*라는 신문에 게시되었으므로 (A)는 잘못된 설명이며, (C)와 (D)는 대화 내용만으로는 알 수 없는 내용이다.

[4-6]

W: Jason, you recently paid a visit to Daedalus Manufacturing, didn't you? I'm scheduled to attend a meeting there with Harold Cunningham this Thursday, but I'm not sure how I should go. What do you recommend?
M: Normally, I'd suggest driving, but there's a great deal of construction going on in the East Hampton area these days.
W: I wasn't aware of that. In that case, would it be better to take a bus or a taxi?
M: You'd still get stuck in traffic if you took either of those. You'd be much better off taking the subway to Mount Weston Station and then walking two blocks to get there.

recently 최근에　pay a visit 방문하다　be scheduled to ~할 예정이다　normally 보통은, 평소에는　be aware of ~에 대해 알다
get stuck in traffic 교통이 막히다, 교통 체증에 걸리다　be better off ~하는 것이 더 낫다

W: Jason, 최근에 Daedalus Manufacturing 사를 방문한 적이 있죠, 그렇지 않나요? 이번 주 목요일에 Harold Cunningham과 그곳에서 회의를 하기로 했는데 어떻게 가야 할지 잘 모르겠어요. 추천할 만한 방법이 있나요?
M: 평소라면 차를 가져가는 것을 추천하겠지만, 요즘 East Hampton 지역에서 대규모 공사가 진행되고 있어서요.
W: 그 점은 제가 몰랐군요. 그러면 버스나 택시를 타는 것이 더 좋을까요?
M: 둘 중에 어느 것을 타더라도 교통 체증이 심할 거예요. 지하철로 Mount Weston 역까지 간 다음에 두 블럭을 걸어서 가는 편이 훨씬 더 나을 거예요.

4. 여자는 목요일에 무엇을 할 것인가?
　(A) Harold Cunningham을 데리러 공항으로 간다
　(B) 공사와 관련된 업무를 한다
　(C) 한 회사에서 회의를 한다
　(D) 두어 명의 지원자를 면접한다
construction project 공사

질문의 핵심어구인 on Thursday와 관련된 부분을 유심히 듣도록 한다. 대화 초반에 여자는 I'm scheduled to attend a meeting there with Harold Cunningham this Thursday라고 말하고 있으므로 여자가 목요일에 할 일은 (C)의 '회의 참석'이다.

5. 남자가 Daedalus Manufacturing 사에 대해 암시하고 있는 것은 무엇인가?
　(A) 그는 그곳에 직접 가본 적이 없다.
　(B) 그곳은 East Hampton에 위치해 있다.
　(C) 그 회사는 해외 지사를 가지고 있다.
　(D) 그는 그곳에 서비스 비용을 지불한 적이 있다.
in person 직접, 몸소　overseas 해외에

여자가 Daedalus Manufacturing 사까지 갈 수 있는 방법에 대해 묻자 남자는 '요즘 East Hampton 지역에서 대규모 공사가 진행 중'(there's a great deal of construction going on in the East Hampton area these days)이라는 점을 알리면서 차를 가져가는 것을 추천하지 않는다. 이로써 Daedalus Manufacturing 사는 East Hampton 지역에 위치해 있을 것으로 추측되기 때문에 (B)가 정답이다.

6. 남자가 선호하는 교통 수단은 무엇인가?
　(A) 택시
　(B) 개인 차량
　(C) 지하철
　(D) 버스

대화의 마지막 부분에서 남자는 'You'd be much better off taking the subway to Mount Weston Station and then walking two blocks to get there.'라고 말하면서 지하철 이용과 걸어갈 것을 추천하고 있다. 따라서 정답은 (C)이다. (B)의 '개인 차량'은 도로 공사 때문에, (A)의 '택시'와 (D)의 '버스'는 교통 체증 때문에 추천하지 않는 수단으로 나타나 있다.

[7-9]

W: Hello. I wonder if you can give me a hand, please. I'm doing a remodeling project in my house, and I need to find some wallpaper for my kitchen and bathroom.
M: Do you have any particular brands in mind? Mayfield makes the best quality but can be a bit expensive.
W: 8.Cost isn't really a concern for me. I just want to make sure I get material that's going to look good and last for a long time.
M: In that case, please follow me to the back. I can show you a few samples I believe you might like.

give ~ a hand ~을 돕다　remodel 리모델링하다　wallpaper 벽지
particular 특별한　a bit 약간, 다소　concern 근심, 걱정거리
material 물질, 재료　sample 견본, 샘플

W: 안녕하세요. 저를 도와 주실 수 있는지 궁금하군요. 저는 제 집을 리모델링하려고 하는데, 주방과 욕실에 쓸 벽지를 찾아야 해요.
M: 특별히 염두에 두고 계신 브랜드가 있으신가요? Mayfield가 품질은 가장 좋은데 약간 비쌀 수도 있어요.
W: 가격은 사실 큰 상관이 없어요. 보기에 좋고 오래 지속되는 제품이기만 하면 좋을 것 같아요.
M: 그러시다면 저를 따라 뒤쪽으로 오세요. 마음에 드실 만한 샘플을 몇 개 보여 드릴게요.

7. 대화는 어디에서 이루어지는 것 같은가?
(A) 부동산 중개업소
(B) 케이터링 업체
(C) 건축 및 인테리어 자재업체
(D) 가구점

real estate agency 부동산 중개업소   catering service 출장 연회 서비스업체   home improvement store 건축 및 인테리어 자재업체

여자는 자신이 집을 리모델링 할 것이라고 말하면서 '주방 및 욕실용 벽지'(some wallpaper for my kitchen and bathroom)가 필요하다고 말한다. 보기 중 이러한 물건을 취급하는 곳은 (C)의 '건축 및 인테리어 자재업체'뿐이다.

8. 여자가 "Cost isn't really a concern for me"라고 말할 때 그녀는 무엇을 암시하는가?
(A) 그녀는 남자가 자신에게 보여 준 제품을 구매할 수 있다.
(B) 그녀의 상사가 그녀에게 많은 금액을 주었다.
(C) 그녀가 배송비를 추가로 지출해도 좋다.
(D) 그녀는 Mayfield 제품을 기꺼이 구매하고자 한다.

budget 예산, 비용   pay extra 추가로 비용을 지불하다   be willing to 기꺼이 ~하다

주어진 문장은 '비용은 사실 문제가 되지 않는다'는 뜻으로, 추천을 받은 제품, 즉 Mayfield 제품이 약간 비쌀 수도 있다는 말에 대한 여자의 답변이다. 따라서 그녀가 암시한 바는 (D)로 볼 수 있다. 남자가 제품을 아직 보여 준 상황은 아니므로 (A)를 정답으로 골라서는 안 된다.

9. 남자는 여자에게 무엇을 하라고 말하는가?
(A) 자신에게 필요한 제품을 온라인에서 찾는다
(B) 그와 함께 몇 가지 샘플을 보러 간다
(C) 그에게 자신이 원하는 것을 사진으로 보여 준다
(D) 그의 동료 중 한 명과 이야기한다

대화의 마지막 부분에서 남자는 여자에게 자신을 따라 오라고 하면서 '몇 가지 샘플을 보여 주겠다'(I can show you a few samples I believe you might like)고 말한다. 따라서 정답은 (B)이다.

[10-12]

M: Jade, did you happen to take a look at next week's schedule? Mr. Simon posted it on the bulletin board an hour ago. I've got a problem, so I'd love it if you could change shifts with me.
W: That depends. I specifically asked to work on Monday, Tuesday, and Wednesday morning because I need the evenings off on those days.
M: Well, I've got a dental appointment on Thursday afternoon, so I wonder if you can take my shift while I work in the morning on that day.
W: Hmm . . . I guess I can do that. Let's speak with Mr. Simon to confirm we're allowed to do that.

take a look at ~을 보다   post 게시하다   bulletin board 게시판   change shifts with ~와 근무 시간을 바꾸다   specifically 특히, 특별히   dental appointment 치과 진료 예약

M: Jade, 혹시 다음 주 일정을 보았나요? Simon 씨께서 한 시간 전에 게시판에 올려 놓으셨어요. 제게 문제가 생겨서 당신과 근무 시간을 바꿀 수 있었으면 좋겠어요.
W: 얘기를 들어보고요. 저는 특별히 월요일, 화요일, 그리고 수요일 오전에 근무를 하겠다고 요청했는데, 그 이유는 그날 저녁을 비워두어야 하기 때문이에요.
M: 음, 저는 목요일 오후에 치과 진료가 예약되어 있어서 그날 오전에 제가 일을 하고 당신이 제 근무 시간에 일을 해 줄 수 있는지가 궁금해요.
W: 흠... 그럴 수 있을 것 같군요. Simon 씨와 이야기를 해서 우리가 그렇게 해도 되는지 확인해 보도록 하죠.

10. 남자는 여자에게 무엇을 할 것을 요청하는가?
(A) 남자에게 저녁 시간 근무를 배정한다
(B) 남자와 근무 시간을 바꾼다
(C) 남자의 업무를 평가한다
(D) 남자에게 기기 사용법을 가르친다

assign (일 등을) 배정하다   switch 바꾸다, 교환하다   evaluate 평가하다   job performance 업무 성과   machinery 기계류

대화의 시작 부분에서 남자는 여자에게 '근무 시간을 바꾸었으면 좋겠다'(I'd love it if you could change shifts with me)고 말한다. 따라서 보기 중 남자가 요청한 사항은 (B)이다.

11. 남자는 목요일에 무엇을 해야 하는가?
(A) 치과에 간다
(B) 공항에 간다
(C) 볼 일을 본다
(D) 회의에 참석한다

dentist 치과의사   run an errand 심부름을 하다, 볼 일을 보다

질문의 핵심어구인 Thursday는 남자의 말 중 'I've got a dental appointment on Thursday afternoon'에서 들을 수 있다. 목요일에 치과 예약이 되어 있으므로 남자가 목요일에 해야 할 일은 (A)이다.

12. 화자들은 이다음에 무엇을 할 것 같은가?
(A) 잠시 휴식을 취한다
(B) 게시판을 확인한다
(C) 관리자에게 허가를 구한다
(D) Simon 씨에게 이메일을 보낸다

여자의 마지막 말 'Let's speak with Mr. Simon to confirm we're allowed to do that.'에서 정답의 단서를 찾을 수 있다. 여자는 남자의 제안을 수락하면서 근무 교대에 대한 상급자의 허가를 구하자고 제의한다. 따라서 화자들이 대화 직후에 하게 될 일은 (C)이다.

[13-15]

W: Hello. Could you please fill up my vehicle with premium unleaded? And if you have a moment, could you check the fluids, too?
M: Sure. I can take care of that. How are you going to be paying, in cash or with a credit card?
W: I don't have any cash on me. By the way, do you happen to have a restroom? I've been on the road nonstop for the past three hours.

M: Ours is only for employees. But if you drive up the road for about three minutes, you'll arrive at a rest area. It has a restroom you can use.

---

fill up ~을 가득 채우다 premium unleaded 무연 고급 휘발류 fluid 액체 take care of ~을 돌보다; ~을 처리하다 nonstop 정차하지 않고, 쉬지 않고 rest area 휴게소

W: 안녕하세요. 고급 무연 휘발류로 가득 넣어 주실 수 있으신가요? 그리고 시간이 되면 오일도 체크해 주시겠어요?
M: 물론이죠. 제가 해 드릴게요. 어떻게 계산하실 건가요, 현금으로 하시겠어요, 아니면 신용 카드로 하시겠어요?
W: 현금은 가지고 있지 않아서요. 그건 그렇고, 혹시 화장실이 있나요? 지난 세 시간 동안 쉬지 않고 차에 있었거든요.
M: 저희 화장실은 직원 전용이에요. 하지만 약 3분 정도 차를 몰고 가시면 휴게소에 도착하실 거예요. 그곳에 사용하실 수 있는 화장실이 있어요.

13. 화자들은 어디에 있는가?
(A) 주유소
(B) 커피숍
(C) 휴게소
(D) 패스트푸드점

여자의 말 'Could you please fill up my vehicle with premium unleaded?'등을 통해 여자는 주유소를 찾은 고객이라는 점과 남자는 주유소 직원이라는 점을 알 수 있다. 따라서 화자들이 있는 곳은 (A)의 '주유소'일 것이다.

14. 여자는 어떻게 결제할 것인가?
(A) 수표로
(B) 현금으로
(C) 계좌 이체로
(D) 신용 카드로

남자가 주유 비용 결제를 '현금으로 할 것인지, 신용 카드로 할 것인지'(in cash or with a credit card) 묻자 여자는 'I don't have any cash on me.'라고 답한다. 문맥상 현금이 없다는 말은 곧 신용 카드로 결제하겠다는 의미를 담고 있으므로 정답은 (D)이다.

15. 남자는 여자에게 무엇을 할 것을 추천하는가?
(A) 서비스를 받기 전에 미리 결제를 한다
(B) 다른 곳의 시설을 이용한다
(C) 지도에서 현재 위치를 확인한다
(D) 다른 사람에게 차량을 점검시킨다

대화 후반부에서 주유소에 화장실이 있는지 묻는 여자의 질문에 남자는 차로 3분 정도 가면 휴게소의 화장실을 이용할 수 있다는 점을 알려 준다. 따라서 정답은 휴게소를 another place로, 화장실을 facilities로 바꾸어 표현한 (B)이다.

[16-18]

M: We are scheduled to open three days from now. How are the final preparations going?
W: So far, it looks as though everything is fine. Every table is booked solid for the first week, so we need to make sure we've got plenty of food for our diners.

It would be embarrassing to run out of anything.
M: I've already spoken with the chef about that. He assured me we'll be fine.
W: We should probably do some more training for everybody on the waitstaff. They need to be as professional as possible.
M: Good thinking. Why don't you take care of that tomorrow and the day afterward?

---

preparation 준비 so far 지금까지 as though 마치 ~처럼 solid 단단한; 꽉 찬 plenty of 많은, 다량의 diner 식당 손님 embarrassing 당황스러운 run out of ~이 다 떨어진 waitstaff 종업원들 as ~ as possible 가능한 ~한 professional 전문적인

M: 지금부터 3일 후에 오픈할 예정이군요. 막바지 준비는 어떻게 되고 있나요?
W: 현재까지는 모든 것이 괜찮아 보여요. 첫 주 좌석이 모두 예약된 상태이기 때문에 식사 손님들을 위한 음식이 충분한지 확인해야 해요. 어떤 것이라도 재료가 떨어지면 당황스러울 거예요.
M: 그에 대해서는 이미 주방장과 이야기를 나누었어요. 주방장은 괜찮을 것이라고 확신하더군요.
W: 아마 전 종업원들을 대상으로 교육을 더 실시해야 할 수도 있어요. 최대한 프로다운 모습을 보일 수 있도록이요.
M: 좋은 생각이에요. 당신이 내일과 모레 그 일을 맡아 보는 것이 어떨까요?

16. 화자들은 어떤 업계에 종사하는가?
(A) 제조업
(B) 배달업
(C) 요식업
(D) 컨설팅업

every table is booked solid(전 좌석이 예약되었다), diners(식당 손님), 그리고 chef(주방장)와 같은 표현들을 통해 화자들은 식당 오픈을 준비 중인 것으로 짐작할 수 있다. 따라서 화자들이 종사하고 있는 업계는 (C)의 '요식업계'일 것이다.

17. 여자가 사업체에 대해 암시하고 있는 것은 무엇인가?
(A) 3일 전에 문을 열었다.
(B) 시내 중심가에 위치해 있다.
(C) 2층짜리 건물 내에 있다.
(D) 예약을 받고 있다.

establishment 설립; 기관, 시설 accept 받아들이다, 수락하다

'오픈 첫 주 테이블이 모두 예약되었다'(every table is booked solid for the first week)는 말을 통해 (D)가 정답이라는 사실을 알 수 있다. 오픈은 3일 후이므로 (A)는 사실이 아니며, (B)와 (C)는 대화에서 확인할 수 없는 내용이다.

18. 남자는 여자에게 무엇을 하라고 말하는가?
(A) 교육을 실시한다
(B) 물품을 주문한다
(C) 장비를 점검한다
(D) 신규로 직원을 고용한다

여자가 직원을 대상으로 한 교육이 필요하다고 언급하자 남자는 'Why don't you take care of that tomorrow and the day afterward?'라고 말한다. 즉 남자는 여자에게 교육을 맡아 줄 것을 요청하고 있으므로 (A)가 정답이다.

[19-21]

M1: Lucy, have you heard about the initiative the company has just started pushing? Management is encouraging employees to carpool to work to save energy.

W: Since both of us live in Cloudy View, I guess we could do that.

M1: Sure, but we could use one more person to make it more convenient.

M2: Why don't you count me in then? I'll be moving to Bradford Street this weekend.

W: In that case, why don't we all start carpooling together next week? Who should drive first?

M1: I don't mind driving on Mondays. But let's come up with a weekly schedule that benefits all of us.

---

initiative 계획; 주도(권) encourage 고무시키다, 권장하다 carpool 자동차 함께 타기 운동을 하다, 카풀하다 convenient 편리한 count ~ in ~을 셈에 넣다 come up with (아이디어 등을) 떠올리다 benefit 유익하다, 이롭다

M1: Lucy, 회사에서 추진 중인 계획에 대해 들어본 적이 있나요? 경영진이 에너지 절약을 위해 카풀로 출근할 것을 직원들에게 권장하고 있어요.

W: 우리 둘 다 Cloudy View에 살고 있으니 우리도 할 수 있겠군요.

M1: 물론 그렇기는 하지만 한 명이 더 있으면 보다 편할 것 같아요.

M2: 그러면 저를 끼워 주시는 것이 어때요? 이번 주말에 Bradford 가로 이사할 예정이거든요.

W: 그런 경우라면 다음 주부터 우리가 함께 카풀을 하는 것이 어때요? 누가 먼저 운전을 해야 할까요?

M1: 저는 월요일에 운전하는 것은 상관없어요. 하지만 우리 모두에게 혜택이 돌아갈 수 있는 주간 스케줄을 생각해 보기로 하죠.

19. 화자들은 주로 무엇을 논의하고 있는가?
(A) 주간 일정
(B) 전기를 절약할 수 있는 방안
(C) 재활용
(D) 회사의 새로운 방침

conserve 보존하다 electricity 전기

대화의 시작 부분에서 남자1은 '회사가 추진 중인 계획'(the initiative the company has just started pushing)이 있다고 말하면서 카풀에 대한 소식을 알리고 있다. 이후에도 카풀 참여 인원, 운전 스케줄 등에 대해 이야기가 이어지고 있으므로 대화의 주제는 카풀을 의미하는 (D)이다.

20. Bradford 가에 대해 암시되어 있는 것은 무엇인가?
(A) 회사의 사무실이 그곳에 있다.
(B) Cloudy View 내에 있다.
(C) 회사로부터 10분 거리에 있다.
(D) 그곳에서 공사가 진행 중이다.

여자는 남자1과 자신이 Cloudy View라는 같은 지역에 살고 있으니 카풀을 할 수 있을 것이라고 말하자 남자2가 자신도 포함시켜 달라고 하면서 'I'll be moving to Bradford Street this weekend.'라고 말한다. 이를 통해 남자2가 이사할 Bradford 가

는 Cloudy View에 위치한 곳일 것으로 유추할 수 있으므로 정답은 (B)이다.

21. 화자들은 이다음에 무엇을 할 것 같은가?
(A) 전화번호를 교환한다
(B) 카풀 일정을 세운다
(C) 집들이를 계획한다
(D) 공동으로 프로젝트를 진행한다

남자1의 마지막 말 'But let's come up with a weekly schedule that benefits all of us.'에서 정답의 단서를 찾을 수 있다. 화자들은 운전 순서를 정하는, '주간 스케줄'(a weekly schedule)을 작성할 것이므로 화자들이 할 일은 (B)이다.

[22-24]

W: David, we are running out of a few supplies. We've only got enough flour, sugar, and butter to last until tomorrow. Can you call our supplier and order some things?

M: Unfortunately, Jackson Food is closed for the next four days. I received an e-mail from Stan Humphries last week, and it mentioned that.

W: Well, we need to do something, or we won't be able to make any pastries or cakes for our customers soon.

M: Let me call Angela Brooks. She should be able to recommend a new supplier. Just give me a list of what we need, and I'll order it by this afternoon.

W: Thanks. 24·Check your e-mail in thirty minutes.

---

flour 밀가루 supplier 공급자, 공급업체 mention 언급하다 pastry 페이스트리

W: David, 몇 가지 재료들이 다 떨어져 가고 있어요. 밀가루, 설탕, 그리고 버터는 내일까지만 사용할 수 있을 정도예요. 공급업체에 전화해서 주문을 해 줄 수 있나요?

M: 안타깝지만 Jackson 식품은 나흘간 문을 닫을 거예요. 지난 주에 Stan Humphries로부터 이메일을 받았는데, 그렇게 말하더군요.

W: 음, 무언가 조치를 취하지 않으면 조만간 손님들에게 페이스트리나 케이크를 만들어 드리지 못할 거예요.

M: 제가 Angela Brooks에게 전화해 볼게요. 그녀가 새로운 업체를 추천해 줄 수 있을 거예요. 필요한 물품 리스트를 제게 알려 주면 오늘 오후 중으로 제가 주문을 할게요.

W: 고마워요. 30분 후에 이메일을 확인해 보세요.

22. 화자들은 어디에서 일하는 것 같은가?
(A) 식료품점
(B) 정육점
(C) 베이커리
(D) 편의점

deli 식료품점 butcher shop 정육점 convenience store 편의점

화자들이 사용하는 재료는 flour(밀가루), sugar(설탕), butter(버터)로 나타나 있고 we won't be able to make any pastries or cakes for our customers soon이라는 말을 통해 그들이 만드는 상품은 페이스트리와 케이크, 즉 빵과 관련된 것임을 짐작

할 수 있다. 따라서 화자들이 일하는 곳은 (C)의 '베이커리'일 것이다.

23. 남자가 Angela Brooks에 대해 암시하고 있는 것은 무엇인가?
(A) 그녀는 매장에 필요한 것을 구하는데 도움을 줄 것이다.
(B) 그녀는 공급업체를 운영하고 있다.
(C) 그녀는 매장에서 일하는 동료 직원 중 한 명이다.
(D) 그녀는 Stan Humphries와 긴밀하게 협력하고 있다.

acquire 얻다, 획득하다   work close with ~와 긴밀하게 협력하다

남자의 말에 의하면 Angela Brooks라는 사람은 '새로운 공급업체를 소개해 줄 수 있는'(able to recommend a new supplier) 인물이다. 따라서 그에 대해 암시되어 있는 점은 (A)로 볼 수 있다. Angela Brooks가 업체를 추천해 줄 수 있다고만 했을 뿐, 그녀가 직접 업체를 운영 중이라는 내용은 찾아볼 수 없으므로 (B)를 정답으로 골라서는 안 된다.

24. 여자는 왜 "Check your e-mail in thirty minutes"라고 말하는가?
(A) 컴퓨터 문제가 곧 해결될 것이라고 말하기 위해
(B) 남자가 언제 물품을 주문할 수 있는지 말하기 위해
(C) 타이밍이 매우 중요하다는 점을 강조하기 위해
(D) 현재 여자가 바쁘다는 점을 알리기 위해

state 진술하다, 주장하다   emphasize 강조하다   point out 지적하다

주어진 문장은 'Just give me a list of what we need, and I'll order it by this afternoon.'에 대한 답변이다. 즉 구매해야 할 물품 리스트를 달라는 남자의 말에 여자는 30분 이내에 리스트를 작성해서 이메일로 보내겠다는 뜻을 전달하고 있으므로 여자가 그처럼 말한 이유는 (B)로 볼 수 있다.

[25-27]

> **W:** Excuse me. I'm here to submit my loan application. Who should I give this to?
> **M:** Have you spoken with anyone regarding this matter?
> **W:** I talked to Samantha Rogers last week, but it's my understanding that she transferred to another bank branch on Monday.
> **M:** Yes, that's correct. All of her customers have been given to Wilma Powell, our most recent hire.
> **W:** I see. Could you direct me to her so that I can talk about my application, please?
> **M:** She's in a meeting with her supervisor but should be finished in around five minutes. Do you mind waiting?
> **W:** Not at all.
>
> ---
> loan 대출, 대부   application 신청(서)   regarding ~와 관련해서
> it is my understanding that 내가 알기로는   so that ~ can ~하기 위해서   supervisor 감독, 관리자

W: 실례합니다. 대출 신청서를 제출하려고 왔는데요. 어느 분께 드리면 되나요?
M: 대출 건과 관련해서 이야기를 나누신 적이 있나요?

W: 지난 주에 Samantha Rogers와 이야기를 나누었는데, 그분은 월요일에 다른 지점으로 전근을 가신 걸로 알고 있어요.
M: 네, 맞아요. 그녀의 고객들은 모두 최근에 채용된 Wilma Powell에게 배정이 되었어요.
W: 그렇군요. 신청서에 대해 이야기할 수 있도록 저를 그녀에게 안내해 주실 수 있으신가요?
M: 그녀는 지금 관리자와 회의 중이지만 약 5분 후에는 회의가 끝날 거예요. 기다리시겠어요?
W: 그럴게요.

25. 여자는 왜 은행을 방문했는가?
(A) 요금을 납부하기 위해
(B) 예금을 하기 위해
(C) 대출을 신청하기 위해
(D) 예금 계좌를 개설하기 위해

bill 청구서   deposit 예금하다   savings account 보통 예금 계좌

대화 시작 부분에서 여자는 'I'm here to submit my loan application.'이라고 말하면서 자신의 방문 목적을 대출 신청이라고 밝히고 있다. 따라서 여자가 은행을 방문한 이유는 (C)이다.

26. Wilma Powell에 대해 암시되어 있는 것은 무엇인가?
(A) 그녀는 신입 직원이다.
(B) 그녀는 다른 지점에서 전근을 왔다.
(C) 그녀는 관리자로 일한다.
(D) 그녀는 Samantha Rogers의 관리자이다.

대화 내용상 Wilma Powell이라는 인물은 Samantha Rogers의 후임으로서 여자를 상대할 직원으로 생각되는데, 남자는 그녀를 our most recent hire(최근에 고용된 직원)로 소개하고 있다. 따라서 그녀는 (A)의 '신입 직원'일 것이다.

27. 여자는 이다음에 무엇을 할 것 같은가?
(A) 체크 카드를 새로 받는다
(B) 잠시 기다린다
(C) 은행을 떠난다
(D) 서류를 작성한다

bankcard 직불 카드, 체크 카드   fill out (서류 등을) 작성하다

대화의 마지막 부분에서 남자는 여자에게 대출 담당 직원을 만나려면 회의가 끝날 때까지 기다려야 한다고 말하면서 'Do you mind waiting?'이라고 묻는다. 이에 여자는 'Not at all.'로 답하며 기다릴 것이라는 의사를 표시하고 있으므로 여자가 하게 될 일은 (B)이다.

[28-30]

> **M1:** Emily, thanks for dropping by my office. We need to chat about the poster you made for the upcoming charity run.
> **W:** Sure. Did you like it?
> **M1:** Well, the work was quite poor.
> **M2:** I agree. Additionally, the colors were too dark, and the main picture needs replacing.
> **M1:** You also misspelled several words on the poster.
> **W:** Oh . . . I see. I'll improve it over the next couple of hours and then send it back to you.

M2: I'll have Leon help you out. He's done this kind of project before and can provide you with some advice.

---

drop by ~에 들르다   chat 이야기하다, 잡담하다   poster 포스터   upcoming 다가 오는, 곧 있을   charity run 자선 달리기 대회   additionally 게다가, 또한   replace 대체하다, 대신하다   misspell 철자를 잘못 쓰다   provide A with B A에게 B를 제공[공급]하다

M1: Emily, 사무실에 와 줘서 고마워요. 곧 있을 자선 달리기 대회를 위해 당신이 제작한 포스터에 관해서 이야기를 나누어야 할 것 같아요.

W: 그러시죠. 마음에 드셨나요?

M1: 음, 상당히 별로더군요.

M2: 저도 동감이에요. 게다가 색깔도 너무 어둡고, 메인 사진도 바뀌어야 해요.

M1: 또한 포스터에 있는 몇몇 단어들의 철자도 잘못되었죠.

W: 오... 그렇군요. 두 시간 정도 수정해서 다시 보내 드리도록 할게요.

M2: Leon에게 당신을 도우라고 할게요. 그가 전에 이런 종류의 프로젝트를 한 적이 있어서 당신에게 조언을 해 줄 수 있을 거예요.

28. 화자들은 주로 무엇을 논의하고 있는가?
   (A) 곧 열릴 스포츠 행사
   (B) 곧 있을 오리엔테이션
   (C) 여자가 제출한 지원서
   (D) 여자가 디자인한 포스터

submit 제출하다   design 설계하다, 디자인하다

대화의 주제를 묻고 있다. 대화의 시작 부분에서 남자가 여자를 부른 이유는 '여자가 자선 달리기 대회를 위해 제작한 포스터'(the poster you made for the upcoming charity run)에 대해 이야기하기 위함임을 알 수 있고, 그 이후에도 여자가 디자인한 포스터에 대해 여러 가지 평가가 이루어지고 있으므로 (D)가 정답이다.

29. 남자들은 여자가 한 업무에 대해 어떻게 생각하는가?
   (A) 첫 시도치고는 잘 했다.
   (B) 업무를 마치기까지 시간이 너무 오래 걸렸다.
   (C) 그녀가 한 업무는 평균 이하였다.
   (D) 그녀는 도움을 요청했어야 했다.

여자의 포스터에 대해 남자1은 quite poor(상당히 좋지 않다)라고 평가했고, 남자2는 '컬러가 어둡고 메인 사진도 바뀌어야 한다'(colors were too dark, and the main picture needs replacing)는 점을 지적했다. 즉 남자들은 여자가 제작한 포스터에 대해 좋지 못한 평가를 내리고 있으므로 정답은 (C)이다.

30. Leon은 여자를 위해 무엇을 할 것으로 예상되는가?
   (A) 그녀가 필요로 하는 장비를 준다
   (B) 그녀의 다음 교육을 담당한다
   (C) 프로젝트에 관해 도움을 준다
   (D) 그녀에게 시설을 견학시켜 준다

대화의 마지막 부분에서 남자2는 Leon이라는 이름을 언급한 후 'He's done this kind of project before and can provide you with some advice.'라고 말한다. 여기에서 Leon이라는 사람은 여자에게 프로젝트와 관련된 도움을 줄 수 있는 사람으로 소개되고 있으므로 정답은 (C)이다.

[31-33]

월요일	화요일	수요일	목요일	금요일

M: Susan, how did everything go with your client last week? I was on vacation so haven't gotten caught up with all of the news yet.

W: Overall, it was a success. He arrived on the only sunny day of the week, so the pleasant weather made a good impression on him.

M: Did you show him around the factory?

W: I did. He approved of our manufacturing methods and remarked that they were more advanced than he had expected.

M: Excellent. Did he sign a contract?

W: Not yet. But the negotiations are going well, so it looks like I'll be flying to Jakarta sometime in the next few days.

---

catch up with ~을 따라잡다   impression 인상   approve of ~을 승인하다, 인정하다; ~을 찬성하다, 좋게 생각하다   method 방법   remark 언급하다   negotiation 협상

M: Susan, 지난 주 고객과의 일은 어땠나요? 제가 휴가를 다녀와서 아직 소식을 다 접하지는 못했거든요.

W: 전체적으로 성공적이었어요. 고객이 지난 주 유일하게 날씨가 좋은 날에 도착을 해서 화창한 날씨가 좋은 인상을 남겨 주었죠.

M: 공장을 보여 주었나요?

W: 그랬어요. 그는 우리의 제조 방식을 좋게 생각했고 자신이 기대했던 것보다 더 뛰어나다고 언급했어요.

M: 잘 되었군요. 그가 계약서에 서명했나요?

W: 아직 아니에요. 하지만 협상이 잘 진행되고 있기 때문에 며칠 후에는 제가 자카르타로 가게 될 것 같아요.

31. 남자는 왜 지난 주에 사무실을 비웠는가?
   (A) 일주일 내내 아팠다.
   (B) 업무와 관련된 행사에 참석하고 있었다.
   (C) 해외에 있었다.
   (D) 휴가였다.

대화의 시작 부분에서 남자는 '휴가 중'(on vacation)이어서 지난 주 여자의 업무와 관련된 소식을 듣지 못했다고 말한다. 따라서 남자가 사무실에 없었던 이유는 (D)이다.

32. 도표를 보아라. 여자의 고객은 언제 도착했는가?
   (A) 월요일
   (B) 화요일
   (C) 수요일
   (D) 목요일

여자의 말 'He arrived on the only sunny day of the week, so the pleasant weather made a good impression on him.'에서 정답의 단서를 찾을 수 있다. 유일하게 화창한 날에 고객이 도착했다고 했으므로 도표에서 맑은 날을 찾으면 (B)의 '화요일'이 정답이다.

33. 여자가 고객에 대해 암시하고 있는 것은 무엇인가?
    (A) 그는 다음 주에 돌아올 것이다.
    (B) 그는 자신의 공장을 소유하고 있다.
    (C) 그는 자카르타에서 일한다.
    (D) 그는 그녀의 회사를 매입하고 싶어한다.

대화의 마지막 부분에서 계약이 이루어졌는지를 묻는 남자의 질문에 여자는 아직 체결된 것은 아니지만 협상이 잘 되고 있어서 '며칠 주에는 (계약을 하러) 자카르타에 갈 수도 있다'(it looks like I'll be flying to Jakarta sometime in the next few days)고 언급한다. 이를 통해 협상 대상자는 자카르타에 있을 것으로 짐작할 수 있으므로 (C)가 정답이다.

[34-36]

<table>
<tr><td colspan="3" align="center">Dynamo Tech 면접 일정</td></tr>
<tr><td>요일</td><td>시간</td><td>면접관</td></tr>
<tr><td>월요일</td><td>9:00 A.M. – 12:00 P.M.</td><td>Kevin Standish</td></tr>
<tr><td>월요일</td><td>1:00 P.M. – 6:00 P.M.</td><td>Jules Wingo</td></tr>
<tr><td>화요일</td><td>9:00 A.M. – 12:00 P.M.</td><td>Ryan Patterson</td></tr>
<tr><td>화요일</td><td>1:00 P.M. – 6:00 P.M.</td><td>Claire Domingo</td></tr>
</table>

W: Hello, Mr. Gordon. This is Rebecca Halsey from Dynamo Tech. We received your application packet and are interested in interviewing you for the position.
M: That sounds wonderful. But I hope you don't expect to see me this week because I'm currently attending a professional workshop in Denver.
W: That won't be a problem. You're scheduled for next Tuesday at 2:30 in the afternoon. Can you make it?
M: That works perfectly for me. Do you need me to bring anything?
W: Yes. Come here with some samples of your recent work, including any pictures that have been published in newspapers or magazines.

packet 소포, 꾸러미　make it 성공하다, 해내다; 도착하다　perfectly 완벽하게

W: 안녕하세요, Gordon 씨. 저는 Dynamo Tech의 Rebecca Halsey예요. 우편으로 귀하의 지원 서류를 받았는데 입사를 위한 면접을 진행했으면 해요.
M: 놀라운 소식이군요. 하지만 제가 지금 덴버에서 열리고 있는 전문가 워크숍에 참석 중이기 때문에 이번 주에는 면접을 보지 않았으면 좋겠어요.
W: 그 점은 문제가 되지 않을 거예요. 다음 주 화요일 오후 2시 30분에 예정이 되어 있거든요. 오실 수 있으신가요?
M: 그때라면 물론 가능해요. 제가 가지고 가야 할 것이 있을까요?
W: 네. 뉴스나 잡지에 실린 사진을 포함해서 최근에 하신 작업에 대한 샘플을 가지고 오세요.

34. 남자는 누구인 것 같은가?
    (A) 엔지니어
    (B) 사진사
    (C) 주방장
    (D) 기자

journalist 언론인, 기자

남자의 신원은 여자의 마지막 말에서 확인할 수 있다. 즉 남자가 면접에 가지고 와야 할 것의 예로 any pictures that have been published in newspapers or magazines(신문이나 잡지에 실린 사진)가 언급되고 있으므로 남자는 (B)의 '사진 작가'일 것이다.

35. 도표를 보아라. 누가 남자를 면접할 것인가?
    (A) Kevin Standish
    (B) Jules Wingo
    (C) Ryan Patterson
    (D) Claire Domingo

여자의 말을 통해 남자의 면접 시간은 next Tuesday at 2:30 in the afternoon임을 알 수 있다. 도표에서 화요일 2시 30분에 면접을 진행할 면접관을 찾으면 정답은 (D)임을 쉽게 알 수 있다.

36. 여자는 남자에게 무엇을 가지고 오라고 말하는가?
    (A) 포트폴리오
    (B) 추천서
    (C) 게시된 기사
    (D) 대학교 성적표

portfolio 작품집, 포트폴리오　letter of recommendation 추천서
university transcripts 대학교 성적표

대화의 마지막 부분에서 여자가 남자에게 가지고 오라고 한 것은 some samples of your recent work(최근에 촬영한 사진들 샘플)이다. 따라서 정답은 이를 a portfolio of his work로 바꾸어 쓴 (A)이다.

[37-39]

<table>
<tr><td colspan="2" align="center">Wilson Garden 품목</td></tr>
<tr><td>나무</td><td>가격</td></tr>
<tr><td>복숭아나무</td><td>$25</td></tr>
<tr><td>벚나무</td><td>$30</td></tr>
<tr><td>사과나무</td><td>$32</td></tr>
<tr><td>살구나무</td><td>$28</td></tr>
</table>

M: Hello. I'm here because of the sale you're holding this weekend. I learned about it while visiting your Web site. I'm interested in purchasing a couple of cherry trees.
W: That sounds great. But just so you know, the price listed on our Web site is incorrect.
M: Oh . . . That's too bad. How much higher is it?
W: Actually, it's three dollars cheaper, so you'll be getting an even better deal.
M: Wonderful. In that case, could you show me where they are, please? I also need a shovel and some other gardening supplies.
W: No problem. We can find everything after we get your trees.

just so you know 참고로; 알다시피　incorrect 잘못된　deal 거래
shovel 삽　gardening 원예, 정원 가꾸기

M: 안녕하세요. 이번 주에 진행 중인 세일 때문에 왔어요. 웹사이트를 방문해서 세일에 대해 알게 되었죠. 저는 벚나무 두 그루를 구매하고 싶어요.

W: 그러시군요. 하지만 참고로 말씀을 드리면, 웹사이트에 게시된 가격은 잘못된 것이에요.

M: 오... 유감이군요. 얼마나 더 높은가요?

W: 실은, 3달러 더 싸기 때문에 오히려 더 좋은 조건이 될 거예요.

M: 놀랍네요. 그렇다면 어디에 있는지 알려 주시겠어요? 삽과 기타 정원 용구들도 필요해요.

W: 그럴게요. 나무를 가져다 드린 후에 모든 걸 찾아드리도록 할게요.

37. 남자는 세일에 대해 어떻게 알게 되었는가?
 (A) 텔레비전을 시청해서
 (B) 신문을 읽어서
 (C) 웹사이트를 확인해서
 (D) 친구와 이야기를 나누다가

대화의 시작 부분에서 남자의 말 'I learned about it while visiting your Web site.'를 놓치지 않고 들었다면 남자가 세일에 대해 알게 된 것은 (C)의 '웹사이트를 통해서'임을 쉽게 알 수 있다.

38. 도표를 보아라. 어떤 가격이 잘못되었는가?
 (A) $25
 (B) $28
 (C) $30
 (D) $32

남자가 '벚나무 두 그루'(a couple of cherry trees)를 사고 싶다고 말하자 여자는 웹사이트에 게시된 가격이 잘못되었다고 말한다. 따라서 도표에서 벚나무 가격을 찾으면 정답이 (C)임을 쉽게 알 수 있다. 참고로 실제 가격은 3달러가 더 낮다고 했으므로 결국 벚나무의 가격은 27달러일 것이다.

39. 남자는 어떤 것을 구매하고 싶다고 말하는가?
 (A) 비료
 (B) 삽
 (C) 화분
 (D) 갈퀴

fertilizer 비료   flowerpot 화분   rake 갈퀴

대화의 후반부에서 남자는 나무 이외에도 '삽과 기타 정원 용구들'(a shovel and some other gardening supplies)이 필요하다고 말한다. 따라서 보기 중 남자가 구매하고자 하는 것으로 언급된 물품은 (B)이다.

PART 4

Type 01 주제 및 목적

⊙ 4- 02

1. (B)   **2.** (C)   **3.** (A)   **4.** (D)   **5.** (C)
6. (B)

[1-3]

M: Hello, Mr. Reynolds. This is Tom Sparta calling from the garage. I'd like to inform you that my mechanics have finished the work on your car, so you can feel free to come here to pick it up. They found the problem with the air conditioner and repaired it. They didn't find any other problems. Your vehicle is running as good as new now. Please be advised that we're closing two hours from now, and tomorrow is a national holiday, so we won't be open then. However, if you think you'll arrive a little after six, let me know, and I can arrange to stay here a bit late.

---

mechanic 정비사   garage 차고; 정비소   feel free to 자유롭게 ～하다, 마음껏 ～하다   repair 수리하다   advise 충고하다   national holiday 국경일

M: 안녕하세요, Reynolds 씨. 저는 Tom Sparta로, 정비소에서 전화를 드리고 있습니다. 저희 정비사가 귀하의 자동차에 대한 작업을 마쳤으며, 따라서 언제든지 이쪽으로 오셔서 차를 가지고 가실 수 있다는 점을 알려 드리고 싶습니다. 에어컨에 문제가 있어서 수리를 했습니다. 다른 문제는 발견되지 않았습니다. 귀하의 차량은 이제 신차와 같은 상태로 운행될 것입니다. 참고로 저희는 지금부터 2시간 후에 문을 닫을 예정이며 내일은 국경일이라 문을 열지 않는다는 점을 알려 드립니다. 하지만 6시가 조금 넘어서 도착하시는 경우, 제게 알려 주시면 제가 조금 더 늦게까지 있도록 하겠습니다.

1 화자는 왜 전화를 했는가?
(A) 작업의 어려움에 대해 언급하기 위해
(B) 작업이 다 끝났다고 말하기 위해
(C) 수리 작업에 대한 허가를 구하기 위해
(D) 작업 비용을 안내하기 위해

note 주목하다; 언급하다   permission 허락, 허가   state 진술하다, 주장하다

담화의 시작 부분에서 화자는 I'd like to inform you that my mechanics have finished the work on your car라며 자신이 전화한 이유를 밝히고 있다. 즉 차량 수리 작업이 끝났음을 알리기 위해 전화를 한 것이므로 (B)가 정답이다.

2 화자의 직원들은 무엇을 수리했는가?
(A) 엔진
(B) 히터
(C) 에어컨
(D) 범퍼

화자는 'They found the problem with the air conditioner and repaired it.'이라고 말하면서 에어컨을 수리했다는 점을 알리고 있다. 따라서 수리된 부분은 (C)이다.

3 청자는 왜 답신 전화를 하게 될 것인가?
(A) 늦게 차를 찾으러 가겠다는 요청을 하기 위해
(B) 수리비를 계산하기 위해
(C) 작업에 대한 허가를 하기 위해
(D) 길을 묻기 위해

pay a bill 청구서를 지불하다. 요금을 납부하다

담화의 마지막 부분 if you think you'll arrive a little after six, let me know, and I can arrange to stay here a bit late에서 정답의 단서를 찾을 수 있다. 화자는 청자에게 근무 시간이 종료되는 6시 이후에 차를 찾으러 오는 경우 자신에게 연락을 줄 것을 당부하고 있다. 따라서 청자가 전화를 해야 하는 상황은 (A)의 '늦은 시간에 차를 찾으러 오는 경우'가 될 것이다.

[4-6]

W: In local news, the CEO of Hubert Construction announced that he anticipated the company's latest project, the construction of a bridge over the Snake River, will be completed on schedule. Because of the severe winter weather, work on the bridge was suspended for two months. However, crews have been working around the clock since March, and the bridge is nearly complete. CEO Daniels stated that the foreman leading the project has set June 12 as the completion date. Local residents expressed their happiness that the bridge would soon be open to traffic. Once vehicles can cross it, traffic downtown should become less congested.

---

anticipate 예상하다   bridge 다리, 교각   on schedule 예정대로   severe 심한   suspend 보류하다, 중지하다   work around the clock 쉬지 않고 일하다   foreman 십장   completion date 완공일   congested 혼잡한, 붐비는

W: 지역 뉴스로서, Hubert 건설의 대표 이사는 회사의 최근 프로젝트인 Snake 강의 교각 건설 작업이 예정대로 끝날 것으로 생각한다고 밝혔습니다. 혹독한 겨울 날씨 때문에 교각 건설 작업은 두 달 동안 중단되었습니다. 하지만 3월 이후로 공사 인부들이 쉬지 않고 작업을 해서 교각은 거의 완성되었습니다. 대표 이사인 Daniels는 프로젝트를 담당했던 작업 반장이 완공일을 6월 12일로 정했다고 말했습니다. 지역 주민들은 교각이 곧 개통될 것이라는 소식에 기쁨을 나타내고 있습니다. 차량들이 교각을 통과하게 되면 시내 중심가의 교통이 덜 혼잡해질 것입니다.

4 뉴스 보도는 주로 무엇에 관한 것인가?
(A) 새 교각의 설계
(B) 건물에 이루어지고 있는 수리 작업
(C) 시내의 교통 상황
(D) 진행 중인 공사 프로젝트

'Snake 강의 교각 건설 작업'(the construction of a bridge over the Snake River)의 진행 상황 및 완공 시기, 그리고 교각 건설로 인한 효과 등에 대해 보도하고 있다. 따라서 (D)가 정답이다.

5 6월에 어떤 일이 일어날 것 같은가?
(A) 건물이 리모델링될 것이다.
(B) 도로가 수리될 것이다.
(C) 교각이 개통될 것이다.
(D) 교통이 악화될 것이다.

질문의 핵심어구인 June은 'CEO Daniels stated that the foreman leading the project has set June 12 as the completion date.'라는 문장에서 들을 수 있다. 여기에서 '6월 12일'은 교각 공사가 끝나는 날로 소개되고 있으므로 (C)가 정답이다. (D)의 경우, worse를 better로 바꾸어야 정답이 될 수 있다.

6 지역 주민들의 기분은 어떠한가?
(A) 실망한다
(B) 기뻐한다
(C) 우려한다
(D) 무관심하다
uncaring 신경을 쓰지 않는

담화의 후반부에서 화자는 지역 주민들은 '다리의 개통 소식에 기쁨을 나타냈다'(expressed their happiness)고 전하고 있으므로 (B)가 정답이다.

Type 02 화자 및 청자의 신원   p.156

▶ 4- 04

1. (A)   **2.** (D)   **3.** (C)   **4.** (D)   **5.** (A)
6. (D)

[1-3]

> M: All right, I think everyone understands how to get onto the new system now. So let's move on to sending messages on the company intranet system. I'd like you to turn to page ten in your user's manual. As you can see there, in order to send messages, you must be logged in to the system. ³˙You all should have done this already. You can confirm that by looking in the top right-hand corner of the screen. You should see your user ID up there. If it's not on the screen, you need to log in at once. I'll wait a moment to make sure that everyone is logged in.

intranet 내부 전산망, 인트라넷   at once 즉시, 당장

M: 좋아요, 이제 모든 분들께서 새로운 시스템에 어떻게 들어가는지 이해하셨을 것으로 생각합니다. 그러면 회사 인트라넷 시스템에서 메시지를 보내는 법을 살펴보도록 합시다. 사용자 매뉴얼의 10페이지를 펴 주셨으면 좋겠습니다. 거기에서 볼 수 있듯이, 메시지를 보내려면 시스템에 로그인을 하셔야 합니다. 이미 모두가 그렇게 하셨어야 합니다. 화면의 맨 위 오른쪽 코너를 보면 확인이 가능합니다. 그곳에 여러분의 사용자 ID가 보여야 합니다. 화면에 나타나지 않는 경우라면 지금 바로 로그인을 하셔야 합니다. 모든 분들께서 로그인을 했는지 확인하실 수 있도록 잠시 기다리도록 하겠습니다.

1 청중들은 누구인 것 같은가?
(A) 회사 직원
(B) 컴퓨터 프로그래머
(C) 온라인 쇼핑객
(D) 잠재 고객

'회사의 인트라넷 시스템으로 메시지를 보내는 법'(sending messages on the company intranet system)에 대한 강연이다. 보기 중 인트라넷 사용을 필요로 하는 사람은 (A)의 '회사 직원'뿐이다.

2 화자는 청자들에게 무엇을 보라고 말하는가?
(A) 유인물
(B) 웹페이지
(C) 팜플렛
(D) 사용자 매뉴얼

담화의 초반부에서 화자는 'I'd like you to turn to page ten in your user's manual.'이라고 말하면서 사용자 매뉴얼 상 메시지 전송에 관한 내용을 볼 것을 요청하고 있다. 따라서 (D)가 정답이다.

3 화자가 "You all should have done this already"라고 말할 때 그는 무엇을 의미하는가?
(A) 청자들이 자료를 읽었어야 했다.
(B) 청자들은 손을 들어야 한다.
(C) 청자들은 로그인이 되어 있어야 한다.
(D) 청자들은 답을 적었어야 했다.

주어진 문장의 this가 가리키는 것을 파악해야 한다. 화자는 바로 앞 부분에서 메시지 전송을 하기 위해서는 '로그인이 되어 있어야 한다'(you must be logged in to the system)는 점을 강조한다. 따라서 주어진 문장의 this는 '로그인'을 의미하며 화자가 의도하고자 한 바는 (C)로 볼 수 있다.

[4-6]

> W: Thank you, everybody, for coming to the tenth annual International Robotics Association Conference. It's great to see such a huge turnout. It looks like we're going to have record attendance for this three-day event. Before we begin, I'd like to thank the Beechwood Convention Center for hosting us for the past decade. We love coming here, and we especially like the way the staff takes care of us. Now, we've got a very busy day with tons of great activities planned. We'll be hearing from Dr. Terence Murphy, our keynote speaker, in a couple of moments. But first, the president of the association, Dr. Greg Jaworski, would like to say a few words.

annual 연례의   turnout 참가자의 수   host 주최하다, 진행하다   take care of ~을 돌보다   tons of 많은, 다수의   keynote speaker 기조 연설자

W: 제10회 국제 로봇 협회의 컨퍼런스에 오신 모든 분들께 감사를 드립니다. 이렇게 많은 분들께서 참석해 주시다니 정말로 기쁩니다. 이번 3일 동안의 행사에서 기록적인 참석률이 달성될 것으

로 보입니다. 시작하기에 앞서 지난 10년 동안 장소를 제공해 주신
Beechwood 컨벤션 센터 측에 감사를 드리고 싶습니다. 우리는 이
곳에 오는 것을 좋아하며, 특히 직원들의 응대 방식이 마음에 듭니다.
자, 굉장한 활동들이 많이 계획되어 있는, 매우 바쁜 하루가 준비되어
있습니다. 잠시 후에 기조 연설자이신 Terence Murphy 박사님의 말
씀을 듣게 될 것입니다. 하지만 먼저 협회장이신 Greg Jaworski 박
사님께서 몇 마디 말씀을 하고자 합니다.

4 연설은 어디에서 이루어지는 것 같은가?
   (A) 주민 센터
   (B) 라운지
   (C) 회사의 사무실
   (D) 강당
   auditorium 강당

International Robotics Association라는 단체의 컨퍼런스에
서 이루어지고 있는 담화이다. 화자는 컨퍼런스의 높은 참석률에
대해 언급한 후, 컨퍼런스 장소를 제공해 주고 있는 Beechwood
Convention Center(Beechwood 컨벤션 센터)에 대한 감사
인사를 전하고 있다. 따라서 담화가 이루어지고 있는 곳은 컨벤
션 센터의 시설 중 하나인 (D)로 볼 수 있다.

5 화자가 컨퍼런스에 대해 암시하고 있는 것은 무엇인가?
   (A) 항상 같은 장소에서 열리고 있다.
   (B) 올해에는 평소보다 더 오래 진행되고 있다.
   (C) 이번 행사가 끝나면 더 이상 열리지 않을 것이다.
   (D) 평소보다 더 많은 활동이 있을 것이다.

화자는 Beechwood 컨벤션 센터 측에 '지난 10년 동안 장소를
제공해 주어서'(for hosting us for the past decade) 고맙다는
감사 인사를 전하고 있다. 따라서 10년 동안 같은 장소에서 컨퍼
런스가 진행되어 왔음을 짐작할 수 있으므로 (A)가 정답이다. 담
화 후반부에 여러 가지 활동들이 예정되어 있다는 말은 나오지
만, 활동의 개수가 예년보다 많은지는 알 수 없으므로 (D)를 정답
으로 골라서는 안 된다.

6 청자들은 이다음에 무엇을 들을 것 같은가?
   (A) 기조 연설
   (B) 수상자들의 이름
   (C) 판매 수치
   (D) 단체장의 연설
   figure 숫자, 수치   organization 기구, 단체, 조직

담화의 마지막 문장 'But first, the president of the
association, Dr. Greg Jaworski, would like to say a few
words.'를 통해 청자들은 곧 협회장인 Greg Jaworski 박사의
연설을 듣게 될 것임을 알 수 있다. 따라서 (D)가 정답이다. (A)는
협회장의 이야기를 들은 후에 이어질 순서이다.

Type 03 이유 및 방법   p.160

⏵ 4-06

1. (B)	2. (B)	3. (A)	4. (A)	5. (D)
6. (C)				

[1-3]

W: We've decided to upgrade our Web site,
particularly the online store, to make it more user
friendly. We've received numerous complaints from
customers lately. Basically, they say it's difficult to
find the information they want on the site and that
pictures of our items are unclear and blurry. We've
hired an outside contractor to do the upgrade.
A team of programmers will start working on it
tomorrow. Most of the work will be done at night,
which is when we receive the fewest visitors. I've
been informed everything should take ten days
to complete. We'll put a notice on our Web site
apologizing for any problems that may happen during
that time.

....

particularly 특히   user-friendly 사용자 친화적인   basically
기본적으로, 무엇보다도   blurry 흐릿한   contractor 계약자, 도급업체
notice 공지, 알림   apologize 사과하다

W: 우리의 웹사이트를, 특히 온라인 스토어를 보다 사용자 친화적으
로 만들기 위해 업그레이드하기로 결정했습니다. 최근 고객들로부터
많은 불만을 접수했습니다. 무엇보다도 사이트에서 자신들이 원하
는 정보를 찾기가 힘들다고 말하며 제품 사진이 뚜렷하지 않고 희미
해 보인다고 말하고 있습니다. 업그레이드 작업을 하기 위해 우리는
외부 업체를 고용했습니다. 프로그래머로 구성된 팀이 내일부터 작
업을 시작할 것입니다. 대부분의 작업은 야간에 이루어질 것이며, 이
때는 방문자가 가장 적은 시간입니다. 모든 작업을 마치기까지 열흘
정도 걸릴 것이라는 이야기를 들었습니다. 이 기간에 발생할 수 있는
문제에 대한 사과 공지를 웹사이트에 올려 놓을 것입니다.

1 고객들은 왜 불만을 표시하고 있는가?
   (A) 온라인 매장의 웹 페이지에서 계속 장애가 발생한다.
   (B) 웹사이트를 이용하기 힘들다.
   (C) 웹사이트에 접속하기가 어렵다.
   (D) 온라인 가격이 최근에 인상되었다.
   crash 충돌하다; (컴퓨터 등이) 고장이 나다   access 접근하다

담화 초반에 화자는 웹사이트에 대한 업그레이드의 필요성에
대해 이야기하면서 '웹사이트에서 원하는 정보를 찾기가 어렵
다'(it's difficult to find the information they want on the
site)는 점과 '제품 사진이 명확하지 않다'(pictures of our items
are unclear and blurry)는 소비자들의 불만을 언급한다. 따라
서 불만의 원인은 (B)로 볼 수 있다.

2 여자에 의하면 작업은 언제 시작될 것인가?
   (A) 오늘
   (B) 내일
   (C) 주말
   (D) 다음 주

담화 중반의 'A team of programmers will start working on
it tomorrow.'라는 문장을 놓치지 않고 들었으면 업그레이드 작
업의 시작일은 (B)의 '내일'임을 쉽게 알 수 있다.

3 회사는 어떻게 사과할 계획인가?
   (A) 온라인으로 고지를 함으로써
   (B) 고객들에게 편지를 보냄으로써

(C) 안내 방송을 함으로써
(D) 개인들에게 이메일을 보냄으로써

post 게시하다, 공고하다

화자는 담화의 마지막 문장에서 '작업 기간에 따른 불편에 대해 온라인 공지를 할 것이다'(We'll put a notice on our Web site apologizing for any problems that may happen during that time.)라고 안내하고 있으므로 (A)가 정답이다.

[4-6]

M: Hello, Katrina. This is Tim Simmons. I'd like to inform you that I'm waiting to board my plane, but someone just announced the flight has been delayed. Apparently, one of the plane's doors won't shut, and they can't fix it. They're having us board another airplane, so that means we won't take off for another two and a half hours. I know you don't have time to pick me up at the airport now since you've got a meeting scheduled for later in the day, so I'll just rent an automobile. If I have any problems finding to your office, I'll call you when I'm on my way there.

board 탑승하다   announce 발표하다, 안내하다   apparently 보아 하니, 듣자 하니   take off 이륙하다   automobile 자동차   on one's way 도중에

M: 안녕하세요, Katrina. Tim Simmons예요. 저는 비행기 탑승을 기다리고 있는 중인데, 조금 전에 출발 지연을 알리는 방송이 나왔다는 점을 알려 드리고 싶군요. 듣자 하니 비행기 문 중 하나가 닫히지 않고 수리도 할 수 없나 봐요. 저희를 다른 비행기에 탑승시키려고 하기 때문에 앞으로 한 시간 반 내에는 이륙을 못할 것 같아요. 오늘 당신에게 예정된 회의가 있어서 공항으로 저를 데리러 올 시간이 없다는 점은 저도 알고 있으니 제가 차를 렌트할게요. 당신 사무실을 찾는데 문제가 생기면 가는 도중에 연락을 할게요.

4   화자는 어디에 있는 것 같은가?
(A) 출발 대기 구역
(B) 수화물 찾는 곳
(C) 비행기
(D) 탑승 수속대

departure area 출발 대기 구역   baggage claim area 수화물 찾는 곳   check-in counter 탑승 수속대, 체크인 카운터

담화의 시작 부분에서 화자는 '비행기 탑승을 기다리고 있는 중'(I'm waiting to board my plane)에 출발 지연 안내를 들었다고 말한다. 따라서 화자가 있는 곳은 비행기에 탑승하기 위해 대기하는 장소인 (A)의 '출발 대기 구역'일 것이다.

5   Katrina는 왜 남자를 데리러 갈 수 없는가?
(A) 기차에 타야 한다.
(B) 발표를 할 것이다.
(C) 제품 시연회를 실시할 것이다.
(D) 참석해야 할 회의가 있다.

담화의 중반 부분에서 화자는 '당신에게 예정된 회의가 있기 때문에'(since you've got a meeting scheduled for later in the day) 자신을 마중할 시간이 없을 것이라는 점을 자신도 알고 있다고 말한다. 따라서 Katrina가 남자를 데리러 올 수 없는 이유

는 (D)이다.

6   화자는 Katrina의 사무실까지 어떻게 갈 계획인가?
(A) 택시를 탄다
(B) 버스를 탄다
(C) 차를 운전한다
(D) 리무진 버스를 이용한다

담화 후반부에서 화자는 '차를 렌트해서'(I'll just rent an automobile) 사무실까지 가겠다고 했으므로 (C)가 정답이다.

Type 04 언급된 사항
p.164

▶ 4- 08

1. (C)   **2.** (A)   **3.** (B)   **4.** (A)   **5.** (B)
6. (D)

[1-3]

W: Now that the holiday season has concluded, are you afraid to see how much weight you've gained? If you need to lose a few pounds, then get a membership at Treadway Gym. We've got all kinds of equipment that can help you lose weight and get in better shape. We also offer daily yoga, Pilates, and aerobics classes. Our trainers will work with you to determine your exercise and health goals and then devise a workout schedule perfect for you. If you sign up for a membership before January 10, you'll qualify for a discount of thirty percent on a one-year membership and twenty percent on a six-month one. Call 674-2612 for more information.

holiday season 휴가철   conclude 결론짓다; 끝나다   get in better shape 몸매가 좋아지다   determine 결정하다, 결심하다; 알아내다   goal 목표   devise 만들어내다, 고안하다   qualify for ~을 받을 자격이 되다

W: 휴가철이 끝났으니 체중이 얼마나 늘었는지 확인하는 일이 두려우신가요? 몇 파운드를 감량하셔야 한다면 Treadway Gym의 회원이 되십시오. 저희는 체중 감량을 돕고 멋진 체형을 만드는데 도움을 줄 수 있는 각종 기구들을 보유하고 있습니다. 또한 매일 요가, 필라테스, 그리고 에어로빅 수업도 제공해 드립니다. 여러분들이 해야 할 운동과 건강상의 목표를 정해서 여러분들께 꼭 맞는 운동 스케줄을 세우는 일에 저희 트레이너들이 함께 할 것입니다. 1월 10일 이전에 회원으로 가입하시면 1년 회원권인 경우 30% 할인을, 6개월 회원권의 경우 20% 할인을 받으실 수 있습니다. 더 많은 정보를 원하시면 674-2612로 전화를 주십시오.

1   체육관에 대해 암시되어 있는 것은 무엇인가?
(A) 실내 수영장을 갖추고 있다.
(B) 주로 웨이트 트레이닝에 초점을 맞춘다.
(C) 매일 여러 개의 수업을 제공한다.
(D) 직원 중에 영양사가 있다.

dietician 영양사

화자는 체육관에서 '매일 요가, 필라테스, 에어로빅 강습이 진행된다'(offer daily yoga, Pilates, and aerobics classes)는 점을 광고하고 있다. 따라서 이러한 강습들을 several classes로 바꾸어 쓴 (C)가 정답이다.

2 화자는 트레이너들이 무엇을 한다고 말하는가?
  (A) 회원들을 위한 스케줄을 작성해 준다.
  (B) 일대일 특별 수업을 실시한다
  (C) 회원들과 함께 운동을 한다
  (D) 다이어트에 관한 개별적인 수업을 담당한다
  come up with (아이디어 등을) 떠올리다   one-on-one 일대일

담화 중반부의 'Our trainers will work with you to determine your exercise and health goals and then devise a workout schedule perfect for you.'라는 문장을 통해 정답을 확인할 수 있다. 여기에서 트레이너는 첫째 운동의 종류와 건강 목표를 정해 주고, 둘째 운동 스케줄을 세워 준다고 소개되어 있다. 따라서 정답은 devise를 come up with로 바꾸어 쓴 (A)이다. '일대일 수업'이나 '다이어트 수업'에 대해서는 언급된 바 없으므로 (B)와 (D)는 정답이 될 수 없고, work with you(당신과 협력하다)가 work out with you(당신과 함께 운동하다)를 의미하지는 않으므로 (C) 또한 오답이다.

3 어떻게 20%의 할인을 받을 수 있는가?
  (A) 친구와 함께 체육관에 가입함으로써
  (B) 마감 기간 전에 등록함으로써
  (C) 1년 회원권을 구입함으로써
  (D) 2년 회원권을 구입함으로써

질문의 핵심어구인 twenty-percent discount는 담화의 마지막 부분에서 들을 수 있다. 즉 '1월 10일 이전에 회원으로 가입하는 경우'(if you sign up for a membership before January 10) 1년 회원권 구매 시 30%의 할인 혜택을, 6개월 회원권 구매 시 20%의 할인 혜택을 받을 수 있다고 했으므로 (B)가 정답이다.

[4-6]

M: I've got some news that everyone will be pleased to hear. The cold weather we've been experiencing will end tomorrow. We'll no longer have temperatures below freezing as of tomorrow afternoon. 4.That's definitely welcome news. You can expect temperatures to steadily rise for the next few days. We should see highs in the low teens by Monday. If you ask me, I'd say that spring is almost ready to begin. We'll experience sunny skies all weekend, but storm clouds are going to arrive on Tuesday, and we should get two or three days of rain. That's welcome news for farmers, who are about to start planting crops in their fields.

experience 겪다, 경험하다   below freezing 영하의   as of ~일자로
steadily 꾸준히   be about to 막 ~하려고 하다   plant (식물 등을) 심다; 식물   crop 농작물

M: 모든 분들께서 들으면 기뻐하실 뉴스가 있습니다. 우리가 겪어 왔던 추운 날씨가 내일 끝날 예정입니다. 내일 오후부터는 더 이상 기온이 영하로 떨어지지 않을 것입니다. 분명 환영할 만한 소식입니

다. 이후 며칠 동안 기온은 서서히 오를 것으로 예상됩니다. 월요일에는 최고 기온이 10도를 약간 넘겠습니다. 제게 물으신다면, 봄이 시작될 준비가 끝났다는 말씀을 드리고 싶습니다. 주말 내내 맑은 하늘을 보시게 될 것이지만, 화요일에는 폭풍우 구름이 다가올 것이며 이틀이나 사흘 동안 비가 내리겠습니다. 조만간 농장에 작물을 심게 될 농부들에게는 환영할 만한 소식일 것입니다.

4 화자가 "That's definitely welcome news"라고 말할 때 그는 무엇을 암시하는가?
  (A) 추운 날씨가 끝나서 기쁘다.
  (B) 비가 그칠 예정이라 기쁘다.
  (C) 더 이상 눈이 내리지 않을 것이라서 기쁘다.
  (D) 계절이 변하는 중이어서 기쁘다.

주어진 문장의 that이 가리키는 것은 바로 앞 문장을 통해 파악할 수 있다. 화자는 '내일 오후부터 더 이상 영하의 날씨가 유지되지 않을 것'(no longer have temperatures below freezing as of tomorrow afternoon)이라는 소식을 전하고 있으므로, 주어진 문장은 '날씨가 따뜻해 질 것이라는 점은 환영할 만한 소식이다'는 의미를 나타낸다. 따라서 주어진 문장을 통해 화자가 암시한 사항은 (A)로 볼 수 있다.

5 주말 날씨는 어떠할 것인가?
  (A) 비가 올 것이다.
  (B) 화창할 것이다.
  (C) 흐릴 것이다.
  (D) 추울 것이다.

담화에 여러 가지 유형의 날씨가 언급되고 있으므로 질문의 핵심어구인 weekend(주말)와 관련이 있는 날씨를 찾아야 한다. 화자는 담화 후반부에서 '주말 내내 맑은 하늘'(sunny skies all weekend)이 예상된다고 했으므로 (B)가 정답이다. 참고로 화요일이나 화요일 이후의 날씨를 물었다면 (A)나 (C)도 정답이 될 수 있을 것이다.

6 화자가 농부들에 대해 말한 것은 무엇인가?
  (A) 그들은 날씨에 대해 불평하고 있다.
  (B) 그들은 농작물을 수확할 준비를 마쳤다.
  (C) 그들의 농장에 너무나 많은 양의 물이 있다.
  (D) 곧 농장에 농작물을 심을 것이다.
  harvest 수확하다

담화의 마지막 문장에서 화자는 비 소식을 전한 후, 이 뉴스가 '농장에서 작물을 심기 시작할'(who are about to start planting crops in their fields) 농부들에게는 환영할 만한 소식이라는 점을 알리고 있다. 따라서 보기 중 화자가 언급한 사항은 (D)이다.

Type 05 추론 p.168

▶ 4-10

1. (B)	**2.** (A)	**3.** (B)	**4.** (B)	**5.** (A)
6. (C)				

[1-3]

W: Please let your employees know that we're now accepting nominations for the employee of the year award. All workers, both full time and part time, are eligible to win, and anyone working here can nominate a colleague. Be sure to provide your staffers with nomination forms if they request them. In addition, we're adding some new awards this year. We'll be giving out awards for the best employee in each individual department. You as department heads should nominate three employees and explain why they're eligible. We'll meet again in two weeks to vote on the winners. Recipients of the new award will receive a $500 bonus.

nomination 후보 지명 employee of the year award 올해의 직원상 eligible 자격이 있는 nominate 후보로 지명하다 staffer 직원 add 더하다, 덧붙이다 give out 나누어 주다, 배포하다 vote 투표하다 recipient 받는 사람, 수령인

W: 현재 올해의 직원상 후보를 받고 있다는 점을 직원들에게 알려 주십시오. 모든 직원들에게, 정규직이든 임시직이든, 수상 자격이 있으며 이곳에서 일하는 누구라도 동료 직원을 후보로 추천할 수 있습니다. 직원들이 요청하는 경우에는 잊지 마시고 후보 추천서 양식을 제공해 주십시오. 또한, 올해에는 새로운 상을 추가하려고 합니다. 각 부서별로 최고의 직원에게 상을 수여할 것입니다. 부서장들이신 여러분들께서는 3명의 직원을 후보로 지명하셔야 하며 그들에게 자격이 있는 이유를 설명하셔야 합니다. 우리는 2주 후에 다시 모여서 투표로 수상자를 결정할 것입니다. 새로운 상을 받는 사람은 500달러의 보너스를 받게 될 것입니다.

1 화자는 청자들에게 무엇을 직원들에게 주라고 말하는가?
(A) 안내서
(B) 양식
(C) 구두 지시
(D) 사용자 이름

화자는 직원들이 동료 직원을 올해의 직원상 후보로 추천할 수 있다는 점을 알린 후 'Be sure to provide your staffers with nomination forms if they request them.'이라고 말한다. 즉 화자가 나누어 주라고 지시한 것은 '후보 추천서 양식'(nomination forms)이므로 (B)가 정답이다.

2 화자가 새로운 상에 대해 암시하고 있는 것은 무엇인가?
(A) 다수의 개인들이 받게 될 것이다.
(B) 임원들은 수상할 자격이 없다.
(C) 시상식에서 수여될 것이다.
(D) 대표 이사가 만들라고 요청했다.

새로운 상에 대해 언급된 사항은 '부서별로 최우수 사원'(the best employee in each individual department)이 수상하게 될 것이라는 점과 후보는 부서장들이 지명할 것, 그리고 마지막으로 수상자들은 500달러의 상금을 받게 될 것이라는 점이다. 이 중 첫 번째 사항을 통해 수상자는 여러 명이 될 것임을 알 수 있으므로 (A)가 정답이다.

3 수상자는 무엇을 받게 될 것인가?
(A) 유급 휴가
(B) 현금
(C) 트로피
(D) 상품권

gift certificate 상품권

담화의 마지막 문장에서 화자는 새로운 상의 수상자들은 '500달러의 보너스'(a $500 bonus)를 받게 될 것이라고 했으므로 이를 cash(현금)로 바꾸어 표현한 (B)가 정답이다.

[4-6]

M: According to a spokesperson at city hall, road repairs are scheduled to start tomorrow morning. Now that the floodwaters have receded, work crews are traveling around the city to determine the extent of the damage. Local residents have also been calling to report damaged roads. If you know any place requiring immediate repairs, please call 874-2711 at once. The most damaged roads will be repaired first so that they can be reopened to traffic. 5.Work will begin on Edwin Avenue. Nobody is sure how long the work will take, but the spokesperson assured reporters that there's plenty of money in the budget, so the city's roads will be as good as new sometime soon.

M: 시청 대변인에 따르면 내일 오전부터 도로 공사가 시작될 예정입니다. 홍수로 들어 찬 물이 빠져나감에 따라 인부들이 시내를 돌아다니면서 피해 수준을 알아보고 있습니다. 지역 주민들 또한 전화로 피해를 입은 도로를 알려 주고 있습니다. 즉각적인 보수가 필요한 곳이 있으면 즉시 874-2711로 연락을 주십시오. 차량 교통이 가능하도록 가장 심한 피해를 도로가 우선적으로 복구될 것입니다. 작업은 Edwin 가에서 시작될 것입니다. 작업 기간이 얼마나 될지는 아무도 확신하지 못하지만, 대변인은 예산상 자금이 충분히 남아 있기 때문에 시 도로들이 곧 새로 만든 것처럼 될 것이라고 기자들에게 장담했습니다.

4 시의 도로에 대해 암시되어 있는 것은 무엇인가?
(A) 현재 다수의 도로에 물이 차 있다.
(B) 얼마나 많은 도로가 피해를 입었는지 알려져 있지 않다.
(C) 일부 도로는 다시 포장되어야 한다.
(D) 몇몇 도로들이 홍수로 유실되었다.

be covered with ~으로 덮이다 repave 다시 포장하다 wash away 씻겨 내려가다

홍수로 인한 도로 피해 및 복구 작업에 관한 뉴스이다. 담화 초반에 '피해의 범위를 알아내기 위해'(to determine the extent of the damage) 인부들이 도시를 돌아다니고 있다고 했으므로 도로에 대해 암시되어 있는 바는 (B)로 볼 수 있다.

5 화자가 "Work will begin on Edwin Avenue"라고 말할 때 그는 무엇을 암시하는가?
(A) 그곳은 많은 피해를 입었다.
(B) 그곳은 시내에서 가장 긴 도로이다.
(C) 그곳에서는 며칠 간의 작업이 필요할 것이다.
(D) 그곳은 시청 근처에 위치해 있다.

주어진 문장의 의미는 'Edwin 가에서 작업이 시작될 것이다'라는 뜻으로, 바로 앞 문장을 놓치지 않고 들어야 정답을 찾을 수 있다. 화자는 바로 앞 문장에서 '가장 많은 피해를 입은 도로가 먼저 복구될 것'(the most damaged roads will be repaired first)이라고 언급했기 때문에, 복구 작업이 먼저 진행될 예정인 Edwin 가가 가장 심한 피해를 입었을 것으로 추측할 수 있다. 따라서 (A)가 정답이다.

suffer 겪다

6 화자는 공사비에 대해 무엇을 언급하는가?
(A) 세금 인상으로 마련될 것이다.
(B) 자금을 마련하기 위해서는 대출이 이루어져야 한다.
(C) 공사를 마칠 수 있는 충분한 자금이 있다.
(D) 개인들의 기부가 요구된다.

loan 대출, 대부   private 사유의; 사적인

담화의 마지막 문장에서 '예산상 자금이 충분하여'(there's plenty of money in the budget) 곧 도로들이 복구될 것이라는 대변인의 말이 인용되고 있으므로 보기 중 언급된 사항은 (C)이다.

Type 06 요청 및 제안
p.172

⏵ 4-12

1. (C)	2. (A)	3. (A)	4. (C)	5. (B)
6. (D)				

[1-3]

W: As you're all aware, we'll have several potential foreign buyers visiting us next week. Louise and Matt will chaperone the German buyers since they're fluent in the language. And Jasmine and Eric will be able to use their language skills to communicate with the customers from China. Now, we've got something of a problem which needs solving. We have a group coming from Spain, but Rodrigo just got recalled to headquarters. Alice can speak Spanish, but we need another person to assist. I want you to find out if any of your staffers are fluent in Spanish and if they'd be willing to escort the Madrid delegation during their stay here.

chaperone 동반하다, 따라다니다   fluent 유창한   recall 소환하다
headquarters 본사, 본부   be willing to 기꺼이 ~하다   escort 호송하다, 에스코트하다   delegation 대표단

W: 모두들 아시다시피 다음 주에 잠재적인 해외 바이어들이 우리를 방문할 예정입니다. Louise와 Matt가 독일어를 유창하게 구사하기 때문에 그들이 독일 바이어들을 상대할 것입니다. 그리고 Jasmine과 Eric이 중국어 실력을 발휘해서 중국 고객들과 의사소통을 할 것입니다. 자, 해결해야 할 한 가지 문제가 남아 있습니다. 스페인에서 오는 사람들이 있는데, Rodrigo는 얼마 전에 본사로 소환되었습니다. Alice도 스페인어를 구사할 수 있지만 도움을 줄 수 있는 사람이 한 명 더 필요합니다. 직원들 중에서 스페인어를 유창하게 구사하는 사람이 있는지, 그리고 있다면 마드리드에서 온 사람들이 이곳에 체류하는 동안 그들을 에스코트해 줄 수 있는지 알아봐 주시기 바랍니다.

1 화자가 Louise와 Matt에 대해 언급하고 있는 것은 무엇인가?
(A) 그들은 해외 바이어 유치를 담당한다.
(B) 그들은 다음 주에 독일로 갈 것이다.

(C) 그들은 외국어를 구사할 수 있다.
(D) 그들은 중국 문화에 친숙하다.

be responsible for ~에 대한 책임을 맡다   recruit 모집하다   be familiar with ~에 친숙하다

Louise와 Matt라는 인물에 대한 언급은 담화 초반부에서 찾을 수 있는데, 화자는 '이들이 독일어를 유창하게 해서'(since they're fluent in the language) 독일 바이어들을 상대할 것이라는 점을 알리고 있다. 따라서 두 인물에 대해 언급된 사항은 (C)이다.

2 화자에 의하면 Rodrigo에게 어떤 일이 있었는가?
(A) 본사로 보내졌다.
(B) 해고되었다.
(C) 다른 도시로 이사를 갔다.
(D) 휴가를 떠났다.

담화 후반부에서 화자는 'Rodrigo라는 사람이 본사로 소환되었다'(Rodrigo just got recalled to headquarters)는 소식을 전하고 있으므로 정답은 headquarters(본사)를 main office(본사)로 바꾸어 쓴 (A)이다.

3 화자는 청자들에게 무엇을 하라고 요청하는가?
(A) 직원들에게 언어 구사 능력에 대해 묻는다
(B) 잠재 고객들이 도착했을 때 친절히 대한다
(C) 공항에서 사람들을 만난다
(D) 사무실이 단정한 모습을 보이도록 한다

presentable 남에게 보일 수 있을 정도의, 단정한

담화의 마지막 문장에서 화자는 청자들에게 '직원 중에 스페인어를 유창하게 구사할 수 있는 사람이 있는지'(if any of your staffers are fluent in Spanish), 그리고 있다면 '스페인에서 온 바이어들을 에스코트해 줄 수 있는지'(if they'd be willing to escort the Madrid delegation during their stay here) 알아봐 달라고 부탁하고 있다. 따라서 정답은 첫 번째 요청 사항과 관련이 있는 (A)이다.

[4-6]

M: Hello, Karen. This is Dave from the office. I wonder if you could do me a huge favor. My car won't start, so I'm waiting for the tow truck to come to take me to the garage. I probably won't arrive at work until lunchtime. However, Lisa Gamble is supposed to drop by to pick up a contract she needs to review. It's in a brown envelope on my desk with her name written on it. Would you please make sure she gets it? I tried calling her, but her phone was turned off. I sent her an e-mail but haven't received a response yet. Once you give her the envelope, I'd appreciate a quick call.

huge 거대한, 큰   tow truck 견인차   garage 차고; 정비소   drop by 들르다   review 검토하다   envelope 봉투   response 대답, 반응

M: 안녕하세요, Karen. 사무실의 Dave예요. 당신이 어려운 부탁을 들어 줄 수 있는지 궁금해요. 제 차의 시동이 걸리지 않아서 저는 저를 정비소까지 데려다 줄 견인차를 기다리고 있는 중이에요. 아마도

점심 시간까지는 출근을 못할 것 같아요. 그런데 Lisa Gamble이 검토해야 할 계약서를 받으러 저를 방문하기로 되어 있어요. 제 책상 위 그녀의 이름이 쓰여 있는 갈색 봉투 안에 들어 있죠. 그녀가 가져갈 수 있도록 해 주시겠어요? 그녀에게 전화 통화를 시도해 보았으나 전화기가 꺼져 있더군요. 이메일도 보냈지만 아직까지 답장이 없고요. 당신이 그녀에게 봉투를 건네 주고 제게 빨리 전화해 주면 고맙겠어요.

4 화자의 문제는 무엇인가?
  (A) 버스가 연착되었다.
  (B) 너무 늦게 일어났다.
  (C) 차량이 움직이지 않는다.
  (D) 몸이 아프다.

담화의 초반부에서 화자는 'My car won't start, so I'm waiting for the tow truck to come to take me to the garage.'라고 말하면서 차의 시동이 걸리지 않아 견인차를 기다리고 있는 자신의 상황을 설명하고 있다. 따라서 화자에게 발생한 문제는 (C)이다.

5 남자는 Lisa Gamble에게 무엇을 주어야 하는가?
  (A) 보험 증권
  (B) 계약서
  (C) 영수증
  (D) 청사진

담화 중반부에 Lisa Gamble이라는 사람이 가져갈 것은 a contract she needs to review(검토해야 할 계약서)로 설명되어 있다. 따라서 (B)의 '계약서'가 정답이다.

6 화자는 청자에게 무엇을 할 것을 요청하는가?
  (A) 집으로 그를 데리러 온다
  (B) 그에게 이메일을 보낸다
  (C) Lisa Gamble에게 연락한다
  (D) 나중에 그에게 전화한다

담화의 마지막 문장 'Once you give her the envelope, I'd appreciate a quick call.'에서 화자는 봉투를 넘겨 준 다음 자신에게 전화를 달라는 요청을 하고 있다. 따라서 보기 중 화자가 요청한 사항은 (D)이다.

Type 07 이후에 할 일
p.176

⊙ 4-14

1. (C) **2.** (B) **3.** (D) **4.** (A) **5.** (B)
6. (D)

[1-3]

M: That was the number-one song in the country which you just listened to. I must admit the Deacons are rapidly becoming one of my favorite bands. That is their fourth consecutive number-one song, and they've sold more than five million copies of their songs in only the past year. That kind of success is virtually unheard of these days. It's almost time for me to sign off and for Cynthia Potter to take over with her popular news

---

show. But before I leave, we've got time for one more tune. This one is by the Falcons. As always, it's been a pleasure. I'll be back tomorrow.

number-one 최고의, 1위의 admit 인정하다 rapidly 빠르게 consecutive 연속적인 virtually 사실상 sign off 종료하다, 끝내다 take over 인수하다 tune 곡

M: 방금 들으신 곡은 전국에서 1위를 한 노래였습니다. Deacons는 빠른 속도로 제가 가장 좋아하는 밴드 중 하나가 되고 있다는 점을 인정해야겠군요. 이 곡은 네 번 연속으로 1위를 차지했으며 그들의 노래는 지난 1년 동안에만 5백만 장 이상이 팔렸습니다. 이와 같은 성공은 사실상 요즘에는 듣기가 힘든 일입니다. 이제 저는 마칠 시간이 다 되었고, 곧 Cynthia Potter의 인기 있는 뉴스쇼가 이어질 예정입니다. 하지만 제가 자리에서 일어나기 전에 한 곡 더 들을 시간은 있습니다. Falcons의 노래입니다. 언제나 그렇듯이 즐거운 시간이었습니다. 내일 다시 돌아오겠습니다.

1 화자가 Deacons에 대해 암시하고 있는 것은 무엇인가?
  (A) 지역 밴드이다.
  (B) 고등학교 때의 친구들로 구성되어 있다.
  (C) 올해 큰 성공을 거두고 있다.
  (D) 곧 순회 공연을 할 것이다.
  be made up of ~으로 구성되다 highly 매우 go on tour 투어를 하다

담화 초반에 화자는 Deacons라는 밴드의 곡이 네 번 연속으로 1위에 올랐으며 '지난 해에만 5백만 장 이상의 앨범이 판매되었다'(they've sold more than five million copies of their songs in only the past year)고 언급한다. 보기 중 이러한 언급을 통해 알 수 있는 사실은 (C)뿐이다. 담화의 시작 부분에서 화자는 이들의 곡을 '전국 1위곡'(the number-one song in the country)으로 소개했으므로 (A)는 잘못된 내용이다.

2 Cynthia Potter는 누구인가?
  (A) 연주자
  (B) 라디오 진행자
  (C) 밴드 매니저
  (D) 기자
  musician 음악가, 연주자 host 진행자, 주최자 journalist 기자, 언론인

Cynthia Potter라는 이름은 담화 후반부의 'It's almost time for me to sign off and for Cynthia Potter to take over with her popular news show.'라는 문장에서 들을 수 있다. 여기에서 그녀는 뉴스쇼를 진행하는 진행자로 소개되고 있으므로 (B)가 정답이다.

3 청자들은 이다음에 무엇을 듣게 될 것 같은가?
  (A) 일기 예보
  (B) 광고
  (C) 최신 뉴스
  (D) 노래
  commercial 상업 광고

담화의 후반부에서 화자는 자신의 프로그램을 마치기 전에 '한 곡 더 들을 시간이 있다'(we've got time for one more tune)는 점을 알린 후 Falcons라는 밴드의 곡을 소개한다. 따라서 청자들이 담화 직후에 듣게 될 것은 (D)이다.

[4-6]

M: Welcome, everyone, to my seminar on improving marketing skills. My name is Peter Cartwright, and I'll be leading today's session. Just so you know, I've got more than thirty years in the marketing industry. I've done work for print media as well as TV, radio, and Internet advertising. Today, I'll teach you a few of the tricks I've learned over the years that have made me a highly successful marketer. At the conclusion of my lecture, we'll form groups and do some role-playing activities based on what I've taught you. But first, please take a look at the handout you were given when you walked into the room.

---

session 기간, 회기 print media 인쇄 매체 advertise 광고하다 trick 속임수; 비결, 묘책 conclusion 결론, 결말 based on ~에 기반한 handout 유인물

M: 마케팅 기술 개선에 관한 세미나에 오신 모든 분들을 환영합니다. 제 이름은 Peter Cartwright로, 제가 오늘 진행을 맡을 것입니다. 아시겠지만 저는 마케팅 분야에서 30년 이상 종사해 왔습니다. 인쇄 매체뿐만 아니라 TV, 라디오, 인터넷 광고와 관련된 업무들도 하고 있습니다. 오늘 저는 제 자신이 매우 성공적인 마케터가 되기까지 여러 해 동안 배웠던 몇 가지 비법들을 여러분께 알려 드릴 것입니다. 제 강연의 말미에는 그룹을 지어서 제가 알려 드린 내용을 바탕으로 한 롤플레이 활동을 하게 될 것입니다. 하지만 먼저 세미나실에 들어오실 때 받으셨던 유인물을 살펴봐 주시기 바랍니다.

4 Peter Cartwright에 대해 언급된 것은 무엇인가?
(A) 마케팅 업계에 종사한다.
(B) 세미나를 처음 진행하고 있다.
(C) 모든 청중들과 동료 사이이다.
(D) 몇 시간 동안 강연을 할 것이다.
for the first time 처음으로

Peter Cartwright는 화자의 이름으로, 화자는 자신을 '30년 이상 마케팅 분야에서 일한 사람'(I've got more than thirty years in the marketing industry)으로 소개하고 있다. 따라서 보기 중 언급된 사항은 (A)이다.

5 청자들은 세미나에서 무엇을 하게 될 것인가?
(A) 짧은 광고를 만든다
(B) 롤플레이 활동에 참여한다
(C) 시험을 본다
(D) 개별 활동을 한다
engage in ~에 참여하다; ~에 종사하다

화자는 담화 후반부에서 강연의 말미에 '그룹을 지어 롤플레잉 활동을 하게 될 것'(we'll form groups and do some role-playing activities based on what I've taught you)이라고 청자들에게 안내한다. 따라서 청자들이 하게 될 활동은 (B)이다.

6 화자는 청자들에게 무엇을 보라고 말하는가?
(A) 책
(B) 어플
(C) 비디오 화면
(D) 유인물

담화의 마지막 문장 'But first, please take a look at the handout you were given when you walked into the room.'에서 화자는 청자들에게 (D)의 '유인물'을 봐 달라고 요청하고 있다.

Type 08 화자의 의도

p.180

▶ 4- 16

1. (A)	**2.** (C)	**3.** (C)	**4.** (A)	**5.** (B)
6. (C)				

[1-3]

M: It's time for another explosive sale at Dynamo, where you can get the best men's, women's, and children's clothes at low, low prices. While we normally offer discounts of up to fifty percent, we're doing things differently this time. Some items will be on sale for seventy percent off. [1.]That's right: seventy percent. So stop what you're doing now and come to 88 Western Avenue, where Dynamo is open all day and night 365 days a year. Don't know your size? Don't worry. Our expert staff can tell you what size will fit you best. Hurry and come because this sale ends at midnight on Sunday.

---

explosive 폭발하는 normally 보통, 평상시에 expert 전문가; 전문가의, 전문적인 fit 맞다, 적합하다

M: 최고의 남성 의류, 여성 의류, 그리고 아동 의류를 저렴하고도 저렴한 가격에 구입할 수 있는 Dynamo에서 한 번 더 폭탄 세일을 실시합니다. 보통은 최대 50%의 할인을 제공하지만 이번에는 다릅니다. 일부 품목에 대해 70% 세일을 실시할 것입니다. 맞습니다, 70%입니다. 지금 하고 계신 일을 멈추고 1년 365일 24시간 영업하는 Dynamo가 위치한 Western 가 88로 오십시오. 사이즈를 모르신다고요? 걱정하지 마십시오. 여러분에게 어떤 사이즈가 가장 적합한지 저희의 전문 직원들이 알려 드릴 수 있습니다. 이번 세일은 일요일 자정에 종료되기 때문에 서둘러 오십시오.

1 화자는 왜 "That's right"이라고 말하는가?
(A) 수치가 정확하다는 점을 확인시키기 위해
(B) 새로운 의류가 도착했다는 점을 알리기 위해
(C) 매장의 영업 시간이 변경되었다고 말하기 위해
(D) 매장이 확장했다는 점을 공지하기 위해

주어진 문장은 "그것이 맞다"는 뜻으로, 여기에서의 that은 70%라는 수치를 가리킨다. 주어진 문장에 바로 다음에도 다시 한 번 seventy percent라는 수치가 언급되고 있으므로 화자가 의도한 바는 (A)로 볼 수 있다.

2 화자가 Dynamo에 대해 암시하고 있는 것은 무엇인가?
(A) 곧 폐업할 것이다.
(B) 수입 제품을 전문으로 한다.
(C) 문을 닫지 않는다.
(D) 일년에 한 번 세일을 한다.

go out of business 폐업하다, 파산하다   specialize in ~을 전문으로
하다, ~에 특화되다

담화 후반부의 Dynamo is open all day and night 365 days
a year라는 어구를 통해 광고되고 있는 매장은 1년 365일 24시
간 운영된다는 점을 확인할 수 있다. 따라서 (C)가 정답이다.

3 Dynamo 직원들은 고객들을 위해 무엇을 할 수 있는가?
(A) 고객에게 추가 할인을 제공한다
(B) 고객에게 어울리는 스타일의 옷을 찾아 준다
(C) 어떤 사이즈를 입어야 할지 고객에게 알려 준다
(D) 고객에게 적합한 신발을 추천한다
additional 추가적인   appropriate 적절한

담화 후반부의 'Our expert staff can tell you what size will
fit you best.'라는 문장에서 직원들에 대한 언급을 찾을 수 있다.
매장 직원들이 고객의 옷 사이즈를 알려 줄 수 있다고 했으므로
(C)가 정답이다.

[4-6]

> M: Shoppers, may I have your attention, please?
> Somebody parked a white Rudolph sedan in the
> wrong place in the parking lot. The license plate of
> the vehicle is XYT-857. The vehicle is in front of the
> spot where our delivery trucks park to drop off all
> of the delicious items that make Sanderson's the
> city's best grocery store. 5.There's a truck waiting
> right now. Will the owner of the vehicle please
> hurry outside and park it in an appropriate spot? In
> addition, please be advised that we are extending
> our summer hours, so instead of closing at 8:00 P.M.,
> we will be closing one hour later.
>
> parking lot 주차장   license plate 자동차 번호판   spot 장소, 지점
> drop off ~을 내려 놓다   grocery store 식품점   extend 확대하다,
> 확장하다   instead of ~ 대신에

M: 쇼핑객 여러분, 주목해 주시겠습니까? 하얀색 Rudolph 세단 차
량이 주차장 내 주차 금지 구역에 주차되어 있습니다. 차량 번호는
XYT-857입니다. 이 차량은 Sanderson's을 시내 최고의 식품점으
로 만들어 주는 맛있는 식료품을 하차하는 배송 트럭의 주차 구역 앞
에 있습니다. 현재 트럭이 기다리고 있습니다. 차량의 소유주분께서
는 밖으로 나오셔서 적절한 곳에 차를 주차해 주시겠습니까? 아울러
여름에는 영업 시간이 연장되기 때문에 오후 8시에 문을 닫지 않고
한 시간 더 늦게 문을 닫을 것이라는 점을 알려 드립니다.

4 Sanderson's는 어떤 매장인 것 같은가?
(A) 슈퍼마켓
(B) 백화점
(C) 제과점
(D) 식당

all of the delicious items that make Sanderson's the
city's best grocery store라는 표현을 통해 Sanderson's라는
곳은 grocery store(식품점)임을 알 수 있다. 보기에서 식품을 취
급하는 곳은 '슈퍼마켓'뿐이므로 (A)가 정답이다. 참고로 우리나
라와 달리 미국의 백화점에서는 식품을 취급하지 않으므로 (B)는
정답이 될 수 없다.

5 화자가 "There's a truck waiting right now"라고 말할 때 그는
무엇을 암시하는가?
(A) 트럭에서 짐을 내리면 세일이 시작될 것이다.
(B) 자동차가 다른 곳으로 이동되어야 한다.
(C) 새로운 제품들이 곧 선반에 진열될 것이다.
(D) 견인차가 차량을 견인할 것이다.

주어진 문장은 '지금 트럭이 기다리고 있는 중이다'라는 뜻으로
여기에서 트럭은 매장에 식료품을 전달하는 delivery trucks(배
달 트럭)를 의미한다. 즉 잘못 주차되어 있는 차를 옮겨야 배달
트럭이 들어올 수 있다는 점을 우회적으로 말하고 있으므로 결국
주어진 문장이 의미하는 바는 (B)로 볼 수 있다.

6 화자에 의하면 Sanderson's는 이제 몇 시에 문을 닫는가?
(A) 오후 7시
(B) 오후 8시
(C) 오후 9시
(D) 오후 10시

담화의 마지막 문장에서 화자는 매장의 영업 시간이 연장되어
'오후 8시에 닫지 않고'(instead of closing at 8:00 P.M.) 대신
'한 시간 후에 문을 닫을 것이다'(we will be closing one hour
later)는 점을 알리고 있다. 따라서 폐장 시간은 (C)의 '9시'이다.

Type 09   시각 자료 활용 Ⅰ
p.184

▶ 4-18

1. (A)	2. (A)	3. (C)	4. (A)	5. (C)
6. (C)				

[1-3]

사원명	내선 번호
Elizabeth May	74
Carol Chung	75
Sandra Peterson	76
Irene Popper	77

> W: Hello. This is Wendy Robinson. I'm sorry to inform
> you that I'm unable to answer my phone at this time.
> I'm currently in Dublin attending the annual job fair.
> I'll be back at work on June 15. If you need to speak
> about an urgent situation, please call 483-2822 and
> then ask for Ms. May. That will connect you with my
> secretary. You can explain the situation, and then
> she will inform you about what you should do. I am
> checking my voicemail messages twice a day, so feel
> free to leave a message at the beep. Please provide
> your e-mail address as that's the best way for me to
> contact people while I'm abroad.
>
> job fair 취업 박람회   urgent 긴급한   secretary 비서   voicemail
> message 음성 메시지   feel free to 마음껏 ~하다, 자유롭게 ~하다

W: 안녕하세요. 저는 Wendy Robinson입니다. 현재 전화를 받을
수 없다는 점을 알려 드리게 되어 유감입니다. 저는 지금 매년 열리

는 취업 박람회에 참석차 더블린에 있습니다. 6월 15일에 다시 출근할 예정입니다. 긴급한 상황에 대해 저와 이야기를 하셔야 하는 경우에는 483-2822로 전화를 하신 후 May 씨를 찾아 주십시오. 그러면 제 비서와 연결이 되실 것입니다. 상황을 설명하시면 어떻게 해야 하는지에 대해 그녀가 알려 드릴 것입니다. 저는 하루에 두 차례 음성 메시지를 확인하고 있으니 삐 소리가 들린 후 메시지를 남기셔도 좋습니다. 제가 해외에 있는 동안 연락을 취할 수 있는 최선의 방법은 이메일이기 때문에 이메일 주소를 알려 주시기 바랍니다.

1 화자는 왜 전화를 받을 수 없는가?
(A) 업무와 관련된 행사에 참석 중이다.
(B) 다른 회사에서 면접을 하고 있다.
(C) 해외에서 휴가를 보내고 있다.
(D) 더블린에 있는 본사에 있다.

전화 자동 응답기에서 들을 수 있는 메시지이다. 화자는 담화 초반부에 'I'm currently in Dublin attending the annual job fair.'라고 말하면서 전화를 받을 수 없는 이유를 설명한다. 정답은 job fair (취업 박람회)를 professional event로 바꾸어 쓴 (A)이다.

2 도표를 보아라. 화자는 청자에게 어떤 번호로 연락하라고 하는가?
(A) 내선 번호 74
(B) 내선 번호 75
(C) 내선 번호 76
(D) 내선 번호 77

화자는 긴급 상황인 경우 '483-2822로 전화해서 May 씨를 찾으면'(please call 483-2822 and then ask for Ms. May) 자신의 비서와 통화할 수 있다고 안내한다. 도표에서 성이 May인 인물의 내선 번호는 74로 적혀 있으므로 (A)가 정답이다.

3 현재 화자는 어떻게 다른 사람들과 연락하고 싶어하는가?
(A) 전화로
(B) 문자 메시지로
(C) 이메일로
(D) 화상 채팅으로

담화의 마지막 문장에서 화자는 '해외에 있는 동안 연락을 취할 수 있는 최선의 방법은 이메일이니'(as that's the best way for me to contact people while I'm abroad) 청자들에게 이메일 주소를 남겨 줄 것을 당부하고 있다. 따라서 (C)가 정답이다.

[4-6]

Tradeway
행사: 신학기 세일
기간: 8월 15일-31일
할인폭: 일부 품목에 대해
15%-50% 세일
장소: Hampton 로 678

M: If you're looking for great savings, then you should drop by Tradeway. We're having our yearly back-to-school sale, so you don't need to bust your budget buying clothes for your son or daughter. The sale runs from August 15 to 31, but don't wait to go shopping. Items are only on sale until our supplies last. When there are no more clothes available, the sale ends. Every item in our store is on sale from 15 to 50% off. Please keep in mind that these discounts only apply to our physical store located at 678 Hampton Road. Other discounts apply to our online store.

back-to-school sale 신학기 맞이 세일 bust 부수다; 파산시키다
keep in mind 명심하다 physical 물리적인; 신체의

M: 비용을 크게 절약하고 싶으시면 Tradeway를 찾아 주십시오. 매년 실시하는 신학기 세일을 실시할 예정이니 자녀분들의 옷을 구입하느라 예산을 다 쓰실 필요가 없습니다. 세일은 8월 15일부터 31일까지 진행되지만 쇼핑을 미루지 마십시오. 재고가 있는 품목에만 세일이 적용됩니다. 남아 있는 의류가 없는 경우에는 세일이 종료됩니다. 저희 매장에 있는 전 제품에 대해 15%에서 50%까지 할인이 적용됩니다. 이러한 할인은 Hampton 로 678에 위치한 저희 오프라인 매장에서만 적용된다는 점을 명심해 주십시오. 온라인 매장에는 다른 할인이 적용됩니다.

4 화자가 세일에 대해 암시하고 있는 것은 무엇인가?
(A) 8월 31일 전에 끝날 수도 있다.
(B) Tradeway의 모든 지점에서 실시될 것이다.
(C) 처음으로 진행될 것이다.
(D) 국경일에 실시될 것이다.

화자는 세일 기간이 8월 15일부터 31일까지이지만 '재고가 없으면 세일이 종료된다'(Items are only on sale until our supplies last.)는 점을 안내하고 있다. 따라서 재고가 없으면 8월 31일 이전이라도 세일이 종료될 수 있기 때문에 (A)가 정답이다. Hampton 로 678에 위치한 오프라인 매장에서만 이번 세일이 적용된다고 했으므로 (B)는 잘못된 내용이며, 이번 세일을 our yearly back-to-school sale로 소개하고 있으므로 (C)도 사실이 아니다.

5 도표를 보아라. 어떤 부분에 잘못된 정보가 들어 있는가?
(A) 행사
(B) 기간
(C) 할인폭
(D) 장소

'매장 내 전 제품에 대해'(every item in our store) 15%에서 50%의 할인이 적용된다고 했으므로 '일부 제품에만' 할인이 적용된다고 적혀 있는 How Much 항목이 잘못되어 있다. 따라서 (C)가 정답이다.

6 온라인 매장에 대해 언급되어 있는 것은 무엇인가?
(A) 최근에 문을 열었다.
(B) 무료 배송 서비스를 제공한다.
(C) 다른 할인율이 적용된다.
(D) 회원들만 이용할 수 있다.

담화의 마지막 문장 'Other discounts apply to our online store.'를 통해 온라인 매장에는 오프라인 매장과는 다른 할인율이 적용된다는 사실을 알 수 있다. 따라서 (C)가 정답이다.

Type 10 시각 자료 활용 II

p.188

▶ 4-20

1. (D) **2.** (A) **3.** (A) **4.** (A) **5.** (B)
6. (C)

[1-3]

월요일	화요일	수요일	목요일	금요일
☀	☁	☁	☁	☀

W: Good evening, listeners. My name is Shelly Steele, and I'm the host of *Have It Your Way*, the city's most popular talk show. I'm nearly ready to take your calls, but let me give you a quick weather report first. Today's weather was mostly cloudy, and it looks like the clouds will be here to stay for a while. We're getting rain tomorrow and the following day. After that, it should clear up, and we'll have sunny skies again. Don't worry about the temperature though. Expect warm weather in the high- to mid-twenties from now until the weekend. All right, let's hear a word from our primary sponsor, and then we'll get started on tonight's show.

....
nearly 거의 weather report 일기 예보 for a while 잠시 동안
primary 주요한 sponsor 후원자

W: 청취자 여러분, 안녕하세요. 제 이름은 Shelly Steele이고, 저는 시에서 가장 인기 있는 토크쇼인 *Have It Your Way*의 진행자입니다. 전화를 받을 준비는 다 되었지만, 먼저 일기 예보를 간략히 전해 드리겠습니다. 오늘은 주로 구름이 낄 것이며 구름은 당분간 이곳에 머무를 것으로 보입니다. 내일과 모레에는 비가 내리겠습니다. 이후에는 날씨가 개어 다시 맑은 하늘을 보시게 될 것입니다. 하지만 기온에 대해서는 걱정하지 않으셔도 되겠습니다. 지금부터 주말까지는 20도 중후반의 따뜻한 날씨가 예상됩니다. 좋아요, 광고를 듣고 난 뒤 오늘의 쇼를 시작하도록 하겠습니다.

1 *Have It Your Way*는 어떤 프로그램인가?
(A) 뉴스
(B) 음악 프로그램
(C) 요리 프로그램
(D) 토크쇼

담화 초반에서 화자는 자신을 '시에서 가장 인기 있는 토크쇼인 *Have It Your Way*의 진행자'(the host of *Have It Your Way*, the city's most popular talk show)로 소개하고 있다. 따라서 해당 프로그램은 (D)의 '토크쇼'이다.

2 도표를 보아라. 라디오 방송은 어느 요일에 진행되고 있는가?
(A) 화요일
(B) 수요일
(C) 목요일
(D) 금요일

화자는 오늘 날씨에 대해 'Today's weather was mostly cloudy, and it looks like the clouds will be here to stay for a while.'이라고 말한다. 따라서 도표에서 날씨가 흐린 날을 찾으면 (A)의 '화요일'에 방송이 진행되고 있음을 알 수 있다.

3 청자들은 이다음에 무엇을 듣게 될 것인가?
(A) 광고
(B) 교통 상황
(C) 뉴스 보도
(D) 토크쇼

담화의 마지막 문장 'All right, let's hear a word from our primary sponsor, and then we'll get started on tonight's show.'에서 화자들은 곧 광고를 듣게 될 것임을 알 수 있다. 따라서 (A)가 정답이다. (D)는 광고가 끝난 후에 듣게 될 것이므로 이를 정답으로 골라서는 안 된다.

[4-6]

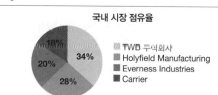

국내 시장 점유율

- TWB 주식회사 — 34%
- Holyfield Manufacturing — 28%
- Everness Industries — 20%
- Carrier — 18%

M: After numerous discussions, we've decided to attempt to acquire and merge with Everness Industries. As you can see from the chart, it has the third-biggest market share in the industry. If we can successfully take it over, we'll move from the second position to the top one. We've already secured enough funding from our investors to make a competitive bid. Our CEO will speak with the other firm's CEO tomorrow and discuss the possibility of merging. We could really use the additional factories we'd get with the acquisition. They would be of great importance considering that we're thinking of trying to break into the European market next year.

....
acquire and merger 인수 합병하다 market share 시장 점유율
take over ~을 인수하다 secure 확보하다 investor 투자자
competitive bid 경쟁 입찰 possibility 가능성, 확률 additional
추가적인 acquisition 인수

W: 수많은 논의 끝에 우리는 Everness Industries의 인수 합병을 추진하기로 결정했습니다. 차트에서 보실 수 있듯이 이곳은 업계에서 세 번째로 높은 시장 점유율을 차지하고 있습니다. 성공적으로 인수를 하게 되면 우리는 2위에서 1위로 자리를 옮기게 될 것입니다. 경쟁 입찰에 필요한 자금은 이미 투자자들로부터 충분히 확보해 두었습니다. 대표 이사님께서 내일 상대 회사의 대표 이사와 이야기를 나눌 것이며 합병 가능성에 대해 논의하실 것입니다. 우리는 인수에 따라 보유하게 될 추가적인 공장들을 운영할 수 있을 것입니다. 내년에 우리가 유럽 시장으로의 진출을 시도할 것이라는 점을 고려하면 이들의 중요성은 매우 큽니다.

4 화자는 주로 무엇을 논의하는가?
(A) 기업 인수의 가능성
(B) 업계의 새로운 동향
(C) 곧 참석할 예정인 컨퍼런스
(D) 경쟁사 임원들간의 회의

takeover 인수 trend 추세, 트렌드 rival 경쟁의; 경쟁자 executive (기업의) 중역, 임원

담화의 시작 부분에서 화자는 'Everness Industries를 인수 합병하려는 시도'(attempt to acquire and merge with Everness Industries)에 대해 언급한 후 이어서 인수 합병 시 예상되는 효과 등에 대해 이야기한다. 따라서 담화의 주제는 (A)로 볼 수 있다.

5 도표를 보아라. 화자는 어디에서 일할 것 같은가?
(A) TWB 주식회사
(B) Holyfield Manufacturing
(C) Everness Industries
(D) Carrier

'If we can successfully take it over, we'll move from the second position to the top one.'이라는 화자의 말에서 정답의 단서를 찾을 수 있다. 인수 합병을 하게 되면 2위에서 1위로 자리가 바뀔 것이라고 했으므로 도표에서 시장 점유율이 두 번째로 높은 기업을 찾으면 28%의 시장 점유율을 차지하고 있는 (B)의 Holyfield Manufacturing이 화자의 회사일 것이다.

6 화자가 회사에 대해 암시하고 있는 것은 무엇인가?
(A) 작년에 기록적인 수익을 거두어들였다.
(B) 이미 몇 개의 새로운 공장을 구했다.
(C) 제품을 해외에 판매하고 싶어한다.
(D) 인력을 증가시킬 계획을 가지고 있다.

profit 수익, 이윤 workforce 노동력

담화의 마지막 부분에서 화자는 '내년에 유럽 시장으로의 진출을 고려하고 있기 때문에'(we're thinking of trying to break into the European market next year) 인수 합병에 따른 공장 확보가 중요하다는 점을 설명하고 있다. 따라서 화자의 회사에 대해 암시된 사항은 (C)이다. 아직 인수 합병이 결정된 것은 아니기 때문에 (B)는 정답이 될 수 없다.

실전 문제 연습

p.000

▶ 4-21

1. (C)	**2.** (C)	**3.** (A)	**4.** (D)	**5.** (B)
6. (A)	**7.** (C)	**8.** (D)	**9.** (A)	**10.** (A)
11. (C)	**12.** (B)	**13.** (A)	**14.** (B)	**15.** (A)
16. (A)	**17.** (C)	**18.** (B)	**19.** (A)	**20.** (B)
21. (B)	**22.** (C)	**23.** (D)	**24.** (A)	**25.** (C)
26. (B)	**27.** (B)	**28.** (D)	**29.** (B)	**30.** (A)

[1-3]

W: Welcome, everyone, to the eleventh annual Destiny Corporation awards ceremony. This year at Destiny, we

had our best year ever, and it was all thanks to you, our employees, who made it possible. Profits hit a record high, and we're pleased that employee bonuses were also the highest ever. Right now, we're going to honor some of the top employees at the company. First, we're going to announce the best employees in each department, and then we're going to tell you who the employee of the year is. Now, to do the honors is Vice President Ken Bowman.

thanks to ~ 덕분에 profit 수익, 이윤 hit a record high 기록을 세우다 honor 명예; 서훈을 주다 do the honors 주인 역할을 하다, (행사 등을) 진행하다

W: 제11회 Destiny 사 시상식에 오신 모든 분들을 환영합니다. 올해 우리 Destiny 사는 최고의 해를 보냈으며, 이는 그러한 일을 가능하게 만든 직원 여러분들 덕분이었습니다. 수익은 최고 기록을 갱신했고 직원 보너스 또한 그 어느 때보다 많았다는 점을 기쁘게 생각합니다. 이제 우리는 사내 최고의 직원에게 상을 수여하고자 합니다. 먼저 부서별 최고 직원을 발표한 후 올해의 직원을 알려 드리도록 하겠습니다 자, 시상을 하실 분은 Ken Bowman 부사장님이십니다.

1. 청자들은 누구인 것 같은가?
(A) 입사 지원자
(B) 고객
(C) 회사 직원
(D) 업계 분석가

analyst 분석가

담화 초반에 화자가 '올해의 성과는 직원 여러분 덕분이다'(it was all thanks to you, our employees)라고 말한 부분을 통해 청자들은 Destiny 사의 직원임을 알 수 있다. 따라서 (C)가 정답이다.

2. 화자가 Destiny 사에 대해 말한 것은 무엇인가?
(A) 다른 나라에 지사를 개설했다.
(B) 가장 많은 수의 직원을 고용했다.
(C) 그 어느 때보다 더 많은 수익을 거두었다.
(D) 몇몇 신제품을 출시했다.

Destiny 사가 '올해 최고의 해를 보냈으며'(we had our best year ever) '기록적인 수익을 달성했다'(profits hit a record high)고 한 점에서 화자가 언급한 사항은 (C)임을 알 수 있다.

3. 이다음에 어떤 일이 일어날 것 같은가?
(A) 임원이 상을 수여할 것이다.
(B) 만찬이 준비될 것이다.
(C) 신입 직원이 소개될 것이다.
(D) 대표 이사가 짧게 연설을 할 것이다.

executive (회사의) 중역, 이사 present an award 상을 주다 give a speech 연설하다

담화 마지막 부분에서 화자는 'Now, to do the honors is Vice President Ken Bowman.'이라고 말하며 시상을 진행할 부사장을 소개하고 있다. 따라서 담화 이후에는 시상이 이루어질 것으로 예상할 수 있으므로 정답은 (A)이다.

[4-6]

W: It looks as though we have to do something about the Tacoma branch. It hasn't earned a profit in more than one and a half years. ⁴·We can't allow that to continue. Ted, I want you to fly out there tomorrow. Your assignment is to figure out what's going on there. I'll be informing Douglas Waters, who runs the branch there, that you're going to be in charge. You will be authorized to make any alterations you see fit. This includes changes to personnel. Susan, I want you to accompany Ted and work with him. We need to get that branch turned around at once.

---

as though 마치 ~인 것처럼   earn a profit 수익을 내다
assignment 업무, 과제   figure out ~을 알아내다   inform 알리다
in charge 담당하는   authorize 권한을 주다   alteration 변경, 변화
personnel 인사   accompany 동반하다, 동행하다   turn around
호전시키다

W: Tacoma 지점과 관련해서 무언가 조치를 내려야 될 것 같습니다. 1년 반이 넘었는데도 수익을 올리지 못하고 있어요. 이러한 상태가 계속되도록 놓아둘 수는 없습니다. Ted, 당신이 내일 그곳으로 가 주었으면 좋겠어요. 당신이 할 일은 그곳에서 어떤 일이 일어나고 있는지 파악하는 것이에요. 저는 그곳 지점을 운영 중인 Douglas Waters에게 당신이 책임을 맡게 될 것이라는 점을 알려 줄 거예요. 당신이 필요하다고 생각하는 어떠한 변화도 시행할 수 있는 권한이 당신에게 주어질 거예요. 여기에는 인사 변경 조치도 포함되어요. Susan, 당신은 Ted와 같이 가서 그와 함께 일을 해 주면 좋겠어요. 우리는 그 지점의 상황을 즉시 호전시켜야만 해요.

4. 화자가 "We can't allow that to continue"라고 말할 때 그녀는 무엇을 의미하는 것 같은가?
(A) 너무나 많은 직원들이 일을 그만두고 있다.
(B) 제품 출시가 지연되고 있다.
(C) 장비가 계속 고장 나고 있다.
(D) 한 지점에서 손실이 발생하는 것을 막아야 한다.
quit 그만두다   launch (배의) 진수; (제품 등의) 출시   break down
고장이 나다   lose money 돈을 잃다, 손실을 보다

주어진 문장은 '그것이 계속되도록 놔두어서는 안 된다'는 뜻으로, 여기에서 that이 무엇을 가리키는지 파악해야 정답을 찾을 수 있다. 화자는 직전에 Tacoma 지점을 언급하면서 'It hasn't earned a profit in more than one and a half years.'라고 말하는데, 이를 통해 that은 Tacoma 지점이 일년 반 동안 수익을 내지 못하고 있는 상황을 가리킨다는 점을 알 수 있다. 따라서 결국 주어진 문장을 통해 화자가 의미하고자 하는 바는 (D)로 볼 수 있다.

5. Douglas Waters는 누구인가?
(A) 화자의 사장
(B) Tacoma의 직원
(C) 고객
(D) Ted의 상사

Douglas Waters라는 이름은 'I'll be informing Douglas Waters, who runs the branch there, that you're going to be in charge.'에서 들을 수 있는데, 여기에서 그는 '그곳 지점을 운영 중인'(who runs the branch there) 사람으로 묘사되고 있

다. 따라서 그는 현재 Tacoma 지점을 운영 중인 회사의 직원임을 알 수 있으므로 정답은 (B)이다.

6. 화자가 Ted에 대해 암시하고 있는 것은 무엇인가?
(A) 그가 직원을 해고하는 것이 허용된다.
(B) 그는 매일 Susan에게 보고를 해야 한다.
(C) 그는 앞으로 계속 Tacoma에서 일하게 될 것이다.
(D) 그는 문제에 대한 보고서를 작성해서 제출해야 한다.
fire 발사하다; 해고하다   permanently 영구적으로

담화의 후반부에서 화자는 Ted에게 필요한 조치를 취할 권한이 주어질 것이라고 말한 후, 'This includes changes to personnel.'이라고 언급한다. 즉 Ted의 권한 중 하나는 인사 조치에 관한 권한일 것이므로 그에게 해고 권한이 있다고 진술한 (A)가 정답이다.

[7-9]

M: Ms. Chandler, this is Jim Compton from Eastern Communications. You called this morning and mentioned your interest in changing your mobile phone service. According to the contract you signed, you're permitted to upgrade your service at any time until it expires in two years. However, should you wish to receive a lesser service or cancel your service, you will be obligated to pay a penalty. Please call me back at 749-8376 during regular business hours to discuss your options. You can also visit your local Eastern Communications branch to talk to someone in person if you wish.

---

according to ~에 의하면   expire (기간이) 만료되다   be obligated
to ~해야 한다, ~하는 것이 의무이다   pay a penalty 벌금을 내다
regular business hours 영업 시간   option 선택(권), 옵션   in
person 직접, 몸소

M: Chandler 씨, 저는 Eastern Communications의 Jim Compton 입니다. 귀하께서는 오늘 아침에 전화를 하셔서 휴대 전화 서비스를 변경하고 싶으시다고 말씀하셨습니다. 귀하께서 서명한 계약서에 따르면 2년 후 계약 기간이 만료되기 전이라도 언제든지 서비스를 업그레이드하실 수 있습니다. 하지만 가격이 더 낮은 서비스를 받으시거나 서비스를 해지하고자 하시는 경우에는 위약금을 지불하셔야 합니다. 선택할 수 있는 사항에 대해 논의하고 싶으시면 영업 시간 중에 749-8376으로 제게 답신 전화를 주시기 바랍니다. 또한 원하시는 경우, 인근의 Eastern Communications 지점을 내방하셔서 직접 상담을 받으실 수도 있습니다.

7. 화자는 왜 전화를 했는가?
(A) 구입을 권유하기 위해
(B) 서비스를 광고하기 위해
(C) 답신 전화를 하기 위해
(D) 배송을 하기 위해
pitch (물건 등을 팔기 위한) 권유, 홍보   arrange 마련하다, 주선하다

화자는 담화의 시작 부분에서 자신의 신원을 밝힌 후 'You called this morning and mentioned your interest in changing your mobile phone service.'라고 말한다. 즉 화자는 오전에 전화로 문의했던 고객에게 답을 주기 위해 전화를 한 것임을 알 수

있으므로 (C)가 정답이다.

8. Chandler 씨는 왜 위약금을 내야만 할 수도 있는가?
(A) 요금을 늦게 납부했기 때문에
(B) 제품을 반품했기 때문에
(C) 납기일을 어겼기 때문에
(D) 서비스를 해지했기 때문에
miss a deadline 기한을 어기다

질문의 핵심어구인 pay a penalty는 'However, should you wish to receive a lesser service or cancel your service, you will be obligated to pay a penalty.'라는 문장에서 들을 수 있다. 여기에서 고객이 위약금을 내야 하는 경우는 가격이 낮은 서비스로 서비스를 변경하거나 '서비스를 해지하는'(cancel your service) 경우임을 알 수 있다. 따라서 정답은 이들 중 후자를 가리키는 (D)이다.

9. 화자는 Chandler 씨에게 어떻게 자신과 연락하라고 요청하는가?
(A) 전화로
(B) 이메일로
(C) 직접 찾아옴으로써
(D) 문자 메시지로

담화 후반부에서 화자는 'Please call me back at 749-8376 during regular business hours to discuss your options.'라고 말하면서 논의가 필요하면 본인에게 다시 전화를 달라고 요청하고 있다. 따라서 (A)가 정답이다. 직접 인근 지점을 찾아가 직접 이야기를 나누어도 좋다는 화자의 말만 듣고 (C)를 정답으로 선택해서는 안 된다. 이는 화자 본인에게 연락을 할 수 있는 방법이 아니다.

[10-12]

M: Now that summer is fast approaching, it's time to start thinking about your next trip. Why not go to your destination on Dalton? We fly to more than 120 cities in North America, South America, and Europe. Our planes are the most comfortable in the industry with plenty of legroom for everyone. You'll love our service, too. 12.It simply can't be beat. Our ticket prices average 12% less than those of our competitors. So enjoy economy-class prices but receive first-class treatment when you use Dalton. Check out our Web site at www.dalton.com to make your arrangements now.

now that ~이므로 approach 다가가다, 접근하다 destination 목적지 plenty of 많은 legroom 레그룸 competitor 경쟁자, 경쟁업체 treatment 취급, 대우 arrangement 배열; 준비

M: 여름이 빠르게 다가오고 있기 때문에 다음 여행에 대해 생각해 볼 시간이 되었습니다. Dalton으로 목적지까지 가시는 것은 어떨까요? 저희는 북아메리카, 남아메리카, 그리고 유럽의 120개 이상의 도시로 운항합니다. 저희 비행기는 업계에서 가장 편안한 비행기로, 모든 분들에게 충분히 넓은 레그룸을 갖추고 있습니다. 저희의 서비스 또한 마음에 드실 것입니다. 그야말로 최고입니다. 저희 항공 요금

은 평균적으로 경쟁업체보다 12% 더 저렴합니다. 따라서 Dalton을 이용하시면 이코노미 클래스의 가격으로 퍼스트 클래스의 대우를 받으실 수 있습니다. 지금 바로 저희 웹 사이트인 www.dalton.com을 방문하셔서 예약을 하십시오.

10. Dalton은 어떤 업체인가?
(A) 항공사
(B) 호텔
(C) 렌터카 회사
(D) 여행사

fly to more than 120 cities(12개 이상의 도시로 운항을 한다), our planes are the most comfortable(비행기가 편안하다), enjoy economy-class prices but receive first-class treatment(이코노미 클래스 가격으로 퍼스트 클래스 대접을 받는다)와 같은 표현들을 통해 담화에서 광고되고 있는 업체는 (A)의 '항공사'임을 알 수 있다.

11. Dalton에 대해 암시되어 있는 것은 무엇인가?
(A) 최근에 새로운 최고 경영자를 고용했다.
(B) 업계에서 가장 규모가 큰 회사이다.
(C) 다수의 국가에서 사업을 하고 있다.
(D) 작년에 사업을 시작했다.
chief executive 최고 경영자   operation 작전; 사업   open for business 사업을 시작하다

담화 초반부에 Dalton 항공사는 '북미, 남미, 그리고 유럽의 120개 도시를 운항한다'(fly to more than 120 cities in North America, South America, and Europe)고 했으므로 (C)가 정답이다. (A)와 (D)는 언급된 바 없는 사항이고, Dalton이 업계에서 가장 편안한 비행기를 보유하고 있다고만 했을 뿐, 업계에서 가장 큰 항공사라는 이야기는 한 적이 없으므로 (B) 역시 정답이 아니다.

12. 화자는 왜 "It simply can't be beat"라고 말하는가?
(A) 음식에 대해 이야기하기 위해
(B) 제공되는 서비스에 대해 논의하기 위해
(C) 시설을 언급하기 위해
(D) 낮은 가격을 설명하기 위해

'It can't be beat.'는 어떤 것이 최고임을 나타낼 때 자주 사용되는 표현이다. 여기에서 it이 가리키는 것은 Dalton의 장점으로 언급된 '서비스'(service)이므로 화자가 그처럼 말한 이유는 자신들의 서비스가 최고라는 점을 광고하기 위해서이다. 따라서 정답은 (B)이다.

[13-15]

M: Please listen carefully, everybody. Now that I've gone over the manual, it's time to do some hands-on learning. This will give you the opportunity to use the welder to see what it's capable of. Before we begin, please put on your safety equipment. That includes your goggles and gloves. Under no circumstances may you operate the machinery without taking the necessary precautionary measures. If you're caught using the equipment while not wearing your safety gear, you will be suspended without pay for a week. If it happens a second time, your employment here will be terminated. 15.None of us is interested in that, right?

go over ~을 검토하다 manual 매뉴얼, 설명서 hands-on 실무의
welder 용접공, 용접기 be capable of ~을 할 수 있다 safety
equipment 안전 장비 goggles 보안경, 고글 circumstance 환경
operate 작동하다, 가동시키다 precautionary measure 주의 조치
suspend 보류하다; 정직[정학]시키다 terminate 끝내다, 종료하다

M: 모두들 주의해서 들어 주십시오. 매뉴얼 검토가 끝났기 때문에 이제는 실습을 하도록 하겠습니다. 이로써 여러분들께서는 용접기를 사용해서 용접기가 어떤 일을 할 수 있는지 알게 되실 것입니다. 시작하기에 앞서 먼저 안전 장비를 착용해 주십시오. 여기에는 보안경과 장갑이 포함됩니다. 어떠한 상황에서도 필요한 주의 조치를 취하지 않고 기계를 작동시켜서는 안 됩니다. 보호 장비를 착용하지 않고 장비를 사용하다 적발되면 일주일의 정직 처분을 받게 되실 것입니다. 그러한 일이 두 번 발생하면 이곳에서의 고용 계약은 끝나게 될 것입니다. 그렇게 되고 싶으신 분은 없으시죠, 그렇죠?

13. 화자들은 무엇을 하고 있는 것 같은가?
(A) 교육을 받고 있다
(B) 소개 연설을 듣고 있다
(C) 차량을 운전하는 방법을 배우고 있다
(D) 컴퓨터 소프트웨어에 관한 수업을 받고 있다

전반적인 내용을 통해 이 담화가 '용접기'(welder)라는 기기 사용에 관한 교육 중 일부라는 사실을 알 수 있다. 따라서 (A)가 정답이다.

14. 화자는 청자들에게 무엇을 하라고 말하는가?
(A) 질문이 있으면 어떠한 것이라도 한다
(B) 보호 장구를 착용한다
(C) 사원증이 있는지 확인한다
(D) 사용 설명서를 읽는다
protective clothing 보호 장구 instruction manual 사용 설명서

화자는 실습을 하기 전에 '보호 장비를 착용하라'(please put on your safety equipment)고 당부한다. 따라서 safety equipment를 protective clothing으로 바꾸어 쓴 (B)가 정답이다.

15. 화자가 "None of us is interested in that"이라고 말할 때 그는 무엇을 암시하는가?
(A) 청자들은 일자리를 잃고 싶어하지 않는다.
(B) 청자들은 너무 오래 근무하고 싶어하지 않는다.
(C) 청자들은 쉬고 싶어하지 않는다.
(D) 청자들은 직장에 지각하고 싶어하지 않는다.

that이 무엇인지 알아야 정답을 찾을 수 있다. 바로 앞 문장에서 화자는 보호 장비 미착용으로 두 번 적발되면 '해고될 수 있다'(your employment here will be terminated)고 경고한다. 따라서 that이 가리키는 것은 해고이므로 주어진 문장은 '아무도 해고를 당하고 싶지는 않을 것이다'는 의미를 나타낸다. 따라서 주어진 문장을 통해 알 수 있는 점은 (A)이다.

[16-18]

W: Good evening and welcome to another exciting show on *Coastal Music*. I'm Edie Wellman, and I'll be your host for the next two hours while we listen to the country's most popular music as well as some songs you might not have heard for a few years. Tonight, we're doing something we've never done before. Local singing sensation Daniel Woodruff will join us in the studio for an interview, and then he'll sing his latest hit song. But before we get started, let's go to Jack Burton in the WTML weather center for a quick look at tomorrow's forecast.

host 주인; (쇼 등의) 진행자 as well as ~뿐만 아니라 ~도
sensation 느낌; 돌풍, 센세이션 latest 최신의, 최근의

W: 안녕하세요, *Coastal Music*의 또 다른 인기 프로그램에 오신 것을 환영합니다. 저는 Edie Wellman으로, 다음 두 시간 동안 진행을 맡으면서 전국에서 가장 인기 있는 음악과 함께 몇 년간 들어보지 못했던 노래들을 들려 드리도록 하겠습니다. 오늘밤, 우리는 전에 결코 해 보지 못했던 일들을 해 볼 예정입니다. 지역 가요계에서 돌풍을 일으키고 있는 Daniel Woodruff가 스튜디오에서 인터뷰를 할 예정이며 그 후에는 본인의 최신 히트 곡을 노래할 것입니다. 하지만 시작하기에 앞서, 내일의 날씨 예보를 간략히 알아보기 위해 WTML 기상 센터에 있는 Jack Burton을 연결해 보도록 하겠습니다.

16. Edie Wellman은 누구인가?
(A) 음악 프로그램의 진행자
(B) 유명 레스토랑의 주방장
(C) 밴드의 리드 보컬
(D) 지역 신문 기자

담화의 시작 부분에서 화자인 Edie Wellman은 두 시간 동안 자신이 '프로그램의 진행을 맡을 것'(I'll be your host for the next two hours)이라고 말한 뒤 이후 듣게 될 음악에 대해 소개하고 있다. 따라서 그녀는 음악 프로그램의 진행자일 것이므로 정답은 (A)이다.

17. Daniel Woodruff는 무엇을 할 것인가?
(A) 설명을 한다
(B) 문제에 대해 논의한다
(C) 노래를 한다
(D) 게스트를 인터뷰한다

해당 이름은 'Local singing sensation Daniel Woodruff will join us in the studio for an interview, and then he'll sing his latest hit song.'이라는 부분에서 들을 수 있는데, 여기에서 그는 인터뷰를 할 것이라는 점과 노래를 부를 것이라는 점을 알 수 있다. 따라서 정답은 이 중 후자를 가리키고 있는 (C)이다. 참고로 (D)는 Daniel Woodruff가 아니라 진행자인 Edie Wellman이 할 일이다.

18. 청자들은 이다음에 무엇을 듣게 될 것 같은가?
(A) 스포츠 뉴스
(B) 일기 예보
(C) 지역 뉴스
(D) 광고

담화 마지막 문장에서 화자는 '내일 날씨를 알아보기 위해'(for a quick look at tomorrow's forecast) Jack Burton이라는 사람을 연결할 것이라고 말한다. 따라서 청자들이 담화 직후에 듣게 될 것은 (B)의 '일기 예보'이다.

[19-21]

M: Thank you for calling the Ransom Medical Clinic. We regret to inform you that we're closed for the national holiday. Our office will open tomorrow at eight thirty A.M. If you're calling to make or cancel a reservation, press one and leave a voice message after the beep. If you need directions here, press two and listen carefully. If you need help with a prescription or have a medical emergency, press three and state your phone number at the beep. You will be called within five minutes. To hear this message again, stay on the line.

---

regret 유감이다. 후회하다 national holiday 국경일 cancel 취소하다 voice message 음성 메시지 beep '삐'하는 소리 direction 방향, 위치 prescription 처방 medical emergency 응급 의료 상황 stay on the line 전화를 끊지 않고 기다리다, 수화기를 들고 대기하다

M: Ransom 병원에 전화 주셔서 감사합니다. 지금은 국경일을 맞이하여 문을 열지 않았다는 점을 알리게 되어 유감입니다. 병원은 내일 오전 8시 30분에 문을 열 예정입니다. 예약을 하시거나 예약을 취소하려고 하시는 경우에는 1번을 누르시고 신호음 이후에 음성 메시지를 남겨 주십시오. 길 안내가 필요하신 경우에는 2번을 누르시고 잘 들어 주십시오. 처방과 관련해서 도움이 필요하시거나 응급 상황인 경우에는 3번을 누르시고 신호음 이후에 귀하의 전화 번호를 말씀해 주십시오. 5분 내로 전화를 드릴 것입니다. 메시지를 다시 듣고 싶으시면 전화를 끊지 말고 기다려 주십시오.

19. 업체는 왜 문을 닫았는가?
(A) 국경일이다.
(B) 모두가 휴가 중이다.
(C) 건물이 리모델링되고 있다.
(D) 근무 시간이 끝났다.

자동 응답기 멘트의 초반부에서 화자는 '국경일이라 문을 닫았다'(we're closed for the national holiday)며 전화를 받을 수 없는 이유를 밝히고 있다. 따라서 (A)가 정답이다.

20. 메시지에 따르면 병원은 언제 문을 열 것인가?
(A) 오늘 늦게
(B) 다음 날 오전에
(C) 다음 날 오후에
(D) 모레

'Our office will open tomorrow at eight thirty A.M.'이라는 문장을 통해 병원은 내일 오전 8시 30분에 다시 문을 열 것임을 알 수 있다. 따라서 (B)가 정답이다.

21. 병원에 가는 방법은 어떻게 알 수 있는가?
(A) 전화를 끊지 않고 기다린다
(B) 2번을 누른다
(C) 3번을 누른다
(D) 웹사이트를 확인한다

화자는 'If you need directions here, press two and listen carefully.'라고 말하면서 길 안내가 필요한 경우 2번을 누르라고 말한다. 따라서 (B)가 정답이다. 참고로 (A)는 메시지를 다시 듣고자 하는 경우에, (C)는 처방과 관련된 도움이 필요하거나 긴급 상황인 경우에 해야 하는 행동이다.

[22-24]

W: I'm happy to inform you that we completed our latest project on time and under budget. The owners of Davidson Tower are quite happy. As a result of finishing construction so quickly, we qualify for a bonus payment of half a million dollars. All of that money is going to the people who worked on the project, so you can look forward to something extra in next month's paychecks. And here's a bit more good news. We've just signed contracts to erect two more buildings in Cleveland. Work on one starts next week while the other will commence in December.

---

on time 정시에, 제때에 under budget 예산보다 적은 비용으로 qualify for ~을 받을 자격이 있다 look forward to ~을 고대하다, 기대하다 paycheck 급료 erect 세우다 commence 시작하다

W: 우리가 최근의 프로젝트를 기한에 맞춰, 그리고 예산보다 적은 비용으로 마쳤다는 점을 알리게 되어 기쁘게 생각합니다. Davidson Tower의 소유주들은 상당히 만족해하고 있습니다. 공사를 그처럼 빠르게 마친 결과로서, 우리는 5십만 달러의 보너스를 받게 되었습니다. 이 돈은 모두 프로젝트에 참여한 사람들에게 돌아갈 것이기 때문에 다음 달 급여에 추가 금액이 포함될 것으로 기대하셔도 좋습니다. 그리고 더 좋은 소식이 있습니다. 우리는 클리블랜드에 두 채의 건물을 더 지어야 하는 계약을 맺었습니다. 한 채에 대한 공사는 다음 주에 시작될 것이며 다른 한 채에 대한 공사는 12월에 시작될 것입니다.

22. 청자들은 어디에서 일하는 것 같은가?
(A) 부동산 중개소
(B) 제조 공장
(C) 건설 회사
(D) 방직 공장
plant 공장, 시설 textile 직물

as a result of finishing construction so quickly(공사를 그처럼 빨리 마친 결과로서), to erect two more buildings in Cleveland(클리블랜드에 두 채의 건물을 더 세우기 위한)와 같은 표현들을 통해 화자와 청자는 건설 회사의 직원일 것으로 짐작할 수 있다. 따라서 (C)가 정답이다.

23. 일부 청자들은 무엇을 받게 될 것인가?
(A) 무료 여행권
(B) 특별 휴가
(C) 초과 근무
(D) 추가금

화자는 공사를 일찍 끝낸 대가로 자신들이 '5십만 달러라는 보너스를 받게 되었다'(we qualify for a bonus payment of half a million dollars)는 소식을 전한 후, 이러한 보너스는 다음 달 급여에 반영될 것이라고 안내한다. 따라서 청자들이 받게 될 것은 (D)이다.

24. 화자는 12월에 어떤 일이 일어날 것이라고 말하는가?
  (A) 새로운 공사
  (B) 광고
  (C) 신규 직원 채용
  (D) 시상식

질문의 핵심어구인 December는 담화의 마지막 문장 'Work on one starts next week while the other will commence in December.'에서 들을 수 있다. 이를 통해 12월에는 건물 공사가 시작될 것임을 알 수 있으므로 (A)가 정답이다.

[25-27]

출발지	도착 시간	열차 번호
버팔로	9:40	8574
시러큐스	8:55	9181
올버니	10:00	1625
유티카	10:05	3677

M: May I have your attention, please? The train from Syracuse that's scheduled to arrive at 9:45 will get to the station approximately ten minutes late. It suffered a minor engine problem and had to be repaired in Utica. The train is moving again and will be here no later than 9:55. Those passengers waiting to board the train as it continues to Springfield should head to Platform 3 in ten minutes. Please remember to show the attendant your ticket prior to boarding. Those individuals waiting for someone on the train should go to the arrival lounge in a few minutes.

get to ~에 도착하다 approximately 대략 no later than 늦어도 ~까지 head to ~으로 향하다 attendant 승무원 prior to ~에 앞서, ~ 이전에

M: 주목해 주시겠습니까? 9시 45분 도착 예정인 시러큐스 발 열차가 약 10분 정도 늦게 역에 도착할 것입니다. 경미한 엔진 문제가 발생해서 유티카에서 수리를 받아야만 했습니다. 열차는 다시 운행하고 있으며 늦어도 9시 55분까지는 이곳에 도착할 것입니다. 스프링필드로 향하는 해당 열차의 탑승을 기다리고 계신 승객분들께서는 10분 후에 3번 승강장으로 가 주시기 바랍니다. 탑승하시기 전에 잊지 마시고 승무원에게 표를 보여 주십시오. 열차의 승객을 기다리고 계신 분들께서는 잠시 후에 도착 라운지로 가 주십시오.

25. 열차는 왜 연착하는가?
  (A) 일부 승객이 늦게 탔다.
  (B) 경미한 사고가 있었다.
  (C) 기계적인 문제가 있었다.
  (D) 악천후였다.

열차의 지연 사유는 'It suffered a minor engine problem and had to be repaired in Utica.'에서 확인할 수 있다. 정답은 a minor engine problem(경미한 엔진 문제)을 a mechanical problem(기계적인 문제)으로 바꾸어 쓴 (C)이다.

26. 도표를 보아라. 3번 승강장에 도착할 열차의 번호는 무엇인가?
  (A) 8574
  (B) 9181

(C) 1625
(D) 3677

질문의 핵심어구인 Platform 3는 'Those passengers waiting to board the train as it continues to Springfield should head to Platform 3 in ten minutes.'에서 들을 수 있다. 여기에서 it이 가리키는 것은 연착되고 있는 시러큐스 발 열차로, 도착지는 스프링필드임을 알 수 있다. 도표에서 시러큐스 발 열차의 번호를 확인해 보면 정답은 (B)의 9181이다.

27. 화자는 승객들에게 무엇을 하라고 말하는가?
  (A) 그들이 올바른 좌석에 앉아 있는지 확인한다
  (B) 티켓을 승무원에게 보여 준다
  (C) 즉시 표를 예매한다
  (D) 도착 라운지에서 기차를 기다린다

담화 후반부의 'Please remember to show the attendant your ticket prior to boarding.'이라는 부분을 제대로 들었다면 화자가 승객들에게 당부하는 점은 (B)의 '승무원에게 표를 보여 주는 일'임을 쉽게 알 수 있다.

[28-30]

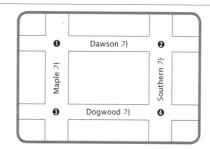

M: It's ten o'clock, so today's rush hour traffic has finally ended. We had a tough morning as traffic was backed up nearly everywhere. That was mostly on account of last night's snow. There was also a major accident at the corner of Southern Avenue and Dawson Street, but that was cleared up ten minutes ago, so traffic is flowing there again. In fact, traffic is moving briskly everywhere now since snowplows have finally cleared the streets. Don't expect to encounter any problems until the late afternoon, when people start getting off work and heading home. All right, let's go to Marty Shoemaker with the local news.

rush hour 러시 아워 be backed up (차가) 막히다 on account of ~ 때문에 briskly 활발하게, 빠르게 snowplow 제설기, 제설차 encounter 만나다, 조우하다 head 향하다

M: 10시가 되었으므로 오늘의 러시 아워 정체는 이제 끝났습니다. 거의 모든 곳에서 교통 정체가 있었기 때문에 힘든 오전을 보내야 했습니다. 이는 주로 어젯밤에 내린 눈 때문이었습니다. 또한 Southern 가와 Dawson 가가 만나는 코너에서 큰 사고가 있었지만, 10분 전에 상황이 정리되어 그곳 교통은 다시 원활해졌습니다. 제설차들이 제설 작업을 마쳤기 때문에 전 구간의 차량들이 빠르게 이동하고 있습니다. 사람들이 퇴근을 해서 귀가하는 시간인 오후 늦게까

지는 아무런 문제가 없을 것으로 예상됩니다. 좋습니다, 지역 뉴스를 듣기 위해 Marty Shoemaker에게 가 보도록 하겠습니다.

28. 화자에 의하면, 시내 교통은 왜 정체되었는가?
   (A) 여러 건의 도로 공사가 있다.
   (B) 시내 일부가 범람했다.
   (C) 여러 차례의 사고가 있었다.
   (D) 최근에 눈보라가 몰아쳤다.

snowstorm 눈보라

담화 초반부에서 화자는 교통 정체가 풀렸다는 소식을 전한 후, 교통 정체의 원인에 대해 'That was mostly on account of last night's snow.'라고 말한다. 이를 통해 정체 원인은 눈 때문이었다는 점을 알 수 있으므로 정답은 (D)이다. 사고가 있었던 것은 사실이지만, 사고로 정체를 겪은 것은 일부 구간이고 또한 '몇 차례'의 사고가 있었던 것도 아니므로 (C)를 정답으로 골라서는 안 된다.

29. 도표를 보아라. 사고는 어디에서 발생했는가?
   (A) 1번 교차로
   (B) 2번 교차로
   (C) 3번 교차로
   (D) 4번 교차로

'Southern 가와 Dawson 가가 만나는 코너에서 큰 사고가 있었다'(there was a major accident at the corner of Southern Avenue and Dawson Street)고 했으므로 지도에서 Southern 가와 Dawson 가가 만나는 지점을 찾으면 사고 발생 지역은 (B)의 '2번 교차로'였을 것이다.

30. 화자가 현재의 교통 상황에 대해 말한 것은 무엇인가?
   (A) 원활하게 이어지고 있다.
   (B) 평소보다 도로에 차가 적다.
   (C) 일부 지역에서 느리게 이동하고 있다.
   (D) 시내 중심가에 문제가 있다.

화자는 담화 후반부에서 '제설 작업이 끝나서 전 지역의 교통 흐름이 원활하게 이루어지고 있다'(traffic is moving briskly everywhere now)며 현재의 교통 상황을 전하고 있다. 따라서 정답은 (A)이다.

ACTUAL TEST

PART 1
⊙ 5-01   p.196

| **1.** (C) | **2.** (A) | **3.** (B) | **4.** (C) | **5.** (B) |
| **6.** (C) | | | | |

PART 2
⊙ 5-02   p.200

7. (A)	**8.** (C)	**9.** (B)	**10.** (A)	**11.** (A)
12. (C)	**13.** (B)	**14.** (B)	**15.** (C)	**16.** (A)
17. (C)	**18.** (B)	**19.** (A)	**20.** (C)	**21.** (A)
22. (C)	**23.** (B)	**24.** (A)	**25.** (B)	**26.** (C)
27. (B)	**28.** (A)	**29.** (B)	**30.** (A)	**31.** (C)

PART 3
⊙ 5-03   p.201

32. (A)	**33.** (B)	**34.** (D)	**35.** (A)	**36.** (C)
37. (B)	**38.** (A)	**39.** (C)	**40.** (B)	**41.** (D)
42. (C)	**43.** (A)	**44.** (C)	**45.** (A)	**46.** (B)
47. (B)	**48.** (A)	**49.** (D)	**50.** (C)	**51.** (A)
52. (C)	**53.** (D)	**54.** (A)	**55.** (A)	**56.** (C)
57. (D)	**58.** (C)	**59.** (B)	**60.** (A)	**61.** (A)
62. (B)	**63.** (C)	**64.** (D)	**65.** (C)	**66.** (A)
67. (A)	**68.** (C)	**69.** (B)	**70.** (D)	

PART 4
⊙ 5-04   p.205

71. (C)	**72.** (D)	**73.** (B)	**74.** (D)	**75.** (B)
76. (C)	**77.** (B)	**78.** (C)	**79.** (A)	**80.** (B)
81. (D)	**82.** (D)	**83.** (B)	**84.** (A)	**85.** (B)
86. (B)	**87.** (D)	**88.** (C)	**89.** (A)	**90.** (B)
91. (A)	**92.** (D)	**93.** (B)	**94.** (B)	**95.** (B)
96. (A)	**97.** (D)	**98.** (C)	**99.** (A)	**100.** (C)

PART 1
                                                                p.196

1.

(A) The man is riding his bicycle on the street.

(B) Several people are walking in the plaza.
(C) The leaves have all fallen off the tree.
(D) He is setting his bag down on the bench.

plaza 광장

(A) 남자가 거리에서 자전거를 타고 있다.
(B) 몇몇 사람들이 광장 안에서 걷고 있다.
(C) 나무의 잎들이 모두 떨어졌다.
(D) 그는 벤치에 가방을 두고 있다.

전형적인 1인 사진으로 자전거를 끌고 가는 사람의 모습을 볼 수 있다. 남자가 자전거를 타고 있다고 진술한 (A)는 정답이 될 수 없고, 사진 속 인물은 한 명뿐이기 때문에 (B) 역시 잘못될 설명이다. 사진에서 가방이 보이기는 하나 이를 벤치에 놓고 있지는 않으므로 (D) 또한 오답이다. 정답은 사진 중앙의 나무를 제대로 묘사한 (C)이다.

2.

(A) Some crates have been placed in front of the vehicle.
(B) People are setting up a tent outside the camper car.
(C) Customers are waiting to buy lunch at the food truck.
(D) The trailer is being attached to a pickup truck.

crate 상자   camper car 캠핑용 차량, 캠핑카   food truck 푸드 트럭
trailer 트레일러   attach 붙이다, 첨부하다   pickup truck 소형 트럭, 픽업 트럭

(A) 몇몇 상자들이 차량 앞에 놓여 있다.
(B) 사람들이 캠핑카 밖에서 텐트를 치고 있다.
(C) 손님들이 점심을 먹기 위해 푸드 트럭에서 기다리고 있다.
(D) 트레일러가 픽업 트럭에 연결되어 있다.

푸드 트럭으로 보이는 차량 주변의 모습을 보여 주고 있는 사물 사진이다. 따라서 차량 앞 상자들의 위치를 정확히 설명한 (A)가 정답이다. 사진에서 사람의 모습은 보이지 않으므로 (B)와 (C)는 정답이 될 수 없고, 픽업 트럭 역시 찾아볼 수 없으므로 (D) 또한 정답이 아니다.

3.

(A) The cashier is putting some items in a bag.
(B) One woman is using a touchscreen.

(C) The shopper is paying with a credit card.

(D) One customer is pushing a shopping cart.

....

cashier 계산원   touchscreen 터치스크린

(A) 계산원이 봉투에 물품을 담고 있다.
(B) 한 여성이 터치스크린을 사용하고 있다.
(C) 쇼핑객이 신용 카드로 값을 지불하고 있다.
(D) 한 손님이 쇼핑 카트를 밀고 있다.

마트로 보이는 장소에서 사람들이 계산을 하고 있는 모습을 볼 수 있다. 정답은 점원으로 보이는 여자가 터치스크린을 이용하고 있다고 진술한 (B)이다. 계산원이 물건을 담고 있지는 않으므로 (A)는 오답이고, 고객이 신용 카드를 사용하고 있지도 아니므로 (C) 또한 정답이 될 수 없다. 쇼핑 카트를 몰고 있는 고객 역시 찾아볼 수 없기 때문에 (D)도 정답이 아니다.

4.

(A) All three men are holding open books.

(B) The library is about to close for the day.

(C) There are books piled up on the table.

(D) One man is busy booking a hotel room.

....

be about to 막 ~하려고 하다   pile 쌓다, 쌓이다   be busy -ing ~하느라 바쁘다

(A) 세 사람 모두 책을 펴서 들고 있다.
(B) 도서관이 곧 문을 닫을 예정이다.
(C) 테이블 위에 책이 쌓여 있다.
(D) 한 남자는 호텔을 예약하느라 바쁘다.

서점으로 보이는 곳에서 책을 고르는 사람들의 모습을 볼 수 있다. 사진 중앙의 세 사람 모두가 책을 들고 있는 것은 아니므로 (A)는 정답이 될 수 없고, 도서관의 운영 시간을 언급한 (B)는 사진만으로 확인할 수 없는 내용을 다루고 있다. (D)는 동음이의어를 이용한 함정으로, 여기에서 book은 책이 아니라 '예약하다'라는 뜻의 동사로 사용되었다. 정답은 책이 나열된 모습을 정확히 설명한 (C)이다.

5.

(A) She is dancing together with her partner.

(B) The woman is performing to some music.

(C) The audience in the theater is applauding.

(D) The spectators are all seated for the show.

....

theater 극장   applaud 박수를 치다   spectator 관중, 관람객

(A) 그녀는 파트너와 함께 춤을 추고 있다.
(B) 여자는 음악에 맞춰 공연을 하고 있다.
(C) 극장 안 관객들이 박수를 치고 있다.
(D) 공연 관람객들은 모두 자리에 앉아 있다.

거리에서 댄서가 춤을 추는 모습을 볼 수 있다. 댄서는 혼자서 기타 반주에 맞춰 춤을 추고 있으므로 (A)는 오답이고 (B)가 정답이다. 관객들이 박수를 치거나 자리에 앉아 있는 것은 아니므로 (C)와 (D)는 정답이 될 수 없다.

6.

(A) All the parking spaces have vehicles in them.

(B) Some drivers are getting out of their cars.

(C) Cars have been parked in the parking lot.

(D) One car is driving in between the others.

....

parking space 주차 공간

(A) 모든 주차 자리에 차량들이 들어가 있다.
(B) 몇몇 운전자들이 차에서 내리고 있다.
(C) 주차장에 차들이 주차되어 있다.
(D) 한 차가 다른 차 사이로 들어오고 있다.

야외 주차장의 모습을 볼 수 있는 사진이다. 사진 아랫부분의 한 자리가 비어 있으므로 모든 자리에 차가 있다고 진술한 (A)는 정답이 될 수 없고, 차에서 내리는 운전자나 이동 중인 차량 또한 보이지 않으므로 (B)와 (D) 또한 오답이다. 정답은 주차장에 차들이 주차되어 있다고 설명한 (C)이다.

PART 2

p.200

7.

Where is your new office located?

(A) Let me show it to you now.

(B) We specialize in financial consulting.

(C) Five people work there.

....

specialize in ~을 전문으로 하다, ~에 특화되다   financial 금융의, 재정의

당신의 새 사무실은 어디에 있나요?
(A) 지금 알려 드릴게요.
(B) 저희는 금융 컨설팅을 전문으로 해요.
(C) 그곳에서는 5명이 일해요.

의문사 where를 이용해 사무실의 위치를 묻고 있다. (B)는 업종이나 전문 분야를 물었을 때 이어질 수 있는 답변이고, (C)는 직원 수 등을 물었을 때 이어질 수 있는 답변이다. 정답은 사무실 위치를 안내해 주겠다고 한 (A)인데, 이처럼 장소를 직접적으로 언급하지 않는 보기 도 where로 시작하는 의문문의 답변이 될 수 있다.

8.

You can purchase this oven for a discounted price.

(A) Susan got a great deal.
(B) Thanks for delivering it.
(C) I just got one last week.

discounted price 할인된 가격   get a great deal (물건 등을) 싸게 사다

이 오븐은 할인된 가격으로 구입하실 수 있으세요.
(A) Susan이 좋은 조건에 샀어요.
(B) 배달해 주셔서 고마워요.
(C) 지난 주에 하나 샀어요.

평서문을 통해 제품과 관련된 정보를 알려 주고 있지만, 실제로는 제품 구입을 권유하는 문장으로 볼 수 있다. 따라서 '이미 샀다'며 거절의 의사를 밝힌 (C)가 가장 자연스러운 답변이다. (A)와 (B)는 각각 문제의 purchase(구입하다, 구매하다)에서 연상할 수 있는 표현인 get a great deal(싸게 사다)과 delivering(배송하다)으로 혼동을 유발시키려는 함정이다.

9.

Did the keynote speaker arrive on time?

(A) Dr. Parker from the university.
(B) She's still not here.
(C) He'll be talking about robotics.

keynote speaker 기조 연설자   on time 정시에, 제때에   robotics 로봇공학

기조 연설자가 제 시간에 도착했나요?
(A) 그 대학에서 오신 Parker 박사님이요.
(B) 아직 여기에 오지 않았어요.
(C) 그는 로봇공학에 대해 이야기할 거예요.

did로 시작되는 의문문이므로 yes/no의 의미를 전하고 있는 보기가 정답이다. (A)는 기조 연설자가 누구인지 묻는 질문에, (C)는 연설의 주제를 묻는 질문에 이어질 수 있는 답변이다. 정답은 no의 의미를 간접적으로 나타내고 있는 (B)이다.

10.

Give me a list of the office supplies you require.

(A) I'll e-mail it to you.

(B) Paper and staples.
(C) That's not a requirement.

office supply 사무용품   require 필요로 하다   staple 스테이플(스테 이플러의 철심)   requirement 필요, 필요 조건

필요로 하는 사무용품의 리스트를 주세요.
(A) 이메일로 보내 줄게요.
(B) 용지와 스테이플이요.
(C) 그것은 필수 조건이 아니에요.

사무용품 목록을 보내 달라는 명령문이다. 따라서 '목록을 이메일로 보내겠다'는 의미의 (A)가 정답이다. (B)는 office supplies(사무용품)에 해당되는 paper(용지)와 staples(스테이플)를 이용한 오답이며, (C)는 require의 명사형인 requirement를 이용한 오답이다.

11.

I'm afraid I can't make it to my appointment.

(A) Would you care to reschedule it?
(B) Dr. Murphy at 4:30 P.M.
(C) No, he didn't get appointed to the position.

make it to one's appointment 약속 장소에 나가다   Would you care to ~? ~하시겠습니까?   reschedule 일정을 조정하다   appoint 지명하다

미안하지만 약속한 장소에 가지 못할 것 같아요.
(A) 일정을 조정할까요?
(B) 오후 4시 30분 Murphy 박사요.
(C) 아니요, 그는 그 자리에 임명되지 않았어요.

약속을 지키지 못하는 상황에 대한 우려를 표시하고 있다. 따라서 '약 속을 다시 잡자'는 제안을 한 (A)가 가장 자연스러운 답변이다. (B)는 만날 사람이나 만날 시간을 물어보는 경우에 이어질 수 있는 답변이 고, (C)는 appointment(약속; 지명)의 과거분사형인 appointed(지 명된)를 이용한 오답이다.

12.

When was the meeting postponed until?

(A) In the small conference room.
(B) I sent the package by parcel post.
(C) First thing in the morning this Friday.

postpone 연기하다, 미루다   conference room 회의실   parcel post 소포 우편   first thing 제일 먼저

회의가 언제로 연기되었나요?
(A) 소회의실에서요.
(B) 제가 소포 우편으로 보냈어요.
(C) 이번 주 금요일 이른 오전 시간으로요.

의문사 when을 이용하여 회의가 연기된 시간을 묻고 있다. (A) 는 회의 장소를 물어볼 때 이어질 수 있는 답변이며, (B)는 질문의 postpone(연기하다, 미루다)과 발음이 유사한 post(우편)를 이용한 함정이다. 정답은 변경된 회의 시간을 직접적으로 알려 준 (C)이다.

13.

> Draft a memo to send to all department heads.
>
> (A) Yeah, the room has a draft.
> (B) I'll get right on it.
> (C) He heads the R&D Department.

> draft 초안을 작성하다; 외풍, 찬 바람   head 머리; 수장; 책임지다, 이끌다   get right on ~을 즉시 시작하다

모든 부서장들에게 보낼 회람의 초안을 작성해 주세요.
(A) 네, 그 방에는 외풍이 있어요.
(B) 바로 시작할게요.
(C) 그는 연구개발부를 책임져요.

초안을 작성하라는 명령문이다. (A)는 draft를 중복 사용하여 오답을 유도하고 있는 함정인데, 여기에서 draft는 '초안을 작성하다'라는 뜻의 동사가 아니라 '외풍'이라는 뜻의 명사로 사용되었다. (C)는 head와 department를 중복 사용한 오답이며, 따라서 정답은 지시에 즉각 따를 것임을 밝힌 (B)이다. 참고로 get right on은 '~을 즉시 시작하다'라는 의미이다.

14.

> Is this job something we're expected to do?
>
> (A) I have low expectations.
> (B) Not according to my contract.
> (C) He's still looking for a job.

> expectation 기대   according to ~에 의하면   look for a job 일자리를 구하다

이 일이 우리가 해야 하는 것으로 예정되어 있던 일인가요?
(A) 저는 별로 기대하지 않아요.
(B) 계약서에 따르면 아니에요.
(C) 그는 아직도 일자리를 구하고 있어요.

be동사로 시작되는 의문문이므로 yes/no 의미를 포함하고 있는 답변을 고르면 된다. (A)는 질문의 expected(예상하다)의 명사형인 expectation(예상, 기대)을 이용한 함정이며, (C)는 질문의 job(일, 일자리)을 중복 사용해 오답을 유도하고 있다. 정답은 no의 의미를 담고 있는 (B)이다.

15.

> We need the forklift to move these pallets.
>
> (A) There are forks and knives on the table.
> (B) That's right. They are good pals.
> (C) You'd better give Kevin a call then.

> forklift 지게차   pallet 화물 운반대, 팔레트   pal 친구

이 팔레트를 옮기기 위해서는 지게차가 필요해요.
(A) 테이블에 포크와 나이프가 있어요.
(B) 맞아요. 그들은 좋은 친구예요.
(C) 그러면 Kevin에게 전화를 해 보세요.

평서문을 통해 지게차가 필요하다는 점을 알리고 있다. (A)는

forklift(지게차)와 발음이 비슷한 forks(포크)로, (B)는 pallets(팔레트)와 발음이 비슷한 pals(친구)로 오답을 유도하고 있다. 정답은 문제를 해결할 수 있는 사람을 지명함으로써 우회적으로 해결책을 제시한 (C)이다.

16.

> How much more time do you require to compile the data?
>
> (A) An extra hour would be perfect.
> (B) Megan is lending me a hand.
> (C) The data from the second quarter.

> compile 편찬하다, 편집하다   extra 추가의   perfect 완벽한   lend ~ a hand ~을 돕다

데이터를 정리하는데 얼마나 더 많은 시간이 필요한가요?
(A) 한 시간만 있으면 될 것 같아요.
(B) Megan이 저를 도와 주고 있어요.
(C) 2분기 데이터요.

how much more time으로 묻고 있으므로 해당 업무에 필요한 시간을 직접적으로 밝힌 (A)가 정답이다. (B)는 함께 일하는 사람이 누구인지 묻는 질문 등에 이어질 법한 답변이고, (C)는 질문의 data를 중복 사용해 혼동을 일으키려는 함정이다.

17.

> If I were you, I'd consider accepting the offer.
>
> (A) I was accepted to three colleges.
> (B) She's taking it under consideration.
> (C) Actually, I already signed the deal.

> consider 고려하다   accept 받아들이다; (입학을) 허가하다   take ~ under consideration ~을 고려하다   sign a deal 계약서에 서명하다, 계약을 체결하다

내가 당신이라면 제안을 받아들이는 쪽으로 생각해 볼 거예요.
(A) 저는 세 곳의 대학에 합격했어요.
(B) 그녀는 그것을 고려 중이에요.
(C) 실은 이미 계약서에 서명을 했어요.

가정법 문장을 이용해 간접적인 방식으로 제안을 수락할 것을 권유하고 있다. (A)는 진술에서 사용된 accept를 중복 사용한 오답이고, (B)는 consider의 명사형인 consideration을 이용한 함정이다. 따라서 '이미 제안을 수락했다'는 사실을 알린 (C)가 가장 자연스러운 답변이다.

18.

> I'd like a seat on the 4:30 train for Barcelona.
>
> (A) I'm waiting at platform 10A.
> (B) No more tickets are available.
> (C) I've never been there before.

> platform 승강장, 플랫폼   available 이용할 수 있는, 구입할 수 있는

Barcelona행 4시 30분 좌석으로 주세요.
(A) 저는 10A 승강장에서 기다리고 있어요.
(B) 구입하실 수 있는 표가 없어요.
(C) 저는 그곳에 가본 적이 없어요.

평서문이지만 의미상 표를 달라는 요청의 의미를 전하고 있다. 따라서 정답은 표가 없어 요청을 들어 줄 수 없다는 의미를 지닌 (B)이다. (A)는 train(기차)으로부터 연상할 수 있는 platform(승강장, 플랫폼)을 이용한 함정이며, (C)는 Barcelona라는 지명만 들었다면 잘못 선택할 수 있는 오답이다.

19.

Hasn't the invoice from Carter Publishing arrived yet?

(A) I believe Ms. Harper received it.
(B) It publishes fantasy novels and stories.
(C) He works as an editor there.

invoice 송장   publish 출판하다, 발표하다   fantasy 판타지, 공상   novel 장편 소설   story 이야기, 단편 소설   editor 편집자

Carter 출판사의 송장이 아직 도착하지 않았나요?
(A) Harper 씨가 받은 것으로 알고 있어요.
(B) 판타지 장편 및 단편 소설들을 출판해요.
(C) 그는 그곳에서 편집자로 일해요.

has로 시작하는 의문문을 통해 송장의 도착 여부를 묻고 있으므로 yes의 의미를 내포한 (A)가 정답이다. (B)는 질문에 사용된 publish(출판하다)를 동사로 사용한 오답이고, (C)는 '출판사'로부터 연상이 가능한 editor(편집자)를 이용한 함정이다.

20.

What time should I arrive there for the interview?

(A) Go right to the third room on your right.
(B) Mr. Collins will handle it.
(C) Thirty minutes before it's scheduled.

handle 다루다, 처리하다

몇 시까지 면접장에 도착해야 하나요?
(A) 우회전해서 오른쪽 세 번째에 있는 사무실로 가세요.
(B) Collins 씨가 처리할 거예요.
(C) 예정된 시간 30분 전에요.

what time으로 시작하는 의문문이므로 구체적인 시각을 언급하고 있는 답변을 찾도록 한다. (A)는 면접 장소를 묻는 질문에 이어질 법한 답변이고, (B)는 면접관을 물을 때 이어질 수 있는 답변이다. 정답은 '면접 시간 30분 전까지'라고 말함으로써 도착 시간을 알려 준 (C)이다.

21.

Isn't this shipment supposed to go out today?

(A) Several items in it are out of stock.
(B) Either standard shipping or express.
(C) One of our best customers in Texas.

shipment 선적, 선적품   out of stock 재고가 없는

이 배송물은 오늘 발송하기로 예정되어 있지 않았나요?
(A) 일부 제품들의 재고가 없어요.
(B) 일반 배송이나 특급 배송 중 하나요.
(C) 텍사스에서 가장 중요한 고객 중 하나예요.

부정의문문을 이용해 배송 여부를 묻고 있다. 따라서 '재고가 없어(out of stock)' 오늘 보내지 못할 것이라며 간접적으로 no의 의미를 전하고 있는 (A)가 정답이다. (B)는 shipment(선적, 선적품)와 어근이 같은 shipping(운반, 운송)으로 오답을 유도하고 있는 함정이며, 배송 여부를 묻는 질문에 고객 혹은 거래처로 답한 (C)는 자연스러운 답변이 될 수 없다.

22.

Trent should already be here by now, shouldn't he?

(A) Coming from his home.
(B) You can see his desk over there.
(C) He texted that he was caught in traffic.

text 문자; 문자를 보내다   be caught in traffic 교통 체증을 겪다, 차가 막히다

지금쯤이면 Trent가 도착해야 하는데요, 그렇지 않나요?
(A) 집에서 오고 있어요.
(B) 저쪽에 그의 책상이 있어요.
(C) 차가 막힌다고 문자를 보냈어요.

Trent라는 사람이 도착하지 않은 점에 대한 우려를 나타내고 있다. (A)는 출발지를 물었을 경우에, (B)는 사무실 내의 자리를 묻거나 사람을 찾는 경우에 이어질 수 있는 답변이다. 따라서 교통 체증으로 인해 도착하지 못했다는 상황을 설명한 (C)가 가장 적절한 답변이다.

23.

Who can explain exactly what happened?

(A) No, that's not what happened.
(B) Jarvis saw the entire thing.
(C) There's an explanation for this.

entire 전체의   explanation 설명, 해명

정확히 어떤 일이 있었는지 누가 설명해 줄 수 있나요?
(A) 아니요, 그런 일은 없었어요.
(B) Jarvis가 전부 보았어요.
(C) 이 일은 설명할 수 있어요.

의문사 who를 통해 상황 설명을 해 줄 수 있는 사람이 누구인지 묻고 있으므로 Jarvis라는 사람을 지목한 (B)가 정답이다. (A)는 질문의 what happened를 반복 사용함으로써, (C)는 explain(설명하다)의 명사형인 explanation(설명, 해명)을 사용함으로써 각각 혼동을 유발하고 있다.

24.

Are any of the applicants qualified for the position?

(A) Maybe the last two we interviewed.
(B) He's already applied two times.
(C) It's an entry-level position in Accounting.

> applicant 지원자   qualified for ~에 대한 자격이 있는   entry-level position 하위직, 하급 직위

지원자 중에서 그 자리에 적합한 사람이 있나요?
(A) 마지막으로 면접을 봤던 두 사람 정도요.
(B) 그는 이미 두 번 지원했어요.
(C) 회계부 내 하급직이에요.

지원자들의 자질에 대해 물어보는 be동사로 시작하는 의문문이다. 따라서 간접적으로 yes의 의미를 전달하고 있는 (A)가 정답이다. (B)는 applicant(지원자)의 동사형인 applied(지원하다)를 이용한 오답이고, (C)는 position(위치; 직위)을 중복 사용하여 오답을 유도하고 있는 함정이다.

25.

Nobody in the office can log on to the intranet.

(A) Sure. Let me log on right now.
(B) Has anybody contacted the maintenance office?
(C) Sorry, but nobody's in the office now.

> log on 로그온하다   intranet 내부 전산망, 인트라넷   contact 접촉하다, 연락하다   maintenance office 관리실, 관리 부서

사무실 내의 누구도 인트라넷에 로그온을 할 수가 없어요.
(A) 물론이죠. 제가 바로 로그온해 볼게요.
(B) 관리 부서에 연락을 해 본 사람이 있었나요?
(C) 죄송하지만 지금은 사무실에 아무도 없어요.

평서문을 이용해 인트라넷 이용이 불가능하다는 점을 알리고 있다. 따라서 '관련 부서에 연락을 해 본 사람은 없었는지'를 되묻은 (B)가 가장 자연스러운 답변이다. (A)는 log on을 반복 사용함으로써, (C)는 nobody를 반복 사용함으로써 오답을 유도하고 있는 함정으로 둘 다 질문과는 전혀 상관이 없는 대답을 하고 있다.

26.

How can you justify spending so much on shipping?

(A) Fifty dollars for three kilograms.
(B) No more than three days from now.
(C) It had to arrive within twenty-four hours.

> justify 정당화하다, 해명하다   spend (돈이나 시간 등을) 쓰다, 소비하다

선적에 그처럼 많은 비용을 쓴 점을 어떻게 설명할 수 있나요?
(A) 3킬로그램 당 50달러예요.
(B) 지금부터 3일 이내로요.
(C) 24시간 안에 도착해야 했어요.

how로 시작하는 의문문이지만 동사 justify(정당화하다, 해명하다)에 유의하면 실제로는 많은 비용을 쓴 것에 대한 이유를 묻고 있는 질문이다. (A)는 단위 가격 등을 묻는 질문에 적합한 답변이며, (B)는 기한이나 시간 등을 물을 때 이어질 수 있는 대답이다. 정답은 '빨리 보내야 해서 그럴 수 밖에 없었다'는 이유를 제시한 (C)이다.

27.

I went ahead and booked a hotel room for you.

(A) With a view of the mountains.
(B) I appreciate your assistance.
(C) At the Westside Hotel.

> go ahead 앞서 가다   book 예약하다   assistance 도움

당신을 위해 미리 호텔 객실을 예약해 두었어요.
(A) 산이 보이는 곳으로요.
(B) 도와 줘서 고맙군요.
(C) Westside 호텔에서요.

평서문을 통해 호텔을 예약한 사실을 알려 주고 있다. 따라서 그러한 수고에 고마움을 표시한 (B)가 가장 자연스러운 답변이다. (A)는 booked a hotel room(호텔을 예약하다)으로부터 연상할 수 있는 view of the mountains(산이 보이는 풍경)라는 표현을 이용한 함정이고, (C)는 숙박할 호텔의 이름 등을 물었을 때 이어질 수 있는 답변이다.

28.

How is everything going on the fourth floor?

(A) We're busier than ever before.
(B) One floor up from your office.
(C) Take the elevator over there.

4층은 어떻게 진행되고 있나요?
(A) 그 어떤 때보다 바빠요.
(B) 당신 사무실로부터 한 층 위요.
(C) 저쪽에 있는 엘리베이터를 타세요.

how로 시작하는 의문문이지만 going on(진행되다)이라는 표현에 유의하면 이 질문은 진행 상황을 묻는 질문이라는 점을 알 수 있다. 따라서 현재 분주한 상황임을 알리고 있는 (A)가 정답이다. (B)는 floor(층)를 중복 사용한 함정이고, (C)는 질문에서 everything going on을 제대로 듣지 못하고 나머지 부분만 들은 경우 선택하기 쉬운 함정이다.

29.

Would you like to speak with Mr. Klug or someone in Accounting?

(A) I don't think Mr. Klug works there.
(B) Whoever can solve my problem faster.
(C) No, we haven't spoken yet.

> whoever 누구나; 누구든 ~하는 사람

Klug 씨와 이야기를 나누고 싶으신가요, 아니면 회계부 직원과 이야기를 나누고 싶으신가요?
(A) 저는 Klug 씨가 그곳에서 일한다고 생각하지 않아요.
(B) 제 문제를 빨리 해결해 줄 수 있는 사람이면 누구나요.
(C) 아니요, 우리는 아직 이야기를 나누지 못했어요.

접속사 or를 이용한 선택의문문이다. 따라서 정답은 '도움을 줄 수 있는 사람이면 누구라도 상관없다'는 뜻을 밝힌 (B)이다. (A)는 질문의 Mr. Klug를 반복 사용한 오답이고, 선택의문문에 no로 대답한 (C) 역시 정답이 될 수 없다.

30.

Will we learn to use the software at the training session?

(A) That's precisely what we'll do.
(B) Mr. Bender from Computer Pro is coming.
(C) I've never been trained on it.

training session 교육 과정   precisely 정확히   train 훈련시키다, 교육하다

교육 시간에 소프트웨어 사용법을 배우게 되나요?
(A) 그것이 바로 우리가 하게 될 일이에요.
(B) Computer Pro의 Bender 씨께서 오실 거예요.
(C) 저는 그에 대해 교육을 받은 적이 없어요.

조동사 will을 이용하여 교육 시간에 소프트웨어 사용법을 배울 것인지 묻고 있다. 따라서 '그것이 바로 우리가 하게 될 일'이라며 강한 긍정의 의미를 전달하고 있는 (A)가 정답이다. (B)는 강사의 신원을 묻는 질문에 이어질 법한 질문이고, (C)는 train(훈련시키다, 교육하다)의 과거분사형을 이용한 오답이다.

31.

Where can I find the men's fitting rooms?

(A) It looks like that shirt fits you.
(B) We're located on the third floor of the mall.
(C) You aren't allowed to try on clothes here.

fitting room 탈의실   fit (옷 등이 몸에) 맞다   be located 위치하다   allow 허용하다, 허락하다   try on (옷 등을) 입어보다

남자 탈의실은 어디에 있나요?
(A) 셔츠가 잘 맞는 것 같아요.
(B) 저희는 쇼핑몰 3층에 위치해 있어요.
(C) 여기서 옷을 입어보실 수는 없으세요.

의문사 where를 이용해 탈의실의 위치를 묻고 있다. (A)는 fitting room으로부터 연상 가능한 shirt라는 단어로 혼동을 일으키려는 함정이며, (B)는 매장의 위치 등을 물었을 때 이어질 수 있는 답변이다. 정답은 (C)인데, 이처럼 장소를 물었지만 직접적으로 장소를 가리키지 않는 보기도 정답이 될 수 있음에 유의해야 한다.

PART 3

p.201

[32-34]

W: Hello. This is Helen Thompson. I spoke with you earlier about the possibility of your company taking care of my lawn. I wonder if you still have time for that.
M: Yes, Ms. Thompson. I can send a crew to your home this Wednesday morning if that's fine with you.
W: That would be perfect. In addition to having the grass cut, I'd like to have some of my trees and bushes trimmed. Would that be possible?
M: Of course. Simply tell the crew chief what you need when he arrives, and he'll handle everything for you.

possibility 가능성   lawn 잔디   in addition to ~ 이외에도   bush 관목, 덤불   trim 가지를 치다, 다듬다   crew chief 작업반장   handle 다루다, 처리하다

W: 안녕하세요. 저는 Helen Thompson이에요. 전에 당신 업체에서 저희 잔디를 관리해 줄 수 있는지에 대해 이야기를 나눈 적이 있어요. 아직도 시간이 되시는지 궁금하군요.
M: 네, Thompson 씨. 괜찮으시면 이번 주 수요일 오전에 댁으로 직원을 보내 드릴 수 있어요.
W: 그러면 정말 좋겠군요. 잔디를 깎는 것 이외에도 나무와 관목의 가지도 쳐 주셨으면 좋겠어요. 가능한가요?
M: 물론입니다. 작업반장이 도착했을 때 그에게 필요한 점만 이야기하시면 그가 모든 일을 처리해 줄 거예요.

32. 남자는 어떤 업체에서 일하는가?
(A) 조경업체
(B) 건설 회사
(C) 컨설팅 회사
(D) 가구점
landscaping 조경

대화의 시작 부분에서 여자는 남자의 회사와 '자신의 잔디를 관리해 줄 수 있는지'(possibility of your company taking care of my lawn)에 대해 이야기한 적이 있다고 했으므로 남자의 회사는 (A)의 '조경업체'일 것이다. 여자가 요청한 사항, 즉 having the grass cut(잔디를 깎다), have some of my trees and bushes trimmed(가지를 치다)와 같은 표현들을 통해서도 정답이 (A)라는 사실을 확인할 수 있다.

33. 업체 사람들은 언제 여자의 집을 방문할 것인가?
(A) 월요일
(B) 수요일
(C) 금요일
(D) 토요일

남자의 말 'I can send a crew to your home this Wednesday morning if that's fine with you.'를 놓치지 않고 들었으면 직원들이 여자의 집을 방문할 날은 (B)의 '수요일'임을 쉽게 알 수 있다.

34. 남자는 여자에게 무엇을 하라고 말하는가?
(A) 직접 사무실로 찾아온다
(B) 주소를 알려 준다
(C) 견적을 요청한다

(D) 관리자와 이야기한다

대화의 후반부에서 남자는 여자의 추가 요청 사항을 듣고 'Simply tell the crew chief what you need when he arrives, and he'll handle everything for you.'라고 답한다. 즉 작업반장에게 필요한 것을 이야기하면 그가 처리해 줄 것이라고 했으므로 crew chief(작업반장)를 supervisor(관리자, 감독)로 바꾸어 쓴 (D)가 정답이다.

[35-37]

M: Excuse me, but do you have a moment, please? I purchased this electric drill here yesterday, but it won't work. When I plugged it in, it wouldn't even turn on, so I couldn't use it.
W: That's strange. Why don't I take this one and give you a brand-new one instead? It will just take a moment.
M: 36.That's all right. I think I would just prefer to get my money back. I borrowed my neighbor's drill for the work I was doing, so I don't need it now.
W: Sure. I understand. In that case, I need to see the receipt, please.

electric drill 전기 드릴   plug 플러그에 꽂다   brand-new 신품의
receipt 영수증

M: 실례지만 잠깐 시간이 되시나요? 어제 이곳에서 이 전기 드릴을 구입했는데 작동하지가 않네요. 플러그를 꽂아도 전원이 들어오지 않아서 사용할 수가 없었어요.
W: 이상하군요. 제가 이 드릴은 수거하고 대신 새 제품을 가져다 드릴까요? 얼마 걸리지 않을 거예요.
M: 괜찮아요. 환불을 받는 편이 더 좋을 것 같아요. 일하는 동안 이웃의 드릴을 빌려 썼기 때문에 이제는 필요하지가 않거든요.
W: 그러시군요. 이해해요. 그러면 제게 영수증을 보여 주세요.

35. 남자의 문제는 무엇인가?
(A) 그가 구입한 제품이 작동하지 않았다.
(B) 실수로 다른 물품을 샀다.
(C) 사용 설명서를 이해할 수 없었다.
(D) 자신의 원하는 제품을 찾을 수 없다.
by mistake 실수로   user's manual 사용 설명서, 사용자 매뉴얼

대화의 시작 부분에서 남자는 '전기 드릴'(electric drill)을 샀는데 '이것이 작동하지 않는다'(it won't work)고 말하고 있다. 따라서 남자의 문제는 (A)이다.

36. 남자가 "That's all right"이라고 말할 때 그는 무엇을 의미하는가?
(A) 새로운 제품을 받으면 기쁠 것이다.
(B) 제의를 받은 금액이 충분하지 않다고 생각한다.
(C) 여자의 제안에 관심이 없다.
(D) 제품의 품질에 만족하지 않는다.

주어진 문장은 '괜찮다'라는 의미인데 앞뒤 문맥을 파악해야 화자의 정확한 의도를 알 수 있다. 제품을 교환해 주겠다는 여자의 말에 남자는 'That's all right.'이라고 답한 후 '환불을 받으면 좋겠다'(I would just prefer to get my money back)고 말한다. 이는 여자의 제안에 대한 거절의 의미를 담고 있으므로 결국 남

자가 의미한 바는 (C)로 보아야 한다.

37. 여자는 남자에게 무엇을 요구하는가?
(A) 쿠폰
(B) 영수증
(C) 용기
(D) 전화번호
container 용기, 그릇

여자의 마지막 말 'In that case, I need to see the receipt, please.'에서 여자가 요구한 것은 환불 절차에 따른 (B)의 '영수증'임을 알 수 있다.

[38-40]

W: All right, now that we've visited the birthplace of the city's founder, it's time to take a lunch break. If you cross the street here, you'll see several restaurants. Feel free to eat anywhere.
M: How much time do we have, and where should we meet once we're done?
W: You've got an hour. If you finish early, feel free to check out the harbor area and the ships in it. Return to this spot by one thirty, and we'll board the bus to head to our next destination, which is Waterford Beach.

now that ～이므로   birthplace 태어난 곳, 생가   feel free to 자유롭게 ～하다, 마음껏 ～하다   harbor 항구   spot 지점   board 탑승하다
destination 목적지

W: 좋아요, 도시 설립자의 생가를 방문했으니 이제 점심 시간을 갖도록 하죠. 이곳 길을 건너 가시면 몇 군데의 식당이 보일 거예요. 아무 곳에 가셔서 식사를 하시면 됩니다.
M: 시간이 얼마나 있는지, 그리고 식사가 끝나면 어디로 모여야 하는지요?
W: 한 시간 동안이요. 식사를 일찍 마치시면 자유롭게 항구와 항구의 선박들을 둘러보셔도 좋아요. 1시 30분까지 이곳으로 돌아오시면 버스에 탑승해서 다음 목적지인 Waterford 해변으로 갈 거예요.

38. 여자는 누구인 것 같은가?
(A) 여행 가이드
(B) 버스 기사
(C) 식당 주인
(D) 기념품 가게 직원
tour guide 여행 가이드   souvenir shop 기념품 가게

여자의 신원을 묻고 있다. 점심 시간을 알려 주고 식당 위치를 안내하고 식사 후 일정에 대해 이야기하는 점으로 볼 때 여자의 직업은 (A)의 '여행 가이드'일 것이다.

39. 남자는 여자에게 무엇에 대해 묻는가?
(A) 식대
(B) 쇼핑 센터
(C) 만날 장소
(D) 공연 시작 시간

남자는 'How much time do we have, and where should we meet once we're done?'이라고 말하면서 식사 시간과 식

사 후 모일 장소에 대해 묻고 있다. 따라서 정답은 이 중 후자를 가리키고 있는 (C)이다.

40. 여자는 남자에게 무엇을 할 것을 추천하는가?
(A) 자신과 함께 점심을 먹는다
(B) 관광을 한다
(C) 일정을 확인한다
(D) 예매를 한다

do sightseeing 관광하다, 구경하다   reserve 예약하다

식사 시간을 묻는 남자의 질문에 여자는 한 시간이라고 답한 후 시간이 남으면 '자유롭게 항구와 선박들을 둘러보라'(feel free to check out the harbor area and the ships in it)고 말한다. 따라서 여자가 추천한 사항은 (B)로 볼 수 있다.

[41-43]

M: Pardon me, Ms. Brown, but it appears as though you made a mistake on this form. You mentioned to me that you moved to a new location, but the address you wrote down here is the same one which we already have on file.
W: Oh, thanks for pointing that out. Let me write down the correct address for you.
M: There's no need for that. Just tell it to me, and I'll input it on the computer right now.
W: Sure. I live in unit 3B at 48 Watson Drive. I just moved there four days ago.

---

as though 마치 ~인 것처럼   make a mistake 실수를 하다
mention 언급하다, 말하다   point out ~을 지적하다   write down 적다   input 입력하다

M: Brown 씨, 실례지만 이 양식에서 실수를 하신 것 같아요. 제게 이사를 가셨다고 말씀하셨는데, 여기에 적으신 주소는 파일에 있는 주소와 동일하네요.
W: 오, 지적해 주셔서 감사해요. 제대로 된 주소를 적어 드릴게요.
M: 그럴 필요까지는 없으세요. 제게 말씀만 해 주시면 제가 바로 컴퓨터에 입력하도록 할게요.
W: 그러시죠. 저는 Watson 로 48 3B호에 살고 있어요. 4일 전에 이사를 했죠.

41. 여자는 어떤 실수를 했는가?
(A) 엉뚱한 시간에 도착했다.
(B) 약속을 잡지 않았다.
(C) 돈을 충분히 가져오지 않았다.
(D) 양식을 부적절하게 작성했다.

schedule an appointment 약속을 하다, 예약을 하다   improperly 부적절하게

대화의 시작 부분에서 남자는 여자에게 양식에 실수가 있다고 말하면서 '양식에 적힌 주소가 기존 주소와 동일하다'(the address you wrote down here is the same one which we already have on file)는 점을 지적한다. 따라서 여자가 저지른 실수는 주소를 잘못 기입한 것이므로 (D)가 정답이다.

42. 남자는 여자에게 무엇을 하라고 말하는가?
(A) 서비스에 대한 요금을 현금으로 지불한다
(B) 컴퓨터를 새로 구입한다
(C) 주소를 알려 준다
(D) 나중에 다시 온다

주소를 다시 적겠다는 여자의 말에 남자는 그럴 필요가 없다고 전한 후 'Just tell it to me, and I'll input it on the computer right now.'라고 말한다. 즉 남자는 여자에게 구두로 주소를 알려 줄 것을 요청하고 있으므로 (C)가 정답이다.

43. 여자에 대해 추론할 수 있는 것은 무엇인가?
(A) 그녀는 아파트에 산다.
(B) 그녀는 진료 예약이 되어 있다.
(C) 그녀는 처음으로 그곳을 방문 중이다.
(D) 그녀는 다른 도시로 이사할 계획이다.

그녀가 알려 준 주소, 즉 unit 3B at 48 Watson Drive에서 unit 는 아파트의 호수를 나타낸다. 따라서 보기 중 여자에 관해 추론할 수 있는 사항은 (A)뿐이다. 여자가 전에 남자와 이사에 관해 이야기를 나누었다고 볼 수 있으므로 (C)는 잘못된 추론이고, 여자는 4일 전에 이사를 마쳤다고 했으므로 (D) 역시 정답이 될 수 없다.

[44-46]

W: I believe we're going the wrong way. Shouldn't we have made a right turn at the intersection back there?
M: Are you sure about that? I thought we drove down this road the last time we came here.
W: Why don't we stop and ask somebody around here for directions? I don't want to be late for our demonstration. Holbrook Tools has the possibility to become a major client for us.
M: You're right. I can see a gas station up ahead. I'll pull over and find out from the attendant where we need to go.

---

intersection 교차로   demonstration 시연; 시위   gas station 주유소   pull over 차를 대다, 길 한쪽으로 차를 세우다   attendant 종업원, 안내원

W: 우리가 길을 잘못 들어선 것 같아요. 지나친 교차로에서 우회전을 하지 말았어야 했나요?
M: 확실한가요? 지난 번에 왔을 때에는 이 도로를 따라 갔던 것으로 알고 있었는데요.
W: 차를 멈추고 주변 사람에게 길을 물어보는 것이 어떨까요? 제품 시연회에 늦고 싶지는 않거든요. Holbrook Tools는 우리에게 중요한 고객이 될 가능성이 있어요.
M: 당신 말이 맞아요. 전방에 주유소가 보이네요. 거기에 차를 대고 우리가 어디로 가야 하는지 종업원에게 물어보도록 할게요.

44. 화자들은 어디에 있는 것 같은가?
(A) 사무실
(B) 주유소
(C) 차량
(D) 회사

본인들이 가고 있는 길이 맞는지에 대해 이야기하고 있다. have made a right turn at the intersection(교차로에서 우회전 했

다), drove down this road(도로를 따라 가다), can see a gas station up ahead(전방에 주유소가 보인다)와 같은 표현들을 통해 화자들이 있는 곳은 (C)의 '차량'임을 알 수 있다.

45. 화자들은 무엇을 하려고 하는가?
(A) 잠재 고객의 사무실을 방문한다
(B) 제품 시연회의 일정을 재조정한다
(C) 프레젠테이션을 수정한다
(D) 전동 공구를 구입한다

potential 잠재적인   revise 수정하다   power tool 전동 공구

여자는 대화의 중반부에서 '제품 시연회'(demonstration)에 늦고 싶지 않다고 말한 후 'Holbrook Tools has the possibility to become a major client for us.'라고 언급한다. 이를 통해 화자들은 제품 시연을 하기 위해 잠재 고객인 Holbrook Tools에 가려고 한다는 점을 알 수 있으므로 정답은 (A)이다.

46. 남자는 이다음에 무엇을 할 것인가?
(A) 고객에게 전화를 건다
(B) 다른 사람에게 도움을 요청한다
(C) 이메일에서 주소를 찾아본다
(D) 자신의 일정이 맞는지 확인한다

대화의 마지막 부분에서 남자는 'I'll pull over and find out from the attendant where we need to go.'라고 말하면서 주유소 직원에게 길을 물어 보겠다고 했으므로 남자가 하게 될 일은 (B)이다.

[47-49]

M: Hello. My name is Roger Sherman. I placed an order on your Web site this morning, but I'd like to alter it.
W: Of course, Mr. Sherman. But are you aware you can do that on our Web site, so you don't need to call the customer service hotline?
M: I tried, but I received an error message several times. That's why I'm calling.
W: Ah, I understand. Can you tell me your order number, please?
M: It's 8545M32A.
W: Okay . . . Good news, Mr. Sherman. Your items haven't shipped, so fulfilling your request will be simple. How about telling me what you need?

---

place an order 주문하다   alter 바꾸다, 변경하다   be aware that ~을 알다   hotline 상담 전화; 직통 전화   ship 실어 나르다, 출하하다   fulfill 이행하다

M: 안녕하세요. 제 이름은 Roger Sherman이에요. 오늘 아침에 귀사의 웹사이트에서 주문을 했는데, 주문을 변경하고 싶어서요.
W: 가능합니다, Sherman 씨. 하지만 웹사이트에서도 변경하실 수 있기 때문에 고객 서비스 센터로 전화를 하실 필요는 없다는 점을 알고 계시나요?
M: 저도 시도해 보았지만 몇 차례 에러 메시지가 뜨더군요. 제가 전화를 드린 이유가 바로 그것 때문이에요.
W: 아, 그러셨군요. 주문 번호를 말씀해 주시겠어요?

M: 8545M32A입니다.
W: 네... 좋은 소식이에요, Sherman 씨. 귀하의 제품은 선적이 되지 않았기 때문에 요청 사항을 처리해 드리기가 쉬울 것 같아요. 필요하신 것을 말씀해 주시겠어요?

47. 남자는 왜 전화를 했는가?
(A) 서비스에 대한 불만을 제기하기 위해
(B) 주문을 변경하기 위해
(C) 결제 방법을 알아내기 위해
(D) 품절된 제품에 대해 문의하기 위해

make a payment 지불하다, 결제하다   out-of-stock 재고가 없는

대화의 시작 부분에서 남자는 오전에 웹사이트에서 주문을 했는데 '주문을 변경하고 싶다'(I'd like to alter it)고 전화한 이유를 밝히고 있다. 따라서 정답은 alter을 make a change로 바꾸어 쓴 (B)이다.

48. 남자는 어떤 문제에 부딪혔는가?
(A) 웹사이트가 제대로 작동하지 않았다.
(B) 원하는 제품을 구입할 수가 없었다.
(C) 신용카드 번호가 받아들여지지 않았다.
(D) 잘못된 제품이 배송되었다.

properly 적절하게, 제대로   unavailable 이용할 수 없는, 구입할 수 없는   reject 거절하다, 거부하다

주문 변경은 웹사이트에서도 가능하다는 여자의 말을 듣고 남자는 'I tried, but I received an error message several times.'라고 말한다. 이를 통해 남자는 이미 웹사이트에서 주문 변경을 시도해 보았으나 실패했던 것으로 보이므로 남자가 겪은 문제는 (A)라 할 수 있다.

49. 여자가 남자의 주문에 대해 말한 것은 무엇인가?
(A) 결제가 이루어져야 한다.
(B) 잘못된 주소로 배송되었다.
(C) 아직 그에게 발송하지 않았다.
(D) 익일 배송 서비스로 배송될 것이다.

next-day air 익일 배송 서비스

대화의 마지막 부분에서 여자는 '남자의 제품이 아직 배송 전이기 때문에'(your items haven't shipped) 주문 변경이 쉬울 것이라는 점을 알리고 있다. 따라서 보기 중 여자가 언급한 사항은 (C)이다.

[50-52]

W: Hello, Mr. Dithers. I was just at your house to deliver a package, but nobody answered when I rang the bell. When can I drop by with your parcel?
M: 50.That's peculiar. I've been home all day. I wonder why I didn't hear you. Couldn't you have left the package on my doorstep?
W: This item was sent by registered mail, so I require a signature before I can release it. I've got to deliver another package one block from your home. After doing that, I'll return to your place.
M: Okay. I'll be waiting by the door.
W: Thank you. See you in a few minutes.

W: 안녕하세요, Dithers 씨. 소포를 배송하기 위해 조금 전에 댁에 왔는데, 벨을 눌러도 아무런 대답이 없더군요. 언제 소포를 가져다 드리면 될까요?

M: 이상하군요. 제가 하루 종일 집에 있었거든요. 왜 제가 듣지 못했는지 궁금하네요. 소포를 문 앞에 두고 가실 수는 없으셨나요?

W: 이 제품은 등기로 보내진 것이어서 제가 놓고 가기 전에 서명을 받아야 하거든요. 저는 댁에서 한 블록 떨어진 곳으로 다른 소포를 배송하러 가야 해요. 그런 다음에 다시 댁으로 갈게요.

M: 좋아요. 제가 문 앞에서 기다리고 있을게요.

W: 고맙습니다. 잠시 후에 뵙겠습니다.

50. 남자는 왜 "That's peculiar"라고 말하는가?
(A) 초인종이 제대로 작동하고 있다는 점을 확인시켜 주기 위해
(B) 그가 여자에게 화가 났다는 점을 알리기 위해
(C) 발언에 대한 놀라움을 표시하기 위해
(D) 그가 여자를 기다리고 있었다는 점을 밀하기 위해

doorbell 초인종   be upset with ~에게 화가 나다   comment 언급, 논평   indicate 나타내다, 가리키다

주어진 문장은 초인종을 눌러도 대답하는 사람이 없었다는 여자의 말에 대한 남자의 반응으로, 그 구체적인 의미는 그 다음 문장에서 확인이 가능하다. 즉 남자는 자기가 '하루 종일 집에 있었다'(I've been home all day)는 사실을 밝히면서 자신이 벨 소리를 듣지 못한 점을 의아해 하고 있으므로 주어진 문장을 통해 화자가 의도한 바는 (C)로 볼 수 있다.

51. 남자는 무엇을 해야 하는가?
(A) 소포를 받았다는 사인을 한다
(B) 직접 우체국을 방문한다
(C) 여자의 상사와 이야기한다
(D) 제품에 대한 값을 지불한다

여자는 소포를 놔두고 가지 못한 이유를 'This item was sent by registered mail, so I require a signature before I can release it.'이라고 밝히고 있다. 따라서 남자가 소포를 수령하기 위해서는 서명을 해야 하므로 보기 중 남자가 해야 할 일은 (A)이다.

52. 여자는 이다음에 무엇을 할 것 같은가?
(A) 차를 몰고 남자의 집으로 간다
(B) 약속 시간을 다시 정한다
(C) 배달을 한다
(D) 주소를 확인한다

대화의 후반부에서 여자는 '배달할 다른 소포가 있다'(I've got to deliver another package one block from your home)고 언급한 후, 남자에게 그 후에 다시 돌아오겠다고 말한다. 따라서 대화 직후에 여자가 하게 될 일은 (C)이다. (A)는 그 이후에 이루어질 일이므로 (A)를 정답으로 골라서는 안 된다.

[53-55]

W: Hello. I'm here for the frozen pizzas on sale, but I can't find them. Do you know where they are?

M1: I'm not sure. We've been selling them all morning, so I know they're popular.

M2: I'm sorry, ma'am, but we just sold out of them.

W: You don't have any more in the back?

M2: I'm afraid not. However, we're receiving a shipment the day after tomorrow.

W: The sale is scheduled to end tomorrow. Will you offer the discounted price when the new items arrive?

M2: According to the terms of the sale, the cheaper price is only available as long as supplies last.

W: 안녕하세요. 세일 중인 냉동 피자 때문에 여기에 왔는데 찾을 수가 없네요. 어디에 있는지 아시나요?

M1: 잘 모르겠어요. 오전 내내 판매하고 있었기 때문에 인기가 많다는 점은 알고 있어요.

M2: 죄송해요, 손님, 조금 전에 매진되었어요.

W: 창고에도 없나요?

M2: 안타깝지만 없는 것 같아요. 하지만 모레 물건을 받을 예정이에요.

W: 세일은 내일 끝나는 것으로 되어 있어요. 물건이 새로 도착하면 가격을 할인해 주실 건가요?

M2: 세일 규정에 따르면 할인 가격은 재고가 있는 동안에만 적용되어요.

53. 화자들은 어디에 있는 것 같은가?
(A) 식당
(B) 제과점
(C) 카페
(D) 식료품점

세일 중인 frozen pizzas(냉동 피자)를 사러 온 고객과 점원들 간의 대화이다. 따라서 화자들이 있는 곳은 (D)의 '식료품점'일 것이다.

54. 이틀 후에 어떤 일이 일어날 것인가?
(A) 제품이 도착할 것이다.
(B) 세일이 시작될 것이다.
(C) 매장이 일찍 문을 닫을 것이다.
(D) 세일이 끝날 것이다.

come to an end 끝나다

남자2의 'However, we're receiving a shipment the day after tomorrow.'라는 말에서 the day after tomorrow(모레)를 제대로 들었다면 이틀 후에 일어날 일은 (A)임을 쉽게 알 수 있다. 참고로 (D)는 이틀 후가 아니라 내일 일어날 일이다.

55. 여자는 무엇에 대해 묻는가?
(A) 제품 가격
(B) 무료 배송
(C) 제품 성분
(D) 매장의 영업 시간

ingredient 성분, 재료   opening hours 영업 시간

대화의 후반부에서 여자는 'Will you offer the discounted price when the new items arrive?'라고 물으며 새로 들어올 제품에도 할인 가격이 적용되는지 묻고 있다. 따라서 보기 중 여자가 물어본 사항은 (A)이다.

[56-58]

M: Ms. Bombard, now that we've completed our work on the Holtzman account, I'd really love to take a couple of days off from work.
W: That sounds fine, Mark. When do you want to do that?
M: My wife is hoping to visit her parents this weekend, so would it be possible to take next Monday and Tuesday off?
W: You can have Monday off, but we've got a mandatory training session on Tuesday afternoon, so you need to be here no later than noon on that day.
M: That's fine with me. I appreciate it.

complete 마치다, 끝내다   account 계정; 고객   take a day off 하루 휴가를 내다   mandatory 강제적인, 의무적인   training session 교육 no later than 늦어도 ~까지

M: Bombard 씨, Holtzman 고객에 관한 업무가 끝났으니 이틀 정도 쉬었으면 좋겠어요.
W: 괜찮을 것 같군요, Mark. 언제 쉬고 싶어요?
M: 제 아내가 이번 주말에 처가를 방문하고 싶어하기 때문에 다음 월요일과 화요일에 쉴 수 있을까요?
W: 월요일은 쉴 수 있지만 화요일 오후에는 반드시 들어야 하는 교육이 있기 때문에 그날 12시까지는 여기로 와야 해요.
M: 그건 좋습니다. 고맙습니다.

56. 대화는 주로 무엇에 관한 것인가?
  (A) 차후의 프로젝트
  (B) 고객을 찾아가야 할 필요성
  (C) 휴가 신청
  (D) 다음 달 일정

대화의 시작 부분에서 남자는 프로젝트가 끝났으니 '이틀 정도 쉬고 싶다'(I'd really love to take a couple of days off from work)는 의사를 밝히고 있다. 이후에도 휴가 기간 등에 대한 이야기가 이어지고 있으므로 대화의 주제는 (C)이다.

57. 남자는 이번 주말에 무엇을 하고 싶어하는가?
  (A) 전문가를 위한 행사에 참여한다
  (B) 사무실에서 특근을 한다
  (C) 집에서 쉰다
  (D) 가족과 여행을 한다

질문의 핵심어구인 this weekend가 들어가 있는 문장을 잘 듣도록 한다. 언제 휴가를 가고 싶은지 묻는 여자의 질문에 남자는 '아내가 이번 주말 처가에 가고 싶어해서'(my wife is hoping to visit her parents this weekend) 월요일과 화요일에 쉬고 싶다고 답한다. 따라서 남자가 주말에 하고자 하는 일은 아내와 함께 처가를 방문하는 일이므로 정답은 (D)이다.

58. 여자는 화요일에 어떤 일이 있을 것이라고 말하는가?
  (A) 직원 회의가 열릴 것이다.

(B) 감사가 이루어질 것이다.
(C) 교육이 이루어질 것이다.
(D) 신입 직원들이 일을 시작할 것이다.

staff meeting 직원 회의   inspection 조사, 검사, 점검   take place 일어나다, 발생하다

질문의 핵심어구인 Tuesday는 대화 후반부의 we've got a mandatory training session on Tuesday afternoon이라는 부분에서 찾을 수 있다. 화요일 오후에는 '반드시 참석해야 하는 교육'(mandatory training session)이 이루어질 예정이므로 정답은 (C)이다.

[59-61]

W1: Mr. Horner, you clearly have the qualifications we're looking for, but why exactly do you want to work here?
M: I've always wanted to be a part of the team at Wilson Aeronautics.
W2: You'll be moving across the country. Will that be a problem?
M: Not at all. Actually, I grew up here, so I'm quite familiar with the area. I really enjoyed my childhood.
W1: Yes, I think most of us at Wilson like living in Greenville.
W2: I couldn't agree more, Linda. All right, Mr. Horner, how about taking a tour of our factory so you can see how we do things here?

qualification 자격, 자질   grow up 자라다, 성장하다   be familiar with ~에 익숙하다, 친숙하다   childhood 유년 시절   take a tour of ~을 견학하다   so that ~ can ~하기 위하여

W1: Horner 씨, 저희가 요구하는 자격을 확실히 다 갖추고 계시지만, 정확히 왜 여기에서 일하고자 하시나요?
M: 저는 항상 Wilson Aeronautics의 일원이 되고 싶었습니다.
W2: 전국을 가로 질러 이사를 하시게 될 텐데요. 문제가 될까요?
M: 전혀 문제되지 않습니다. 실은 제가 이곳에서 자랐기 때문에 이 지역은 제게 상당히 친숙해요. 유년 시절을 정말로 재미있게 보냈거든요.
W1: 네, 대다수의 저희 Wilson 사람들도 Greenville에서 사는 것을 좋아하죠.
W2: 저도 같은 생각이에요, Linda. 좋아요, Horner 씨, 우리가 이곳에서 일을 어떻게 하는지 볼 수 있도록 공장을 견학하는 것이 어떨까요?

59. 남자는 왜 여자들을 방문했는가?
  (A) 공장을 점검하기 위해
  (B) 면접을 보기 위해
  (C) 제품 시연을 하기 위해
  (D) 계약을 위한 협상을 하기 위해

대화 전반부의 내용을 통해 남자는 Wilson Aeronautics라는 업체에 지원한 입사 지원자이고 여자들은 지원자를 상대로 질문을 하는 면접관임을 알 수 있다. 따라서 남자가 방문한 이유는 (B)로 볼 수 있다.

60. 남자에 대해 암시되어 있는 것은 무엇인가?

(A) 그 지역에서 살고 싶어한다.
(B) 항공 산업과 관련된 경력이 부족하다.
(C) 전에 여자들과 일을 한 적이 있다.
(D) Wilson Aeronautics를 고객으로 두고 싶어한다.

be eager to ~하는 것을 열망하다   lack 부족하다, 결여하다
aeronautics 항공(술)의   add 더하다, 추가하다

직장을 위해 멀리 이사를 오는 것이 문제가 되지 않겠느냐는 여자2의 말에 남자는 'Not at all.'(전혀 문제가 되지 않는다)이라고 답한 후, '어렸을 때 그 지역에 살아서 그곳이 친숙하다'(I grew up here, so I'm quite familiar with the area)고 설명한다. 이를 통해 남자는 멀리 이사를 와서 기꺼이 회사 근처에 살려고 한다는 점을 알 수 있으므로 정답은 (A)이다.

61. 여자들은 Greenville에 대해 어떻게 생각하는가?
(A) 그곳이 살기 좋은 곳이라고 생각한다.
(B) 그곳에 대해 잘 모르고 있다.
(C) 그곳에서 할 일이 더 많기를 바란다.
(D) 그곳에 매우 친숙하다.

대화에서 Greenville은 'Yes, I think most of us at Wilson like living in Greenville.'이라는 여자1의 말에서 들을 수 있다. 여기에서 Greenville은 살기 좋은 곳으로 묘사되고 있고, 이어서 여자2도 이에 대한 동감을 나타내고 있으므로 여자들의 생각은 (A)로 볼 수 있다.

[62-64]

Gardener 호텔 연회장

연회장	수용 인원
데이지	100
라일락	130
카네이션	170
로즈	200

W: Mr. Cabrera, I dropped by the Gardener Hotel this morning, and the person I spoke with said our awards banquet can be celebrated there.
M: Wonderful. Did you mention that we'll need a room big enough for 165 people and that it must be catered?
W: I did. The hotel has several rooms, and one of them will be perfect for us.
M: What about the cost?
W: The price of the room depends on which one we rent, but we can get a five-course dinner for thirty-seven dollars per person.
M: Our budget is thirty-five, so you need to do a bit of negotiating with him.

banquet 연회   celebrate 축하하다, 경축하다   cater 음식을 공급하다
perfect 완벽한   depend on ~에 달려 있다   rent 임대하다, 빌리다
per person 1인당   budget 예산   negotiate with ~와 협상하다

W: Cabrera 씨, 오늘 아침에 Gardener 호텔에 들렀는데, 저와 이야기를 나눈 사람은 우리 시상식이 그곳에서 진행될 수 있다고 하더군요.

M: 잘 되었네요. 165명이 들어갈 정도의 큰 연회장이 필요하다는 점과 음식이 제공되어야 한다는 점도 언급했나요?
W: 그랬어요. 호텔에 연회장이 여러 곳에 있는데, 그 중 하나가 우리에게 딱 맞을 것 같아요.
M: 비용은 어떤가요?
W: 연회장 가격은 어떤 곳을 빌리느냐에 따라 달라지지만, 식대는 1인당 37달러로, 5개의 코스로 구성된 만찬이 제공되죠.
M: 우리 예산이 35달러이니 협상을 해야 할 것 같군요.

62. 여자는 어떻게 호텔에 관한 정보를 얻었는가?
(A) 전화를 함으로써
(B) 직접 방문함으로써
(C) 온라인에서 관련 글을 읽음으로써
(D) 브로셔를 살펴봄으로써

대화의 시작 부분에서 여자는 '아침에 Gardener 호텔에 들러서'(I dropped by the Gardener Hotel this morning) 시상식에 관해 담당자와 이야기를 나누었다고 말한다. drop by가 '~에 들르다'라는 뜻이라는 점을 알면 (B)가 정답이라는 사실을 쉽게 알 수 있다.

63. 도표를 보아라. 화자들은 어떤 연회장을 예약할 것 같은가?
(A) 데이지
(B) 라일락
(C) 카네이션
(D) 로즈

남자가 요구한 조건은 '165명이 들어갈 정도로 넓어야 한다'(we'll need a room big enough for 165 people)는 점과 식사가 제공되어야 한다는 점이다. 따라서 도표상 165명에 가장 가까운 인원을 수용할 수 있는 연회장을 찾으면 (C)가 정답이다.

64. 남자가 식사에 대해 암시하고 있는 것은 무엇인가?
(A) 육류가 없는 요리가 포함되어야 한다.
(B) 참석자들은 각자가 원하는 요리를 주문하고 싶어한다.
(C) 2시간 동안 제공되어야 한다.
(D) 견적 가격이 너무 높다.

contain 포함하다   attendee 참석자   quote 인용하다; 견적을 내다

대화의 후반부에서 식대가 인당 37달러라는 여자의 말을 듣고 남자는 'Our budget is thirty-five, so you need to do a bit of negotiating with him.'이라고 말한다. 즉 남자는 그보다 낮은 35달러를 적정한 식대로 생각하고 있다는 점을 알 수 있으므로 (D)가 정답이다.

[65-67]

3월

일	월	화	수	목	금	토
2	3	4 Peterson Collection	5	6	7	8
9	10	11	12 Waterford Collection	13	14	15
16	17	18	19	20	21 Chapman Collection	22
23	24	25	26	27 Lewis Collection	28	29

M: We've finally settled the schedule for next month's special events.

W: Good news. When is the group from Grover High School going to be coming?

M: They're supposed to be here to see the exhibit from the Peterson Collection.

W: Oh, that's the one which has all of the Impressionist paintings. I'm sure they'll enjoy it. Be sure to contact someone from the school to confirm their arrival and departure times.

M: I'll take care of it in a few minutes. I just saw Mr. Randolph come in. He's a huge donor, so I'd like to have a quick word with him first.

---

settle 해결하다; 결정하다 be sure to 잊지 않고 ~하다, 반드시 ~하다 departure 출발 huge 거대한, 막대한 donor 기증자, 기부자 have a word with ~와 이야기를 나누다

M: 드디어 다음달 특별 행사에 관한 일정이 정해졌어요.

W: 좋은 소식이군요. Grover 고등학교 학생들은 언제 올 예정인가요?

M: 그들은 Peterson 전시회를 보러 올 거예요.

W: 오, 인상주의 회화로만 구성된 전시회군요. 그들이 분명 좋아할 것으로 확신해요. 잊지 마시고 학교 담당자와 통화해서 도착 시간과 출발 시간을 확인하도록 하세요.

M: 잠시 후에 할게요. Randolph 씨가 들어 오시는 것이 보여요. 그분께서는 중요한 후원자이시기 때문에 먼저 그분과 몇 마디 말을 나누고 싶어요.

65. 화자들은 어디에서 일하는 것 같은가?
   (A) 역사 박물관
   (B) 공연장
   (C) 미술관
   (D) 대학 도서관
   performing arts theater 공연장 art gallery 미술관

고등학생 관람객들이 exhibit from the Peterson Collection (Peterson 전)을 보러 올 것이라는 점과 이 전시회가 '인상주의 회화로 구성되어 있다'(which has all of the Impressionist paintings)는 언급 등을 통해 화자들이 일하는 곳은 (C)의 '미술관'임을 알 수 있다.

66. 도표를 보아라. Grover 고등학교 학생들은 언제 도착할 것인가?
   (A) 3월 4일
   (B) 3월 12일
   (C) 3월 21일
   (D) 3월 27일

Grover 고등학교 학생들이 언제 방문할 것인지를 묻는 여자의 질문에 남자는 'They're supposed to be here to see the exhibit from the Peterson Collection.'이라고 답한다. 즉 학생들은 Peterson 전을 보러 올 것이므로 해당 전시회가 열리는 날짜를 도표에서 찾으면 정답은 (A)의 '3월 4일'이다.

67. 남자는 이다음에 무엇을 할 것인가?
   (A) 후원자와 이야기한다
   (B) 전화를 한다
   (C) 일정을 확인한다
   (D) 전시를 안내한다

남자의 마지막 말 'He's a huge donor, so I'd like to have a quick word with him first.'에서 정답의 단서를 찾을 수 있다. 그는 미술관 후원자와 이야기를 나눌 것이므로 정답은 (A)이다. 참고로 남자가 Grover 고등학교에 연락해서 도착 시간 및 출발 시간을 확인하는 것은 그 이후에 이루어질 일이다.

[68-70]

Fulton County 가구점

이 쿠폰을 소지하고 계신 분은 다음과 같은 혜택을 받으실 수 있습니다:

침실용 가구 10% 할인
사무용 가구 15% 할인
거실용 가구 20% 할인
야외용 가구 25% 할인

W: Good afternoon and welcome to Fulton County Furniture, sir. What can I interest you in today?

M: Hello. I've got this coupon and wonder if it's has expired or not. I'd really like to purchase a new desk for my home office.

W: Yes, you can still use that coupon. Are you here for only one item, or can I interest you in something else?

M: Well, I wouldn't mind checking out the sofas, but I don't have time for that today. I need to return to work as soon as I can.

W: All right. Then let me show you what you came here for.

---

interest 관심을 갖게 하다 expire (기한 등이) 만료되다 mind 꺼리다 as soon as one can 가능한 빨리

W: 안녕하세요, Fulton County 가구점에 오신 것을 환영합니다. 관심을 가지고 계신 것이 있으신가요?

M: 안녕하세요. 저한테 이 쿠폰이 있는데 사용 기간이 지났는지 궁금하군요. 재택 근무 사무실용 책상을 꼭 사고 싶거든요.

W: 네, 그 쿠폰은 아직 사용하실 수 있어요. 한 가지 제품을 보러 오신 건가요, 아니면 제가 다른 것도 보여 드릴까요?

M: 음, 소파도 살펴보면 좋겠지만 오늘은 그럴 시간이 없군요. 가능한 빨리 다시 일하러 가야 해서요.

W: 그러시군요. 그러면 제가 찾고 계신 것을 보여 드릴게요.

68. 남자는 여자에게 무엇에 대해 묻는가?
   (A) 배송료
   (B) 영업 시간
   (C) 쿠폰의 유효 기간
   (D) 제품 가격
   validity 유효성

대화의 시작 부분에서 여자가 매장을 찾은 이유를 묻자 남자는 'I've got this coupon and wonder if it's has expired or not.'이라고 말하면서 쿠폰이 사용가능한지 묻는다. 따라서 보기 중 남자가 물어본 것은 (C)이다.

69. 도표를 보아라. 남자는 어느 정도의 할인을 받게 될 것인가?
   (A) 10%

(B) 15%
(C) 20%
(D) 25%

남자의 말 'I'd really like to purchase a new desk for my home office.'에서 남자가 구입하려는 것은 '사무용 책상'임을 알 수 있다. 따라서 도표에서 사무용 가구에 대한 할인 폭을 살펴보면 남자가 받게 될 혜택은 (B)의 '15%'임을 쉽게 알 수 있다. 참고로 남자의 말에 의하면 소파는 관심이 있을 뿐, 오늘 꼭 사야 하는 물품은 아니므로 (C)는 정답이 될 수 없다.

70. 남자는 자신이 무엇을 해야 한다고 말하는가?
(A) 이메일을 확인한다
(B) 제품을 친구에게 배송한다
(C) 중요한 전화를 한다
(D) 곧 다시 일하러 간다

여자가 남자에게 책상 이외에 관심이 있는 제품이 있는지 묻자 남자는 그럴 시간이 없다고 답한 후 'I need to return to work as soon as I can.'이라고 말한다. 즉 그가 시간이 없는 이유는 다시 일을 하러 가야 하기 때문이므로 정답은 (D)이다.

PART 4
p.205

[71-73]

M: Hello. This is Gerard Butler calling for Lisa Griggs. Ms. Griggs, I'm calling from Providence Home Furnishings regarding the kitchen tiles you ordered. They just arrived, so we can deliver them to you now. If you'd call me back at 432-9364, we can make the arrangements. In addition, I'm sure you'll be happy to hear that the price of the tiles has gone down, so you'll be receiving ten percent off the price you already paid. I've gone ahead and put the money into your account, but if you'd like a cash refund, all you need to do is speak with me.

---

regarding ~와 관련하여 arrangement 준비, 마련 in addition 게다가, 또한 go down 내려가다, 인하하다 account 계정; 계좌 cash refund 현금 환불

M: 안녕하세요. 저는 Gerard Butler로, Lisa Griggs 씨에게 전화를 드렸습니다. Griggs 씨, 귀하께서 주문하신 주방용 타일과 관련해서 Providence Home Furnishings에서 전화를 드립니다. 타일이 도착했기 때문에 이제 귀하께 배송해 드릴 수가 있습니다. 제게 432-9364로 답신 전화를 주시면 준비하도록 하겠습니다. 또한 타일의 가격이 인하되었다는 소식을 들으시면 분명 기뻐하실 것으로 생각되며, 이미 지불하신 가격에서 10% 할인을 받게 되실 것입니다. 제가 미리 해당 금액을 귀하의 계정에 넣어 드렸는데, 현금 환불을 원하시는 경우에는 제게 말씀만 하시면 됩니다.

71. 화자는 왜 Griggs 씨에게 전화를 했는가?
(A) 주소 확인을 요청하기 위해
(B) 다른 제품에 관심이 있는지 알아보기 위해
(C) 그녀가 한 주문에 관해 알리기 위해
(D) 약간의 배송 지연에 대해 알리기 위해

화자는 Griggs 씨가 주문한 제품이 도착하여 '배송이 가능하다'(so we can deliver them to you now)는 점과 제품 가격 인하로 '차액이 환불될 것'(so you'll be receiving ten percent off the price you already paid)이라는 점을 알리고 있다. 따라서 화자가 전화를 한 이유는 (C)로 볼 수 있다.

72. 화자가 제품에 대해 말한 것은 무엇인가?
(A) 그중 일부가 파손되었다.
(B) 그중 몇몇 제품의 색깔이 잘못되었다.
(C) 무료로 설치될 수 있다.
(D) 가격이 낮아졌다.

install 설치하다 for free 무료로, 공짜로

담화 중반부에 화자는 '제품 가격이 인하되어서'(the price of the tiles has gone down) 결제 금액의 10%를 환불받게 될 것이라는 소식을 전하고 있다. 따라서 (D)가 정답이다.

73. 청자가 환불을 받기 위해서는 무엇을 해야 하는가?
(A) 온라인 신청서를 작성한다
(B) Gerard Butler에게 이야기한다
(C) 직접 매장을 방문한다
(D) 이메일에 답신을 한다

담화의 마지막 문장에서 화자는 이미 Griggs 씨 계정에 할인 내용을 반영해 두었지만, '현금으로 환불을 받고자 하는 경우에는 본인한테 이야기만 해 달라'(if you'd like a cash refund, all you need to do is speak with me)고 당부하고 있다. 따라서 청자인 Griggs 씨가 환불을 받기 위해 해야 할 일은 (B)이다.

[74-76]

W: I'd like to spend a moment talking about our corporate logo. As you know, our current design has been in use since we were founded forty-five years ago. 74·It's time for something new. The logo looks outdated and really needs an upgrade. I hired Simmons Designs to come up with some new looks for our company. Up on the screen are the top five designs. I'd like you to check them out for a couple of minutes. Then, record your thoughts on your notepads. Don't speak with anyone else until you're done because I don't want you to be biased by your colleagues' opinions.

---

logo 로고 current 현재의 in use 사용 중인 found 설립하다 outdated 구식의, 낡은 come up with (아이디어 등을) 떠올리다 record 기록하다 notepad 메모지 bias 편견, 선입관; 편견을 갖게 하다

W: 저희 회사의 로고에 대해 잠시 이야기를 하고자 합니다. 아시다시피 현재 디자인은 45년 전 회사가 창립되었을 때부터 사용되고 있습니다. 무언가 새로운 것이 필요한 때입니다. 이 로고는 시대에 뒤떨어져 보이며 정말로 개선이 필요합니다. 저는 우리 회사를 위한 몇 가지 새로운 디자인을 만들기 위해 Simmons Designs를 고용했습니다. 가장 멋진 5개의 디자인이 스크린 위쪽에 있습니다. 여러분들께서 일이 분 정도 살펴봐 주셨으면 좋겠습니다. 그런 다음, 메모지에 여러분의 생각을 남겨 주십시오. 동료의 의견으로 선입관이 생기는 것은 원치 않으니 다 끝날 때까지는 다른 사람과 이야기를 나누지는 마시고요.

74. 화자는 왜 "It's time for something new"라고 말하는가?
(A) 다른 사항에 대해 논의하고 싶어한다.
(B) 회사의 사업 방식은 구식이다.
(C) 새로운 디자이너가 몇 명 고용되어야 한다.
(D) 회사의 로고가 바뀌어야 한다.

old-fashioned 구식의

주어진 문장의 앞뒤 흐름을 제대로 이해해야 화자의 의도를 정확히 파악할 수 있다. 화자는 '현재의 회사 로고가 45년 전 회사의 창립 당시에 만들어진 것'(our current design has been in use since we were founded forty-five years ago)이라고 언급한 후, 이어서 '이러한 로고가 개선되어야 한다'(really needs an upgrade)는 점을 강조하고 있다. 따라서 주어진 문장의 something new는 곧 '새로운 로고'를 뜻하는 것으로 정답은 (D)로 볼 수 있다.

75. 화자는 자신이 무엇을 했다고 말하는가?
(A) 다른 직에 지원했다
(B) 외부 업체와 고용 계약을 맺었다
(C) 대표 이사로부터 허락을 받았다
(D) 자신이 디자인을 생각해냈다

담화 중반부의 'I hired Simmons Designs to come up with some new looks for our company.'에서 정답의 단서를 찾을 수 있다. 화자는 새로운 로고 디자인을 위해 외부업체로 보이는 Simmons Designs라는 디자인 회사와 고용 계약을 체결했다는 사실을 알 수 있으므로 보기 중 화자가 한 일은 (B)이다.

76. 화자는 청자들에게 무엇을 하라고 말하는가?
(A) 고객들과 계약을 체결한다
(B) 브로셔를 읽는다
(C) 의견을 적는다
(D) 동료들과 이야기한다

담화 후반부에서 화자는 청자들에게 후보 로고들을 살펴보라고 한 후 '자신들의 생각을 적어달라'(record your thoughts on your notepads)고 요청하고 있다. 따라서 record your thoughts를 write their opinions로 바꾸어 쓴 (C)가 정답이다. 참고로 (D)는 화자가 청자들에게 하지 말라고 당부한 사항이다.

[77-79]

> M: It gives me great pleasure to inform everyone that we can finally put on the exhibit on the solar system we've talked about for the past five months. Thanks to a generous donation from the Robinson Group, the project is fully funded. The exhibit will open on October 1, so ⁷⁸·there isn't much time left. Lisa will be the team leader since the exhibit was her idea. She's going to choose five of you to work full time on the project. Many of the rest of you will be required to work on the project as time allows. Now, Lisa wants to say a few words about her objectives.
>
> inform 알리다 solar system 태양계 generous 너그러운, 후한 donation 기부, 기증 fund 자금을 대다 as time allows 시간이 허락하는 한 objective 목적

M: 우리가 지난 5개월 간 논의했던 태양계에 관한 전시회를 드디어

열 수 있게 되었다는 점을 모든 분께 알리게 되어 기쁘게 생각합니다. Robinson 그룹의 막대한 기부금 덕분에 프로젝트의 자금은 충분해 졌습니다. 전시회장은 10월 1일에 문을 열 것이기 때문에 남아 있는 시간이 별로 없습니다. 전시회의 아이디어는 Lisa의 아이디어였으므로 그녀가 팀장을 맡을 것입니다. 그녀는 여러분들 중에서 프로젝트에 전념할 5명의 인원을 선발할 것입니다. 나머지 분들께서는 시간이 허락하는 선에서 이번 프로젝트 업무를 맡으시게 될 것입니다. 자, Lisa가 자신의 목표에 대해 잠시 이야기를 하고자 합니다.

77. 담화는 어디에서 이루어지는 것 같은가?
(A) 연구소
(B) 박물관
(C) 백화점
(D) 초등학교

담화의 시작 부분에서 화자는 청자들에게 '태양계와 관련된 전시회'(the exhibit on the solar system)가 열리게 되었다는 소식을 전하고 있다. 이후에도 exhibit라는 단어가 몇 차례 더 나오고 있으므로 화자와 청자들은 (B)의 '박물관'에서 일하는 사람들일 것이다.

78. 화자가 "There isn't much time left"라고 말할 때 그는 무엇을 암시하는가?
(A) 기부 계약이 즉시 맺어져야 한다.
(B) 그들은 프로젝트를 끝낼 수 없을 것이다.
(C) 프로젝트는 곧 끝나야 한다.
(D) 계획된 활동이 취소될 수도 있다.

주어진 문장은 '남은 시간이 별로 없다'라는 뜻으로, 여기에서의 '남은 시간'이란 곧 전시회를 준비할 수 있는 시간이다. 따라서 주어진 문장을 통해 알 수 있는 것은 '전시회의 준비 업무가 곧 끝날 것'이라는 의미의 (C)이다.

79. 이다음에 어떤 일이 일어날 것 같은가?
(A) 다른 사람이 이야기를 할 것이다.
(B) 기부자가 소개될 것이다.
(C) 짧은 휴식 시간을 갖게 될 것이다.
(D) 조사가 실시될 것이다.

담화의 마지막 문장 'Now, Lisa wants to say a few words about her objectives.'를 놓치지 않고 들었다면 담화 직후에는 Lisa라는 사람이 이야기를 할 것이라는 점을 알 수 있다. 정답은 (A)이다.

[80-82]

> W: If you're tired of eating the same baked goods again and again, then why not visit the city's newest bakery? Emerson's is located at the corner of Trader Road and Benson Avenue. We just opened a week ago, and shoppers can't say enough about the quality of our goods. This weekend, we're having a special event in honor of our grand opening, and all items, including cakes, are available for half off. Drop by for some free samples before you purchase anything. Once you see how good everything is, you'll be sure to become a regular. Emerson's is open every day of the week from 7:00 A.M. to 10:00 P.M.

W: 똑같은 빵을 계속 먹는 것이 지겨우시면 시내에 새로 생긴 베이커리에 가보시는 것이 어떨까요? Emerson's는 Trader 로와 Benson 가 코너에 위치해 있습니다. 일주일 전에 오픈을 했으며, 쇼핑객들은 저희 제품의 품질에 대해 끊임없이 칭찬하고 있습니다. 이번 주말에는 오픈을 기념하기 위한 특별 행사를 열 예정으로, 케이크를 포함한 모든 제품을 절반 가격으로 제공해 드립니다. 구입을 하시기 전에 들러서서 무료 샘플을 맛보십시오. 모든 제품이 정말로 훌륭하다는 점을 아시게 되면 분명 단골 고객이 되실 것입니다. Emerson's는 일주일 내내 오전 7시부터 오후 10시까지 영업합니다.

80. Emerson's는 무엇인가?
(A) 식당
(B) 빵집
(C) 카페
(D) 식료품점

담화의 초반부에 화자는 Emerson's을 the city's newest bakery(시내에 새로 생긴 베이커리)로 소개하고 있다. 정답은 (B)이다.

81. Emerson's는 왜 특별 행사를 하는가?
(A) 기념일을 경축한다.
(B) 새로운 제품을 출시했다.
(C) 주인의 생일을 축하한다.
(D) 최근에 오픈을 했다.

담화 중반부에 화자는 '오픈을 기념하기 위해'(in honor of our grand opening) 주말 동안 특별 세일을 실시할 것이라고 알리고 있다. 따라서 특별 행사를 하는 이유는 (D)이다.

82. 화자는 무엇을 할 것을 추천하는가?
(A) 웹 사이트를 방문한다
(B) 전화로 제품을 주문한다
(C) 매장으로 친구를 데리고 온다
(D) 무료로 제품을 맛본다

화자는 담화의 후반부에서 'Drop by for some free samples before you purchase anything.'이라고 말하며 무료 샘플을 맛보기 위해 매장을 방문할 것을 권유하고 있다. 따라서 (D)가 정답이다.

[83-85]

W: Attention, all tenants in Rockwell Apartments buildings 104 and 106. A crew from Davis Electricity has arrived to do some repairs on the power lines running to both buildings. They were damaged by the lightning strike during the storm last night. Power to both buildings will be shut off in five minutes. It will remain off until the work is complete. The crew chief informed me that he anticipates the job taking a couple of hours. Please be sure to keep your freezers and refrigerators closed to keep cold air from escaping. And open your windows if the weather gets too hot. This should just be a temporary issue.

W: Rockwell 아파트의 104동 및 106동 입주민들께서는 주목해 주십시오. 두 건물에 연결되어 있는 전선을 수리하기 위해 Davis 전기 직원들이 도착해 있습니다. 어젯밤 폭풍우가 치던 때 전선이 번개에 맞아 손상되었습니다. 두 건물의 전기는 5분 후에 끊길 예정입니다. 작업이 완료될 때까지 전원이 들어오지 않을 것입니다. 작업 시간은 두어 시간 정도 예상된다고 작업반장이 제게 알려 주었습니다. 냉기가 나가지 않도록 잊지 마시고 냉동고와 냉장고의 문을 닫아 주시기 바랍니다. 그리고 날씨가 몹시 더우니 창문을 열어 두십시오. 일시적인 문제일 뿐입니다.

83. 수리반은 무엇에 대한 작업을 할 것인가?
(A) 주방 기기
(B) 전선
(C) 건물 지붕
(D) 수도관

화자는 담화 초반부에서 전기 작업반이 '아파트 건물의 전선을 수리하기 위해'(to do some repairs on the power lines running to both buildings) 왔다고 공지한다. 따라서 수리반은 (B)의 '전선'을 수리할 것이다.

84. 무엇이 피해를 발생시켰는가?
(A) 기상 현상
(B) 기기 오작동
(C) 인간의 실수
(D) 얼은 물

화자는 전선이 손상된 원인을 '어젯밤에 발생한 번개'(the lightning strike during the storm last night)로 돌리고 있다. 따라서 이를 weather event(기상 현상)로 바꾸어 쓴 (A)이다.

85. 수리 작업 시간이 얼마나 걸릴 것 같은가?
(A) 몇 분
(B) 두 시간
(C) 하루 종일
(D) 일주일

담화 후반부의 'The crew chief informed me that he anticipates the job taking a couple of hours.'라는 문장을 제대로 들었다면 정답은 a couple of hours(두 시간)를 two hours로 바꾸어 쓴 (B)임을 쉽게 알 수 있다.

[86-88]

M: Thank you for coming to Sanderson State Park, everyone. It's great to see so many people here willing to help clean up the park on your day off. We've divided everyone into teams of four people each. Please check the list I've got as soon as I finish talking. Today, we're going to focus on picking up trash in the picnic area, around the lake, and along the hiking trails. You will all be given gloves and plastic bags. And just so you know, we'll be doing this again for the next three weekends, so I hope to see a few of the same faces here the next time.

---

be willing to 기꺼이 ~하다   divide A into B A를 B로 나누다   as soon as ~하자마자   focus on ~에 집중하다   trail 길   gloves 장갑

M: Sanderson 주립 공원에 오신 모든 분들께 감사를 드립니다. 이처럼 많은 분들께서 기꺼이 하루 시간을 내서 공원을 청소하는데 도움을 주시고자 이곳에 오신 것을 보니 기분이 정말 좋습니다. 모든 분들께서는 4명으로 이루어진 팀으로 나뉘어질 것입니다. 제가 말을 마치는 대로 저에게 있는 리스트를 확인해 주십시오. 오늘, 우리는 야유회 구역, 호숫가, 그리고 하이킹 코스에 있는 쓰레기를 수거하는데 집중할 것입니다. 여러분들께 장갑과 비닐 봉지를 드릴 것입니다. 그리고 아시겠지만, 우리는 다음 세 번의 주말에도 이러한 일을 또 다시 할 것이기 때문에, 다음에도 이곳에서 몇몇 분들의 얼굴을 다시 볼 수 있기를 바랍니다.

86. 화자는 누구에게 이야기하고 있는가?
(A) 임원들
(B) 자원 봉사자들
(C) 학생들
(D) 동료 직원들

담화 초반부의 'It's great to see so many people here willing to help clean up the park on your day off.'라는 문장에서 청자들은 공원 청소를 돕기 위해 자발적으로 모인 사람들이라는 점을 알 수 있다. 따라서 청자들은 (B)의 '자원 봉사자'일 것이다.

87. 화자는 청자들에게 무엇을 하라고 말하는가?
(A) 점심 식사 후에 돌아온다
(B) 팀장을 찾는다
(C) 잠시 휴식을 취한다
(D) 리스트를 읽는다

화자는 담화 중반부에 모든 사람들이 4명으로 구성된 조에 편성될 것이라고 한 후 'Please check the list I've got as soon as I finish talking.'이라고 말한다. 즉 화자는 청자들에게 조 편성과 관련된 리스트를 확인할 것을 요청하고 있으므로 정답은 (D)이다.

88. 청자들은 무엇을 받게 될 것인가?
(A) 쓰레기통
(B) 간식거리
(C) 장갑
(D) 보안경

담화 후반부의 'You will all be given gloves and plastic bags.'에서 청자들이 받게 될 것은 장갑과 쓰레기 봉투라는 점을 알 수 있다. 따라서 정답은 이들 중 후자를 가리키는 (C)이다.

[89-91]

M: In local news, protesters organized a demonstration in front of city hall today. They were expressing their opposition to the city's decision to modernize the Medfield neighborhood. The protestors feel that the neighborhood should be declared a historical area, so the buildings ought to remain as they are. Mayor Raymond West agreed to have a meeting with the protestors to let them air their grievances. The meeting is scheduled for Saturday evening at 6:00 and will be held in the auditorium at the Darlington Community Center. All residents are welcome to come, and everyone will be allowed to speak.

---

protester 시위자   organize 조직하다   demonstration 시위   opposition 반대   modernize 현대화하다   declare 선언하다, 선포하다   air 공기; (의견 등을) 발표하다   grievance 불만, 고충   auditorium 강당   resident 주민

M: 지역 뉴스로, 오늘 시청 앞에서 시위대가 반대 시위를 열었습니다. 이들은 Medfield 지역을 현대화하겠다는 시 당국의 결정에 반발했습니다. 시위대는 이 지역이 역사 지구로 지정되어야 하며, 따라서 건물들은 현재 상태로 남아 있어야 한다고 생각합니다. Raymond West 시장은 시위대와 만나 그들의 불만을 토로할 수 있는 자리를 마련하기로 합의했습니다. 회의는 토요일 저녁 6시로 예정되어 있으며 Darlington 시민 회관의 강당에서 열릴 것입니다. 모든 주민들이 참가할 수 있으며 모든 사람들에게 발언권이 주어질 예정입니다.

89. 사람들은 무엇을 반대하고 있었는가?
(A) 도시 개발 계획
(B) 세금 인상
(C) 시민 회관 폐쇄
(D) 기반 시설 부족

development 개발   lack 부족, 결핍   infrastructure 기반 시설

담화의 시작 부분에서 화자는 시위대가 'Medfield라는 지역을 현대화하려는 시의 결정'(the city's decision to modernize the Medfield neighborhood)에 반발했다는 소식을 전하고 있다. 따라서 그들이 반대한 것은 (A)이다.

90. Raymond West는 누구인가?
(A) 시민 회관 직원
(B) 시장
(C) 시위 참가자
(D) 건설 인부

Raymond West라는 이름은 담화 중반부의 'Mayor Raymond West agreed to have a meeting with the protestors to let them air their grievances.'라는 문장에서 들을 수 있다. mayor(시장)라는 단어를 놓치지 않고 듣거나, 그가 시위대와 만나서 대화를 할 직위에 있는 사람이라는 점을 고려하면 정답은 (B)라는 사실을 알 수 있다.

91. 토요일 저녁에 어떤 일이 일어날 것인가?
(A) 정치인과의 만남
(B) 개장식
(C) 특별 콘서트
(D) 공식 항의

politician 정치인, 정치가   formal 공식적인, 정식의

질문의 핵심어구인 Saturday evening(토요일 저녁)은 담화 후반부의 'The meeting is scheduled for Saturday evening at 6:00 and will be held in the auditorium at the Darlington Community Center.'라는 문장에서 들을 수 있다. 이때 시장

과 시위대의 만남이 예정되어 있으므로 정답은 mayor(시장)을 politician(정치인)으로 바꾸어 쓴 (A)이다.

[92-94]

W: Okay, I think that's enough role-playing for now. 92.Everybody seems to understand what to do. Now, before we take a short break, I'd like you all to turn to page thirty in your manuals. This describes a scenario involving a customer complaining to a store manager about the service she received. Please read the scenario carefully and identify three mistakes the store manager makes in his response to the customer. If you were paying attention during our role-playing activities, you should be able to identify them at once. When you're done, raise your hands so that I know you're ready to continue.

---

role-playing 역할극, 롤플레잉 manual 설명서, 매뉴얼 describe 묘사하다, 설명하다 scenario 시나리오 identify 찾다, 발견하다; 확인하다 response 반응

W: 좋아요, 이제 롤플레잉 활동은 충분히 한 것 같습니다. 모두들 어떻게 해야 하는지 이해하신 것 같군요. 이제, 짧은 휴식을 취하기에 앞서, 여러분 모두 매뉴얼 30페이지를 다시 봐 주셨으면 좋겠습니다. 여기에서는 자신이 받은 서비스에 관해 지점 매니저에게 항의를 하는, 한 고객과 관련된 시나리오가 적혀 있습니다. 시나리오를 주의 깊게 읽어 주시고 고객 응대 시 지점 매니저가 저지른 세 가지 실수를 찾아 보십시오. 롤플레잉 활동에 주의를 기울이셨다면 바로 찾으실 수 있을 것입니다. 다 하신 분은 손을 드셔서 계속 진행할 준비가 되었다는 점을 제게 알려 주십시오.

92. 화자가 "Everybody seems to understand what to do"라고 말할 때 그녀는 무엇을 의미하는 것 같은가?
(A) 그녀는 어떤 질문에도 답을 하고 싶어하지 않는다.
(B) 오늘 일과를 끝낼 시간이다.
(C) 청자들은 이제 롤플레잉 활동을 하게 될 것이다.
(D) 청자들은 활동을 중단할 수 있다.

화자는 '롤플레잉 활동은 충분히 했다'(that's enough role-playing for now)는 점을 알린 후 주어진 문장과 같이 이야기한다. 즉 주어진 문장은 '청자들 모두가 (롤플레잉 활동을 충분히 해서) 어떤 행동을 해야 할지 알게 되었다'는 뜻이므로 결국 롤플레잉 활동은 그만해도 되겠다는 뜻을 내비치고 있다. 따라서 (D)가 정답이다.

93. 청자들은 무엇을 읽게 될 것인가?
(A) 은행 창구 직원과 고객 간의 시나리오
(B) 고객과 직원 간의 상황
(C) 엔지니어에 의해 해결되는 문제
(D) 대부분의 쇼핑객들이 저지르는 공통된 실수

화자는 청자들에게 휴식 시간을 갖기에 앞서 매뉴얼의 특정 페이지를 다시 보라고 요청한 후, 이 페이지에는 '지점 매니저에게 항의하는 고객과 관련된 시나리오'(a scenario involving a customer complaining to a store manager about the service she received)가 적혀 있다고 말한다. 따라서 보기 중 청자들이 읽게 될 것은 (B)이다.

94. 화자는 청자들에게 무엇을 하라고 지시하는가?
(A) 자신들의 의견을 적는다
(B) 손을 위로 든다
(C) 책을 덮는다
(D) 양식을 작성한다

담화 마지막 문장에서 화자는 'When you're done, raise your hands so that I know you're ready to continue.'라고 말하면서 문제점을 다 찾은 사람은 손을 들어 자신에게 알려 달라고 요청한다. 따라서 화자가 지시한 사항은 (B)이다.

[95-97]

연사	날짜
Lisa Voss	9월 7일
Patricia Wesley	9월 16일
Denise Peterson	9월 21일
Wendy Alston	9월 24일

W: Thank you for coming here today. My name is Patricia Wesley, and I'm going to talk about the organization I work for. It's called Good Sight. What we at Good Sight do is collect used eyeglasses that people no longer want or need. Then, we distribute them to individuals who are unable to purchase their own eyewear. It's not easy because we have to make sure the glasses are appropriate for each person's eyesight. Fortunately, we have eye doctors who provide free eye exams to people in need. Thanks to our great team of volunteers, we've managed to give away more than 750 pairs of eyeglasses in the past five years.

---

organization 조직, 기관 eyeglasses 안경 distribute A to B A를 B에게 나누어 주다 eyewear 안경류 appropriate 적절한 eyesight 시력 give away 나누어 주다 manage to 그럭저럭 ~하다, 가까스로 ~하다

W: 오늘 이 자리에 와 주셔서 감사합니다. 제 이름은 Patricia Wesley이고, 저는 제가 일하고 있는 단체에 대해 말씀을 드리고자 합니다. 바로 Good Sight라는 곳입니다. Good Sight에서 저희가 하는 일은 사람들이 더 이상 원하지 않거나 필요로 하지 않는 중고 안경을 수집하는 것입니다. 그런 다음, 안경을 구입할 수 없는 사람들에게 이를 나누어 드리고 있습니다. 각자의 시력에 맞는 안경인지 확인을 해야 하기 때문에 쉽지는 않은 일입니다. 다행히도 저희에게는 도움이 필요한 사람들에게 무료로 시력 검사를 해 주시는 안과 의사 선생님이 계십니다. 훌륭한 자원 봉사자들 덕분에 저희는 지난 5년 동안 750개 이상의 안경을 나누어 드릴 수 있었습니다.

95. 도표를 보아라. 화자는 언제 연설을 하고 있는가?
(A) 9월 7일
(B) 9월 16일
(C) 9월 21일
(D) 9월 24일

담화 초반부에서 화자가 자신의 이름과 소속을 밝히는 부분을 제대로 듣지 못했다면 정답을 찾을 수 없는 문제이다. 화자는 자신

을 Patricia Wesley로 소개하고 있으므로 도표에서 해당 이름을 찾으면 화자가 연설을 하는 날짜는 (B)의 '9월 16일'일 것이다.

96. 화자의 단체는 무엇을 하는가?
(A) 사람들에게 안경을 제공한다
(B) 가난한 사람들에게 건강 검진을 실시한다
(C) 노숙자들에게 무료로 음식을 준다
(D) 사람들의 집을 무료로 수리해 준다
health checkup 건강 검진   donate 기부하다, 기증하다

화자는 자신이 일하는 단체인 Good Sight를 소개하면서 자신들이 하는 일은 '중고 안경을 수집해서'(collect used eyeglasses that people no longer want or need) '이를 안경을 살 수 없는 사람들에게 나누어 주는 것'(we distribute them to individuals who are unable to purchase their own eyewear)이라고 설명한다. 따라서 화자의 단체가 하는 일은 (A)이다.

97. 화자가 의사들에 대해 암시하고 있는 것은 무엇인가?
(A) 최근에 의과 대학을 졸업했다.
(B) 재능이 뛰어나다고 생각된다.
(C) 개인 병원을 소유하고 있다.
(D) 시간을 낸 것에 대한 보수를 받지 않는다.
talented 재능이 있는   clinic 진료소, (개인) 병원

담화 후반부에서 화자는 '자신의 단체에 무료로 시력 검사를 해 주는 의사들이 있다'(we have eye doctors who provide free eye exams to people in need)고 언급한다. 따라서 이러한 의사들은 보수를 받고 있지 않을 것이라고 짐작되므로 정답은 (D)이다.

[98-100]

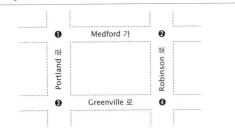

M: Thank you for calling Greenwood Hardware. We're in the process of moving to a new location, so we'll be closed until Friday, March 12. On that day, please visit us at our new location at the corner of Medford Street and Portland Drive. We're having a special sale then, so be sure to drop by to say hello. If you want to inquire about a purchase you made or want order something, please press one, and you'll be connected with someone momentarily. We thank you for supporting us for the past fifteen years and hope to keep providing the Cooperstown community with high-quality items for many more years.

process 과정   say hello 안부를 전하다   inquire 묻다, 문의하다
momentarily 곧, 금방   provide A with B A에게 B를 공급하다

M: Greenwood 철물점에 전화 주셔서 감사합니다. 저희는 새로운 장소로 이전 중이라 금요일 3월 12일 이전에는 문을 열지 않을 예정입니다. 그날, Medford 가와 Portland 코너에 있는 새 매장을 방문해 주십시오. 그때 특별 세일을 실시할 예정이기 때문에 잊지 마시고 들르셔서 안부를 전해 주십시오. 구입에 관한 문의나 주문을 하시려는 경우, 1번을 눌러 주시면 곧 직원과 연결이 되실 것입니다. 지난 15년 동안 저희를 이용해 주신 점에 감사를 드리며 앞으로도 Cooperstown 지역에 우수한 품질의 제품을 계속 제공해 드릴 수 있기를 바랍니다.

98. 매장은 왜 문을 닫았는가?
(A) 수리를 하고 있다.
(B) 국경일이다.
(C) 이전을 하고 있다.
(D) 밤 늦은 시간이다.

담화 초반부의 화자의 말 'We're in the process of moving to a new location, so we'll be closed until Friday, March 12.'를 통해 매장이 문을 열지 않은 이유는 매장 이전 문제 때문인 것을 알 수 있다. 따라서 (C)가 정답이다.

99. 도표를 보아라. 매장은 어디에 위치하게 될 것인가?
(A) 1번
(B) 2번
(C) 3번
(D) 4번

매장의 새로운 위치는 'Medford 가와 Portland 로의 코너'(at the corner of Medford Street and Portland Drive)로 안내되고 있으므로 지도에서 이 두 곳이 만나는 장소를 찾으면 (A)가 정답이다.

100. 화자가 매장에 대해 암시하고 있는 것은 무엇인가?
(A) 5년 전 쯤에 문을 열었다.
(B) 종종 할인 행사를 한다.
(C) 전화로 주문할 수 있다.
(D) 더 이상 Cooperstown에 위치해 있지 않다.

화자는 'If you want to inquire about a purchase you made or want order something, please press one, and you'll be connected with someone momentarily.'라고 말하면서 구입이나 주문에 관한 문의 사항이 있을 경우 1번을 누르면 직원과의 통화가 가능하다고 안내한다. 따라서 전화 주문이 가능할 것으로 예상되므로 (C)가 정답이다. 담화 마지막 부분에서 '15년 동안 이용해 주셔서 감사하다'고 했으므로 (A)는 사실이 아니며, '계속 Cooperstown 지역에 우수한 품질의 제품을 계속 제공해 드릴 수 있기를 희망한다'고 했으므로 (D)도 정답이 될 수 없다. 할인 행사가 얼마나 자주 진행되는지에 대해서는 언급된 바가 없기 때문에 (B)도 확인할 수 없는 내용이다.

왜 "300문제로 끝내는 토익"인가?

전문 집필진에 의해 개발된 독창적인 컨텐츠!

▶ 100% 원어민으로 구성된 문제 개발팀의 예상 적중 문제
▶ 다년간 출제 경향을 분석해 온 전문 연구원들이 제공하는 문제 풀이 노하우

비용 효과적인(cost-effective) 학습을 위한 학습 분량!

▶ 예제, 실전 문제 연습, 그리고 실전 모의고사로 구성된 총 300개의 기출 변형 문제
▶ 진부하고 상투적이지 않은, 간략하고 명쾌한 해설

MP3 바로 듣기 및 무료 다운로드 서비스! (LC)

▶ 바로 듣기 서비스를 통해 실시간으로 들을 수 있는 MP3
▶ MP3 무료 다운로드로 오프라인 환경에서도 듣기 연습이 가능